曾国藩全集

要揽

[清] 曾国藩 著

河北人民出版社

图书在版编目（CIP）数据

曾国藩全集.要揽/(清)曾国藩著.-- 石家庄：河北人民出版社,2016.9(2021.4 重印)

ISBN 978-7-202-11183-3

Ⅰ.①曾… Ⅱ.①曾… Ⅲ.①曾国藩（1811～1872）—全集②曾国藩（1811～1872）—生平事迹 Ⅳ.① Z425.2 ② K827=52

中国版本图书馆 CIP 数据核字 (2016) 第 074319 号

书　　名	曾国藩全集　要揽 ZENGGUOFAN QUANJI YAOLAN
著　　者	[清]曾国藩
责任编辑	马　丽　张静中
美术编辑	李　欣
责任校对	付敬华
版式设计	俊书装
封面设计	Dh2o
出版发行	河北人民出版社　（石家庄市友谊北大街330号）
印　　刷	三河市三佳印刷装订有限公司
开　　本	787 毫米 ×1092 毫米　1/16
印　　张	23.75
字　　数	325 000
版　　次	2016 年 9 月第 1 版　2021 年 4 月第 3 次印刷
印　　数	8 001-11 000
书　　号	ISBN 978-7-202-11183-3
定　　价	49.00 元

版权所有　翻印必究

目　录

功　业

功业 ·· 1
上谕一 ·· 2
上谕二 ·· 2
上谕三 ·· 3
谕赐祭文一 ··· 3
谕赐祭文二 ··· 4
谕赐入祀贤良祠祭文 ·· 5
御制碑文 ··· 5
国史本传 ··· 6
江苏巡抚查明事迹疏 ··· 22
安徽巡抚请建祠疏 ·· 26
湖广总督请建祠疏 ·· 27
江西巡抚请建祠疏 ·· 30
直隶总督请建祠天津疏 ··· 32
直隶总督请建祠保定疏 ··· 32
神道碑 ··· 33

墓志铭 36

事 略

卷一 41
 耕读传家 42
 道光二十三年至道光三十年 44
 咸丰元年 45
 咸丰二年 45
 咸丰三年 46
 咸丰四年 48
 咸丰五年 55
 咸丰六年 59

卷二 63
 咸丰七年 64
 咸丰八年 66
 咸丰九年 67
 咸丰十年 70
 咸丰十一年 72
 同治元年 86

卷三 89
 同治二年 90
 同治三年 100

卷四 117
 同治四年 118

同治五年	119
同治六年	121
同治七年	121
同治八年	124
同治九年	126
同治十年	129
同治十一年	130

年　谱

卷一	137
卷二	161
卷三	173
卷四	193
卷五	219
卷六	235
卷七	259
卷八	273
卷九	293
卷十	321
卷十一	335
卷十二	357

功业

上谕一

同治十一年二月十二日，内阁奉上谕：大学士两江总督曾国藩，学问纯粹，器识宏深，秉性忠诚，持躬清正。由翰林院蒙宣宗成皇帝特达之知，存升卿贰。咸丰三年间，创立楚军，剿办粤匪，转战数省，迭著勋劳。文宗显皇帝优加擢用，补授两江总督，命为钦差大臣，督办军务。朕御极后，简任纶扉，深资倚任，东南底定，厥功最多。江宁之捷，特加恩赏，给一等毅勇侯，世袭罔替，并赏戴双眼花翎。历任兼圻于地方，利病尽心筹画。老臣硕望，实为股肱心膂之臣。方冀克享遐龄，长承恩眷。兹闻溘逝，震悼良深。

曾国藩著追赠太傅，照大学士例，赐恤赏银三千两治丧，由江宁藩库发给。赐祭一坛，派穆腾阿前往致祭。加恩予谥文正，入祀京师昭忠祠、贤良祠，并于湖南原籍、江宁省城，建立专祠。其生平政迹事实宣付史馆。任内一切处分，悉予开复。应得恤典该衙门察例具奏。灵柩回籍时，著沿途地方官妥为照料。其一等侯爵即著伊子曾纪泽承袭，毋庸带领引见。其余子孙几人，着何璟查明具奏，候旨施恩，用示笃念忠良至意。钦此。

上谕二

同治十一年二月十八日，奉上谕：前据穆腾阿等并梅启照同日奏到，曾国藩因病出缺，当降旨优予恤典，并于湖南原籍、江宁省城建立专祠。生平政迹事实宣付史馆。一等侯爵即著伊子曾纪泽承袭，其余子孙几人，令何璟查明具奏，候旨施恩。兹据何璟历陈，曾国藩公忠诚体国，懋著贤劳，览奏尤增悼惜。何璟原折著暂行留中，即将该故督之孙何名、年岁若干，查明具奏，再降谕旨。钦此。

上谕三

同治十一年四月二十八日，奉上谕：大学士两江总督曾国藩，于本年二月间因病出缺，当降旨优予恤典，并于湖南原籍、江宁省城建立专祠，生平政迹事实宜付史馆。一等侯爵，即令伊子曾纪泽承袭。其余子孙几人，令何璟查明具奏，候旨施恩。旋据何璟、英翰、李瀚章先后胪陈曾国藩历年勋绩。英翰、李瀚章并请于安徽、湖北省城建立专祠。

又据何璟遵查该故督子孙，详晰覆奏。披览之余，弥增悼惜。曾国藩器识过人，尽瘁报国。当湘鄂江皖军务棘手之际，倡练水师，矢志灭贼。虽屡经困厄，坚忍卓绝，曾不少渝，卒能万众一心，削平逋寇。功成之后，寅畏小心，始终罔懈。其荐拔贤才，如恐不及，尤得以人事君之义，忠诚克效，功德在民。允宜迭沛恩施，以彰忠荩。曾国藩著于安徽、湖北省城建立专祠。此外，立功省份，并著准一体建祠。伊次子附贡生曾纪鸿，伊孙曾广钧，均著赏给举人，准其一体会试。曾广镕著赏给员外郎，曾广铨著赏给主事，均俟及岁时分部学习行走。何璟、英翰、李瀚章折三件，均著宣付史馆，用示眷念勋臣，有加无已，至意。钦此。

器识过人，尽瘁报国。

谕赐祭文一

朕惟功懋，懋赏信圭，表延世之勋。赞襄雕俎，厚饰终之典。爰申酹奠，用贲丝言尔。原任大学士、两江总督、一等毅勇侯、赠太傅曾国藩，赋性忠诚，砥躬清正。起家词馆，屡持节而抡才。存陟卿曹，辄上书而陈善。值皇华之载赋，闻风木而遄归。忽乡邻有斗之频惊，潢池盗弄；懔战阵无勇之非孝，墨绖师

赋性忠诚，砥躬清正。

兴。奇功历著于江淮，大名永光乎竹帛。俾正钧衡之位，仍兼军府之尊。一等酬庸，锡侯封于带砺；双轮曳羽，飘翠影于云宵。重锁钥而任北门，百僚是式；还敬戒而惠南国，万众腾欢。方期硕辅之延年，岂意遗章之入告。老成忽谢，震悼良深！颁厚赗于帑金，遣重臣而奠醊；特易名于上谥，赠太傅之崇阶。列祀典于昭忠。贤良，建专祠于金陵、湘渚。彝章载考，初祭特颁。於戏！天不慭遗一老，永怀翊赞于元臣，人可赎兮百身，用寄咨嗟于典册。灵其不昧，尚克歆承！

谕赐祭文二

朕惟位兼将相，仗经文纬武之才；气壮山河，懋崇德报功之典。爰陈芳奠，用奖成劳。尔原任大学士、两江总督、一等毅勇侯、赠太傅曾国藩学有本原，器成远大，忠诚体国，节劲凌霜，正直律躬，心清盟水。初联班于玉署，芸省蜚声；旋献赋于銮坡，芝坊晋秩。叠司文柄，先蜀郡而后洪都；频进谠言，因疾风而知劲草。卿阶超擢，荷先朝特达之知；忠悃弥挚，笃臣子靖共之谊。乃乘轺而奉使，旋持服以去官。值粤逆之纷来，遂楚军之创立。援墨绖从戎之义，俾移孝以作忠；励丹心报国之诚，每出奇而制胜。选将不拘常格，募壮士于三科；分军屡拔逆巢，慑长城于万里。秩隆总制，节授专征。洎朕宝祚诞膺，皖江告捷。特晋钧衡之位，仍持旄钺之权。扫穴擒渠，告成功于建业；酬庸锡爵，膺懋赏于通侯。叠翠羽以增辉，贲黄裳而耀采。未几畿疆移节，藉修三接之仪；既因南服需才，仍莅两江之任。方冀长承湛露，恩眷优隆；何期遽陨大星，老成凋谢。览遗章之入奏，震悼良深。

予恤典以从优，哀荣式备。谕重臣而致奠，给国帑以治丧。崇阶赠太傅之衔，秩祀永贤良之誉。并专祠之分建，宜世爵之钦承。特沛丹纶，增光青史；谥为"文正"，允副嘉名。於戏！曰赞黄扉，勋业永思。夫补衮风，凄丹旐。怆怀倍切于骑箕！歆是

学有本原，器成远大，忠诚体国，节劲凌霜，正直律躬，心清盟水。

苾芬，荣兹俎豆！

谕赐入祀贤良祠祭文

闻鼓鼙而思将帅，每深良弼之怀，治馨香而感神人，用永明禋之报。崇祠载列，元祀攸隆。尔原任大学士、两江总督、一等毅勇侯、赠太傅曾国藩学蔚儒宗，忠全令德。早入承明之选，玉尺提衡；洊跻卿贰之班，冰壶挈操。历华省而谠言屡上，议礼制而正论元阿。追奉讳以旋湘，乃尽哀而庐墓。值戎车之告警，奋集乡兵。援墨绖以誓师，恪遵朝命。勇呼爪士，率长沙子弟以先来；捷奏膚公，挽半壁河山而永定。纶扉懋赞，总制仍兼。双轮扬上将之华，辉增翠羽；一等锡通侯之贵，服称黄桂。延爵赏于后人，畀官衔于太保。节制甫资于北道，旌麾旋转于南方。歌遵渚而人望鸿飞，奠长江而民争蛾伏。范希文以天下自任，志事终酬；李西平为社稷而生，身名俱泰。江淮流惠，草木知名。方倚元老以图功，忽怅台星之敛耀。披章轸恻，厚礼饰终。晋太傅之崇封，易嘉名于上谥。念经天而纬地，斯谓之文；繄辅世而长民，尔身克正。允表贤良于京国，眷怀耆旧于湖湘。庙貌聿新，烝尝罔替。有功德于民则祀，尚念典型，惟俎豆之事尝闻，载颂芬苾。昭兹休渥，式克钦承！

> 有功德于民则祀。

御制碑文

朕惟台衡绩懋，树峻望于三公；钟鼎勋垂，播芳徽于百世。宠颁紫绋，色焕丹珉。尔原任大学士、两江总督、一等毅勇侯、赠太傅曾国藩秉性忠纯，持躬刚正。阐程朱之精蕴，学茂儒宗；储方召之勋猷，器推公辅。登木天而奏赋，清表风规；历芸馆而迁资，诚孚日讲。屡持使节，兼校春闱，洊擢卿班，允谐宗伯。溯建言之直节，荷殊遇于先朝。

凡兹靖献之丹忱，早具忠贞之素志。乃突来夫粤匪，俾训练夫楚师。拔岳郡而克武昌，功如破竹；靖章江而平皖水，威振援枹。两江尊制府之权，九伐重元戎之命。朕丕承基绪，眷念成劳。荣衔特畀以青宫，峻秩更登诸黄阁。辞节制于三省四省，弥见寅恭；精调度于湘军淮军，务严申令。联苏杭为犄角，坚垒同摧；倚昆季为爪牙，逆巢直捣。金陵奏凯，慰皇考知人善任之明；玉诏酬庸，褒元老决胜运筹之略。既折圭而列爵，亦叠翠以飘缨。既而畿辅量移，因之阙廷展觐。汲黯近戆，实推社稷之臣；杨震厚遗，无惭清白之吏。惟是疮痍未复，每廑念乎天南；锁钥攸司，仍遴归于江左。方谓功资坐镇，何期疾遽沦殂！赠太傅而阶崇，祀贤良而誉永。专祠遍祭，世赏优颁。易名以表初终，核实允乎"文正"。於戏！松楸在望，倍怀麟阁之遗型；金石不磨，长荷鸾纶之锡宠。钦兹巽命，峙尔丰碑！

国史本传

曾国藩，湖南湘乡人，道光十八年进士，改庶吉士，授检讨。二十三年，大考二等，升侍讲，充四川正考官，文渊阁校理。二十四年，充教习，庶吉士，转侍读。二十五年，历迁右庶子、左庶子、翰林院侍讲学士，充会试同考官，日讲起居注官。二十六年，充文渊阁直阁士。二十七年，大考二等，擢内阁学士，兼礼部侍郎衔。二十八年，稽察中书科。二十九年，擢礼部右侍郎，署兵部左侍郎。

今日所求，惟在用人。

三十年，文宗登极。国藩奏言：今日所当讲求者，惟在用人。人才不乏，欲作育而激扬之，则赖皇上织妙用。有转移之道，有培养之方，有考察之法，三者不可废一。臣观今日京官，办事通病有二，曰退缩，曰琐屑。外官办事通病有二，曰敷衍，曰颟顸。习俗相沿，但求苟安无过，不肯振作有为。将来一遇艰巨，国家必有乏才之患。今遽求振作之才，又恐躁竞者因而幸进。臣愚以为欲令有用之才不出范围之中，莫若使从事于学术，又必皇上以身作则，乃能操转移风化之本。臣考圣祖登极后，勤勤学问，儒臣逐日进讲，寒暑不辍。召见廷臣，辄与往复讨论。当时人才济济，好学者多。康熙末年，博学伟才，大半皆圣祖教谕成就之。皇上春秋鼎盛，正符圣祖讲学之年。臣请俟二十七月后，举逐日进讲例，四海传播，人人向风。召见臣工，从容论难。见无才者，则勖之以学，以痛惩模棱罢软之习。见有才者，则愈勖之以学，以化其刚愎刻薄之偏。十年以后，人才必大有起色，此转移之道也。内阁、六部、翰林为人才荟萃之地。内而卿相，外而督抚，率出于此。皇上不能一一周知也。培养之权，不得不责成堂官。所谓培养有数端，曰教诲，曰甄别，曰保举，曰超擢。堂官于司员，一言嘉奖，则感而图功；片语责惩，则畏而改过，此教诲不可缓也。榛棘不除，则兰蕙减色；害马不去，则骐骥短气，此甄别不可缓也。嘉庆四年、十八年，两次令部院各保司员，此保举成案也。雍正间，甘汝来以主事而赏人参，放知府；嘉庆间，黄钺以主事而充翰林，入南斋，此超擢成案也。

　　盖尝论之，人才譬若禾稼，堂官之教诲，犹种植耘籽也。甄别去稂莠，保举犹灌溉也。皇上超擢，譬之甘雨时降，苗勃然兴也。堂官时常到署，犹农夫日在田间，乃熟稽事。今各衙门堂官，多内廷行走之员，或累月不到署，自掌印主稿，外司员半不识面。譬之嘉禾稂莠，听其同生同落于畎亩之中，而农夫不问。教诲之法无闻，甄别之例亦废。

　　近奉明诏保举，又但及外官，不及京秩。培养之道，不尚有未尽者哉！顷岁以来，六部人数日多，或廿年不得补缺，终身不得主稿。内阁、翰林院人数亦三倍于前，往往十年不得一差，不迁一秩。而堂官多直内廷，本难分身入署，又或兼摄两部，管理数处，纵有才德具优者，曾不能邀堂官之顾，又乌能达天子之知？以数千人才，近在眼前，不能加意培养，甚可惜也！臣愚欲请皇上稍为酌量，每部须有三四堂官不入内廷者，令日日到署，与司员相砥砺。翰林掌院，亦须有不直内廷者，与编检相濡染，务使属官之性情心术，长官一一周知。皇上不时询问谁也才，谁也直，谁也小知，谁也大知，不特属官优劣粲呈，即长官浅深亦

> 甄别去稂莠，保举犹灌溉也。

可互见。旁考参稽，而入衙门之人才同往来圣主之胸中。彼属官者，但令其姓名达于九重，不必升官迁秩而已，感激无地。然后保举之法，甄别之例，次第举行旧章。皇上偶有超擢，则梗楠一升，而草木之精神皆振，此培养之方也。古者询事、考言二者兼重。近来各衙门办事，小者循例，大者请旨，本无才猷可见，莫若于言考之。而召对陈言，天威咫尺，不宜喋喋便佞，则莫若于奏折考之。国家定例，内而九卿科道，外而督抚藩臬，皆有言事之责。各省道员，亦许专折言事。乃十余年间，九卿无一人陈时政得失；司道无一折言地方利病；科道奏疏无一言及主德隆替，无一折弹大臣过失。一时风气，不解其所以然。

> 询事、考言二者兼重。

本朝以来，匡言主德者如孙嘉淦，以自是规。高宗袁铣，以寡欲规大行皇帝，皆优旨嘉纳纠弹大臣者，如李之芳劾魏裔介，彭鹏劾李光地，后四人皆为名臣，至今传为美谈。直言不讳，未有盛于我朝者也。

皇上御极之初，特诏求言而褒答倭仁之谕，臣读之至于忭舞感泣，然犹有过虑者。诚见皇上求言甚切，诸臣纷纷入奏，或条陈庶政，颇多雷同；或弹劾大臣，惧长攻讦。臣愚愿皇上坚持圣意，借奏折为考核人才之具，永不生厌致之心。涉于雷同者，不必交议而已。过于攻讦者，不必发抄而已。此外则但见有益，不见有损。今考九卿贤否，凭召见应对；考科道贤否，凭三年京察；专司道贤否，凭督抚考语。若人人建言，参互质证，岂不更为核实乎？此考察之法也。奏入。谕称其剀切明辨，切中事情，著于百日后举行日讲。国藩条陈日讲事宜：一考定日讲设官之制，二讲官员数，三每日进讲员数，四讲官应用何项人，五定保举讲官之法，六进讲之地，七进讲之仪，八进讲之时，九所讲之书，十陈讲之道，十一覆讲之法，十二纂成讲书，十三讲官体制，十四进讲年数。下部议格不行。

> 人人建言，参互质证。

六月署工部左侍郎，元年署刑部右侍郎，充武闱正考官。二年署吏部左侍郎，充江西正考官。丁母忧回籍，粤逆起犯湖南，围长沙不克，窜武昌陷之。连陷沿江郡县，江南大震。十一月二十九日，上特命国藩会同湖南巡抚办理本省团练，搜剿土匪。时塔齐布尚以都司署抚标参将，国藩奏称其奋勇耐劳，深得民心。并云塔齐布将来如打仗不力，臣甘同罪。请旨奖叙，专令督队剿贼。会贼破金陵，逆流西上，皖鄂郡县相继沦陷。

上以国藩所练乡勇得力，剿匪著有成效，谕令驰赴湖北剿贼。国藩以为贼所以恣意往来者，由长江无官军扼御敌也。乃驻衡州造战舰练水军，劝捐助饷。四年正月，督师东下，与贼接战岳州，又战靖港，皆不利。得旨革职，仍准专折奏事。时国藩已遣杨岳斌、彭玉麟与塔齐布合击贼湘潭，大破之，复其城，贼退踞岳州。七月，国藩攻克之，毁其舟。贼浮舟上犯，再破之。遂与塔齐布水陆追击，自城陵矶二百余里，剿洗净尽。赏三品顶戴。九月复武昌、汉阳，尽焚襄河贼舟。赏二品顶戴，署河北巡抚，赏戴花翎。旋以国藩力辞，赏兵部侍郎衔，办理军务，毋容署理巡抚。

国藩建三路进兵策，奏言江汉肃清，贼之回巢抗拒者，多集兴国、蕲州、广济诸属。自巴河至九江，节节皆有贼船。拟塔齐布由南路进攻兴国、大冶。湖北督臣派兵，由北路进攻蕲州、广济，自由江路直下，与陆军相辅为进止。上命如所请行。国藩扬帆向下，连战胜贼。蕲州贼来犯，再破之。会塔齐布复兴国、大冶。时贼以田家镇为巢穴，蕲州为声援，自州至镇四十余里，沿岸筑土城设炮位，对江轰击，横铁锁江上，以阻舟师。南岸半壁山、富池口均大股悍贼驻守，舟楫往来如织。国藩计欲破田镇，当先夺南岸。十月，罗泽南大破贼半壁山，克之。国藩部署诸将分战船四队，一队厄贼上犯，二队备炉剪椎斧前断铁锁。贼炮船护救，三队围击之，沉二艘，贼不敢近。须臾，熔液锁断，贼惊顾失色，率舟遁。四队驶而下，追及于邬穴，东南风大作，贼舟不能行。官军围而焚之，百里内外火光烛天，浮尸蔽江。陆军自半壁山呼而下，悉平田家镇、富池口营垒，蕲州贼遁。是役也，毙贼数万，毁其舟五千，遂与塔齐布复广济、黄海、孔垅口、小池驿，上游江面肃清，进围九江。

十二月，上以国藩调度有方，赏穿黄马褂，赏狐腿黄马褂、白玉搬指、白玉巴图鲁翎管、玉靶、小刀、火镰各一。国藩遣水军攻湖口、梅家洲，以通江西饷道。大小十余战，锐卒两千人陷入鄱湖，为湖口贼所捍，水军分为两。

五年，贼窜武昌，分股乘夜由小池口袭焚国藩战舰，战失利。越数日，大风复坏舟数十。国藩乃以其余，遣李孟群、彭玉麟及胡林翼所带陆师回援武汉，亲赴江西造船募勇，增立新军，连破贼姑塘、都昌，进攻湖口，大败之。七月，塔齐布卒，国藩驰往九江兼统其军。八月，水兵复湖口。九月，补兵部右侍郎。九江不下，国藩以师久无功，自请严议。上谕曾国藩督带水师，屡著战功。自到九江后，虽未能迅即克复，而鄱湖贼匪已就肃清，所有自请严议之处，著加恩宽免。

六年，贼酋石达开窜江西，郡县多陷。国藩驰赴省城，遣彭玉麟统内湖水师退驻吴城，以固湖防。李元度回剿抚州，以保广信。诸将分扼要地，先后复进贤、建昌、东乡、丰城、饶州，连破抚州、樟树镇、罗溪、瓦山、吴城之贼。会同湖北援师刘腾鸿、曾国华等，大破贼瑞州，复靖安、安义、上高，自江西达两湖之路，赖以无梗。七年正月，复安福、新淦、武宁、瑞昌、德安、奉新，军声大振。不一岁，石逆败遁江西获安，曾国藩力也。

二月十八日丁父忧。上谕曾国藩见在江西，军务正当吃紧。古人墨绖从戎，原可夺情，不令回籍。惟念该侍郎素性拘谨，前因母丧未终，授以官职，具折为辞。今丁父忧，若不令其回籍奔丧，非所以遂其孝思。著赏假三个月，回籍治丧。俟假满后，再赴江西督办军务，寻固请终制。

上谕曾国藩本以母忧守制在籍，奉谕帮办团练。当贼氛肆扰鄂皖，即能统带湖南船勇，墨绖从戎。数载以来，战功懋著，忠诚耿耿，朝野皆知。伊父曾麟书因闻水师偶挫，又令伊子曾国华带勇远来援应，尤属一门忠义，朕心实深嘉尚。今该侍郎假期将满，陈请终制，并援上年贾桢奏请终制，蒙允之例。览其情词恳切，原属人子不得已之苦心。惟现在江西军务未竣，该侍郎所带楚军，素听指挥，当兹剿贼吃紧，亟应假满回营，力图报效。曾国藩身膺督兵重任，更非贾桢可比。著仍遵前旨，假满后即赴江

古人墨绖从戎，原可夺情。

西督办军务；并署兵理部侍郎，以资统率。俟九江克复，江面肃清，朕必赏假，令其回籍营葬，俾得忠孝两全，毫无余憾。该侍郎殚心事主，即以善承伊父教忠报国之诚，当为天下后世所共谅也。

国藩复奏称，江西各营安谧如常，毋庸亲往抚驭，并沥陈才难宏济，心抱不安。奉旨先开兵部侍郎缺，暂行在籍守制，江西如有缓急，即行前赴军营，以资督率。八年五月，奉命办理浙江军务，移师援闽。闽匪分股窜扰江西，遣李元度破之。广丰、玉山、张运兰复安仁时，国藩驻军建昌，东南北三路皆贼。国藩计东路连城，贼势已衰，闽事不足深虑；北路景德镇乃大局所关，又较南路信丰为重，乃遣运兰攻景德镇，萧启江追剿信丰之贼。九年，启江破贼南康，克新城墟池江贼巢，遂复南安，解信丰围。贼窜湖南，将由粤、黔入蜀。国藩随檄启江驰赴吉安，援应湖南运兰复景德镇、浮梁县，江西肃清，余贼窜皖南。国藩奉命防蜀，行至阳逻，奉谕以皖省贼势日张，饬筹议由楚分路剿办。

国藩同驻巴河，简校军实。因奏言自洪杨内乱，镇江克复，金陵逆首，凶焰久衰。徒以陈玉成往来江北，勾结捻匪，庐州、浦口、三河等处，迭挫我师。遂令皖北之糜烂日广，江南之贼粮不绝。欲廓清诸路，必先破金陵；欲破金陵，必先驻重兵滁和，而后可去江宁之外屏，断芜湖之粮路。欲驻兵滁和，必先围安庆，以破陈逆之老巢，兼捣庐州，以攻陈逆所必救。进兵须分四路：南则循江而下，一由宿松、石牌规安庆，一由太湖、潜山规桐城。北则循山而进，一由英山、霍山攻舒城，一由商城、六安规庐州。南军驻石牌，则与杨岳斌、黄石矶之师联为一气；北军至六安州，则与寿州之师联为一气。国藩请自规安庆，多隆阿、鲍超取桐城，胡林翼取舒城，李续宜规庐州。奏入，上是之。

十年二月，贼酋陈玉成犯太湖，国藩分兵破之。四月赏兵部尚书衔，署两江总督，六月补两江总督，以钦差大臣督办江南军务。七月命皖南军务统归国藩督办。十一年，国藩进驻祁门，督饬杨岳斌、彭玉麟、曾国荃、鲍超等水陆夹击，为逐层扫荡之计。先后复黟县、都昌、彭泽、东流、建德、休宁、徽州、义宁。悍贼数万据安庆，久不下。曾国荃、多隆阿等围之。陈玉成来援，诸军击走之，拔其城，贼无脱者。进复池州、铅山、无为、铜陵及泥汊、神塘河、运漕、东关各隘。赏太子少保衔。命统辖江苏、安徽、江西、浙江四省军务，巡抚、提镇以下悉归节制。

国藩力辞。上不许，谕曰："前命曾国藩以钦差大臣节制江浙等省巡抚提镇，以一事权。曾国藩自陈任江督后，于皖则无功可叙，于苏则负疚良深。并陈用兵之要，贵得人和，而勿尚权势，贵求实际，而勿争虚名，恳请收回成命。朕心深为嘉许，仍谕令节制四省以收实效。曾国藩复陈下情，言见在诸路出师将帅联翩，威柄太重，恐开斯世争权竞势之风，兼防他日外重内轻之渐。足见谦卑逊顺，虑远思深，得古大臣之礼。在曾国藩远避权势，自应如此存心。而国家优待重臣，假以事权，从前本有成例。曾国藩晓畅戎机，公忠体国，中外咸知。当此江浙军务吃紧，生民涂炭，我两宫皇太后孜孜求治，南望增忧，若非曾国藩之悃忱真挚，岂能轻假事权。所有四省巡抚提镇以下各官仍归节制。该大臣务以军事为重，力图攻剿，以拯斯民于水火之中。毋再固辞。"

先是贼围杭州，国藩迭奉援浙之命，咨令太常寺卿左宗棠统军入浙，檄派张运兰、孙昌国等水陆各营均归调度，以厚兵力，并拨给钱漕厘金以清所部积欠。因奏称左宗棠前在湖南抚臣骆秉章幕中赞助军谋，兼顾数省，其才实可独当一面。恳请明降。谕旨令左宗棠督办浙江全省军务。

上以浙江巡抚王有龄及江苏巡抚薛焕，不能胜任，著曾国藩察看具奏，并迅速保举人员，候旨简放。国藩奏言，苏浙两省群贼纵横，安危利钝系于巡抚一人。王有龄久受客兵挟制，难期振作，欲择接任之人，自以左宗棠最为相宜。惟此时杭州被困，必须王有龄坚守于内，左宗棠救援于外。俟事势稍定，乃可更动。至江苏巡抚一缺，目前实无手握重兵之人可胜此任。查有臣营统带淮扬水师之福建延建邵遗缺，道员李鸿章劲气内敛，才大心细，若蒙圣恩，将该员拟署江苏巡抚，臣再拨给陆军，便可驰赴下游，保卫一方。

至是杭州失守，国藩复奏陈补救之策。一、拟令各军坚守衢州，与江西之广信、皖南之徽州为犄角之势，先据形胜，扼贼上窜。左宗棠暂于徽、衢、信三府择要驻扎，相机调度。总须先固江西皖南边防，保全完善之地，再筹进剿。二、请于浙江藩臬两司内，将广西按察使蒋益沣调补一缺，饬带所部五六千人赴浙，随左宗棠筹办防剿，可收指臂之助。三、浙省兵勇，恃宁绍为饷源。今全省糜烂，无可筹画。恳恩饬下广东粤海关，福建闽海关，按月协拨银两，交左宗棠以资军饷。奏入，上皆如所请行。

同治元年正月，命以两江总督协办大学士。国藩奏言，自去秋以来，迭荷鸿恩；臣弟国荃，又拜浙江按察使之命。一门之内，数月之间异数殊恩，有加无已。感激之余，继以悚惧。恳求皇上念军事之靡定，鉴微臣之苦衷，金陵未克以前，不再加恩于臣家。又前此叠奉谕旨，饬保荐江苏、安徽巡抚，复蒙垂询闽省督抚，饬臣保举大臣，开列请简。封疆将帅，乃朝廷举措之大权，如臣愚陋，岂敢干预。俟后如有所知，堪膺疆寄者，随时恭疏入告，仰副圣主旁求之意。但泛论人才，以备采择则可；指明谋缺，径请迁除则不可。盖四方多故，疆臣既有征伐之权，不当更分黜陟之柄。风气一开，流弊甚长，辨之不可不早。寻遣将击走徽州荻港之贼，复青阳、太平、泾县、石埭。国荃会同水师，复巢县、含山、和州，并铜陵闸、雍家镇、裕溪口、西梁山四隘。弟贞干复繁昌、南陵，破贼三山、鲁港。

> 流弊甚长，辨之不可不早。

上以国藩前奏，情词恳挚，出于至诚，不再加恩，而进国荃、贞干等职。国藩驻安庆督师，奏请仍建安徽省会于安庆，设长江水师提督以下各官，指授诸将机宜，以次规取皖南北府县各城。国荃率师进围金陵。苏浙贼酋李秀成等分道来援，大小数十战，力却之。二年五月复江浦、浦口，克九洑州，长江肃清。因淮南运道畅通，筹复盐务，改由民运。奏陈疏销轻本保价杜私之法。三年正月，官军克钟山，合围金陵。六月，金陵平。

上谕曾国藩自咸丰四年，在湖南首倡团练，创立舟师，与塔齐布、罗泽南等屡立战功，保全湖南郡县，克复武汉等城，肃清江西全境。东征以来，由宿松克潜山太湖，进驻祁门，迭复徽州郡县，遂拔安庆省城，以为根本。分檄水陆将士，规复下游州郡，兹大功告蒇，逆首诛锄，由该大臣筹策无遗，谋勇兼备，知人善任，调度得宜。曾国藩著加恩赏，加太子太保衔，锡封一等侯爵，世袭罔替，并赏戴双眼花翎。浙江巡抚曾国荃，赏加太子少保衔，锡封一等伯爵，并赏戴双眼花翎。将士进秩有差。

时捻匪倡乱日久，僧格林沁战殁于曹州，贼势日炽。四年四月，命国藩赴山东一带督兵剿办捻匪。山东、河南、直隶三省旗绿各营及地方文武员弁，均归节制调遣。国藩将赴徐州督师，乃招集新军，添练马队。檄调刘松山、刘铭传、周盛波、潘鼎新，诸军会剿。五月，贼窜回雉河集。国藩驻临淮关，遣兵击走之。先后奏言，此贼已成流寇，飘忽非常，宜各练有定之兵，乃足以制无定之贼。臣由临淮进兵，将来安徽。即以临淮为老营，及江苏之徐州、山东之济宁、河南之周家口，四路各驻大兵为重镇，一省有急，三省往援。其援军之粮药，即取给于受援之地。庶几往来神速，呼吸相通。时捻酋张总愚、任柱、牛落红及发逆赖汶光拥众十数万，倏分倏合。八月，国藩遣铭传败之，颖州贼东走曹州。国藩檄鼎新力扼运河，派军驰赴山东助剿。贼不能渡运，遂南走徐州，据丰、沛、铜山境内。九月，国藩遣李昭、鼎新败之。徐州丰县贼复窜山东。十月，盛波铭传败之。宁陵、抚沟贼窜陷湖北黄陂。五年正月，国藩遣铭传破之，复其城。任逆回窜沈丘，将踞蒙亳老巢。遣铭传盛波击之。张逆分股入郓城。三月，铭传、张树珊败之。颖州、周口群贼合据濮、范、郓、钜间，诸军击破之。张逆趋单县，任逆走灵壁。国藩驻徐州修浚运河，以固东路。五月，遣诸将败张逆于洋河、王家林，败任逆于永城、徐州。时贼自二月北窜，坚图渡运，徘徊曹、徐、淮、泗者，两月有余，迄不得逞。于是张逆入豫，任逆入皖。国藩遣盛波大破牛逆于陈州，败任、赖二逆于乌江河。树珊败张逆于周口。牛、张二逆渡沙河而南，任、赖二逆亦窜渡贾鲁河。国藩以前防守运河，粗有成效，必仿照于沙河设防，俾贼骑稍有遮拦，庶军事渐有归宿。定议自周家口下至槐店厄守沙河，上至朱仙镇

以有定之兵，
制无定之贼。

功业

扼守贾鲁河。因奏言，河身七百余里，地段太长，不敢谓防务既成，百无一失。然臣必始终坚持此议，不以艰难而自画，不以浮言而中更，以求有裨时局。自古办流寇，本无善策，惟有防之，使不得流，犹是得寸则寸之道。俟河防办成，则令河防者与游击者彼防此战，更番互换，庶足以保常新之气。六月，遣松山、张诗日大破贼于上蔡。西华贼由河南巡抚所派防军汛地逸出，东窜河防无成。七月，遣松山、宋庆大破之南阳新野。九月，铭传、鼎新破之，郓城运防赖以无恙。国藩自陈病状，七月，上命国藩仍回两江总督本任，以李鸿章代办剿捻司宜。

　　国藩请以散员留营自效，奏言：朝廷体恤下情，不责臣以治军，但责臣以筹饷；不令留营勉图后效，但令回署调理病躯。臣屡陈病状，求开各缺，若为将帅则辞之，为封疆则就之。则是去危而就安，避杂而趋易。臣内度病体，外度大义，减轻事权则可，竟回本任则不可。故前两次奏称，但求开缺，不求离营。盖自抱病以来，反复筹思，必出于此，然后心安理得。请开江督各缺，目下仍在周口军营照料一切，维湘淮之军心，联将帅之情谊。凡臣材力所可勉，精神所能到，必当殚竭愚忱，力图补救，断不因兵符已解，稍涉疏懈，致乖古人尽瘁之义。上谕曾国藩请以散员仍在军营自效之处，具征奋勉图功、不避艰难之意。惟两江总督责任綦重，湘淮各军尤须曾国藩筹办接济，与前敌督军同为朝廷所倚赖。该督忠勤素著，且系朝廷特简正，不必以避劳就逸为嫌，致多过虑。著遵奉前旨，仍回本任，以便李鸿章酌量移营前进，并免后顾之忧。国藩复奏，陈江督之繁，非病躯所能胜任。与其勉强回任，辜恩溺职，不如量而后人，避位让贤。吁请仍开各缺。

　　上谕前因曾国藩患病未痊，军营事繁，特令回两江总督本任，以资调摄。并因请以散员自效，复迭次谕令迅速回任，俾李鸿章得以相机进剿。曾国藩为国家心膂之臣，诚信相孚已久。当此捻逆未平，后路粮饷军火无人筹办，岂能无误事机。曾国藩当仰体朝廷之意，为国家分忧，岂可稍涉疑虑，固执己见。著即懔遵前旨，克期回任，俾李鸿章得以专意剿贼，迅奏肤功。该督回

量而后人，避位让贤。

任以后，遇有湘淮军事，李鸿章仍当虚心咨商，以期联络。毋许再有固请，用慰廑念。国藩回任后，六年，奏称：制造轮船为救时要策。请将江海关洋税酌留二成，一成为专造轮船之用，一成酌济淮军及添兵等事。从之。七月，补授体仁阁大学士，仍留两江总督之任；十二月捻匪平，赏云骑尉世职。七年四月，补武英殿大学士。七月调直隶总督。十二月到京，赏紫禁城骑马。八年二月，查明积涝大洼地亩应征粮赋，请分别豁减。从之。三月奏直隶刑案积多，与臬司张树声力筹清厘，甫有端绪。张树声见调任山西，请暂留畿辅一年，以清积案。

上谕曾国藩到任后，办事认真，于吏治民风实心整顿，力挽敝习。著如所讲，俾攸指臂之助。又先后二次查明属员优劣，开单具奏。得旨分别嘉勉降革，以肃吏治。时，直隶营务废弛，廷议选练六军。上谕国藩将前定练军章程，妥筹经理。五月，国藩奏言：臣见内外臣工章奏于直隶不宜屯留客勇一节，言之详矣。惟养勇虽非长策，而东南募勇多年，其中亦有良法美意。

为此练军所当参用者：一曰文法宜简，勇丁朴诚耐苦，不事虚文，营规只有数条，别无文告，管辖只论差事，不计官阶。挖壕筑垒，刻日而告成。运米搬柴，崇朝而集事。兵则编籍入伍，伺应差使，讲求仪节。及其出征，则行路须用官车，扎营须用民夫，油滑偷惰，积习使然。而前此所定练军规制，至一百五十余条之多，虽士大夫不能骤通而全记。文法太繁，官气太重。此当参用勇营之意者也。

文法太繁，官气太重。

一曰事权宜专。一营之权全付营官，统领不为遥制；一军之权，全付统领，大帅不为遥制。近来江楚良将为统领时，即能大展其才，纵横如意，皆由事权归一之故。今直隶六军统领迭次更换，所部营哨文武各官，皆由总督派拨。下有翼长分其任，上有总督揽其全，统领并无进退人才、总管饷项之权。一旦驱之赴敌，属下岂肯用命。加以总理衙门、户部、兵部层层检制，虽良将亦瞻前顾后，莫敢放胆任事，又焉能尽其所长，此亦当参用勇营之意者也。

一曰情意宜洽。勇营之制，营官由统领挑选，哨弁由营官挑选，什长由哨弁挑选，勇丁由什长挑选。譬之木焉，统领如根，由根而生干生枝生叶，皆一气所贯通。是以口粮虽出自公款，而勇丁感营官挑选之恩，皆若受其私惠。平日既有恩谊相孚，临阵自能患难相顾。今练军之兵，离其本营本汛，调入新哨新队，其挑取多由本营主政。新练之营官不能操去取之权，而又别无优待亲兵、奖拔健卒之柄，上下隔阂，情意全不相联，缓急岂可深恃？此虽欲参用勇营之意，而势有不能者也。又闻各营练军皆有冒名顶替之弊，防不胜防。盖兵丁因口分不足自给，每兼小贸手艺营生，此各省所同也。直隶六军以此处之兵调至他处训练。其练饷二两四钱，在练营支领；底饷一两五钱，仍在本营支领。兵丁不愿离乡，往往仍留本处，于练营左近，雇人顶替，应点应操。一遇有事远征，受雇者又不肯行，则转雇乞丐穷民代往。兵止一名，人已三变；练兵十人，替者过半，尚安望其得力？今当讲求变通之方，自须先杜顶替之弊。拟嗣后一兵挑入练军，即裁本营额缺。练军增一兵，底营即减一兵，无论底饷、练饷均归一处支放。或因事斥革，即由练营募补，底营不得干预，冀可少变积习。此外尚须有酌改。如马队不应杂于步队各哨之内，应另立马队营，使临敌不至混乱。一队不应增至二十五人，仍为什人一队，使士卒易知易从。

若此之类，臣本拟定一简明章程重整练军，练足万人，以副朝廷殷勤训饬之意。其未挑入练者，各底营存余之兵，亦须善为料理，未可听其困穷隳坏。拟略仿浙江减兵增饷之法，不必大减兵额，但将老弱者汰而不补，病故者阙而不补。即以所节饷项，量发历年底营欠款，俾各营微有公费，添制器械旗帜之属，庶足壮观瞻，而作士气。数年后，或将当日之五折七折八折者，全数赏发兵丁之入练军者，所得固优；即留底营者，亦足自赡。营务或渐有起色，而畿辅练军之议，亦不至屡作屡辍，事同儿戏。请敕原议，各衙门核议施行。寻饬国藩筹定简明章程，奏报定议。

国藩奏言：臣维用兵之道，随地形贼势而变焉者也。初无一定之规，可泥之法，或古人著绩之事，后人效之而无功。或今日制胜之方，异日狃之而反败。惟知陈迹之不可狃，独见之不可

> 平日既有恩谊相孚，临阵自能患难相顾。

恃。随处择善而从，庶可常行无弊。即就扎营一事言之，湘勇初出，屡为粤匪所破。既而高垒深壕，先图自固，旋即用以制敌。淮勇继起，亦以深沟高垒为自立之本，善扎营者即称劲旅。后移师剿捻，每日计行路远近，分各营优劣，曾无筑垒挖壕之暇，而营垒之坚否于胜败全不相涉。陕甘剿回，贵州平苗，亦不以此为先务。足知兵势之无常矣。然斯乃古来之常法，终未可弃而不讲。臣愚以为直隶练军，宜添学扎营之法。每月拔营一次，行二三百里为率。令兵丁修垒浚壕，躬亲畚筑，以习劳勚；不坐差车，以惯行走；增募长夫，以任樵汲负重之事。至部臣所议，兵丁宜讲衣冠礼节。臣意老营操演，可整冠束带，以习仪文。拔营行走，仍帕首短衣，以归简便。凡此皆一张一弛，择善而从者也。

臣前折所请重统领之权者，盖因平日事权不一，则临阵指麾不灵。臣在南中，尝见有巡抚大帅所部多营，平日无一定之统领，临时酌拨数营，派一将统之赴敌，终不能得士卒死力。而江楚数省，幸获成功者，大抵皆有得力统领，其权素重。临阵往来指挥，号令进退之人，即平日拨饷挑缺主持赏罚之人。士卒之耳目有专属，心志无疑贰，是以所向有功。臣所谓事权宜专，本意如此。然亦幸遇塔齐布、罗泽南、李续宾、杨岳斌、多隆阿、鲍超、刘铭传、刘松山诸人，或隶臣部，或隶他部，皆假重权而树伟绩。苟非其人，权亦未可概施。部臣所议，得良将则日起有功，遇不肖则流弊不可胜言。洵为允当之论。

良将者，可幸遇而不可强求者也。嗣后直隶练军统领，臣当悉心察看。遇上选则破格优待，尽其所长；遇中材则随处防维，无使越分，庶几两全之道。部臣复议及兵将相习，可收一气贯通之效。又言转弱为强，不必惜才于异地等语。臣窃意，就兵言之，断无令外省客勇充补之理，客勇亦无愿补远省额兵之志。就官言之，则武职自一命以上至提镇，皆可服官外省，况畿辅万方辐辏，尤志士愿效驰驱之地。是各路将弁有出色者，皆可酌调来直，不得以借才论。直隶练军，询诸众论，不外二法：一曰就本管之镇将练本管之弁将；一曰调南人之战将，练北人之新兵。访闻前此六军，用本管镇将为统领者，其情易通，而苦阘营无振作之气；用南人战将为统领者，其气稍盛，而苦上下无联络之情。将欲救二者之弊，气之不振，本管官或不胜统率之任，当察其懈弛，择人而换之。情之不联，南将或不知士卒之艰，当令其久处积诚以感之。

臣今拟于前留四千人外，先添三千人稍复旧观。一于古北口暂添千人，该提督傅振邦，老于戎行，安详勤慎。一于正定镇暂练千人，该总兵谭胜达，勇敢素著，志气方新，皆以本管官统之者也。一于保定暂添千人，令前琼州镇彭楚汉以南将统之。以中军冷庆所辖千人，姑分两起，俟查验实在得力，而后合并一军。此因论兵将相孚而拟目前添练之拙计也。至练军规模，臣仍拟以四军为断，二军驻京北，二军驻京南。每军三千人，统将功效尤著者，或添至四五千人。请旨交各衙门覆议，先行试办，俟试行果有头绪，然后奏定简明章程，俾各军一律遵守。奏入，允之。其后以直隶练军有效，他省仿而行之，营务为之一振，自国藩始。

九年五月，通商大臣崇厚奏，天津民人因迷拐幼孩匪徒，有牵涉教堂情事，殴毙法国领事官，焚毁教堂。上命国藩赴天津查办。国藩奏言：各省打毁教堂之案，层见迭出，而殴毙领事洋官，则为从来未有之事。臣但立意不欲与之开衅，准情酌理，持平结案。使在彼有可转圜之地，庶在我不失柔远之方。寻奏诛为首滋事之人，将办理不善之天津府县革职治罪。因陈时事虽极艰难，谋画必须断决。伏见道光庚子以后，办理夷务，失在朝战夕和，无一定之至计，遂至外患渐深，不可收拾。皇上登极以来，守定和议，绝无改更，用能中外相安，十年无事。津郡此案，因愚民一旦愤激，致成大变。初非臣僚有意挑衅。朝廷昭示大信，不开兵端，此实天下生民之福。以后仍当坚持一心，曲全邻好，以为保民之道。时时设备，以为立国之本，二者不可偏废。

八月，调两江总督。国藩沥陈病状，请另简贤能，开缺调理。上谕两江事务殷繁，职任綦重。曾国藩老成宿望，前在江南多年，情形熟悉，措置咸宜。见虽目疾未痊，但得该督坐镇其

殴毙法国领事官，焚毁教堂。

时事虽极艰难，谋画必须断决。

间，诸事自可就理。该督所请，另简贤能之处，著无庸议。十一月，命充办理通商事务大臣。十年，以楚岸淮南引地为川盐侵占，与湖广总督定议，与川盐分岸行销，奏请武昌、汉阳、黄州、德安四府，专销淮盐；安陆、襄阳、郧阳、荆州、宜昌、荆门五府一州，暂行借销川盐。湖南巡抚请于永、宝二府试行官运粤盐。国藩复力陈二府引地不必改运，部议皆如所请。十一年二月卒，遗疏入。

谕曰：大学士、两江总督曾国藩，学问纯粹，器识宏深，秉性忠诚，持躬清正。由翰林院蒙宣宗成皇帝特达之知，洊升卿贰。咸丰间创立楚军，剿办粤匪，转战数省，叠著勋劳。文宗显皇帝优加擢用，补授两江总督，命为钦差大臣，督办军务。朕御极后，简任纶扉，深资倚任。东南底定，厥功最多。江宁之捷，特加恩赏给一等毅勇侯，世袭罔替，并赏戴双眼花翎。历任兼圻，于地方利病尽心筹画。老臣硕望，实为股肱心膂之臣。方冀克享遐龄，长承恩眷，兹闻溘逝，震悼良深。曾国藩著追赠太傅，照大学士例，赐恤赏银三千两治丧，由江宁藩库给发。赐祭一坛，派穆腾阿前往致祭。加恩予谥文正，入祀京师昭忠祠、贤良祠。于湖南原籍、江宁省城建立专祠。其生平政绩事实，宣付史馆。任内一切处分，悉予开复。应得恤典，该衙门查例具奏。灵柩回籍时，著沿途地方官妥为照料。其一等侯爵即著伊子曾纪泽承袭，毋庸带领引见。其余子孙几人，著何璟查明具奏，候旨施恩。

湖广总督李瀚章、安徽巡抚英翰、两江总督何璟奏陈国藩历年勋绩。

李瀚章奏略云：国藩初入翰林，即与故大学士倭仁、太常寺卿唐鉴、徽宁道何桂珍讲明程朱之学，克己省身，得力有自。遭值时艰，毅然以天下自任，死生祸福置之度外。其过人识力，在能坚持定见，不为浮议所摇。用兵江皖，陈四路进攻之策。剿办捻匪，建四面蹙贼之议。其后成功，不外乎此。

英翰奏略云：自安庆克复后，国藩督军驻扎。整吏治，抚疮痍，培元气，训属寮若子弟，视百姓如家人。生聚教养，百废具举。至今皖民安堵，皆国藩所留贻。一闻出缺，士民奔走，妇孺号泣。以遗爱而言，自昔疆臣汤斌、于成龙而后，未有若此感人之深者。

何璟奏略云：咸丰十年，国藩驻祁门，皖南北十室九空。自金陵至徽州八百余里，无处无贼，无日无战。徽州初陷，休祁大震。或劝其移营他所。国藩曰：吾初次进兵，遇险即退，后事何可言？吾去此一步，无死所也。贼至环攻，国藩手书遗嘱，帐悬佩刀，从容布置，不改常度，死守兼旬，檄鲍超一战驱之岭外。以十余载稽诛之狂寇，国藩受钺四年，次第荡平，皆因祁门初基不怯，有以寒贼胆而作士气。臣闻其昔官京师，即已留心人物，出事戎轩，尤勤访察。虽一材一艺，罔不甄录，又多方造就，以成其才。安庆克复，则推功于胡林翼之筹谋，多隆阿之苦战。金陵克复，又推功诸将，无一语及其弟国荃。谈及僧亲王及李鸿章、左宗棠诸人，皆自谓十不及一。清俭如寒素，廉俸尽充官中用，未尝置屋一廛，田一区。食不过四簋，男女婚嫁不过二百金，垂为家训。有唐杨绾、宋李沆之遗风。其守之甚严，而持之有恒者，曰不枉语，不晏起。前在两江任内，讨究文书，条理精密，无不手订之章程，点窜之批牍。前年回任，感激圣恩高厚，仍令坐镇东南。自谓稍有怠安，负疚滋重。公余无客不见，见必博访周谘，殷勤训励。于僚属之贤否，事理之源委，无不默识于心。其患病不起，实由平日事无钜细、必躬必亲、殚精竭虑所致也。

上谕：据何璟、英翰、李瀚章先后胪陈曾国藩历年勋绩，英翰、李瀚章并请于安徽、湖北省城建立专祠。又据何璟遵查该故督子孙详晰覆奏。披览之余，弥增悼惜。曾国藩器识过人，尽瘁报国。当湘、鄂、江、皖军务棘手之际，倡练水师，矢志灭贼。虽屡经困厄，坚忍卓绝，曾不少移，卒能万众一心，削平捕寇。功成之后，寅畏小心，始终罔懈。其荐拔贤才如恐不及，尤得以人事君之义。忠诚克效，功德在民。允宜迭沛恩施，以彰忠荩。曾国藩著于安徽、湖北省城建立专祠。此外立功省份，并着准其一体建立专祠。伊次子附贡生曾纪鸿，伊孙曾广钧，均着赏给举

> 初次进兵，遇险即退，后事何可言。

> 守之甚严，持之有恒。

人，准其一体会施。曾广镕著赏给员外郎，曾广铨著赏给主事，俟及岁时，分部学习行走。何璟、李瀚章、英翰折三件均著宣付史馆，用示眷念勋臣，有加无已，至意。钦此。

江苏巡抚查明事迹疏

江苏巡抚臣何璟跪奏：为督臣因病出缺，暂委藩司代折代行，请旨迅赐简放，并陈督臣历年贤劳，吁恳恩施，仰祈圣鉴事。

窃臣于同治十一年二月初六日，接据江宁布政使梅启照禀称，督臣曾国藩正月二十六日，忽患手战舌强，似有中风之症。延医服药，旋发旋止，仍视公事不辍。惟医者诊脉，均云心血过亏等情。正驰念间，旋于初八日接梅启照续禀，初四日申刻，督臣前症复发，兼患足麻，即是于日戌刻出缺。已由该司将各印信封存，并于初五日将督臣遗折由驿驰递奏明，请旨简放遗缺，钞录奏稿到臣。臣接阅之下，不胜骇异。

伏念大学士、一等毅勇侯、两江总督臣曾国藩，由翰林起家，以大考受宣宗成皇帝特达之知，洊跻卿贰。道光三十年，在礼部侍郎任内，应诏陈言，屡摅谠议，忠忱悱恻，仰邀嘉奖。咸丰二年典试江西，丁忧回籍。旋以粤匪窜陷武昌，奉旨饬办团练。数年之间，迭奉授鄂援皖援江西授浙援蜀之命，无日不在兵间。文宗显皇帝朱批奖谕，鉴其孤忠。十年四月，遂以兵部右侍郎简授两江总督，钦差大臣。皇上践阼之初，倚任愈重。同治元年元旦，以克复安庆功，授为协办大学士。三年六月，以克复金陵功，锡封一等毅勇侯。其秉性之忠，学术之正，悉在圣明洞鉴之中，无俟微臣之饥缕。其历年战功政绩，又有督臣自具奏报。及创定湘营营制、营规，水师、马队各章程，内而咨存枢府，外而传布各省，亦无俟微臣之表彰。此次因病出缺，想圣主笃念荩臣，凡赐恤饰终之典，自必渥荷恩施，亦无需微臣之吁告。臣之所不能已于言者，臣与曾国藩相从日久，相知颇深，灼见其立功之伟，胥本于进德之勤。其生平尽瘁报国，克己省身，器识过人，坚贞自矢。不特今世所罕见，即方之古贤臣，盖亦未遑多让，请敬为圣主陈之。

咸丰之初，曾国藩以在籍侍郎练团杀贼。无尺寸之土地，无涓滴之饷。源饷之巨者，丁漕关税，而职在军旅，不敢越俎以代谋。饷之细者，劝捐抽厘，而身为客官，州县既不肯奉行，百姓亦终难见信。概系募勇，又不得照绿营为例，拔补实缺。空有保举之名，而无履任之实。名器不属，激励尤难。方其初败于岳州，再挫于九江，兵几不振，穷且益坚。迨江西困厄之时，事势非顺，动多触忤。一钱一粟，非苦心经营则不能得；一弁一勇，非苦口训诫，则不能战。于困苦难堪之中，立坚忍不拔之志，卒能练成劲旅，削平逋寇。上慰先帝在天之灵，辅佐圣世中兴之业。虽曰疚病可以成德术，动忍可以增智能，而艰难创造之初，固不敢自料有今日也。

逮咸丰十年，初膺江督，进驻祁门，正值苏常新陷，浙省再沦。皖南皖北十室九空，人烟稀少，军粮则半菽难求，转运则一夫难雇。自金陵以至徽州八百余里，无处无贼，无日无战。徽州之方陷也，休祁大震，江楚皆惊。或劝移营江西省城以保饷源，或劝移营江干州县以通粮路，而仍不出江督辖境。曾国藩曰：吾初次进兵，遇险即退，后事何可言？吾去此一步，无死所也。群贼即至，昼夜环攻，飞炮雨集。曾国藩手书遗嘱，帐悬佩刀，犹复从容布置，不改常度，死守兼旬。直待鲍超率霆军自山外来，始以一战驱贼出岭。以十余载稽诛之狂寇，曾国藩授钺四年，次第荡平，皆以祁门初基不怯，有以寒贼胆而壮士气也。

咸丰十一年八月，克复安庆。同治元年，水陆两军并江而下，沿江两岸三千里，名城要隘皆为我有。其弟曾国荃统得胜之师，直抵雨花台，以瞰金陵。左宗棠统楚军以达浙境。李鸿章统淮军以达沪上，皆深入虎穴，捷报频闻。

夏秋之间，兵机遂大顺矣。乃攻剿甫利，而疾疫流行。上自芜湖，下至上海，无营不病。不但守垒无勇，几于炊爨无夫。杨岳斌、曾国荃、鲍超诸统将，各抱重病。昔之劲兵，胥变孱卒。

名器不属，激励尤难。

疚病可以成德术，动忍可以增智能。

苏浙贼酋方以此时大举以援金陵，围攻雨花台四十六昼夜，更番不歇。南岸则宁国、旌德同时吃紧；北岸则颖、宿、蒙、亳捻匪出剿；正阳、寿州苗逆复叛。发贼又由江浦上窜，滁和巢含亦复岌岌可危。数年以来，辛苦战争之土地，由尺寸而扩至数百里者，深恐一旦溃裂，尽隳前功。援浙、救苏、保江三者，又须兼顾。时危事亟，军情反覆，异议环生：有谓金陵进兵太早，必致师老饷竭者；有谓宜撤金陵之围，以退各路援贼者。曾国藩于群言淆乱之时，有三军不夺之志，枕戈卧薪，坚忍卓绝，卒能以寡御众，出死入生。迨事机大定之后，语僚友曰：昔人尝言，忧能伤人。吾此数月心胆俱碎矣。幸赖国家鸿福，得以不死。然则今日之一病不起，盖其精力为已瘁矣。

曾国藩战胜之迹，指不胜屈。惟此数年，坎坷艰辛，当成败绝续之交，持孤注以争命；当危疑震撼之际，每百折而不回。盖其所志所学，不以死生常变易也。古之名臣谋国效忠，惟以人事君为急。曾国藩昔官京朝，即已留心人物。出事戎轩，尤勤访察。虽一材一艺，罔不甄录。而又多方造就，以成其材。其历年荐达，与平日忠义相切劘者，如江忠源、罗泽南、李续宾、刘腾鸿死于战阵，塔齐布、李续宜、萧捷三、江忠义死于勤劳，皆已载诸史传。其幕府宾僚、偏裨卒伍，由书生而游历疆圻，由末职而澡膺重镇，无愧戡乱之选，亦铮铮在人耳目，无待臣言。其苦心孤诣，使兵事历久而不败，人材愈用而不穷者，则在以湘勇之矩矱，推行于淮化，壕泗刚劲之风，为国家干城之用。

臣远稽史籍，唐之李郭亦仅收复两京，宋之韩范亦仅经略西夏一隅耳。我朝武功之盛，超轶前代，屡次戡定大难。然如嘉庆川楚之役，蹂躏不过四省；康熙三藩之役，蹂躏尚止十二省。今发捻回教诸匪，蹂躏竟及十七省，用兵已满二十年。若专恃湘楚一军，与之角逐，而无淮军继起于其间，亦岂能南北分兵，次第削平祸乱。是其公忠伟略，推贤让功，和衷共济，尤足多者。臣昔在军中，每闻谈及安庆收复之事，辄推功于胡林翼之筹谋，多隆阿之苦战；其后金陵克复，则又推功诸将，而无一语及其弟国荃。谈及僧亲王剿捻之时，习劳耐苦，辄自谓十分不及一二；谈

多方造就，以成其材。

及李鸿章、左宗棠一时辈流，非言自问不及则曰谋略不如，往往形之奏牍，见之函札，非臣一人之私言也。当江皖糜烂之际，实仕宦所谓畏途。曾国藩不辞选拔知兵之员，随时保奏，以期同济艰难。厥后大功底定，南服承平。朝廷延访殷勤犹复，叠奉谕旨，令保封疆将帅。曾国藩则奏称：疆吏既有征伐之权，不当更分黜陟之柄，宜防外重内轻之渐，兼杜植党树私之端。其小心远虑若此，宜其立功之后，不自矜伐也。

曾国藩自督师以来，即有不期生还之志。是以经历危险，屹然不可摇撼。精诚之至，部曲化之，手足化之。故湘军阵亡文武官兵，可以按册而稽者多至万余人。咸丰八年，三河之战，其胞弟曾国华随李续宾以单骑冲贼死。同治元年雨花台之战，其胞弟曾贞干于贼退数日，劳疾而死。可谓一门忠义矣。而与诸弟共在军中，任事则督之争先，论功则率之居后。盖深见乎功名之际，始终之难，常以位高于众，权重于人，怀大名不祥之惧。

> 位高于众，权重于人，怀大名不祥之惧。

故遭非常之知遇，弥切尔位之靖共。其平日办事，不分畛域，江、皖、苏、浙、两湖之兵事，联为一气。两江粮台之军火饷糈，又不惜接济邻省，分应他军。而于节制四省、节制三省之命，则坚不敢居，不惮一再陈情，期于得请而后已。盖时念及报称之难，不敢恃恩宠之厚也。

其本身清俭，一如寒素。官中廉俸，尽举以充官中之用，未尝置屋一廛，增田一区。疏食菲衣，自甘淡泊，每食不得过四簋，男女婚嫁不得过二百金，垂为家训，有唐杨绾、宋李沆之遗风。而邻军困穷，灾民饥馑，与夫地方应办之事，则不惜以禄俸之赢余，助公用之不给。臣在皖时，固稔知之。其立身平实，不求立异。守之甚严，而持之有恒者，一曰不诳语，二曰不晏起。朝端之奏报，僚属之咨札，亲友之函牍，就臣所见，固未尝有欺饰矣。即外抚远人，内驭降将，交必推诚布公，言皆质实，中外远近皆有以信其为人之不苟。在军在官，夙夜未尝少懈。虽风潇雨晦，疾病忧郁之时，率以鸡鸣而起，夜分始息，盖数十年如一日也。晚年不服珍药，未尝有卧疴倚衾之日。前在两江任内，讨究文书，条理精密，无不手订之章程，无不点窜之批牌。惟有舌蹇心悸之症，不能多见僚属。前年回任，感激圣恩高厚，仍令坐镇东南；自谓稍即怠安，负疚兹重。公余无客不见，见必博访周谘，殷勤训励。于僚属之贤否，事理之源委，无一不默识于心。人皆服其耄年进德之勤，其勉力在此，其致病亦在此。上年阅兵回省，适臣行抵金陵。见其体貌尚如往年，而曾国藩自言精力大衰，右目昏瞆。臣与晤谈数次，议论公事，娓娓不倦。曾劝以节劳省神，为国自爱。不意相距未及两月，遽病不起，实由平日事无钜细，必躬必亲，殚精竭虑所致。

两江官绅士庶，闻其溘逝，无不同声太息。则其功德及民，不可泯也。可否仰恳天恩，准于江南省城建立专祠，并饬于所在立功省分，一体建祠，以彰忠荩，并祈将臣奏章宣付史馆，以备采择。现在督臣身后之事，已经藩司梅启照等会同伊子曾纪泽妥为经理。查督臣有子二人：长即户部员外郎曾纪泽，次附贡生曾纪鸿。孙三人均幼，皆随侍任所。所有两江总督衙门日行公事，除由臣暂委梅启照代折代行外，所遗两江总督，员缺紧要，相应请旨迅赐简放，以重职守，理合将接。据督臣因病出缺缘由，并将其历年贤劳实迹，附陈恭折，申驿五百里驰奏。伏乞皇太后皇上圣鉴训示。谨奏。

安徽巡抚请建祠疏

太子少保安徽巡抚奴才英翰跪奏：为督臣勋劳卓著，与情爱戴同深吁，恳天恩俯准建立专祠，以彰忠荩。恭折奏祈圣鉴事。

窃两江督臣曾国藩，因病出缺，荷蒙圣慈，笃念荩臣，逾格矜恤，隆施旷典，业已至优极渥，原非臣下所敢再渎。即该督臣平时武功政事、立品植学诸大端，仰荷天语之褒嘉，更有史馆之撰述，久已宣布遐壤，远近周知。且曾国藩绥靖南疆，奴才正转战淮北，虽系皖中属寮，时承指示，然未得一日相从。一切事迹，亦无待奴才为缕述。惟是曾国藩督师几二十年，荡平数省，用兵以在皖为最久，功绩亦以在皖为最多。当其由江鄂转战而前,正值发逆披猖,接连一片,江淮南北,几无完土。曾国藩励兵选将,推贤让能,百折不回,坚忍不拔。先平皖南,继克安庆,旋复庐州。淮泗以南,大江上下,同时底定。僧格林沁大军得以专力荡平北路,无南顾之虞。曾国荃、李鸿章、左宗棠等因而分道并进,肃清江浙,克复金陵,殄除巨憝。是以论者,佥谓克复安庆一役,不特为平定金陵之基,亦实为南北廓清一大关键。安庆克复后,曾国藩督军驻扎,整吏治,抚疮痍,培元气。训属僚若师弟,视百姓如家人,生聚教养,百废具举。间阎庆衽席之安,父老忘乱离之苦,如是者又数年。迨至同治五六年间,奴才带兵剿捻,曾国藩驻军徐州。每有书问皖事,犹谆谆以安民察吏为要务。至今皖中一切措施,遵其规画。皖民之安堵,实皆曾国藩所留贻。故一闻督臣出缺之信,士民奔走,妇孺感泣,争赴奴才衙门,恳请奏建专祠,以崇报飨。同声吁恳,实出爱戴之诚。

伏思督臣中兴战绩,列在简册,固可媲美古人;即以遗爱而言,则自昔疆臣汤斌、于成龙而后,亦未有若此感人之深者。在朝廷褒功之厚,固已广被无遗,而在皖民尸祝之诚,又未敢壅于上达。可否仰恳天恩,俯准于安庆省城建立专祠,以顺舆情,而彰忠荩,出自鸿慈。至该督臣立功省分甚多,可否一并建祠之处,恭候圣裁。奴才未敢再为渎请。所有督臣劳勋卓著,据情吁请各缘由,谨恭折具陈,伏乞皇太后皇上圣鉴训示。谨奏。

湖广总督请建祠疏

头品顶戴湖广总督臣李瀚章跪奏:为故大学士功德在民,请于湖北省城建立专祠,并补陈贤劳实迹,仰祈圣鉴事。

窃臣恭读本年二月十二日上谕:大学两江总督曾国藩,学问纯粹,器识宏深,秉性忠诚,持躬清正,著追赠太傅。照大学士例,赐恤赏银三千两治丧,赐祭一坛,加恩予谥文正,入祀京师昭忠祠、贤良祠,并于湖南原籍、江宁省城建立专祠,其生平政迹事实宣付史馆等因。钦此。仰见圣主笃念忠良之至意,无任钦感。又准署两江督臣何璟咨送折稿到臣所,陈曾国藩劳迹,并其立身行政诸大端,均甚切当。其叙咸丰十年以后军事,亦极详明。惟自咸丰初年创立水陆二军,率以东征,及历年在鄂在江艰危拮据情形,尚有未尽。盖何璟与曾国藩共事在咸丰十年以后,闻见有所未详,其势然也。臣于咸丰三年署善化县任内,经曾国藩檄调,从军前后近十年,知之较悉。钦奉谕旨,将其政迹事实宣付史馆,则采择不厌周详,仅再为我皇上补陈之。

咸丰二年,曾国藩典试江西。行入江境,闻讣丁母忧回籍,时长沙解围未久,武汉继失。土匪蜂起,兵勇陆续过境,强据民船,所在劫掠。曾国藩奉旨帮办团防查匪事宜。因时局艰难,义不容己,而夺情视事,又非其所安。比经奏明,将来无论建立何项功绩,均不敢仰邀议叙。及抵长沙,立拿据船游勇,枭示河干。颁发乡团族团执照。凡从贼勾贼各匪,责成团总户族捆送。前后擒斩数百人。自后贼屡犯湘各属,匪徒无敢应者,皆其先机能断之效也。由是延访人才,拔罗泽南、王鑫、李续宾、张运兰等使练陆勇;拔彭玉麟、杨岳斌、黄翼升、鲍超等使练水勇。又以绿营废弛,奏参长沙协副将清德,特保游击塔齐布。且云:塔齐布将来如打仗不力,臣甘与同罪。塔齐布等均感激思奋,力战成名。皆其知人善任之效也。

咸丰三年,贼围江西。曾国藩命罗泽南等赴援解围,后函商江忠源奏请创立水师,为三省会剿议。是年冬,亲赴衡州,督造战船。经费无出,惟以忠义激励人心,劝捐济用。四年二月,统率水陆兵勇六千人,行抵长沙,贼已由岳州窜陷湘阴、宁乡。曾国藩派营击退,追剿至岳州。会王鑫挫于蒲圻,岳州再失。贼仍由宁乡窜陷湘潭。其时长沙西南北三面数十里外,贼踪遍野,省城危急。曾国藩令塔齐布率陆勇,彭玉麟、杨岳斌率水师,上剿湘潭,而亲率水师二营、陆勇一营下剿靖港。四月初二日,靖港战败,曾国藩自咎调度无方,投水三次。幕客亲兵力救乃免。四月初五日,湘潭克复,尽焚贼舟。乃自劾靖港之失,疏请治罪,不以湘潭同时大捷稍自宽饰也。

感激思奋,力战成名。皆其知人善任之效也。

七月，整军东下，克复岳州。广东总兵陈辉龙水师败于城陵矶，褚汝航等死之。曾国藩坚持不动。闰七月，塔齐布、罗泽南击败陆贼，转战而前。八月二十三日，遂克武昌。十月十三日，大破田家镇，战绩均详奏牍。十二月，水师破湖口贼卡，冲入鄱阳湖，尽焚贼艘。而老营之扎九江对岸者，被贼用小舟袭焚，事机危急。曾国藩慨然曰：大臣不可辱。复欲投水。幕客亲兵强掖渡江，夜入罗泽南军中。五年正月，入江西重整水陆各军。贼北岸上窜，武汉再陷。方其在江西也，以客军当败挫之余，呼应不灵，动多触忤，曾有三难之奏。然一闻贼陷弋阳广信，即命罗泽南等力战复之。七月，攻克义宁，又分攻湖口。会塔齐布卒于九江，鄂事日棘。复令罗泽南等赴援，与胡林翼会攻武昌，以全大局。

是年冬，逆首石达开自崇通陷瑞临，另股贼自广东来会。江西八府五十余州县，皆沦于贼，湖南文报不通。乃分九江之军以援吉安，而自率舟师回驻省河，官民倚以为固。六年春，吉安失守，周凤山失利樟树镇，其分攻抚建者，皆不能下。时饷源罄竭，枵腹转战，军无怨言，皆曾国藩忠诚所感也。是年七月，胡林翼派曾国华、刘腾鸿等援江西，进攻瑞州。骆秉章派刘长佑等进攻袁州，派曾国荃进攻吉安，湖南之路始通。会抚州陆营失利，乃令移驻贵溪，以保浙东一线之饷路。

七年三月，曾国藩丁父忧回籍。八年夏，复奉命统军援浙。其时瑞临抚建，皆经湘军克复。八月，曾国荃克吉安。曾国藩拟由建昌入浙。九年，移驻抚州，攻克景德镇。旋奉入川之命，中途经官文、胡林翼奏请改而援皖，驻宿松克太湖战绩均详奏牍。至十年四月补授江督兼充钦差大臣，以后事迹，何璟所陈甚详。臣亦由赣南道奏调广东筹饷矣。

窃维曾国藩识力之坚毅，志虑之忠纯，持躬之谨慎，久在圣鉴之中，岂待微臣陈述。惟前后艰危拮据情形，有非奏报所能详者，似不妨合两折以备史馆之采择也。臣闻曾国藩初入翰林，即与故大学士倭仁、太常寺卿唐鉴、徽宁道何桂珍讲明程朱之学，克己省身，得力有自。遭值时艰，毅然以天下自任，忘身忘家，置死生祸福、得丧穷通于度外。其大端则在以忠事君，晋接士类，能决其人之贤否，推诚布公，不假权术，故人皆乐为之用。其过人之识力，在能坚持定见，不为浮议所摇。进攻安庆、江宁，则建三路进兵之议；剿办捻匪，则建四面蹙贼之议。其后成功，不外乎此。所创水师，尤能制贼死命。

盖贼自湖南窜据金陵，尽掠沿江船只，乘风日踔数百里，飘忽无常，濒江各郡县，一日数惊。自曾国藩水师东下，扼驻一处，即能保全一处。当武汉再陷时，胡林翼以孤军困守城下，而贼船不敢上越金口一步。汉镇贸易均移至新堤。筹办盐厘损输，藉济军饷。胡林翼屡次奏称，曾国藩创立水师，其功甚大。盖身在事中，故能言之深切。其后曾国藩遣罗泽南驰援武昌。惟时江西四面皆贼，且夕不能自保，只以通筹天下大势，非力争上游，则金陵无可规复之理。是以自留江西，支持危局，而特遣劲旅进攻武昌。此其深识远略，公而忘私，尤有古人所不能及者。

是曾国藩底定东南之功，尤以经营武昌为一大关键。查罗泽南、李续宾、胡林翼、官文均经奉旨于湖北建立专祠。现在鄂中士民，闻曾国藩溘逝，莫不咨嗟感慕，吁请建祠以崇报享。相应请旨敕建曾国藩专祠于湖北省城，以顺舆情，而彰忠荩。所有请建专祠，并补陈贤劳实迹，以备史馆采择各缘由。仅会同湖北抚臣郭柏荫恭折具陈，伏乞皇太后皇上圣鉴训示。谨奏。

江西巡抚请建祠疏

头品顶戴江西巡抚臣刘坤一跪奏：为绅民呈请建立已故督臣专祠，恭折仰祈圣鉴事。

窃臣接据在籍三品京堂衔翰林院修撰刘绎等呈称，江西用兵十数年，几与军务相为始终。原任大学士、两江总督臣曾国藩之保卫江西，亦相为始终。

咸丰三年，贼围江西省城，守兵已嫌单薄，而上游泰和县土匪乘机起事，暗与发逆勾通，势殊岌岌。幸得曾国藩由湖南派罗

坚持定见，不为浮议所摇。

泽南等各营来援，扑灭泰和之匪，省城发逆势孤，随亦解围而遁。四年，曾国藩克复武昌，遂率得胜之师，顺流而下，分攻九江、湖口。各军失利，身濒于危。五年，以次进驻南康、南昌，分遣诸将，规复广信、弋阳、义宁等处，人心倚以为固。会逆首石达开、赖裕新、胡以晃等大股窜入江西，复有另股自广东来合。而曾国藩得力之将罗泽南等又先派援湖北。贼众我寡，致江西八府五十余州县先后沦陷。维时饷源已竭，士气不扬。曾国藩内则筹给饥军，以资危局；外则乞师邻省，以遏狂氛。其拮据之状，坚忍之操，士民共见共闻，至今念之，莫不流涕。

六年，湖南湖北各派楚师，分道入援。其瑞州一路，则其胞弟曾国华也；吉安一路，则其胞弟曾国荃也。此外诸将，如刘长佑等，皆曾国藩素所识拔之人。曾国藩师以援师大集，会同抚臣，左提右挈，指授机宜，并派李元度等驻扎贵溪，以通浙东饷道。由是诸军饱腾用命，所向有功。六、七、八三年之中，遂收全省肃清之效。

九年，曾国藩提师援浙，犹先分兵攻克浮梁县、景德镇地方，迨后攻安庆，下金陵。每闻江西风鹤之惊，辄即派兵驰回援剿。同治三年，逆酋李世贤、陈炳文、汪海洋等率众数十万，由浙窜入江西、苏常；余氛亦接踵而至抚建等府，遍地皆有贼踪，人情汹汹，惧蹈咸丰五年覆辙。时曾国藩驻师皖境，飞调鲍超全军赴援，羽檄频催，急于星火。鲍超兼程而进，遂大战于浒湾，跳荡已逾三时，擒斩实以万计。该逆土崩瓦解，随即遁往广东。安危利钝之几，间不容发。

四年，发逆荡平，亦深资霆军越剿穷追之力，江境得以解严。曾国藩之有功于江西如此。至于接引士类，识拔人才，裁减丁漕，抚恤黎庶，一切善政，不可殚述。

夫盛典饰终，朝廷已极优渥，而感恩戴德，舆情愿奉馨香。公恳奏请于江西省城建立专祠，俾士民得申报享之忱等情。前来臣查立功江省各员，如前安徽巡抚江忠源、前江西巡抚张芾等八人，均经奉旨于省城分建专祠。今督臣曾国藩历年保卫江西，厥功尤伟，士民追慕不忘。可否仰恳天恩，俯如该绅等所请，准于江西省城建立专祠，以慰舆情而彰忠荩，理合恭折具奏。伏乞皇太后、皇上圣鉴训示。谨奏。

军机大臣奉著照所请，该部知道。钦此。

直隶总督请建祠天津疏

太子太保大学士直隶总督一等伯臣李鸿章跪奏：为津郡绅民吁恳建立已故督臣曾国藩专祠，恭折仰祈圣鉴事。

窃据天津道丁寿昌、天津府知府马绳武等详称，原任大学士两江总督臣曾国藩，久任东南，勋劳懋著。同治八年，调任直隶。正岁歉匪扰之后，地方凋敝。下车伊始，即以治河、练兵、饬吏三大端为务。次第举行，民赖以安。天津为诸河下梢，海疆要地，利益尤多。办理中外交涉事件，顾全大局，至今咸鉴其苦衷。他如清讼狱，减徭役，劝农桑，严锅伙之刑，祛盐务之弊，凡有裨于国计民生，无不尽心经营，实力兴办，委属有功于民。

据绅士沈兆沄等联名吁恳，于津郡择地建立专祠，以谘报飨。由该道府转详请奏，声明所需经费，另行集捐等情前来。臣查曾国藩前于两江总督任内，因病出缺，叠荷恩施，至优极渥。并准于立功省分一体建祠，仰见圣主眷念荩臣，有加无已，钦感同深。其在直隶几及两年，政绩实多可传。今津郡绅民追念旧德，吁恳祠祀，出于至诚。相应仰恳天恩，俯赐照准，以顺舆情。理合恭折具陈，伏乞皇上圣鉴训示。谨奏。

军机大臣奉旨著照所请，该部知道。钦此。

直隶总督请建祠保定疏

太子太保大学士直隶总督一等伯臣李鸿章跪奏：为已故督臣遗爱在民，据情奏恳恩准建立专祠崇祀名宦，恭折仰圣祈鉴事。

窃据藩司孙观、臬司范梁、清河道叶伯英会详，据保定府绅士贺锡福等禀称，原任大学士两江总督曾国藩，自同治七年调任直隶。时值捻氛甫靖，该督臣苦心经理，澄叙官方，礼贤清讼，选将练兵，兴举水利，赈恤灾荒，善政班班，不可殚述。前津郡禀请建祠，业蒙奏准。省城为首善之区，士民爱戴尤深。吁恳捐建专祠，春秋致祭。并据直省绅耆，进士王振纲、翰林院庶吉士辛家彦等公呈请，将前督臣曾国藩崇祀省城各宦祠各等情，请奏前来。

臣查该故督臣调任畿辅两年，举贤任能，吏治为之清肃。他如治河、练兵，次第筹办，皆有成效。于地方利弊切实讲求，纲纪渐立，废坠具修。其在任时，清理通省讼狱积案数万件。去任后，筹助天河水灾赈银二十万两，尤为人所难能，功德在民，久而弗替。既据合词请环，出于至诚，相应据情，吁恳天恩，准于保定省城，由该绅士等捐建前督臣曾国藩专祠。由地方官春秋致祭，并准附祀省城名宦祠，以顺舆情，而彰忠荩，理合恭折具奏。伏乞皇太后皇上圣鉴示。谨奏。

军机大臣奉旨著照所请，该部知道。钦此。

神道碑

皇清诰授光禄大夫、赠太傅、武英殿大学士、两江总督、一等毅勇侯曾文正公神道碑：

圣清受命二百载，有相曰曾公，始以儒业事宣宗皇帝，入翰林，七迁而为礼部侍郎。文宗御极，正色直谏，多大臣之言。咸丰二年，以母忧归湘乡，遂起乡兵讨贼。自宣宗时，天下又安，内外弛备。于是西洋始通中国，海上多事。未几，而广西群盗起，大乱以兴。及此年，放兵东出。攻长沙不克，遂渡洞庭，陷武昌，循江而下，所过摧靡。而是时，天下兵大氐惰窳恇怯，不可复用。诸老将尽死，为吏者不习战阵。公既归，天子诏公治团练长沙。公曰：金革之事，其敢有避。因奏言团练不食于官，缓急不可恃。请就其乡团丁千人，募为勇营，教以兵法，束伍练

不食于官，缓急不可恃。

技，号曰湘军。湘军之名彼此始。明年，益募乡人三千，解南昌之围。是时贼已陷金陵踞之，掠民艘巨万，纵横大江中。于是议创舟师，制铸炮，选将练卒，教习水战。天子嘉之。湘军水师由此起矣。

四年，成军东讨。初战再失利，未几大捷湘潭。以师不全胜，上疏自劾。已而克岳州，下武昌，大破田家镇，断横江铁锁，乘胜围九江，进规湖口。当是时，湘军威名震天下。会水师陷入彭蠡湖，鄂师丧师，武昌再失。公曰：武昌据长江上游，必争之地也。急檄湖北按察使胡公林翼，率偏师西援。不克，则悉锐师继之，而自留江西督攻九江。已而悍贼石达开等分道犯江西，破郡县六十余城。公上疏自劾。卒以孤军坚拒死守，贼不得逞。六年，胡公等复武昌，明年，拔九江，军威复振。

公治军，谋定后动，折而不挠，坚如金石，重如山岳。诸将化之，虽离公远出，皆遵守约束不变。自九江未拔，诸军已略定江西郡县矣。公以父忧归，累诏起复视师，不出。既逾小祥，始奉命援浙江。是时公军为天下劲旅，四方有警，争乞公赴援，南则浙闽，西则北蜀，北则淮甸，皆遥恃公军为固，虑旌旗他指。天子亦屡诏公规画全势，视缓急轻重去就之。公曰：谋金陵者，必据上游，法当舍枝叶，图本根。遂建议三道规皖。

咸丰十年，苏浙沦陷，朝廷忧之。以公总制江南，趣诏公东兵，而公卒不弃皖，以失上游。是年，西夷内犯，定和议。十一年，公克安庆。今上同治元年正月元日，授公协办大学士。于是分道出师，大举东下。公弟浙江巡抚国荃以湘军缘大江，薄金陵。今陕甘总督左公宗棠，以楚军抵衢州，援浙江。鸿章以淮军出上海，规苏常。水师中江而下，为陆军声援。三年，苏浙以次戡定，而公弟等亦攻拔金陵伪都。自公初出师，至是十有三年，粤贼平，东南大定，论功封一等毅勇侯。开国以来，文臣封侯自公始。

公既平定江南，威振方夏，名闻外国。会忠亲王僧格林沁战殁于曹，廷议以公北讨流寇。是时，公所部湘军皆已散归。经画岁余，功绩渐彰。会疾作，有诏还镇江南，中外大事，皆就决

当舍枝叶，图本根。

之。公所谋议，思虑深远。进规中原，议筑长墙以制流寇；策西事，议清甘肃而后出关；筹滇黔，议以蜀湘两省为根本。皆初立一议，数年之后，事之成否，卒如其说，而驭夷为尤著云。

初，咸丰三年，金陵始陷，米利坚人尝谒江南师，愿以夷兵助战。十一年，和议既成，俄罗斯、米利坚皆请以兵来助。公议以为宜嘉其效顺而缓其师期。及同治元年，英吉利、法兰西又以为请。公又议以为宜申大义以谢之，陈利害以劝之。皆报可。廷议购夷船，公力赞之。比船至，欲用夷将，则议寝其事。其后自募工写夷船之制，近似之，遂议开局制造。自是外洋机器轮舟夷炮，中国颇得其要领矣。六年，诏中外大臣，筹和议利害，可许不可许。公议以为，其争彼我之虚仪者许之，其夺吾民之生计者勿许也。移直隶总督，天津民有击杀法兰西领事官者，法人讼之朝，天子慰解之。法人固争，有诏备兵以待。公曰，百姓小忿，不足肇边衅。从之，而密议储将练兵，设方略甚备。先是公已积劳成疾，至是疾益剧。会江南阙帅，上念南洋驭夷，事任绝重，非公不可，遂命还江南臣治之。至则经营远略益勤。既一年，疾甚。

同治十一年二月戊午，遂薨于位。官至武英殿大学士，享年六十有二。遗疏入，天子震悼，赙赐有加。赠太傅，谥文正公。讳谋字涤生，世为湖南湘乡人。曾祖竟希，祖玉屏，父县学生麟书，三世皆以公贵，封光禄大夫。曾祖妣彭氏，祖妣王氏，妣江氏，皆封一品夫人。夫人衡阳欧阳氏，生男二人。纪泽荫生户部员外郎，袭爵为侯。纪鸿附贡生。孙三人广钧、广镕、广铨皆幼。公既薨，纪鸿、广钧皆赐举人。广镕赐员外郎，广铨赐主事。女五人皆适士族。

公为学，研究义理，精通训诂；为文，效法韩欧，而辅益之以汉赋之气体。其学问宗旨，以礼为归。尝曰：古无所谓经世之学也，学礼而已。于古今圣哲，自文、周、孔、孟，下逮国朝顾炎武、秦蕙田、姚鼐、王念孙诸儒，取三十有二人，图其像而师事之。自文章政事外，大抵皆礼家言。尝谓圣人者，自天地万物推极之至，一室米盐无不条而理之。又尝慨古礼残阙，无军礼，

> 其争彼我之虚仪者许之，其夺吾民之生计者勿许也。

军礼要辨等明威,其于军礼庶几近之。至其论议规画,秩序井井,经纬乎万变,调理乎钜细,其素所蕴蓄然也。丧归湖南,营葬于善化县谋乡。

鸿章少从公问学,又相从于军旅,与闻公谋国之大者,乃为文刻其墓道之碑。铭曰:于铄!皇清世载圣武,万夷震垒,匪臣伊主。历载二百,极炽而屯!孰排其纷,厥维宗臣。功与时会,其成则天。惟公之兴,事乃异前。国有旧旅,云屯星罗。公曰窳矣,汰之则那。率我萌隶,敌忾同仇。舍其钼耰,来事戈矛。厥初孤立,百挫不慑。天日可格,鬼神为泣。持己所学,陶铸群伦。雝培浸灌,为国得人。孰任钜艰,到印使帅。孰以节死,孰成孰败,决之于微,卒验不爽。朝廷乏人,取之公旁。始诏求贤,江以荐起。继才胡公,胜己十倍。陆军诸将,首塔罗王,二李继之,水则彭杨。皆公所识,拔于风尘。知人之鉴,并世无伦。万众一心,贯虹食昂。终奠九土,殡此狂丑。事已大毕,乃谋于海。益我之长,夺彼所恃。动如雷霆,静守其雌。内图自强,外羁縻之。默运方寸,极九万里。人谓公怯,曰吾过矣。式蛙尝胆,以生以训。大勋宜就,胡弃而隔。道光季世,夷始悥我。内患乘之,燎原观火。彼睨吾旁,雌雄首尾。曰敝可乘,附耳同起。夷啮其外,寇讧其内。不有我公,嘻甚矣惫!维昔相臣,佐治以文。武功之盛,则由圣人。留都开基,三藩定变。新疆外拓,川楚内奠。四夷奔走,唯恐在后。皆秉圣谟,群臣拱手。公起词臣,以安以攘。天子虚己,曰汝予匡。相业之隆,近古无有。开物成务,是谓不朽!退之有言:衡为岳宗。扶舆磅礴,郁积必钟。后千百年,降神尧尧。我铭不谀,以配崧高。

诰授光禄大夫、太子太保、武英殿大学士、直隶总督、一等肃毅伯兼都尉世职门下士李鸿章顿首拜撰。

墓志铭

皇清诰授光禄大夫、赠太傅、武英殿大学士、两江总督、一等毅勇侯曾文正公墓志铭：

同治十有一年二月，武英殿大学士、两江总督曾公薨于位。天子震悼，加赠太傅，谥文正。命儒臣撰赐祭文墓碑以葬。公子纪泽、纪鸿以铭墓之文属之刘公蓉，未及葬而刘公薨。捡其遗书，得所为铭辞，而前叙阙焉。又明年，卜葬善化县之平塘、伏龙山。葬有日，而夫人欧阳氏薨，遂即其地祔葬于是。嵩焘涕泣，承刘公之意而叙之。

公讳国藩，字伯涵，号涤生，湘乡人。咸丰初，寇发广西一隅之地，所至糜烂。盗掳金陵十四年，尽蹂江浙两省地，披而有之。公以侍郎奉母丧归。起乡里讨贼，奋其占毕之儒，锄耰之民，荡长江，万里蹙贼蹐之，天下复睹居安，民用苏息。已而合肥李公平捻逆于冞津湘阴，左公殄回乱于关陇，皆用公荐擢。席其遗规，遂蒇成功。于时江以南搆乱尤深。公再督两江，嘘枯剪岁，煦濡群萌，孤嫠有养，儒宿有归，渐摩淳涌纳之太和。故公功在天下，而江南之于公，若引之以为己私。

公始为翰林，穷极程朱性道之蕴，博考名物，熟精礼典。以为圣人经世宰物，纲维万事，无他，礼而已矣。浇风可使之醇，敝俗可使之兴，而其精微具存于古圣贤之文章。故其为学，因文以证道。常言载道者身也，而致远者文。天地民物之大，典章制度之繁，惟文能达而传之。俯焉，日有孳孳以求信于心，而当于古。其平居抗心希古，以美教化育人才为己任。而尤以知人名天下，一见能辨其才之高下，与其人贤否。满洲塔齐布公，新宁江公忠源，衡阳彭公玉麟，善化杨公岳斌，或从末弁及诸生奖拔为名臣。其于左公宗棠，趣尚不同，而奇左公智术，以公义相取，左公亦以显名天下。片长薄技，受公一顾，争自琢磨砥砺，敦尚名节。在军必立事功，在官为循吏。曰："吾不忍负曾公。"而公敛退虚抑，勤求己过，日夜忧危，如不克胜。自初仕及当天下重任，始终一节，未尝有所宽假。及其临大敌，定大难，从容审顾，徐厝之安，一无疑惧。此公道德勋名被于天下，施之万世，而其意量之闳深，终莫得而罄其用，而窥其藏也。

公以戊戌科进士改翰林院庶吉士。又明年，授检讨。五转至

载道者身也，而致远者文。

礼部侍郎。文宗即位,诏求直言。公疏陈本原至计。天下惊叹,以为唐宋名臣所不及。典试江西,未至,丁母忧。会广西贼围长沙,奉命帮办湖南团练,治军长沙,又治水师衡州。武昌再陷,命公督师东征,再克之。转战江西,丁父忧,归。上初即位,授大学士,总督两江,节制四省。而公弟太子少保威毅伯国荃以一军特起,克复金陵。天子嘉劳,锡公一等毅勇侯,晋太子太保。旋调直隶总督,复调两江。

公生于嘉庆十六年辛未岁十月十一日,薨于同治十一年壬申岁二月初四日,年六十有二。曾祖竟希,祖玉屏,父麟书,自公祖若父皆名德耇寿。及见公为侍郎,受封光禄大夫,天下荣之。配欧阳夫人,衡阳县贡生凝祉之女。勤俭有礼法,恩周于人,行饬于家。自文正公在军,夫人常蔬食,夜疏告天,乞早纾生民之祸,助成大功,慰天子忧劳。以同治十有三年八月十三日薨,年五十有儿。子纪泽户部员外郎,袭封一等毅勇侯。纪鸿赏给举人。女五人,一适袁氏,江苏松江府知府芳瑛之子秉桢。一适陈氏,安徽池州府知府源兖之子远济。一适罗氏,浙江宁绍台道追赠巡抚忠节公之子兆升;一适员外郎郭刚基,嵩焘之冢子也;一适聂氏,广东候补道尔康之子缉规。孙三人,广钧举人,镕员外郎,广铨六部主事,年皆幼。朝廷推恩,赏官有差。广銮,公薨后生。

公器量恢闳,望而知其伟人。生平趋舍是非,求信诸心,不与人为去就。而精鉴微识,一言一事,研核无遗。<u>尤务规其大而见其远</u>。始出治军讨贼,以东南大势在江险,不宜尽弛与贼,力请以水师自效。及为钦差大臣,建三路进攻,以规江浙两省之议。讨捻逆河南,建合四省之力,蹙贼一隅之议,皆策之始受事之日,其后成功一如公言。在军戈铤楼橹,短长尺度,躬自省量,无或苟者。荣辱得失,无关其心,而未尝一念不周乎,天下一事不尽乎。民隐传曰"为仁由己",公无愧焉。公学行功业具见《国史本传》及合肥李公所撰《神道碑》,不复论著。

其生平志节,关系天下之大者,藏于公之墓,而系以刘公之铭。其辞曰:

功业

　　国有治乱，任贤者昌。惟圣御世，与时弛张。道光末造，亢极而僵。吏惰民偷，卒嬉于伍。狯徒乘之，揭竿起舞。天祚圣清，笃生元辅。重奠八荒，为国肱股。始公通籍，翱翔掖垣。显皇初政，抗疏陈言，謇谔之风，帝心所简。起公衰麻，戎符往绾。时寇方张，百城溃乱。羹沸于鼎，当者糜烂。公倡义旅，豪杰景从。虎飞龙啸，吐气如虹。锐师东讨，靡坚不攻。大江南北，厄塞四通。利钝无常，或伤众毁。孤忠吁天，义泣神鬼。亦或左次，敛兵祁门。豺狐夜嗥，星日昼昏。百忧所丛，不震不悚。一柱屹然，华岳之重。卒夷大难，奋绩鹰扬。殪渠扫穴，寸磔枭狼。以义擎天，浴日于海。荡涤垢污，河山无改。帝劳相臣，建侯剖符。畀蕃畿辅，再镇三吴，民讴于野，弦歌载途。公心廓然，与物无竞。敛聚群谋，虚己以听。虚周六合，不耀其明。渊衷自惕，妇竖归诚。群彦煌煌，洪纤高下。大匠陶熔，归诸一冶。何材不植，何功不庸。片长思奋，大受以隆。公不自贤，厥心愈下。被宠若惊，闻过则谢。退偃一室，仰思古人。尚友千载，遥契以神。发为文字，怪伟纵横。雷霆砰击，金石锵鸣。蹴踏百家，孤怀自赏。跨宋轶唐，近古无两。德溢于位，功不偿年。载其忠荩，往即重泉。谁与主者，岂曰非天。北斗帝乡，公魂攸寄。陵圮谷湮，其诚不替。伐石勒铭，敢告万世。

　　诰授光禄大夫、赐进士出身、二品顶戴、前署理广东巡抚加七级湘阴郭嵩焘撰文。

　　诰授资政大夫前陕西巡抚湘乡刘蓉制铭。

　　诰授光禄大夫、太子少保、前湖北巡抚、一等威毅伯、湘乡曾国荃书丹。

　　诰授光禄大夫、进士出身、太子太保、武英殿大学士、直隶总督、一等肃毅伯合肥李鸿章篆盖。

被宠若惊，闻过则谢。

事略

卷一

耕读传家

太傅曾文正公，讳国藩，字涤生。原名子城，字伯涵。先世居楚之衡阳。国初有名孟学者，始迁湘乡之大界里，遂为湘乡人。孟学生元吉。元吉之仲子曰辅臣者，公之高祖也。辅臣生竟希，诰赠光禄大夫；妣彭氏，诰赠一品夫人。竟希生玉屏，字星冈，是为公王父，初封中宪大夫，累赠光禄大夫；妣王氏，初封恭人，累赠一品夫人。

曾氏自明以来世业农，积善孝友，而不显于世。星冈公少时善任侠，已乃折节下士，尝曰："吾少耽游惰，往还湘潭市肆，与裘马少年相逐，或日高酣寝，长老有讥以浮薄、将覆其家者。余闻而立起自责，货马徒行。自是终身未明而起。余年三十五始讲求农事，居枕高嵋山下，峻垄如梯，田小如瓦。吾凿石决壤，开十数畛，而通为一，然后耕夫易于从事。吾昕宵行水，听虫鸟鸣声以知节候，观露上禾颠以为乐。种蔬半畦，晨而耘吾任之，夕而粪庸保任之。入而饲豕，出而养鱼，彼此杂职之。凡菜茹手植而手撷者，其味弥甘；凡物亲历艰苦而得者，食之弥安也。吾宗自元明居衡明之庙山，久无祠宗。吾谋之宗族诸老，建立祠堂，岁以十月致祭。自国初迁居湘乡，至吾曾祖元吉公，基业始宏。吾又谋之宗族，别立祀典，岁以三月致祭。世人礼神徼福，求诸幽遐。吾以为神之陟降，莫亲于祖考，故独隆于生我一本之祀，而他祀姑阙焉。后世虽贫，礼不可隳；子孙虽愚，家祭不可简也。吾早岁失学，壮而引为深耻。既令子姓出就名师，又好宾接文士，候望音尘，常愿通材宿儒接迹吾门，此心乃快。其次老成端士，敬礼不怠。其下汎应群伦。至于巫医、僧徒、堪舆、星命之流，吾屏斥之惟恐不远。旧姻穷乏，遇之惟恐不隆。识者观一门宾客之雅正疏数，而卜家之兴败，理无爽者。乡党戚好，吉则贺，丧则吊，有疾则问，人道之常也，吾必践焉，必躬焉，财不足以及物，吾以力助焉。邻里讼争，吾常居间以解两家之纷。

后世虽贫，礼不可隳；子孙虽愚，家祭不可简也。

其尤无状者，厉辞诘责，势若霆摧，而理如的破，悍夫往往神沮，或具尊酒通殷勤，一笑散去。君子居下则排一方之难，在上则息万物之嚣，其道一耳。津梁道途废坏不治者，孤嫠衰疾无告者，量吾力之所能，随时图之，不无小补。若必待富而后谋，则天下终无可成之事矣。"

星冈公生三子：长曰竹亭，讳麟书，累封光禄大夫，公之父也；仲曰上台，早卒；季曰骥云，以公贵。竹亭封翁生子五人：公居长；次国潢，字澄侯；次国华，字温甫；次国荃，字沅浦；次国葆，字事恒。封翁积苦力学，久困于学政之试，徒步囊笔，以干有司，年四十三始补县学生员。事星冈公以孝闻。

星冈公生平督子最严，往往稠人广坐，壮声呵斥。或有不快于他人，亦痛绳其子，竟日嗃嗃诘数怼尤。封翁屏气负墙，踧踖徐进，愉色如初。星冈公晚年病痿痹，动止不良，又暗不能言。即有所需，以颐使，以目求，即有苦，蹙额而已。封翁朝夕奉事，常先意而得之。夜侍寝处，星冈公雅不欲频烦惊召，而他仆殊不称意。前后溲溺数，一夕六七起。封翁时其将起，则进器承之，少间又如之，听于无声，不失分寸。严寒大溲，则令他人启移手足，而身翼护之。或微沾污，辄涤除，易中衣，拂动甚微。终宵惕息。明旦则骥云入侍，奉事一如封翁之法。久而诸孙孙妇，内外长幼，感化训习，争取垢污襦裤浣濯为乐，不知其有臭秽，或挽筵舆游戏庭中，各有常程。病凡三载，封翁未尝一日安枕也。妣江太夫人，同邑江沛霖女，事舅姑四十余年，饎爨必躬，在视必恪，宾祭之仪，百方检饬，尺布寸缕，皆一手拮据。

江太夫人以嘉庆辛未年十月十一日亥时诞公于白阳坪里第。是时竟希公年七十矣。忽梦有巨物蜿蜒自空而下，首属于梁，尾蟠于柱，鳞甲森然，不敢逼视。竟希公惊寤，已而公生。年十六，应郡县试，旋取佾生。道光十三年，补县学生员，学使为岳镇南。明年甲午科乡试，中式第三十六名举人，时年二十四座主为徐云端、许乃安，房师为张启庚。道光十八年，戊戌科会试，中式第三十八名贡士，座主为穆彰阿、朱士彦、吴文熔、廖鸿荃，房师为季芝昌。正大光明殿复式一等，殿试三甲第四十二

君子居下则排一方之难，在上则息万物之嚣。

名，赐同进士出身。朝考进呈拟一等第三名，宣宗拔置第二名，改翰林院庶吉士。庚子科散馆二等第十九名，授检讨。旋派顺天乡试磨勘。二十一年十月，充国史馆协修官。

道光二十三年至道光三十年

道光二十三年，三月，大考翰詹，列二等第一名。奉旨以翰林院侍讲升用。六月，诏以公为四川正考官，赵楫副之。七月，补翰林院侍讲。十一月回京，充文渊阁校理。道光二十四年，二月，侍班于文渊阁，观经筵大典。五月，召见于勤政殿，充翰林院教习庶吉士。十二月，转补翰林院侍读。道光二十五年，乙巳科会试充第十八房同考官。五月，升授詹事府右春坊右庶子。九月，擢翰林院侍讲学士，谢恩召见。十二月，补日讲起居注官，充文渊阁直阁事。

道光二十七年，大考翰詹列二等，奉旨记名，遇缺题奏，赏大卷缎二件。六月，升授内阁学士兼礼部侍郎衔，谢恩召见于勤政殿，充考试汉教习阅卷大臣。七月，公弟国荃补县学生员。十月，充武会试正总裁，又派殿试读卷大臣。道光二十八年，七月，公弟国荃补廪膳生。九月，充稽察中书科事务。道光二十九年，正月，诏授礼部右侍郎，谢恩召见，上嘉勉焉。三月十四日，值班召见。三十日又召见。每有奏对，上辄嘉赏。八月，兼署兵部右侍郎，充宗室举人覆试阅卷大臣。九月，充顺天乡试覆试阅卷大臣。十月，充顺天武乡试校射大臣。道光三十年，正月十四日，宣武成皇帝升遐。文宗嗣位，咨以郊配庙祔大礼。公具疏条陈，上嘉纳之。二月，内赐遗念衣一件、玉珮一事。三月，应诏陈言，奉旨奖许，举行日讲事宜。四月，充庚戌科会试覆试阅卷大臣，又派朝考阅卷大臣。五月，礼部考试优贡。六月，兼署工部右侍郎，充朝考拔贡阅卷大臣。七月，公弟国葆补县学生员。八月，召见，询以工部职务，奏对称旨，充考试国子监学正学录阅卷大臣。九月，充宣宗梓宫前恭捧册宝大臣，礼毕加二级。十月，兼署兵部左侍郎。

咸丰元年

三月，疏陈简练军实，以裕国用，召见嘉勉。四月，上敬陈圣德一疏，语多切直。朝士皆忧其获谴，及优诏褒答，一时称盛事焉。五月，兼署刑部左侍郎。八月，充顺天乡试搜检大臣。十月，充顺天武乡试正考官，沈兆霖副之。试竣复命，召见。十一月，监视郊坛开工。十二月，上备陈民间疾苦一疏，奉旨交部议奏。监视慕陵隧道开工。

咸丰二年

正月，兼署吏部左侍郎。二月，随扈祗谒慕陵。三月，疏请宽免胜保处分，以广言路，上嘉纳之，充壬子科会试搜检大臣，又派恭送太庙册宝大臣。四月，以宣宗升配，恩加一级。六月，诏以公为江西正考官，谢恩附奏试竣回籍，朱批允之。七月，行次安徽太湖县，闻母江太夫人之讣，匍匐奔丧。八月抵家。九月，葬江太夫人。时粤匪洪秀全等由广西窜长沙，围攻三阅月不克。十月解围去，掠船浮洞庭湖而下，陷岳州。十一月，陷汉阳。十二月，陷武昌省城，巡抚常大淳等死之。大江南北土匪蜂起。诏谕湖南巡抚张亮基曰："丁忧侍郎曾国藩，籍隶湘乡，于湖南地方人情自必熟悉。著该抚传旨，令其帮同办理本省团练、搜查土匪事宜，伊必尽心，不负委任。钦此。"公以奉讳归家，不宜与闻军事，草疏恳请终制。方发使就道，适庶吉士郭嵩焘至，力劝公出，公弟国荃亦赞之。于是始治兵于长沙，命罗泽南、王鑫等领湘勇三营，仿明戚继光束伍成法，逐日操练，是为湘军创立之始。

咸丰三年

正月，编查保甲，设发审局。一时巨奸大憝多被诛戮，盗贼屏息，莠民多改而从善，远近大欢。遣刘长佑、李辅朝、王鑫搜剿常宁、耒阳土匪，贼闻风惊溃。遣罗泽南讨衡山土匪，破平之。奉上谕："封疆大吏，翦除首恶，即可保卫善良。著该署督抚等会同在籍侍郎曾国藩体察情形，应如何设法团练，以资保卫之处，悉心妥筹办理。钦此。"

粤匪洪秀全弃武昌，劫众东下，男妇数十万人，舳舻蔽江，叠陷沿江郡县。十七日，陷安庆省城。二月初十日，陷金陵，据为伪都。将军祥厚、总督陆建瀛等死之。钦差大臣向荣追师驻金陵城外，号江南大营。诏授江忠源为湖北按察使，饬赴江南大营帮办军务。会湖北崇、通两邑土匪大起，公遣军与忠源会剿平之。忠源乃率师而东。三月，诏以骆秉章署理湖南巡抚。时永桂以上会匪充斥，乱者纷起。每警报至，公酌量缓急，分营往捕。议定即传檄促行，遣左右料简军装火药，军行无逾两日者。所至捕斩首恶，搜查余党，数日而定，乡里晏然。

四月，江忠源师次九江。值安庆再陷，贼船上犯湖口。忠源侦知贼所向，即日间道驰赴南昌。部署略定而贼至，忠源告急于湖南。公檄江忠淑，由浏阳赴江西，朱孙诒、罗泽南等由醴陵继进；另派镇筸兵千人，令夏廷樾总统之。会朱孙诒有违言，湘勇无统帅，郭嵩焘说孙诒率所部以行，嵩焘因亦随行。是为湘军出境剿贼之始。

六月，公疏荐参将塔齐布、千总诸殿元，请破格超擢。奉旨塔齐布赏副将衔，诸殿元以守备用。七月，湘军抵南昌。南昌城外贼垒惟文孝庙数座，官军屡攻不能克，日有死伤。郭嵩焘偶获贼谍，讯之，则贼皆舟居，文孝庙贼垒环三面筑墙而虚其后，专以翼蔽贼舟而已。嵩焘因献议曰，东南各行省州县多阻水江湖，一日遇风，连数百里，贼舟瞬息可达。官兵率由陆路蹑之，其势常不及。长江数千里之险，遂独为贼所有。且贼上犯以舟楫，而官军以营垒御之，求与一战而不可行，宜贼势之日昌也。忠源大韪之。即日具疏，请饬湖南、湖北、四川仿照广东拖罟船式，各造战舰数十。饬广东制备炮位以供战舰之用，并交曾国藩管带部署。奉旨允行。长江水师之议自此始。

八月，公疏称，衡、永、郴、桂匪徒聚集之薮，数月以来，巨案迭出，即日移驻衡州，就近调度。盖提督鲍起豹，与公时相龃龉，营兵与湘勇断断不和，至有械斗之案。衡州之行，所以避之也。公既至衡州，衡阳廪生彭玉麟故有名，公一见器之。又调湘阴外委杨载福至，并令帮办弟国葆营务。国葆力荐彭、杨之才当任一军，不宜屈为帮办。公方谋治水师，乃檄二人各募水勇，领一营。彭、杨受命。治水师自此始。

南昌解严。贼陷九江府，分股窜湖北。署湖广总督张亮基师溃于田家镇。江忠源间道驰援，战不利。北屯、广济贼遂趋武昌。诏以吴文镕为湖广总督。文镕，公座师也。闻警急驰赴鄂，而贼已陷黄州、汉阳，北扰德安，南及兴国。岳州戒严。公与湖南巡抚骆秉章筹办防堵，檄调援江西诸军回湘。奉上谕："长江上游，武昌最为扼要，若稍有疏虞，则全楚震动。着骆秉章、曾国藩选派兵勇，并酌拨炮船，派委得力镇将驰赴下游，与吴文镕等会合剿办。力遏贼锋，毋稍延误。钦此。"

十月，奉上谕："曾国藩团练乡勇，甚为得力，剿平土匪，业经著有成效。着酌带练勇驰赴湖北，所需军饷等项，着骆秉章筹拨供支。两湖唇齿相依，自应不分畛域，一体统筹也。钦此。"吴文镕复屡疏请援师。朝廷以武昌万分危急，趣公督带兵勇船炮，驰赴下游会剿，以为武昌第应。公疏称武昌间已解严，臣请暂缓赴鄂。又言该匪以舟楫为巢穴，欲加攻剿，必以战船为第一务。臣拟在衡州试办，俟有头绪，即请亲自统带，驰赴下游。奉朱批："所虑甚是。汝能斟酌缓急，甚属可嘉。钦此。"

江忠源疏请饬公以所练六千人出省剿贼。奉上谕："湖北情形紧要，已有旨令江忠源暂留剿贼，着曾国藩带楚勇六千人，酌配炮械，筹雇船只，驶出洞庭湖，由大江迎头截剿，肃清江面贼船。钦此。"江忠源回军汉阳,诏授忠源为安徽巡抚,并谕楚皖一体,斟酌缓急,相机进剿。时安庆已为贼踞,议建庐州为省会。忠源受命,力疾北趋庐州。十一月,奉上谕:"宋晋奏曾国藩乡望素孚,人乐为用,请饬挑选练勇,雇觅船只顺流东下,与江忠源水陆夹击等语。现在安徽逆匪连陷桐城、舒城,逼近庐郡,吕贤基殉难,江忠源患病,皖省情形危急。总由江面无水师拦截进剿,任令贼踪往来自如。该侍郎前奏亦曾虑及。着即赶办船只炮位,并前募勇六千,由洞庭湖驶入大江,与江忠源水陆夹击。该侍郎忠诚素著,兼有胆识,朕所素知,必能统筹全局,不负委任也。钦此。"公疏称,筹备水陆各军,赴援安徽,而船炮未齐,须俟购买夷炮广炮千尊解到乃可成行。又请设立水路粮台。奉朱批:"现在安省待援甚急,若必偏执己见,则太觉迟缓。朕知汝尚能激发天良,故特命汝赴援,以济燃眉。今观汝奏,直以数省军务一身克当。试问汝之才力能乎?否乎?平时漫自矜诩,以为无出己之右者,及至临事,果能尽符其言甚好,若稍涉张皇,岂不贻笑于天下。着设法赶紧赴援,能早一步即得一步之益。汝能自担重任,迥非畏葸者比。言既出诸汝口,必须尽如所言,办与朕看。钦此。"公疏称,饷乏兵单,成效不敢必。与其将来毫无功效,受大言欺君之罪,不如此时据实陈明,受畏葸不前之罪。奉朱批:"成败利钝固不可逆睹,然汝之心可质天日,非独朕知。若甘受畏葸之罪,殊属非是。钦此。"

常宁土匪攻陷县城,连陷嘉禾、蓝山二县,遣弟国葆及储玫躬等讨平之。十二月,疏称衡永郴桂尚有会匪余党,实为湖南巨患,亦是臣经手未完之件。奉朱批:"汝以在籍人员能如是出力,已属可嘉。着知会抚臣剿办,或有汝素来深信绅士,酌量办理亦可。钦此。"贼陷庐州府,巡抚江忠源死之。

咸丰四年

正月,湖广总督吴文镕战殁于黄州,武昌戒严。奉上谕:

"此时惟曾国藩统带炮船兵勇迅速顺流而下,直抵武昌,可以扼贼之吭。此举关系南北大局,甚为紧要。该侍郎应能深悉紧急情形,兼程赴援也。钦此。"

初,公在衡州创立水师,前无成法,每遇广东员弁及长年三老能行船者,周咨博采,屡更其制。后乃稍仿广东拖罟、快蟹、长龙之式,增置桨座,命守备成名标监督之。另檄广西之同知褚汝航、夏銮等,分设一厂于湘潭。既成军,邀长沙黄冕观之。冕献言曰:"吾出入兵间十余年,所见军容整齐无及此者。然长江千里,港汊纷歧,贼船易于藏匿。江南小战船曰三板者,每营请添十号,以备搜剿汊港之用。"公大韪之。即日改定营制。每营置快蟹一,营官领之;长龙十,曰正哨;三板十,曰副哨。快蟹桨工二十八人,橹八人;长龙桨工十六人,橹四人;三板桨工十人。每船另置炮手三人,枪长一人,头工二人,柁工一人,副柁二人。水师之制,于是大备。

公既闻江忠源、吴文镕相继殉节,乃经营东征。募水师五千人,以褚汝航为总统,而成名标、诸殿元、杨载福、彭玉麟、邹汉章、龙献琛等分领之。又募陆师五千人,以塔齐布为先锋,而周凤山、储玫躬、林源恩、邹世琦、邹寿璋、杨明声及弟国葆等分领之。始设立八所,曰文案所,曰内银钱所,曰外银钱所,曰军械所,曰火器所,曰侦探所,曰发审所,曰采编所,皆委员司之。赍米、煤、盐、油及军火器械载民船百数十号以行,员弁勇夫共一万七千余人。军容于斯为盛。

二月,贼陷岳州府,遂由湘阴趋靖港,陷宁乡。骆秉章遣王鑫败贼于乔口。公舟师次长沙,遣弟国葆及储玫躬、赵焕联等分道攻剿。玫躬破贼于宁乡,追北阵亡。贼大奔溃,遣舟师追击走之。

时贵州候补道胡林翼应前总督吴文镕之调,带练勇六百名由黔赴鄂。行次金口,闻文镕已殁,贼舟上犯,蔽遮不得前。公急调之回湘,咨商骆秉章支给饷糈。胡林翼以一军从公剿贼自此始。奉上谕:"据青麟奏称,探闻曾国藩带勇已距金口百有余里,贵州道员胡林翼随同前来,现复退往上游。贼船飚忽上窜,急须出其不意，顺流轰击。该侍郎炮船早入楚北，胡林翼何以退守金口？著曾国藩饬知该道迅速前进，毋稍迟延。"公疏陈胡林翼未能赴鄂之由，且称林翼之才胜臣十倍，将来可倚以办贼。旋檄林翼剿崇阳、通城土匪，又令塔齐布往助之。官军既克湘阴，贼之在岳州者全数遁去。三月，公至岳州搜捕西湖余匪。

巡抚骆秉章疏请留公暂缓赴鄂。朱批："楚南之贼，明系分窜。现在湖北尚有多贼。曾国藩炮船原为肃清江面，第此时道路不通，暂可留在湖南剿办，亦不能专待事竣缓缓北上，楚南办有头绪，仍应速赴湖北为是。曾国藩素明大义，谅不至专顾桑梓，置全局于不问，北重于南，皖鄂重于楚南，此不易之局也。"又奉寄谕："此时得力舟师，专恃曾国藩水师一军，倘涉迟滞，致令汉阳大股窜据武昌，则江路更形阻隔。朕既以剿贼重任畀之曾国藩，一切军情不为遥制。钦此。"

先是，公派陆军由崇、通剿贼，冀以次扫荡，进援武昌，而自统水师顺流而下。既至岳州，遭风撞损炮船，而王鑫之军抵羊楼司者遇贼溃回。贼乘胜上犯，公弟国葆及邹寿璋、杨名声等营皆溃退入城。贼攻城甚急，公檄舟师登岸击贼，拔出城中军民，退保长沙。因上疏自劾。奉上谕："曾国藩奏水陆各军接仗情形，并自请治罪一折。此次岳州水军虽获小胜，惟因陆路失利，以致贼匪复行上窜。曾国藩统领水陆诸军，调度无力，实难辞咎，着交部严加议处。仍着督带师船迅速进剿，克复岳州，即行赴援武昌，毋得再有迟误。钦此。"又奉谕："曾国藩所统各勇，为数过多，既须剿办粤匪，又须搜捕土匪。即如所奏，有拨赴平江、通城者，有拨赴临湘、蒲圻者，又有不能依限前进者，散布各处，照料既不能周，剿捕自难得力。一有败衄，人无固志，似此何能力图进取？此时肃清江面，专恃此军，曾国藩初次接仗，即有挫失，且战船被风沉损多只，何事机不顺若是！现在湖北待援孔亟，曾国藩以在籍绅士专顾湖南，不为通筹大局之计，平日所以自许者何在？钦此。"

先是公在衡州，奏请原任湖北巡抚杨健入祀乡贤祠，部议革职。至是奉旨改为降二级调用。胡林翼败贼于上塔市，塔齐布败贼于河平。公因长沙戒严，檄胡林翼、塔齐布回湖助防。贼据靖港，分股由宁乡陷湘潭，遂于湘水上游掠民船数百，竖立木城，以阻援师。二十八日，塔齐布率师赴援，大捷于湘潭，斩首数千级。四月初一日，公遣杨载福等率水军师助剿，复会陆军大破之。初二日，公亲督师邀击贼于靖港，西南风发，水势迅急，为贼所乘，师溃。公自投于水，左右救之获免。而是日水师之在湘潭者，复大捷。初三日，水师焚贼船净尽，塔齐布诸军复获大胜。初五日，克湘潭县。自粤逆称乱以来，此次始受大创。官兵亦稍自奋，人人有杀敌致胜之心矣。

公回长沙，重整水陆各军。因言吾水陆万人非不多，而遇贼即溃。岳州之败，水师拒敌者杨载福一营；湘潭之战，陆师塔齐布两营，水师杨载福两营。用此益知兵贵精不贵多。而引诸葛公祁山之败，且谋减兵省食，勤求己过。又曰：古人用兵，先明功罪赏罚。今时事艰难，贤人君子大半潜伏。吾以义声倡导乡人，同履危亡之地，诸君之初从我，非以利动也。故于法亦有所难施，所以两次致败，其弊亦由于此。

公奏湘潭靖港胜负各情，并上疏自劾。奉上谕："屯聚靖港逆船，经曾国藩亲督舟师进剿，虽小有斩获，旋以风利水急，战船被焚，以致兵勇多有溃败。据曾国藩自请从重治罪，实属咎有应得。姑念湘潭全胜，水勇甚为出力，着加恩免其治罪，即行革职。仍赶紧督勇剿贼，带罪自效。湖南提督鲍起豹，自贼窜湖南以来，并未带兵出省，叠次奏报军务，仅止列衔会奏。提督有统辖全省官兵之责，似此株守无能，实属大负委任。鲍起豹着即革职。所有湖南提督印务，即著塔齐布暂行署理该部知道。钦此。"又奉上谕："曾国藩统领舟师，屡有挫失，此折所陈纰缪各情，朕亦不复过加谴责。现在所存水陆各勇仅集有四千余人，若率以东下，诚恐兵力太单。该革员现复添修战船，换募水勇，据称一两月间当有起色。果能确有把握，亦尚不难转败为功。目下楚北贼踪，由应山窜回德安，随州之贼亦回武汉，是鄂省望援甚急。该抚等务当督饬水陆各军，迅将此股败窜之匪歼灭净尽，兼可赴援武昌，以顾大局。钦此。"

兵贵精不贵多。

五月，公疏称现将水陆各军严汰另募，重整规模，一俟料理完竣，即星夜遄征，誓灭此贼，以雪挫败之耻，以赎迟延之罪。奉上谕："曾国藩添募水陆兵勇及新造重修战船，既据奏称已可集事，则肃清江面之举，仍藉此一军，以资得力。塔齐布胆识俱壮，堪膺剿贼之任。著骆秉章即饬统弁兵迅速出境。曾国藩与该署提督共办一事，尤应谋定后战，务期确有把握，万不可徒事孟浪，再致挫失。钦此。"

是时，湖南郡县，如岳州、华容、常德、龙阳等城，多被贼陷，而湖北之贼由宜昌、枝江、松滋入太平口与西湖贼合，连陷澧州、安乡等城，两湖糜烂不堪。湖北巡抚青麟粮尽弃城走长沙，贼入武昌踞之。诏诛青麟于荆州，以杨霈署湖广总督。公整军东下。水师分三起，先遣褚汝航率炮船四营当前敌。陆师亦分三路，以塔齐布为中路，驻新墙，胡林翼等由西路趋常德，江忠淑、林源恩等由东路趋崇、通。贼闻官军大至，弃常德、澧州，并力守岳州。公檄罗泽南、周凤山等助攻岳州。塔齐布破贼于新墙，水师破贼于南津港。

七月初一日，官军克岳州府。捷闻，奉上谕："览奏稍慰朕怀。汝能迅速东下，借此声威，或可扫除武汉之贼。朕日夜焦盼，忧思弥增，护船陆勇，终恐未可深靠。钦此。"又奉上谕："此次克复岳州，大获胜仗，湖南逆踪业就肃清，江路已通，重湖无阻。即着塔齐布、曾国藩会督水陆兵勇，乘此声威，迅速东下，力捣武汉贼巢，以冀荡平群丑。钦此。"官军破贼于城陵矶，乘胜逐北。值南风大作，师船不能回营，为贼所乘，褚汝航、夏銮、陈耀龙、何镇邦、诸殿元等前后战殁。塔齐布击贼于擂鼓台，擒贼酋曾天养斩之。罗泽南破贼于城陵矶，水师毁贼船几尽。公疏称岳州四次获胜情形。奉上谕："塔齐布、曾国藩自带兵以来，既未尝遇败而怯，定不致乘胜而骄，总宜于妥速之中持以慎重，则楚省贼踪，渐可扫荡。钦此。"

七月初三日，塔齐布等率陆军会李孟群、杨载福等水师，尽平沿江两岸贼垒，穷追二百余里，至嘉鱼县境。群贼悉数东窜。公进驻骡山。捷闻。奉旨赏给三品顶戴。公疏称："臣墨绖从戎，不敢仰邀议叙，嗣后湖南一军再立功绩，无论何项褒荣概不敢受。"奉朱批："知道了，殊不必如此固执。汝能国而忘家，鞠躬尽瘁，正可慰尔亡亲之志，尽孝之道莫大于是。酬庸褒绩，国家政令所在，断不因汝一请稍有参差。汝之隐衷朕知之，天下无不知也。"公疏称："道员李孟群忠勇奋发，思报父仇。该员服犹未阕，请从权统领水师，以专责成。"旨报可。

杨载福、彭玉麟等率水师乘胜东下，搜捕沿江汊港贼船，焚毁略尽，遂抵金口。塔齐布陆军破贼于羊楼司。八月初四日，克崇阳县，又破贼于咸宁。公进驻嘉鱼。奉朱批："汝等自湘潭大捷后屡次得手，有此声威，岂可自馁。惟利在速战，莫待两下相持，师劳饷乏，大有可虑处。塔齐布不致为崇阳一股牵制方好。钦此。"

公进驻金口。塔齐布、罗泽南破贼于横沟桥，遂与公师会。适荆州将军官文遣魁玉、杨昌泗等军五千人亦会于金口，因遣魁玉等击破沌口贼。公集诸将商取武昌之策。罗泽南袖图进曰："洪山、花园两路皆贼重兵所在，花园濒江环城，尤贼势所注。贼垒九座，每垒数千人，长壕巨障，袤延数里。吾所部不满三千，以当洪山之贼有余，以击花园不足，请与塔将军分任之。花园洪山贼垒破，武昌无自固之势，贼将自遁，无忧也。"公曰："罗君胜算，庶在吾目中矣。花园贼垒，仍烦君一行，请加派兵二千以助君。"泽南悉众攻花园，贼迎拒者望风披靡，乃距垒以守。泽南令军士皆手枪持满，伏地行近垒，始起立施枪，前者既登，后者继进，贼众自乱。自辰至酉，九垒皆克。水师同时并进，环垒贼船千皆毁沉之。塔齐布复从他道攻克洪山，遂薄武昌城，环城贼垒悉破平之。城内之贼果宵遁，遂收复武昌省城。汉阳贼亦遁，是月廿三日也。捷闻。奉朱批："览奏感慰实深。获此大胜，殊非意料所及。朕惟兢业自持，叩天速救民劫也。"又奉上谕："此次克复两城，三日之内焚舟千余，踢平贼垒净尽，运筹决策甚合机宜。允宜立沛恩施，以酬劳勋。曾国藩着赏给二品顶戴、署理湖北巡抚，并加恩赏穿戴花翎。塔齐布着赏穿黄马褂，并赏给骑都尉世职。钦此。"

又奉上谕："楚省大局已定，亟应分路进剿，由九江、安庆直抵金陵。沿江剿贼之事，朕以责之曾国藩、塔齐布。楚省防务及搜捕余匪事宜，朕以责之杨霈。钦此。"公疏称："母丧未除，遽就官职，得罪名教，不敢接受关防，仍由督臣收存。"奉朱批："朕料汝必辞。又念及整师东下，署抚空有其名，故已降旨令汝毋庸署理湖北巡抚，赏给兵部侍郎衔。汝此奏虽不尽属固执，然官衔竟不书署抚，好名之过尚小，违旨之罪甚大，着严行申饬。钦此。"

<small>好名之过尚小，违旨之罪甚大。</small>

九月，诏以陶恩培为湖北巡抚。奉上谕："曾国藩既无地方之责，即可专力进剿，但必须统筹全局，毋令逆匪南北分窜，方为妥善。并随时知照江皖各抚及托明阿、向荣等，四路兜击，以期直捣金陵，迅奏肤功。钦此。"

公统帅东下。遣杨载福等破贼于蕲州，塔齐布克大冶县，罗泽南克兴国州。奉上谕："蕲州贼势尚众，水师既经攻剿得手，何以桂明等陆路一军未能赶到。曾国藩经朕畀以剿贼重任，事权不可不专。自桂明以下，文武各员均归节制，倘有不遵调遣，或迁延畏葸贻误事机者，即着该侍郎专衔参奏，以肃戎行。钦此。"

<small>事权不可不专。</small>

十月初一至初五日，官军连破贼于半壁山，斩首万人。初八日，水师破贼于蕲州，贼退至田家镇。十三日，杨载福、彭玉麟等攻断横江铁锁，破贼于邹穴，贼弃田家镇而遁。是夕，蕲州贼亦遁。水师径抵九江城下。塔齐布攻破富池口贼垒，遂与罗泽南率师北渡。公进驻田家镇。奉朱批："获此大胜，皆因汝等和衷共济，调度有方，故能将士用命，以少击众。朕披览之余，感慰莫能言喻。钦此。"

二十八日，塔齐布、罗泽南克广济县。十一月初四日，塔齐布等克黄梅县。奉上谕："杨霈奏克复广济、黄梅一折，所叙进攻九江情形，似该郡贼党尚复不少。塔齐布渡江而北，南岸官军即不能得手，是江西陆路兵勇殊不足恃，塔齐布仍须渡回南岸。倘南北两岸专恃一塔齐布奔驰追剿，则湖北、江西两省官兵岂不皆成虚设耶？钦此。"

十二日，塔齐布、罗泽南破贼于孔陇驿，复捷于小池口。十四日，水师至湖口。公进驻九江城外。塔齐布率师南渡，驻军九江南门。公疏称："湖北臬司胡林翼识解略冠时，调令来浔助剿。副将王国才、都司毕金科驭军有法，请归调遣。"奉旨报可。又奉上谕："曾国藩、塔齐布运筹决胜，戮力同心。麾下将士，率皆转战无前，争先用命，皆由曾国藩等调度有方。览奏之余，实堪嘉尚。曾国藩著恩赏穿黄马褂，并发去狐腿黄马褂一件，白玉四喜搬指一个，白玉巴图鲁翎管一枝，玉靶小刀一柄，火镰一把，交曾国藩祗领，以示优奖。钦此。"

十二月初一日，水陆官军合攻九江城，贼坚守不能下。奉上谕："我军自肃清浔江，进扼湖口以后，满拟九江郡城乘胜可克，乃连日焚毁贼船，蹋破贼垒，而该逆死党仍负固坚守，殊属凶悍。贼情变幻靡常，着曾国藩、塔齐布相机筹画，不可稍有孟浪，致误事机。钦此。"

初六日，胡林翼、罗泽南破贼于梅家洲。水师大捷于湖口，破其木簰贼卡。十二日，水师舢板驶入鄱阳湖，追贼至大姑塘，贼筑垒断其后路，遂与外江水师隔绝。二十五日，贼以小艇夜袭我营，公座船陷于贼，文卷荡然无存，急掉小舟驰入罗泽南营以免。公欲以身殉国，草遗疏千余言，罗泽南力谏乃止，因上疏自劾。奉上谕："水师锐气过甚，由湖口驶至姑塘以上，长龙舢板各船与外江师船隔绝，以致逆氛顿炽，两次被贼袭营，办理未为得手。曾国藩自出岳州以后，与塔齐布等协力同心，扫除群丑，此时偶有小挫，尚于大局无损。曾国藩自请严议之处，著加恩宽免。钦此。"年终恩赏福字、荷包、银钱、银锞、食物等件。

咸丰五年

正月，皖贼大举犯湖北，总督杨霈退守德安。公遣胡林翼、王国才、石清吉等率六千人回援武汉，李孟群率舟师四十号援蕲黄。初四夜，东北风大作，师船泊九江者多被撞损。公饬外江炮船西赴鄂之金口，命李孟群、彭玉麟领之，而另设船厂于新堤镇，添制修补，以为后劲。其陷入内湖之水师，驶赴南昌。

公自督陆军攻九江未克，因疏陈办理错误之处：一在武汉既克，未留重兵防守；一在九江未克，遽攻湖口。目前筹办之法凡四条：一添修炮船，以固荆州门户；一饬胡林翼等军回援武昌；一亲至同昌修整内湖水师；一围攻九江，陆军有进无退，浔城既克，仍当直捣金陵。奉上谕："览奏殊深悬系。所称办理错误之处，如水师冲入内湖，以致声势隔绝，诚不免锐进贪功；至武汉收复，未留后路声援一节，则其势本有不及，水陆两军全数追剿，犹恐兵力单弱，若彼时即分剿武汉，兵数愈少，刻下更不知如何棘手。曾国藩等既定直捣金陵之计，即着迅速设法攻克九江，合军东下，毋得再存顾虑。钦此。"

十六日，公抵南昌，筹画添制船炮之制，内湖水师于是复振。胡林翼率师援武昌，驻军沌口。石清吉继之。贼由富池口渡江而南，连陷兴国、通山、崇阳、通城、咸宁等州县，武昌戒严。巡抚陶恩培飞书告急，公檄促王国才由武宁转战而西。奉上谕："楚北贼焰复燃，于曾国藩等剿贼机宜大有关系。此时惟有会合各兵，使曾国藩等军无腹背受敌之患，方为妥善。钦此。"

公遣内湖水师进驻康山。贼由都昌陷饶州府，分犯乐平、景德镇、祁门、徽州、广信等处，遣罗泽南由南昌绕出湖东迎剿。胡林翼退驻金口。二月十七日，贼陷武昌省城，湖北巡抚陶恩培等死之。贼溯汉而上，由岳家口、仙桃镇窥犯荆襄。诏授胡林翼为湖北布政使，署理湖北巡抚。时总督杨霈驻军德安，屡蹶不振。胡林翼扼扎金口，屏蔽荆襄。李孟群、彭玉麟、王国才等水陆堵御，上游赖以粗安。三月二十日，罗泽南破贼于贵溪。次日遂克弋阳县。二十三日，贼陷广信府，罗泽南追剿破之。二十七日，克广信府。

公进驻吴城镇。奉上谕："自师船陷入鄱湖，贼匪再扰，武汉广饶一带复有贼踪窜突，该侍郎水陆两军自有不能不分之势。该侍郎所谓千里驰突不如坚扼中段，所奏不为无见。当此上下皆贼，总宜计出万全，勿以浪战失机，勿以迟回误事，一切机宜，朕亦不为遥制。塔齐布攻剿九江情形，未据奏及，岂为贼氛阻隔声息不通耶？钦此。"

四月，公疏称："湖北兵勇不可复用，大江北岸，宜添劲旅。"奉旨交杨霈、胡林翼办理。公又屡书与胡林翼论东南大势，以武昌据金陵上游为必争之地，宜厚集兵力为恢复计。林翼深韪其言。罗泽南剿贼于景德镇，贼窜徽州。泽南因移军饶州，以图湖口。

十三日，公进驻南康。二十一日，水师大捷于马家堰，追及于都昌城下，焚贼船百数十号。湖北之贼由兴国、崇、通等州县窜江西，陷义宁州。五月初八日，水师搜贼于都昌。十三日，大捷于青山，追贼至鞋山。三十日，败贼于青山，获贼船甚伙，夺回拖罟大船，即前失公座船也。

初，杨载福因病回湘，湖南巡抚骆秉章檄令添募水师，赴鄂助剿。至是由岳州出大江剿贼于蒲圻，驻军金口。六月，公疏参江西巡抚陈启迈，劣迹较多，恐误大局。奉旨："陈启迈着即革职，按察使恽宸先行撤任，交新任巡抚文俊查办。钦此。"

先是，万载县知县李皓，与其县举人彭寿颐以团事互相揭。刘蓉适在江西，廉得其情，颇谓寿颐才气可用。召至营，公亦器之，即檄令管带一营。启迈不允，益收系之。郭嵩焘为之解说，启迈意亦释，南昌府知府史致谔遂释寿颐。启迈怒其邃也，拘寿颐急，臬司恽光宸因执寿颐扑之。公既与启迈抵牾，于是应解营饷军火，启迈辄与留难驳斥。公积愤久，故有此奏。

水师破贼于徐家埠，毁贼船八十余号。塔齐布破贼于新坝。湖北之贼陷德安府。杨霈退走襄阳，奉旨革职。诏以荆州将军官文为湖广总督。罗泽南军抵义宁州，连破贼于梁口、乾坑、鳌岭、鸡鸣山等处，斩首六千。萧捷三破贼于鞋山。十六日，罗泽南克义宁州。十八日，湖南提督塔齐布卒于军，公驰赴九江抚其众。李元度破贼于苏家渡，遂会水师攻湖口，破贼垒数座，焚贼船几尽，炮船驶出大江。萧捷三战殁，公驰赴青山抚其众。二十五日，公回驻南康。

八月，罗泽南上书陈利病，以为东南大势尤在武昌，得武昌乃可控制江皖，江西亦有所屏蔽。株守江西，如坐瓮中，日与贼搏战，无益大局。请率所部由义宁出崇、通，进援武昌，引军东下，以取建瓴之势，而后内湖水师与外江声息可通，进攻九江，始有把握。此时但留周凤山一军驻江西以缀贼势，必俟武昌克复，大军全注九江，东南大局乃有转机。公深韪其言。泽南因自义宁单骑诣南康谒公，面陈机宜。适刘蓉在座，谓公曰："公所赖以转战者，塔、罗两君。今塔公亡，诸将可恃独罗公，又资之远行，脱有缓急，谁堪使者？"公曰："吾固知其然，计东南大局宜如此。今俱困江西无益，此军幸克武昌，天下大势犹可为，吾虽困犹荣也。"

<small>天下大势犹可为，吾虽困犹荣也。</small>

是时江西郡县惟九江、湖口未克，梅家洲、下钟山两贼垒未下。泽南谓湖口诸军，但当坚守，不宜数攻，乞公戒诸将坚持弗动。公悉从之，檄宝勇千五百人助泽南西行。刘蓉亦偕郭嵩焘送至柴桑村，因言："江西三面距贼，此军去必不能支，计将安出？"泽南曰："曾公所治水师，幸能自立，但留曾公一人在，均无足计。"嵩焘曰："曾公意求有益于天下大局，其视此身如鸿毛，不自今日始也。"泽南曰："天苟未忘本朝，此老必不死。"相与叹息而别。

胡林翼由金口渡江，军于奓山。杨载福、彭玉麟率水师进驻沌口，毁贼船数百号。李孟群师溃于金口，贼大举援汉阳。胡林翼师亦溃，因退军新堤，以图再举。罗泽南部署援鄂之师，自领中营，刘蓉领左营，以李续宾领右营，以彭三元、普承尧分领宝勇营，合为五千人，由义宁趋通城。

九月初五日，公进驻屏风。疏称师久无功，请交部严议。奉上谕："曾国藩督带水师，屡著战功。自到九江，虽未迅即克复，而鄱湖贼匪已就肃清。所有自请严议之处，着加恩宽免。钦此。"

初六日，罗泽南克通城县。十四日，克崇阳县。适湖南援鄂之师溃于羊楼司，江忠济死之。泽南遣李续宾进剿羊楼。彭三元进剿壕头堡，三元战殁。二十六日，泽南亲督军至羊楼，击贼破之。湖北巡抚胡林翼进军六溪口。诏以公为兵部右侍郎。公弟国荃中是科优贡。十月初三日，罗泽南大破贼于羊楼司。二十一日，罗泽南克蒲圻县。刘蓉之弟蕃首先登城，中炮死之。杨载福破贼于金口。

初，贼酋石达开由崇、通等县窜江西，陷新昌县。而粤东匪徒窜吉安者，连陷安福、分宜、万载等县，与石逆合。于是赣水以西乱民响应，瑞临、袁同时告警。十一月初十日，贼陷瑞州府。十一日，陷临江府，袁、吉二郡被围，南昌戒严。十五日，公檄周凤山率九江全军回南昌，以为剿办西路贼匪之计。奉上谕："石逆贼党虽多，一经罗泽南痛剿，即连次挫败。可见兵不在多寡，全在统领得人。著曾国藩激厉在事文武，奋勉图功，殄此巨寇。至九江一路能否足资堵御，倘有疏懈，不特江西内地堪虞，并碍长江大局。该侍郎不可顾此失彼。钦此。"

罗泽南克咸宁县，乘胜至金口。与胡林翼会攻武昌，大破城外贼垒，驻营洪山。三十日，贼陷袁州。彭玉麟前乞假回衡州，闻江西紧急，间关徒步行七百里抵南康。公见大喜，派领水师，赴临江扼剿。贼既踞临江，分股踞樟树镇。十二月初四日，周凤山克樟树镇。初十日，周凤山克新淦县。贼攻吉安，江西按察使周玉衡人城守之。年终恩赏如例。

可见兵不在多寡，全在统领得人。

咸丰六年

正月初二日，贼犯樟树镇，刘于浔以水师击却之。周凤山自新淦回援樟树镇，遇贼于瓦山，击破之。初七日，彭玉麟大破贼船于樟树镇。初九日，攻临江贼垒，又破之。十六日，林源恩等击贼于九江，破之。二十五日，贼陷吉安府，按察使周玉衡死之。

奉上谕："文俊甫经到任，于该省地势军情，一时未能周悉。现当万分棘手之时，倘布置稍疏，难免贻误。曾国藩自抵江西，为时已久，贼情亦所深悉。此时江西匪踪几欲蔓延全省，既不能处处调兵，又不能顾此失彼，自应择其最要之处先为攻剿。着曾国藩与文俊妥速会商驰奏，以慰廑念。钦此。"

江西官军溃于乐安，贼犯抚州、建昌，城邑多不守。十八日，周凤山师溃于樟树镇，南昌戒严。公亟回省助守，人心始定。湖南巡抚骆秉章遣刘长佑、萧启江分道赴援。皆募死士，蜡丸隐语，间行入省城，旬月始达。是时江西八府五十余县皆陷于贼，所存者南昌、广信、饶州、赣州、南安五郡耳。三月，遣彭玉麟扼扎吴城镇。邓辅纶、林源恩进剿抚州，周凤山、毕金科等助之。初八日，布政使衔、宁绍台道罗泽南卒于军。泽南自驻洪山，武昌城外贼垒铲除殆尽，殄灭有日矣。忽以雾中博战，中枪子，伤创甚，卒于洪山营次。湖北巡抚胡林翼檄李续宾统其军。

十一日，邓辅纶、林源恩克进贤县。彭玉麟御贼于吴城，却之。二十日，李元度克东乡县，邓辅纶、周凤山率师来会。二十三日，彭玉麟、黄虎臣克建昌县。二十七日，李元度、林源恩击贼于抚州，破之。四月，刘长佑攻万载县，尽平城外贼垒。二十日，刘于浔克丰城县。二十八日，杨载福率水师由鄂东下，搜毁沿江贼船，耀兵九江城外而还。十三日，贼犯吴城，彭玉麟击却之。十五日，毕金科破贼于油敦。十九日，贼援抚州，李元度击却之。六月初二日，黄虎臣战殁于建昌。初五日，贼陷饶州府。公弟国华湖南间关走武昌，乞师拯江西。湖北巡抚胡林翼以国华为总统，而刘腾鸿、普承尧、吴坤修等副之。国华率师五千人，连克咸宁、蒲圻、崇阳、通城四县。转战而东，克新昌、上高各城，遂抵瑞州府。

七月初四日，贼犯南昌省河西岸，官军渡江击破之。初九日，彭山屺、李新华赴瑞州助剿。贼屡出扑营，官军击却之。公弟国华因病来南昌就医。八月，贼大股援瑞州城，贼亦悉锐出犯，官军力战走之。吴坤修收复靖安、安义二县。公弟国华由南昌回瑞州。

公弟国荃募勇于长沙。时长沙黄冕新授吉安府知府。吉安府县均陷于贼，冕知国荃有奇略，就商防剿之策。国荃曰："方吾兄战利，事事无所须于我，我亦从未至营相视。今坐困一隅，我义当往赴，然苦无资力募勇。君但能治饷，我当自立一军，以赴国家之急。"冕请于巡抚骆秉章，募勇二千人，以周凤山副之。以其始攻吉安，号其军曰"吉字营"。公弟国荃以一军立功天下，自此始。

九月初三日，公至瑞州劳师。初四日，李元度复宜黄县，初九日，复崇仁县。元度久攻抚州不下。贼悉锐出城，与城外援贼合，官军大败，林源恩死之。元度走崇仁。南昌戒严。公由瑞州回南昌。二十八日，瑞州贼出城扑营，公弟国华击破之。国华攻瑞州，贼之出入接济者，屡被官军截击。刘腾鸿毁瑞州南城，筑新垒二座，以劲兵五千守之，贼援始绝。二十五日，江西官军、福建援军大溃于建昌，副将陈上国等死之。贼陷新淦县，刘于浔攻克之。

奉上谕："曾国藩、文俊自八月奏报瑞州、建昌胜仗之后已及月余，未见续报。前闻贼匪多回至金陵，而江西失陷，各郡尚无一处克复。据浙江各省奏报，皆言金陵内乱，恐石逆不得志于皖楚，必窜入江西。该逆于诸贼之中最为凶悍，若令回窜江西，战据数郡，煽惑莠民，其势愈难收拾。着曾国藩乘此贼心涣散之时，赶紧克复数城，使该逆退无所归，自不难穷蹙就擒。若徒事迁延，劳师糜饷，日久无功，朕即不遽加以贻误之罪，该侍郎何颜见江西士民耶？又闻石达开与韦逆不睦，倘向曾国藩处乞降，应如何处置之，亦当预为筹画。钦此。"公疏称："石逆若归命投诚，当令献城为质，不敢贪招抚之虚名，弛防剿之实务。"奉朱批："尔等主见甚属允妥。剿抚宜并用，先剿后抚，可随时审其机宜好为之。钦此。"

十一月初一日，刘长佑、萧启江攻克袁州府。十三日，公弟国荃克安福县，进攻吉安。江西巡抚文俊奏保公弟国华。奉旨以同知选用。胡林翼攻克武昌省城。官文克汉阳府。武汉既克，胡林翼与官文商筹东征，以都兴阿统马队，李续宾统步军，杨载福统水师，而李孟群、王国才、石清吉等隶都兴阿部下，连克武昌县、黄州府、兴国、大冶、蕲州、蕲水、广济、黄梅各城，耀兵九江城外。十二月，公至九江劳师，旋回南昌。年终恩赏如例。

事略　卷二

咸丰七年

正月初五日，吴坤修克奉新县。毕金科战殁于景德镇。十七日，公赴瑞州视师。二月初四日，公父竹亭封翁薨于里第。十一日，讣至营。公与弟国华自瑞州奔丧。公弟国荃自吉安奔丧，并奏陈丁忧回籍情形。湖南巡抚骆秉章亦代奏丁艰日期。奉上谕："该侍郎现在江西督师，军务正当吃紧，古人墨绖从戎，原可夺情，不令回籍。惟念该侍郎素性拘谨，前因母丧未终授以官职，具折力辞。今丁父忧，若不令其奔丧回籍，非所以遂其孝思。曾国藩着赏给三个月回籍治丧，并赏银四百两，由湖南藩库给发，俾经理丧事。俟假期满后，再赴江西督办军务，以示体恤。钦此。"

三月，奉上谕："曾国藩奏丁忧回籍，请派员督办军务一折，业经降旨赏假三个月回籍治丧。所有曾国藩前带水师兵勇，著派提督衔湖北郧阳镇总兵杨载福就近统带，广东惠潮嘉道彭玉麟协同调度。所需兵饷，并着官文、胡林翼、文俊源源接济，毋使缺乏。该侍郎假满后，着仍遵前旨，即赴江西督办军务，以资统率。钦此。"

四月，公奏假请在籍终制。奉上谕："曾国藩奏沥情恳请终制一折，据称假期将满，葬事未毕，吁请在籍终制。曾国藩本以母忧守制在籍，奉谕帮办团练，当贼氛肆扰皖鄂，即能统带湖南船勇，墨绖从戎，数岁以来，战功卓著，忠诚耿耿，朝野皆知。伊父曾麟书因闻水师偶挫，又令伊子曾国华等带勇远来援应，尤属一门忠义，朕心实深嘉尚。今该侍郎以假期将满，陈情终制，并援上年贾桢奏请终制蒙允之例。览其情词恳切，原属人不得已之苦心。惟现在江西军务未竣，该侍郎所带楚军素听指挥，当兹剿贼吃紧，亟应假满回营，力图报效。曾国藩身膺督兵重任，更非贾桢可比。着仍遵前旨，假满后即赴江西督办军务，并署理兵部侍郎，以资统率。俟九江克复，江南肃清，朕必赏假，令其回籍营葬，俾得忠孝两全，毫无遗憾。该侍郎殚心事主，即以善承伊父教忠报国之诚，当为天下后世所共谅也。钦此。"

五月，葬竹亭封翁。六月，公疏请开兵部侍郎署缺，仍沥请终制。奉上谕："曾国藩以督兵大员，正当江西吃紧之时，原不应遽请息肩。惟据一再陈请，情词恳切，朕素知该侍郎并非畏难苟安之人。著照所请，准其先开兵部侍郎之缺，暂行在籍守制。江西如有缓急，即行前赴军营，以资督率。此外，各路军营设有需才之处，经朕特旨派出。该侍郎不得再行渎请，致辜委任。钦此。"

八月，奉上谕："昨据给事中李鹤年奏，曾国藩自丁父忧后，叠蒙赐金给假，褒奖慰留。此后墨绖从戎，宜为天下所共谅，岂容以终制为守。经再三渎请，请饬仍赴江西及时图报等语。军务夺情，原属不得已之举，朕非必欲该侍郎即入仕途，然如该给事中所奏，亦可见移孝作忠，经权并用，公论自在人心。现在江西军务有杨载福统带，虽无须曾国藩前往，而湖南本籍逼近黔粤，贼氛未息，团练筹防，均关紧要。该侍郎负一乡重望，自当极力图维，急思报称，所有李鹤年原折，着钞给阅看。钦此。"

九月，公复奏："两奉谕旨，江西军务办理得手，自可无庸前往，湖南全省肃清，臣仍当在籍终制。"奉朱批："江西军务渐有起色，即楚南亦就肃清，汝可暂守礼庐，仍应候旨。大臣出处，以国事为重，抒忠即为全孝。所云惧清议之訾，犹觉过于拘执也。钦此。"

湖北巡抚胡林翼奏请起复水师统将，以一事权。奉上谕："曾国藩丁忧后，奏派杨载福总统内湖外江水师，彭玉麟协同办理。业经明降谕旨，允其所请。朕因该侍郎恳请终制，情词恳切，且江西军务渐有起色，是以令其暂守礼庐。钦此。"

江西巡抚耆龄，奏请起复公弟国荃，治军吉安。奉旨敦促。先是，国荃奔丧回籍，所部吉字营勇交文翼、陈湜统带。五月，石达开大股援吉安，王鑫击走之。七月，王鑫破贼于广昌、乐安。贼回窜吉安，周凤山败绩，惟文翼、陈湜统带吉字全军退守安福。于是王鑫、刘腾鸿相继沦丧，湘军连失健将。巡抚耆龄奏

大臣出处，以国事为重，抒忠即为全孝。

派公弟国荃为总统。公念国事方艰，勉弟速行。十月，国荃抵安福，进兵薄吉安城。十一月，伪翼王石达开由饶、抚疾趋吉安，众号数十万。国荃迎击于吉水县之三曲滩，大破之。城围遂合。十二月，楚军克临江府。年终恩赏如例。

咸丰八年

三月，公弟国华出赞李续宾军事于九江。

四月初七日，李续宾、杨载福会克九江府。二十日，萧启江、刘坤一克抚州府。王开化克建昌府，贼窜入浙江境。五月，奉上谕："前因江西贼匪窜入浙江，恐周天受资望较浅，未能统率众军，复谕和春前往督办。和春现在患疾未痊，刻难就道。东南大局攸关，必须声威素著之大员督办各军，方能措置裕如。曾国藩开缺回籍，计将服阕。现在江西抚、建均经克复，止余吉安一府，有曾国荃、刘腾鹤等兵勇，足敷剿办。前谕耆龄饬令萧启江、张运兰、王开化等驰援浙江。该员等皆系曾国藩旧部，所带兵勇得曾国藩调遣，可期得力。本日已明降谕旨，令曾国藩驰驿前往浙江办理军务。着骆秉章即传旨，令该侍郎迅赴江西，督率萧启江等星驰赴浙，与周天受等力图扫荡。该侍郎前此墨绖从戎，不辞劳瘁，朕所深悉。现当浙省军务吃紧之时，谅能仰体朕意，毋负委任。何日起程，并着迅速奏闻，以慰廑念。钦此。"

六月，公治装由湘乡至长沙，奏报起程日期。奉朱批："汝此次奉命即行，足征关心大局，忠勇可尚。抵营后，迅将如何布置进剿机宜，由驿驰奏可也。钦此。"七月，公由武昌历九江、湖口以达南昌。援浙诸军俱集于河口镇。公由南昌进发河口途次，奉上谕："前因浙江军务紧急，谕令曾国藩赴浙剿办。现在衢州解围，处州等州县相继克复，境内余匪不难克日肃清。惟闽省浦城、崇安、建阳、松溪、政和等处贼势蔓延，亟应赶紧剿办。和春等现饬周天培于援浙兵勇，内挑选精锐三千数百名，由龙泉一带进剿；饶廷选带漳州兵勇亦驰往浦城。曾国藩业已奏报起程，即以援浙之师由江西铅山直捣崇安，相机进剿，迅将闽省各匪一律扫除，毋少延误。钦此。"

八月，公抵河口营。闽贼窜扑广丰、玉山两县，官军击却之。公弟国荃攻克吉安府，江西全省肃清。奉旨："曾国荃以知府遇缺即选，赏加道衔。"闽贼陷安仁县，公遣张运兰克其城。刘长佑败贼于新城，贼退入闽境。九月，公驻建昌府。弟国荃率师来会，旋回湘。

十月，李续宾偕公弟国华战殁于三河镇。先是，八月间，李续宾督兵入皖，连克太湖、潜山、桐城、舒城，军锋甚锐，当者披靡。遂以孤军深入，为贼所围，全军六千殉焉。国华英略盖世，李续宾尤中兴名将，于是全楚大震。湖广总督官文、湖南巡抚骆秉章并奏请公移师援皖。奉上谕："皖北贼势鸱张，楚省边防吃紧。此时闽省之贼南趋漳、泉，距江西渐远，若照骆秉章所请，令该侍郎移师赴皖，而留萧启江所部四千余人防守江西，亦未始非权衡缓急之计。惟曾国藩所部各军多染疾疫，前奏尚须休息。且景德镇尚有大股逆匪，随剿随进，亦非计日可到。著曾国藩豫为筹度。如果闽省兵勇足资剿办，而江西边境防剿有人，自以赴援皖省尤为紧要，不独庐州省城可收南北夹攻之效，即上窜湖北之路，亦可借资堵扼。倘因汀州等处尚须兵力，一时不能移军，或须俟景德镇股匪歼除再回楚北，亦着斟酌具奏。钦此。"公复奏："论大局之轻重，宜并力江北，图清中原；论目前之缓急，宜先攻景德镇，保全湖口。"旨如议。年终恩赏如例。

咸丰九年

正月，奉上谕："曾国藩奏伊弟曾国华殉难情形一折。候选同知曾国华在三河镇殉难，当经降旨追赠道员，从优议恤。该故员历著战功，一门忠义，著加恩赏给伊父曾骥云从二品封典，以示褒嘉。钦此。"又奉上谕："曾国藩奏遵筹全局、请添马队进取一折。该侍郎统筹全局，意在并力大江两岸，为节节进剿之计，所见甚是。汝弟曾国华在三河阵亡，可悯可嘉。该员之子例有应得世职。本日复明降谕旨，赏给伊父曾骥云从二品封典，以示褒奖矣。钦此。"

公疏称："胞叔曾骥云，臣在侍郎任内恭遇两次覃恩，貤封正一品光禄大夫。兹复渥荷褒嘉，诰轴则祗领新纶，顶戴则仍从旧秩。"奉上谕："前因曾国华殉难，赏给伊父曾骥云从二品封典。本日曾国藩谢恩折内声明曾骥云曾邀正一品封典等语。所有曾国华之子曾纪寿著加恩。俟及岁时，由吏部带领引见，以示朕褒崇忠节、有加无已之至意。钦此。"

二月初三日，萧启江攻克南安，收复崇义县。是时闽省肃清。公移驻抚州。四月，公弟国荃到抚州营，偕公行释服礼。旋派国荃统湘军五千八百人赴景德镇助剿。时湖南宝庆之贼图窜四川，湖广总督官文奏请饬公带兵入蜀。奉上谕："官文奏请饬曾国藩迅赴夔州一折。详览该大臣所奏各情，实为通筹大局起见。本日已谕令有凤派兵扼要严防，惟该省兵力恐不能当此悍贼。曾国藩前派萧启江带兵援剿湖南。现在湖南吃重，此一军自未能调回。此外如江西、湖北等兵素称得力，着曾国藩即日统带，由楚江前赴夔州扼守，以据两湖上游之势。倘贼踪窜至，即可有备无患。至江西景德镇之贼，尚未剿平，着曾国藩斟酌情形，咨商耆龄，妥为布置，俾得迅扫逆氛，不至顾此失彼。钦此。"

六月，公弟国荃至景德镇，三战皆捷。十四日，克景德镇，贼窜浮梁县，国荃追败之。十五日，克浮梁县，贼窜徽州。江西肃清。公疏称："曾国荃系臣亲弟，不敢仰邀议叙。"奉上谕："现在江西全省一律肃清，剿办甚为得手。曾国藩调度有方，交部从优议叙。在事出力之道衔候选知府曾国荃，着免选知府，以道员用。钦此。"

七月，公弟国荃率师至抚州。公由抚州至南昌。公弟贞干原名国葆从军于黄州，湖北巡抚胡林翼奏留赞助军事。公疏称："臣拟先驻湖北宜昌等郡，如贼果入川，再行酌量前进。"奉上谕："该侍郎所称驻扎宜昌等处，即可稳占上游，但为镇守湖北起见，尚未筹防蜀省。该侍郎当熟思大势，详悉驰奏。钦此。"

又奉上谕："曾国藩虽先驻宜昌等处，仍当侦探贼情，如宝庆一带未能邀其入川之路，即当亲督兵勇赴蜀，以便调度堵剿机宜，未可迁延贻误。钦此。"旋又奉暂留兵勇赴徽会及酌拨兵勇留防江西之命。

八月十一日，公至黄州。途次奉上谕："官文奏皖省贼势日张、筹议由楚剿办一折。皖省粤匪与捻匪勾结，蔓延日甚。官文以宝庆解围，败贼悉数南窜，川省已有备无患，请饬曾国藩缓赴川省，暂驻湖口，分军四路进剿皖省，所筹实于大局有益。曾国藩如已起程赴鄂，着与官文商酌。如湖南大局已定，川境可保无虞，即暂驻湖北，调回湖南各军，为分路进剿皖省之计。钦此。"

二十三日，公至武昌。胡林翼委公弟贞干回湘募勇。九月，公回驻黄州之巴河。漕督袁甲三奏两淮糜烂，请饬公军由河南光固进剿，遏贼北窜。奉上谕："袁甲三等所虑不为无见，着官文、曾国藩、胡林翼再行悉心筹酌。此次官文等会筹大举，关系全局利害，总须计出万全，不妨稍迟时日也。钦此。"

十月，公弟国荃率所部吉字营至巴河，请假回籍。公弟贞干领所招湘勇至鄂。公献四路进兵之策。略云：第一路，由宿松、石牌以窥安庆，臣国藩任之；第二路，由太湖、潜山以取桐城，多隆阿、鲍超任之；第三路，由英山、霍山以取舒城，臣林翼任之；第四路，由商城、固始以窥庐州，调回李续宾任之。复因旋因目疾请假。奉上谕："曾国藩赏给一月，在营调理。该侍郎一路兵勇，即待另筹。而李续宾亦系独当一面，母病给假。是四路中已有二路急难进征，于皖北待援情形实有缓不济急之势。至所称先围安庆兼捣庐州等语尚属周妥，但恐言之易而行之难。所有前谕派出一军取道光、固、颍州，绕出怀、蒙以北之处，仍着悉心筹酌办理。钦此。"十一月，公由黄梅移驻宿松县。十二月，胡林翼进军英山，公弟贞干从之。年终恩赏如例。

咸丰十年

正月，伪英王陈玉成犯小池驿，多隆阿、鲍超合击破之，毁贼垒七十余座，克太湖、潜山等县。捷闻，诏公交部优叙。二月，公叔父高轩封翁讣至，公请假四十日。三月，李续宜假满来皖会议，以公所部攻围安庆，多隆阿攻围桐城，李续宜驻军青草塥以为援。闰三月，公弟国荃自湘来营，率师攻安庆，驻扎集贤关。是为规取安庆之始。江南大营溃败，和春、张国梁死之。两江总督何桂清退走常熟，苏浙戒严。

四月，奉上谕："江浙安危在于呼吸。曾国藩现扎安庆，若与杨载福率领所部水陆各军迅由东流、建德一带分剿芜湖，并入宁境，以分贼势而顾苏、常，于东南大局实有裨益。惟安庆贼势颇重，曾国藩能否舍安庆而东下，着酌量情形，相机办理。有人奏左宗棠熟悉形势，运筹决计，所向克敌，现在贼势披猖，东南驿骚，请酌量任用等语。应否令左宗棠仍在湖南本籍襄办团练等事，抑或调赴该侍郎军营，俾得尽其所长，以收得人之效，并着酌量办理。钦此。"公疏称："左宗棠刚明耐苦，晓畅兵机，请破格录用。"奉旨："左宗棠以四品京堂候补，襄办公营军务。钦此。"

是时苏常相继失守，巡抚徐有壬殉难，总督何桂清逮问。诏假公兵部尚书衔，署理两江总督。并谕军情紧急，务当兼程前进，保卫苏常，收复失陷地方。于是公悉以围攻安庆之师，命弟国荃任之。公疏称"围攻安庆为克复金陵张本，此军断不可撤"。因献三路进兵之策。奉上谕："曾国藩奏统筹全局一折甚合机宜，着照所拟办理。胡林翼奏保之左宗棠一员，已有旨赏给四品京堂，令其襄办曾国藩军务矣。钦此。"五月十五日，公自宿松进发祁门，奏报起程日期。并疏陈预筹淮扬、宁国、太湖三支水师，荐保彭玉麟任事勇敢，励志清苦，有古烈士风，堪胜总办水师之任。旨报可。六月十一日，公至祁门县。奉上谕："曾国藩现已抽兵万人进驻祁门，俟鲍超、张运兰、李元度到后即行分路

<small>尽其所长，以收得人之效。</small>

进兵，具见胸有成见，谋定后战。惟苏省待援迫切，该署督惟当催令鲍超等迅速来营，会筹进剿。但能援师早到一日，即早一日救民水火，实深殷盼。该署督兵勇，未可轻率前进，宜加持重为要。"又奉谕："徽、宁等府本国藩兼辖地方，该处国务，并由该署督督办，自觉事权归一。钦此。"盖皖南督师张芾被人弹劾也。廿四日，奉上谕："两江总督著曾国藩，补授为钦差大臣，督办江南军务。钦此。"七月，奉谕："薛焕僻处海隅，兵力单弱，苏常无重兵攻剿，都兴阿尚在英山，江北各军无人总统，深恐贼势北趋。曾国藩现授为钦差大臣，事权归一，著即飞催左宗棠各军由池州、广德分路进取，规复苏常。其江北一带，尤为紧要，应如何布置之处，著先行筹画。钦此。"公具疏谢恩。奉朱批："卿数载军营，历练已深，惟不可师心自用，务期虚己用人，和衷共济。但不可无定见耳。钦此。"

是时江浙遍地皆贼，纷纷请援。或请救援宁国，或请由严州进援浙江，或请统师南下，规复苏常。朝旨日相寻问。公疏称："左宗棠、李元度、鲍超、张运兰均未到皖，皖南危乎其危，何能屏蔽浙江，更何能规复苏常？目下惟有急援宁国而已。"八月，奉上谕："张芾着来京，皖南军务统归曾国藩督办。周天受著交曾国藩差委。钦此。"

张运兰、李元度、鲍超相继到祁门。十二日，贼陷宁国府，周天受死之。遣李元度接办徽州防务，任事十日而城陷。贼趋祁门甚急。适左宗棠军次南昌，公檄赴乐平、婺源之间，以备截击。又闻夷氛犯阙，銮舆出狩热河。公与胡林翼疏请带兵入卫，日夜筹商北援之策。寻和议成。奉上谕："皖南北均当吃紧，该大臣等一经北上，难保逆匪不乘虚窜，扰完善之区，江西湖北，均为可虑，曾国藩、胡林翼均无庸来京。该大臣甫接皖南防务，连失两郡，虽属饷绌兵单，究属策画未密。著振作军心，再接再励，勿以一挫之后即损军威。李元度谋勇兼优，此次失衄，殊属可惜。人材难得，著即迅速查明下落。钦此。"

十月，贼由羊栈岭陷黟县，鲍超、张运兰击走之。左宗棠军次景德镇，大破贼于贵溪，连克德兴、婺源二县。十一月，贼陷

（惟不可师心自用，务期虚己用人，和衷共济。但不可无定见耳。）

建德、东流两县。杨载福击贼于南陵县，拔出难民十余万人。贼犯湖口，彭玉麟击却之。贼屡次窥犯祁门，鲍超、张运兰邀击于卢村，大破之。贼出羊栈岭，公营始安。是月，伪英王陈玉成大举援安庆，公弟国荃击走之。年终恩赏如例。

咸丰十一年

正月，贼由石埭县分两路趋祁门，江长贵败之于大洪岭。贼犯景德镇，左宗棠、鲍超迎击于洋塘，大破之。贼之窥祁门者，屡被官兵击退，遂悉锐再犯景德镇，冀绝官军饷道。二月，陷之。公度粮路已断，惟急复徽州，可通浙江之米。三月，亲至休宁，督攻徽城。不克，仍回祁门。而贼之环攻者不已。誓以身殉国，自书遗嘱二千余言寄其家。公生平艰苦之境，以靖港、鄱湖、祁门三处为最。左宗棠大败贼于乐平，三战皆捷，斩首数万。贼攻建昌、抚州不下。围攻不下，遂陷吉安府。官军旋复之。乃陷瑞州府踞之。于是祁门之路始通。

四月，公移驻东流县。疏称三品京堂左宗棠迭破巨寇，勋绩甚伟，请御赐珍物，以示旌异。又请左宗棠改为帮办军务，俾事权渐属，储为大用。旨均报可。左宗棠追击贼于广信府，贼窜入浙江境。瑞州踞贼分扰武宁、义宁、奉新等县，遂窜入湖北，连犯兴国、大冶、通山、崇阳等州县。胡林翼遣军堵剿之。

五月，贼由羊栈岭陷黟县，朱品隆、江长贵、张运兰等攻克之。十四日，张运兰克复徽州府。二十二日，左宗棠收复建德县。六月，胡林翼自太湖回援武昌，遣兵收复武昌所属各城邑。伪忠王李秀成犯南昌，公遣鲍超驰援之。六月，胡林翼遣军克德安府。鲍超追击贼于丰城，大破之，斩首万人。公疏称："鲍超盛暑鏖兵，所向克捷，请颁珍物，以示旌异。"旨报可。

八月初一日，公弟国荃攻克安庆省城。先是，公弟国荃围攻安庆甚急，伪英王陈玉成屡援不利，乃由英霍上犯湖北，连陷黄州、德安各郡县，派其党守之，牵制鄂军。而自率悍贼三万东援安庆，扎营菱湖中段，隔断国荃与其弟贞干之师。公遣杨载福助守营壕，而另调多隆阿邀击于桐城之练潭，斩首万计，以分援贼之势。陈玉成于三月十八日至安庆，扑攻二十余日。国荃凭壕堵御，贼百计弗能犯。四月初八日，陈玉成遁至桐城。十一日，国荃偕鲍超分攻菱湖、赤岗岭贼垒，弗克。国荃掘长壕以困之。菱湖贼垒十九座，并包于长围之内。四月，鲍超、成大吉攻赤岗岭贼垒，七日始下之，尽歼其众。

六月，国荃大捷于菱湖，毁贼垒十九座，斩级八千。七月十六日，陈玉成率伪辅王、伪章王、伪干王众十余万，以少半驻桐城，牵制多隆阿一军，以多半趋安庆，抄官军之背。攻扑六昼夜，国荃力战却之。廿二日，贼复悉锐来犯，国荃破之，贼党大溃。八月初一日，国荃用地道轰裂，克其城，城中悍贼无一漏网者。于是安庆陷贼九年矣。公弟国荃昼夜围攻，克此雄都。是为肃清东南之始。初七日，公至安庆受俘。

初十日，接赞襄政务大臣咨文，惊闻七月十六日文宗显皇帝宾天。公自以十余年来受大行皇帝知遇，值四方多难，圣心无日不在忧勤惕厉之中。今安庆克复，不及以捷报博玉几末命之欢，伏地恸绝。十八日，接奉哀诏，设次行礼。又奉赞襄王大臣寄奉上谕："曾国藩驰奏克复安庆省城等语。据称即用道曾国荃爽称官军用地雷轰倒安庆北门城垣，逾壕登城，杀毙长发捻逆二万余人。该逆赴江内湖内凫水遁窜，又经水师截杀，城内悍贼无一得脱，逆首陈玉成胆落退去等情，洵足以伸天讨而快人心。所有详细情形，著官文等查明速奏。钦此。"又谕："曾国藩调度有方，著赏加太子少保衔。曾国荃于围攻安庆时智勇兼施，著赏加布政使衔，以按察使记名，遇缺题奏，并赏穿黄马褂。候选训导曾贞干，著免选本班，以同知直隶州知州选用，并赏戴花翎。钦此。"又谕："候选同知曾国华，前在三河殉难。今其兄曾国藩、其弟曾国荃、曾贞干率师剿贼，克复安庆，一门忠义，深堪嘉尚。曾国华着加恩予谥，以彰忠烈。钦此。"子谥愍烈。

于是，杨载福克池州府、铜陵县，多隆阿克桐城、舒城、宿松、黄梅四县，鲍超追贼于抚州处，大破之。江西肃清。凡公部诸军，所向皆捷。二十六日，湖北巡抚胡林翼卒于武昌军，诏以李续宜为湖北巡抚。

九月，公弟国荃进军庐江县，连克泥汊口、神塘河、运漕镇、东关等城隘。军威所至，势如破竹，骎骎有直捣金陵之势矣。十月初六日，公弟国荃回湘募勇。旋奉旨赏给头品顶戴。十八日，奉上谕："钦差大臣、两江总督曾国藩，著统辖江苏、安徽、江西三省，并浙江全省军务，所有四省巡抚提镇以下，悉归节制。浙江军务著杭州将军瑞昌帮办，并著曾国藩速饬太常寺卿左宗棠赴浙剿贼，浙省提镇以下均归左宗棠调遣。钦此。"又谕："本日已明降谕旨，令曾国藩节制四省军务，该大臣自不能不统筹兼顾。至都兴阿在江北剿办粤匪，袁甲三在皖北剿办捻匪，遇有紧要军务，著该将军等会商曾国藩办理。钦此。"

公上疏力辞，且荐左宗棠前在湖南赞助军谋，兼顾数省，其才实可独当一面。请明降谕旨，令其督办浙江全省军务。奉上谕："曾国藩奏沥忱恳辞一折。该大臣谓遥制浙军，不若以左宗棠专办浙事，请收回成命等语，具见悃忱真挚，有古大臣之风，深堪嘉尚。惟左宗棠业已降旨，令其督办浙江军务，并准其自行奏事。江浙军情本属一气相关，该大臣思虑所至，谅无不协办同心，相资办理。节制一事，该大臣无得固辞。钦此。"

<small>悃忱真挚，有古大臣之风，深堪嘉尚。</small>

十一月，多隆阿收复三河镇。二十六日，奉到大行皇帝颁赏遗念御衣一箱。二十八日，贼陷杭州省城。张玉良战殁，将军瑞昌、巡抚王有龄等死之。十二月，鲍超破贼于青阳，朱品隆破贼于徽州，左宗棠分兵破贼于大鳙岭。诏授左宗棠为浙江巡抚，彭玉麟为安徽巡抚。玉麟两疏力辞巡抚之命。公疏称："玉麟素统水师，舍舟登陆，用违其长。且江面太长，照料匪易，请另简皖抚，俾得仍领水师，于南北大局两有裨益。"奉旨，彭玉麟以兵部侍郎候补。旋授兵部右侍郎。以李续宜调授安徽巡抚，严树森调授湖北巡抚。

咸丰十一年十月，江苏举人钱鼎铭等赍吴中官绅书函，御轮船来皖乞师。公以鸿章才足办贼，且淮南风气刚劲，欲另立一军，以为中原平寇之用。而是时公弟国荃屡建奇功，威望大著，朝意欲其由沪图苏。公以商之国荃。国荃谓金陵为贼根本，急攻金陵，贼必以全力援护，而后苏杭可图。公壮其谋，因以围攻金陵属之国荃，而以浙事属左宗棠，苏事属李鸿章，于是东南肃清之局定矣。

贼攻镇江甚急。奉上谕："镇江为江南北枢纽。冯子材等堵剿未能得手，业经都兴阿派詹启纶前往救援，现在贼势趋重镇江，而金陵苏常各匪图援江北。李鸿章所统水陆各军六七千人，如能早到，不独镇江可资保卫，亦可壮江北声援。著曾国藩催令该员迅即起程，毋稍延缓。钦此。"

江苏巡抚薛焕奏，江浙两省逆匪纠众数十万，并力东趋，窜陷奉贤、南汇、川沙三厅县。宝山、吴淞口情形吃重，松江、上海危急万分。奉上谕："逆贼李秀成悉众东趋，垂涎松沪。上海兵力不厚，岂能当此大敌？著曾国藩飞催曾国荃，将所募湘勇留防安庆，克日督带老营八千救援上海。倘曾国荃尚无实在消息，即著该大臣另派劲兵前往援应要。钦此。"金陵援贼渡江，都兴阿击贼于天长获胜。奉上谕："都兴阿奏进攻天长获胜一折。楚师进规金陵，必由天六为进兵之地。该逆踞守天长，金陵援贼渡江，已抵仪六，声称攻扑淮扬。都兴阿兵力不厚，曾国藩节制两江，自当统筹兼顾。惟该大臣分兵援浙，防剿徽宁，又筹进剿苗练及沿江列戍之兵，为数已属不少，恐致兵分力薄。前因谕令将江南北等处饷需通筹协济，并谕派员整顿两淮盐务，若得此巨款，不必专仰给湖北、江西饷项，自可裁汰疲弱，添募新勇，拨给都兴阿统带。至上海关税，每岁可得数百万。昨谕曾国荃带勇八千赴沪，力保该大臣饷源，且可进攻苏常，牵制贼势。现在江浙遍地贼氛，只有镇江一隅为进兵适中之地，著催李鸿章迅速赴镇，迟则此着又恐落后。该大臣身任统帅，事非越俎，不必稍避嫌怨，总期于事有济。江浙军务，朕惟该大臣是赖。钦此。"

是时众论分歧，多以图浙图苏，期效旦夕。公力主持重，扼上游以固根本，不敢为轻易进兵之谋，亦不敢以未来之事率尔入奏。奉上谕："曾国藩、左宗棠、李续宜均负时望，卓著战功，迭经先后任督抚，畀以重任，原冀合力通筹，挽回东南大局。前

<small>扼上游以固根本，不敢为轻易进兵之谋</small>

经曾国藩等奏称克复漕镇、无为,方冀东征之师可以直下江南。乃自去冬以来,该督抚等奏报甚稀,几于月仅一至,而浙省府县叠次报陷,苏省松沪警报频来,皖北则苗练与发逆交乘,围颍甚急。朕以冲龄践阼,荷蒙两宫皇太后孜孜求治,举贤任能,每于该大臣等所陈规画,言听计从。而该大臣等章奏寥寥,南服倦怀,殊深厪念。现在曾国荃是否到营,李鸿章是否到镇,鲍超进规宁国是否得乎,多隆阿等曾否分攻庐、寿,杨载福何时销假,与彭玉麟并图东下,著分别速奏。钦此。"

公分务复奏:一、曾国荃新募湘勇,二月底右抵安庆。回湘后,因辰沅有贼,留湘防守,已催令二月回营。一、李鸿章新募淮勇五营,另拨湘勇数营,二月可以成军,拟由陆路赴镇江。一、进攻金陵,必俟脚跟已稳,而后可图进取。一、颍州被围,李续宜已派兵赴援。一、谋浙宜从衢严之间下手。现在左宗棠屡获大胜。一、松沪告急,拟借洋兵防守。并陈奏报甚少,盖亦有故:一则不轻奏谣传之言;一则不轻奏未定之事;一则不轻奏预计之说。嗣后拟十日奏事一次,有急则加班具奏。

奉上谕:"前因该大臣奏报稀至,寄谕垂询。兹据历陈所奏较稀之故,不欲以未定之事、预计之说及谣传等词遽行入告,系属敬慎将事。各路军营往往以游移无据等词轻率驰奏,本属近来军营陋习。曾国藩自前次寄询之后,业已两次奏到军情,已属不少。此次奏称,拟定十日奏事一次,有警则再加班,转觉近于拘滞。况军营报奏原定无期,其疏数视军情之缓急。该大臣仍当毋失常度,力求实济,正不必变更前辙也。原折存留备览。钦此。"

公屡疏力辞节制四省。二月,奉上谕:"前因江浙军务统帅需人,令曾国藩节制四省,以重事权。旋据该大臣奏陈,自受任两江总督,于皖则无功可叙,于苏则负疚良深。并称用兵之道,贵得人和,而勿尚权势;贵求实济,而勿争虚名。恳请收回成命。当谕令仍遵前旨,节制四省,以收实效。兹据该大臣奏称接奉恩谕,再陈下情。现在诸道出师,将帅联翩,权位太重,恐开斯世急权竞势之风,兼防他日外重内轻之渐,恳仍收回成命各等语。在曾国藩远避权势,自应如此存心,方不至启骄矜之渐。而

并称用兵之道贵得人和,而勿尚权势;贵求实济,而勿争虚名。

国家优待重臣，假以事权，从前本有成例。曾国藩晓畅戎机，公忠体国，中外咸知。当此江浙军务吃紧，生民涂炭，我两宫皇太后孜孜求治，南望增忧，若非曾国藩之悃忱真挚，亦岂能轻假军权。该大臣务当力图攻剿，拯生民于水火之中，毋许再行固辞。钦此。"

适值三载考绩，朝廷举行黜陟钜典。奉上谕："协办大学士两江总督曾国藩督军剿贼，勤劳罔懈，于江皖地方，叠复名城，战功卓著。甄拔所部将，行贤能称职。前经简授协办大学士，仍着交部从优议叙。钦此。"同时疆臣膺上考者，大学士湖广总督官文、四川总督骆秉章二人而已。

公疏称："谋浙之事，必俟左宗棠进攻严州，蒋益澧进驻衢州，鲍超进抵宁国，乃有下手之处，不敢过求速效，以至偾事。并报徽州解围情形。"奉上谕："曾国藩所筹浙省进兵情形，虽办理稍形迟缓，然舍此别无可筹之策。已照该大臣所拟，谕知左宗棠妥筹办理。徽郡解围，则朱品隆一军自可节节进剿，与鲍超会攻宁国。鲍超前已赏穿黄马褂，昨又简放浙江提督，自当益加奋厉，疏通入浙之路。其余将弁中有勇往直前者，该大臣不妨先行奏请，以鼓其气。操纵驾驭，全在该大臣调度得宜，不必稍涉嫌疑。前谕该大臣保奏闽省督抚及江浙等省司道，谅已斟酌有人。如有堪膺封疆之任者，该大臣仍当访察，具奏朝廷。黜陟之权，原非封疆大吏所能侵越。第该大臣简任纶扉，督师江皖，膺股肱心膂之任。朕畴咨岳牧，询访甚殷，该大臣图济时艰，不当稍有避嫌之见，方合古大臣知无不言之义。嗣后如有所知，不妨密封呈进，以备采择。钦此。"

初九日，左宗棠克遂安县。十五日，公弟国荃率新募湘勇六千抵安庆。诏授国荃为江苏布政使。并谕："该员系两江总督曾国藩弟，例应回避。惟该省军务紧要，需员办理，无庸回避，以资得力。钦此。"公具疏谢恩。且云："臣弟国荃暂不接印视事，饬令攻取巢县、含山、和州、西梁山等处，冀与袁甲三、都兴阿各军粘连一片，庶金陵有规复之期，大局有转旋之势。"

二十四日，公弟国荃率师东下，前锋陈湜、萧孚泗等破贼于铜城闸。三月初十日，李鸿章师次上海。初八，议定鸿章一军取道巢含，前赴镇江，朝旨敦促者屡矣。适江苏绅士钱鼎铭、潘馥等备银十八万两，雇轮船来皖迎师。公遂檄鸿章初八日开行。湘淮各军分起下驶，径抵上海。

鸿章部将程学启者，桐城人。自贼中自拔来归，旧隶公弟国荃部下，最称骁猛。郭松林者，湘潭人。始以亲兵随公弟国荃攻安福县，首先登城，遂为国荃所知。厥后克吉安府、景德镇、浮梁县，无役不从。国荃之克安庆也，学启与松林战功尤多。二人者，皆湘军之良也。淮军之兴，肇端于六安李元华，一时名将，如刘铭传、潘鼎新辈，多半为元华旧部。鸿章之赴上海也，择湘淮军中之精者挟之以行。初至时，洋人见我军衣冠朴陋，辄讥笑之。鸿章曰："兵贵能战，岂在华美？迨吾一试，笑未晚也。"旋奉旨以李鸿章署理江苏巡抚。

_{兵贵能战，岂在华美。}

十三日，公弟贞干破贼于荻港、旧县、三山夹等处。十五日，公弟国荃破贼于望城冈。十五日，鲍超克青阳县。十八日，国荃破贼于铜城闸，遂克雍家镇、巢县、含山县。二十一日，贞干克繁昌县。二十二日，国荃克和州。鲍超连克石埭、太平二县。二十三日，国荃克裕溪口，遂克西梁山。沿江北岸贼垒悉破平之。二十七日，贞干破贼于鲁港。二十八日，鲍超克泾县。三十日，贞干克南陵县。此次公弟国荃贞干分南北岸东下，浃旬之内，连克名城要隘。西梁山古称天险，逆贼恃为金陵门户，竟以轻兵夺获雄关。而左宗棠之军连获胜于江山、常山之境，声威大振。公疏称："曾国荃、曾贞干系臣胞弟，不敢仰邀议叙。"

奉上谕："曾国藩调度有方，本当再沛恩施，用彰殊眷。惟该大臣民前次疏称一门之内，数月之间，异数殊恩，有加无已，感激之余，继以悚惧，恳求金陵未克以前不再加恩等语，应即俯如所请。至曾国荃等宣力戎行，连克要隘，洵足以褫贼魄而快人心。曾国荃着交部从优议叙。曾贞干著赏给"迅勇巴图鲁"名号。朝廷赏功罚罪，一秉大公，非独存厚于该大臣也。该大臣惟当督饬曾国荃等乘胜进攻，尽歼丑类，同膺懋赏，毋再固辞。钦此。"

四月初二日，张运兰克旌德县。初五日，彭玉麟率水师进攻金柱关。十五日，多隆阿克庐州府。伪英王陈玉成遁入寿州，苗沛霖缚献胜保军前，斩之。二十日，公弟国荃引军南渡。会彭玉麟克太平府，遂克金柱关、东梁山，为锁钥尤以芜湖县。

奉上谕："逆匪窜踞金陵，以芜湖为屏障，以东西梁山、金柱关为关锁。彭玉麟、国荃定计水陆会攻。国荃率马步十五营近逼金柱关下，玉麟派水师从上游环击，该逆为我军牵制，曾国荃乘间疾抵太平府北门。该逆骇走，闭关不及，我军拥进，斩首三百余级，遂将府城克复。彭玉麟瞭见曾国荃绕出三汊河，遂分水师为三队，以二队守险，以一队攻金柱关。贼于烈焰中冲突而出，积骸满渠，即时攻克金柱关，并将三汊河、上驷渡数十垒一律毁平。彭玉麟另派黄翼升袭破东梁山，进次芜湖。曾贞干率所部循江而进，与黄翼升会攻，群贼溃奔，立将芜湖克复，并克烈山石垒二座。曾国藩调度各军，叠克名城要隘。现在九洑洲亦将得手，指日可抵金陵。惟江北都兴阿一军尚形单薄，宜如何添兵布置，以防逆匪北窜，该大臣亦须妥筹兼顾。钦此。"

五月初一日，公弟国荃进攻秣陵关。秣陵关者，金陵之雄镇，亦大胜关之古辅也。维时贼备未严。官军掩至，守关贼酋举关降。官军绕出三汊河后进逼大胜关，编木作桥。初二日，国荃派军先伏桥边，而以后队六营掩旗疾进。贼见我军抄后，惧为长围所困，乘夜纵火，弃巢而走。官军追击败之，遂夺大胜关、三汊河两垒，平之。

时彭玉麟驻金柱关，闻国荃悬军深入，恐为贼乘，急调水师策应，由烈山驶近头关。彭适国荃亦于初三日昧爽整旅而来，水师于狂巨浪之中排炮仰击无少休，陆军乘之，立拔头关。彭玉麟进攻江心洲。洲有石垒双峙，屹若坚城。水师飞炮入垒，贼亦穴墙还击。战至日晡，水师挟火具登岸，蛇行芦苇中，逼垒纵焚，火光烛天。我军跃入贼墙烧薙，群丑扑火溺水，横塞江流。水师乘胜鼓枻飞行，立夺蒲包洲，遂泊金陵之护城河口。国荃由陆路倚护水师，驱军直入，逼扎雨蓊台，距城仅四里耳，公弟贞干驻三汊河、江东桥一带，傍水筑垒，以保西路粮道。是为规取金陵之始。

初四日，鲍超攻寒亭、管家桥逆垒，悉破平之。十二日，贼纠众二万犯营，公弟国荃设伏击却之。十五日，鲍超击贼于抱龙关，进攻宁国府。奉上谕："都兴阿奏上游水陆各军乘胜东下，将沿江各郡县及各要害次第攻克，现已进攻雨花台。都兴阿派兵由瓜州起椗，进攻观音门，踹平贼卡。并将燕子矶贼垒踏毁，期与楚军声势联络。办理甚属认真。所称金陵逆首，现在飞调伪忠逆，由苏常统带大队援救金陵，一经官军剿败，势必铤走下游。所虑不为无见。李鸿章驻军上海，近因嘉定复被贼踞，沪城军情又紧。该署抚能否抽身赴镇，着曾国藩兼权缓急，酌量办理。钦此。"

于时李鸿章初受兵事，令程学启、刘铭传、郭松林、滕嗣武、潘鼎新、韩正国进南汇县之周浦镇为北路，而英德兵自松江进金山卫为南路。四月十九日，常胜军会英德兵克奉贤县，遂克柘林。学启追贼至南汇县城。值李庆琛军溃，太仓贼悉锐攻青浦、嘉定，洋兵败走，嘉定复陷。贼规上海，鸿章遣学启等扼守虹桥，大破之。时南汇踞贼吴建瀛、刘玉林送款于周浦守将刘铭传、潘鼎新。五月初一日，鸿章令南汇令邓贤芬入城受降，部署其众，遂收复南汇县城。贼率众万余来争，建瀛等以降众击却之。

初四日，复合川沙贼来犯。铭传督建瀛等固守，而以伏兵夹击之，贼始遁，乘胜收复川沙厅。贼既围松江、青浦，复以大队分屯广福、林塘桥，而厚集于泗滨以拒我军，距学启新桥营十余里。新桥距上海三十里，贼狃官军难猝进，增垒为踞计。鸿章亲督各军深夜疾行，黎明入贼卡毁之，复以劈山炮毙贼数百。伪听王陈炳文、伪纳王邰云官以数万人分十二支围学启营，纵火周麾而呼，填壕拔鹿角。学启以枪炮御之，不及则掷砖石击。贼尸平壕，将藉以登，学启开壁门大呼，贼稍却。而贼之分股已逾新桥十余里，势且逼上海。李鸿章自统七营往援，遇贼徐家汇，奋力击之，贼乃骇散。学启瞭见旗帜，大呼出营，贼大奔。是役也，斩首三千人，解胁从数千人，夺获器械无算，于是洋人皆服鸿章之英伟，翕然听命。鸿章因疏陈助防洋兵之难恃，舍沪赴镇之非便。诏许之。遂不复议移师镇江矣。

二十二日，公弟国荃败贼于六郎桥。六月，公子纪鸿补县学生员。初六日，贼犯雨花台，公弟国荃击却之。初十日，贼复来窥营，官军复击却之。十五日，鲍超克宁国府。贼酋洪容海以宁国县城降，超用其众，克广德州。奉上谕："曾国藩奏，踞守广德州之伪保王洪容海自诣鲍超军乞降等语。洪容海投诚后，率所部攻取广德州城，将守城悍贼阆天义、马桂功擒杀，收其众六七万人，一律剃发，呈缴伪印三百余颗，伪官照九百余张。其被胁良民，经曾国藩饬令宋国永发给护照、川资遣散。洪容海自拔来归，计取坚城，着赏给游击衔，即鼓励。此外如有献城自赎、杀贼立功者，该督抚及统兵大臣即不准过事苛求，一经奏闻，无不予以自新，恩施立沛也。钦此。"

十六日，金陵援贼大举扑营，分二十余支牵制各垒，而以悍党猛扑雨花台长壕。公弟国荃凭壕拒守，互有损伤。部将刘连捷等拔卡而出，阵斩二千余人，伪对王歼焉。贼奔溃，国荃冒雨修墙。而宁国余贼啸聚于雄黄镇者约二万人，二十四日夜，勾通城贼谋袭我营。二十五日，国荃遣部将易良虎、刘连捷等击走之。

七月，诏授安徽巡抚李续宜为钦差大臣。时李世忠投诚已久，扼守江北，与贼相距。钦差大臣袁甲三因病求去，朝廷许之。世忠向受甲三节制，甲三既去位，诏世忠归公节制，并谕李续宜接办后，亦应妥为驾驭。值续宜丁艰，公兼署安徽巡抚，代请赏假数月，回籍治丧，并请袁甲三暂缓交卸督师之任，均奉俞允。

十五日，李鸿章克青浦县。鸿章之图青浦也，令程学启等屯北竿山，郭松林等屯塘桥，其弟鹤章督之，连毁城外三贼卡。洋人华尔以轮船大炮助攻，城裂毁十余丈，军士咸登，贼夺路而逃，官军复截杀之，遂拔其城。鸿章遣往宁波之常胜军，亦会张景渠军攻克余姚县。捷闻，得旨嘉奖。十七日，左宗棠破贼于油埠。

八月，苗沛霖献寿州城及正阳关，李续宜命凝弟学等人守。

续宜力请回籍终制，奉旨赏假百日，以唐训方署理安徽巡抚。伪慕王谭绍洸率十余万众犯上海之北新泾，李鸿章遣程学启、郭松林等分路堵御，大破贼于七宝卫。绍洸走野鸡墩，纠众复围北新泾。鸿章督军至虹桥。贼方凭河据垒，松林以五百人击破之，贼始遁。淮扬水师败贼于澱山湖。洋将华尔克慈溪县，创甚死之。左宗棠克处州府，复大捷于龙游县。

闰八月，贼犯宁国府，鲍超入城守之。蒋益澧军至浙江，克寿昌县。

> 不必争求速效，惟求有以自立。

公疏称："大江以南疾疫盛行，请简派在京亲信大臣驰赴江南会办军务。"奉上谕："大江南岸疾疫盛行，前据该大臣奏到，即深轸念。曾经寄谕进攻金陵，不必争求速效，惟求有以自立。伤亡战士并须加意拊循。兹据疏称，近日秋气已深，而疫病未息，宁国、金陵、徽、衢、上海、芜湖各军皆以疠疫死亡相继。猛将如黄庆、伍承瀚等先后物故，鲍超、张运兰、杨岳斌等均各抱病军中，甚至炊爨寥寥。此时战守均无把握，自属实在情形。惟恳请由京简派亲信大臣前往会办，以分责任之重大，挽气数之艰难，谅该大臣亦为忧劳焦灼所迫。朝廷信用楚军，以曾国藩忠勇发于至诚，推心置腹，倚以挽救东南全局。自诸军进逼金陵，逆匪老巢已成阱槛，惟以艰难时会，诚不易得。叠经寄谕，总以毋徒求效旦夕，惟当立足不败之地，以俟可乘之机。矧兹疾疫繁兴，各军将士疲病之余，讵忍重加督责？该大臣惟宜愈矢忠诚，拊循加意，使军心益固，诊气潜除。各营疾疫将士，其各传旨，优加存问。本应明降谕旨慰劳，诚以事关军务，或恐人心疑惧，且致奸宄从而生心，贼人转益张其凶焰。我国家深仁厚泽二百余年，当此艰危时势，又益以疾疫流行，将士摧折，深虞隳士气而长寇氛。此无可如何之事，非该大臣一人之咎。意者朝廷政事多阙，足以上干天和。惟当齐心默祷，以祈上苍眷佑，诊沴全消。我君臣当痛自刻责，实力实心，勉图禳救之方，为民请命，以冀天心转移，事机就顺。至天灾流行，必无遍及各营将士。既当其扼，贼中亦岂能无传染？想该大臣郁愤之余，未遑探询。刻下在京固无可简派之人，环顾中外，才力气量如曾国藩者，一时实难其选。该大臣素尝学问，时势艰难，尤当任以毅力，矢以小心，仍不容一息少懈也。钦此。"

是时士卒死亡大半，而伪忠王李秀成率苏常悍贼二十余万人援金陵。十九日，围攻公弟国荃大营。贼用西洋落地开花炮前后轰击，声动天地。我军百道堵御，贼更休迭进，历十五昼夜，迄未休息。我军以大炮火球击之，烧贼无算，抵死勿去。

九月初三日，伪侍王李世贤自浙江率众数十万继至，攻扑愈猛。我军伤亡甚众，而贼之死者倍之。初五日，官军出壕击贼，破逆垒十三座，斩首数十级。十二日，贼埋地道，两穴同时轰发，土石上飞，贼众逾墙而进。前者既殪，后者复登。官军抛掷火球，间以枪炮，抢险三时，堵塞缺口，击毙悍贼数千。贼焰少衰，白昼不甚环攻，夜间仍轮班逼扑，连扎百余营于官军营壕之外，相距仅二十丈，仍暗开地道，冀乘雨夜轰裂。国荃命各军修内壕、内墙以御之，分兵连破其地洞七处。十月初五日，我军出壕，破贼垒数十座。贼悉众奔溃，自相践踏，死者无算。伪忠王、伪侍王计穷遁去。金陵大营之围始解。

是役也，忠、侍两逆悉锐合扑，志在必逞。而鲍军之在宁国者，为悍酋杨辅清、黄文金所围，不能赴援金陵，公所调浙军之蒋益澧、苏军之程学启皆以有故不得至。公弟国荃坚守四十六日，公弟贞干力战以通饷道，前后破贼垒数十，斩首数万。营中火药用尽，乃告贷于湖北、江西。将士狞目鬖面，皮肉几尽。国荃左颊为洋枪所伤。军兴以来，未有如此之苦战也。

贼分股窜江北，攻九洑洲，连陷含山、巢县。宁国、广德州之贼陷绩溪县。国荃遣军分守东西梁山以御之。公疏陈金陵战状。奉上谕："此次逆目李秀成等乘我军疾疫之时纠众来犯，情形危险。该大臣调度合宜，曾国荃等水陆各军均能裹创血战，转危为安，深堪嘉尚。第回思从前危迫之际，我君臣尤当同深儆惧，以迓天庥。宁国虽偶尔小挫，鲍超谋勇兼优，谅能支持。金陵援贼，经曾国荃等斩杀数万，逆胆已寒。该藩司兵力本不甚厚，顿兵坚城之下，进退两难，恐日久逆党复生诡计，非鲍超之军由东坝驰往会剿，则成相持之势。故宁防甚关紧要，非独逆贼内犯南陵、掣动大局为可虑也。钦此。"

又谕:"苏浙诸贼酋因官军逼攻金陵老巢,大举来援,号称数十万众,明攻暗袭,意图吞噬各营,合犯上游,贼计甚为狡恶。经曾国藩饬令曾国荃督率各营将士,以屡病之余,当穷凶之寇,苦战力守四十余日,以寡敌众,出死入生,竟能力挽危机,保全大局,伪忠、侍两逆渠计索鼠窜而去,金陵大营危而复安。详览折中所叙战状,各营将士坚忍奋力,谋勇兼施,深堪嘉尚。全营立脚已定,仍应严密防守,徐图进攻之策。苏州等处援贼经此惩创,自不复敢正视。惟伪忠逆回苏之后,分党留守金陵,并分股力攻九洑洲,李世忠未知能否堵御。宁国、旌德同时吃紧,鲍超、张运兰、朱品隆诸军尚属羸病之余,著曾国藩照所拟各策分兵往援。旋奉旨,江苏布政使曾国荃着赏给江绸黄马褂料一件,小卷江绸袍料一件,白玉喜字翎管一枝,白玉柄小刀一把;曾贞干着中恩以知府用。钦此。"

当李秀成围犯金陵大营之时,谭绍洸、陈炳文复纠苏、杭、嘉兴贼十余万,分道自昆山、太仓东犯。李鸿章遣弟鹤章败贼陆军千,郭松林败贼方泰镇,刘士奇、郑国魁会程学启破贼三江口、四江口等处。贼连营数十里,大河支港俱设浮桥,遂犯黄渡。鹤章会学启分道击贼,松林逾桥败之。贼筑卡以阻我师,松林值其半渡而击之。贼大溃,追北至安亭河。时四江口守将刘士奇等被围已久,鸿章亲督军至黄渡,绍洸部贼屯吴淞江北,炳文踞南岸。九月二十二日,鸿章令刘铭传当其中,松林当其左,学启当其右。自辰至未,鸿章望贼旗益无际签删,督战益急,松林、铭传皆逼贼营,拔签逾壕伏而前,毙黄衣贼酋数人。贼少动,乃冒烟直入。学启胸中炮子伤,裹创疾前。贼由南岸溃而北,我军三路掩杀,四江口之围始解。

十月,洋将白齐文闭松江城索饷,遂至上海大哗。李鸿章夺其兵捕治之。裁常胜军为三千人,以戈登、李恒嵩领之。十一月初一日,贼陷和州。初二日,唐义训、王文瑞克绩溪县,贼陷祁门县。初十日,唐义训、王文瑞复之。十八日,公弟候选知府贞干卒于军。十九日,水师破贼于三汊河。二十七日,官军破贼于护驾墩，毁贼船二百余号。鲍超击贼于马头镇杨柳铺，大破之。是月，左宗棠遣官克严州府。李鸿章克常熟县。伪忠王李秀成自金陵回苏州，悉锐争常熟。鸿章遣军援之。程学启败昆山贼于蟠龙镇，李鹤章、郭松林等破贼太仓境。

十二月初五日，贼陷青阳县。初九日，公弟贞干柩至安庆，公抚棺大恸，入城受吊。奉上谕："前因知府曾贞干击退援贼，降旨询问该知府所营何处。兹据曾国藩复奏，该知府自五月驰赴江宁大营，秋间遘疾，适值援贼大至，力疾督战，解围后积劳身故等语。曾贞干自赴江南军营，屡著战功，朝廷早欲擢用，因曾国藩三恳辞，拟俟江宁克复后从优奖励。兹以力疾督战，积劳病故，悼惜殊深。虽未经曾国藩奏请给恤，而曾贞干系效力疆场、战功卓著之员，著追赠按察使，照按察使军营立功后病故议恤，以示优异。钦此。"

李鸿章胪陈贞干生前战绩，恳请逾格优恤。奉上谕："已故知府曾贞干随同伊兄曾国藩从事戎行，治军有纪律，善拊循战士，履危蹈险，坚固不摇。咸丰十年克复太湖县城，十一年克复安庆省城，本年肃清江北各城，进攻金陵，曾贞干立功甚多。八九月间，援贼数十万人围扑雨花台，屡争官军饷道。该故员力战苦守四十余日，使贼卒不能逞，被创遁去。乃因劳苦忧思，遂致一病不起，可嘉可悯。曾贞干著照二品例议恤，并准其予谥，于本籍及死事地方建立专祠，仍宣付史馆立传，以彰忠荩。钦此。"予谥靖毅。

二十一日，公弟国荃破贼谷里村六郎桥。二十二日，萧庆衍败贼铜城闸。二十五日，朱品隆收复青阳县。都察院奏江苏监生周同珏条陈分兵攻剿常州，略云：金陵大营自曾国荃力战解围后，贼胆已寒。惟忠逆剽狡善战，必更征调援贼，并力抗拒。我军顿于坚城之下，兵家大忌，若饬都兴阿一军，速由靖江潜渡，袭取常州，使贼首尾不能相顾，金陵孤立无援，必有擒首逆以献者。奉上谕："现在江南大股贼匪，连陷和、含、巢三城，并欲分股宿窜仪、扬，江北万分吃紧，都兴阿断无撤令理靖江进兵之由。第苏常千里陆沉，百姓惨遭荼毒，果有机势可乘，则早复一城即早脱一日之涂炭。且奇正相生，制胜之长策，顿兵坚城，兵家之大忌。该监生所论亦不为无见，著曾国藩酌筹办理。钦此。"年终恩赏如例。

同治元年

正月初一日，诏授公以两江总督、协办大学士。初四日，诏授公弟国荃为浙江按察使。公因浙江失守，自请严议，并与左宗棠通筹全局，以图补救。疏入。奉上谕："曾国藩、左宗棠各奏浙陷徽围，通筹全局，以图补救，并请调各路兵饷各折片，当即降旨，均照所请矣。曾国藩自请严议之处，前因浙省失陷，已将该督交部议处，毋庸更议。当兹时势阽危，该大臣受国重任，惟当与左宗棠同心戮力，以挽东南全局，方为不负委任，不在区区小节，引咎自责也。浙苏两省膏腴尽为贼有，全浙所存尚有湖郡、海宁州两城，又孤悬贼中，独衢州一府尚可图存。左宗棠当如该大臣所议，择要于衢、徽、广信三府之间相机调度，以固江西、皖南边防。一俟徽围得解，调齐各军，分路进取浙江。浙江按察使曾国荃回籍募勇，即可到营。该员久历戎行，与该大臣讲求亲切，庶足与左宗棠指臂相联，以期有济。左宗棠虽经简放浙抚，一切进兵机宜，仍着与曾国藩通筹大局，不可因身任地方为职守牵制，稍涉拘泥。曾国藩节制四省，昨又简授协办大学士，其敷乃腹心，弼予郅治，朕实有厚望焉。钦此。"

大学士翁心存奏称："苏常绅民结团自保，盼曾国藩如慈父母，请饬该大臣派一素能办贼之员驰赴通泰，由江阴常熟进捣。"奉旨："曾国藩能否派员前往，着迅速筹办，以慰民望，以纾朕南顾之忧。钦此。"又谕："贼匪陷杭城后，势将窥伺淞沪。曾国荃募勇是否回营，著曾国藩催令统带老勇八千人赴沪助剿，既可防守上海，兼可乘虚袭攻青浦等处，为规复苏常之计。毋失事机。钦此。"公疏称："福建延邵建道李鸿章，才大心细，劲气内敛，堪膺封疆重寄。拟酌拨数千人，驶赴下游，以资援剿。"俟该员到镇江后，请明降谕旨，令其署理江苏巡抚。奉旨谕允。先是，李鸿章赞公幕府，公疏请简放江北地方实缺，兴办淮扬水师，事未果行。

事略 卷三

同治二年

正月，贼大股围攻泾县，易开俊击却之。鲍超自宁国援泾县，攻附城贼垒，悉破平之。贼解围去。公搜获伪文，内称伪忠王李秀成调集群贼围攻常熟，拟率二十万众再犯江北，下扰扬州、上窥皖楚等语。朝廷饬公先事筹防，并饬李鸿章进取太仓，援应常昭，俾该逆回顾苏常巢穴，不暇径趋江北。时李鸿章遣谍密书，谕常熟死守，面檄潘鼎新、刘铭传、张树珊以三千人乘轮船赴福山。树珊营芦蒲港西；铭传营其南，跨海塘为垒；鼎新由同观山继进。垒未就而贼至，铭传、树珊击却之。鸿章遣常胜军往助铭传，复大捷。是时，浙江左宗棠之军连克金华、绍兴两府，汤溪、龙游、兰溪、永康、武义、浦江、桐庐各县，浙东肃清。江浙军事骎骎日有起色矣。

二十八日，公自安庆东下视师。二十九日，抵池州府。二月初一日，闻芜湖金柱关军情吃紧。初三日，驶至芜湖。初四日，周历城垒。旋赴裕溪口，侍郎彭玉麟来会，由东西梁山赴金柱关。初五日，抵乌江水营，与提督杨岳斌同至金陵之大胜关。初六日，入雨花台营。初七日，偕弟国荃周察营垒。十五日，由大胜关赴九洑洲。十六日，回舟西上。十八日，入金柱关小河，查阅龙山桥、三汊河、查家湾等处。十九至二十二日等日，由东西梁山入裕溪口小河，查阅雍家镇、运漕镇、石涧埠、无为州等处。二十三日，由神塘河出江。二十七日，次大通。

二十八日，回至安庆。疏陈巡阅诸军详观贼势情形。奉上谕："曾国藩奏由金陵回皖，沿途查阅近日军情及密陈可惧可喜数端各折片。逆贼续由江浦县新河口营垒迤逦西窜巢、含、全椒之间，九洑洲逆垒尚未攻克，贼踪纷窜江北，时切忧思。南岸则金柱关、徽州、休宁纷纷告警。该大臣已令鲍超等军分道驰援，著即与左宗棠所派刘典之军合力攻剿，保全徽境，其刘连捷、毛有铭等营分扎地面甚宽，务与西梁山、运漕镇及无为州、庐州竭力固守，俟李续宜、江忠义到皖，兵力较厚，再行相机进取。至池州两岸及西梁山、大胜关等处，难民编苇而栖，析骸以食，死亡灰烬之余，不堪目击等情，阅之殊深悯恻。如有可为倡率捐赈之处，著该大臣酌量办理。钦此。"

当公之东下视师也，贼攻常熟益急。李鸿章遣军攻太仓、昆山，冀分贼势，而另遣戈登助剿福山，遂破其城，擒贼首孝天义、朱衣点，常熟解围。三月初二日，贼自江浦上犯，围刘连捷、毛有铭于石涧埠。公弟国荃遣彭毓橘援无为州以御之。初十日，芜湖水陆各军克黄池贼垒。十一日，悉收内河要隘，毁贼舟净尽。贼遁走溧水、丹阳一带，金柱关防务解严。刘典等破贼于休宁。十七日，萧庆衍、彭毓橘、毛有铭、刘连捷合击贼于石涧埠，大破之。刘典等克黟县。十五日，李鸿章克太仓州。郭公林破贼茜坯支塘。十九日，贼犯庐江县。二十一日，贼犯舒城县，蒋凝学击却之。二十二日，朱品隆破贼于石埭。二十四日，贼围六安州。二十五日，刘典破贼于黟县，贼遁入浙江界。

诏授公弟国荃为浙江巡抚，左宗棠为闽浙总督兼署浙江巡抚。并谕闽浙两省军务兵勇均归左宗棠节制。耆龄所部广勇，着左宗棠拣员统带。曾国荃即着仍统前敌之军，驻扎雨花台，一意相机进取，以图金陵，毋以浙事为念。东南军务，惟在该督抚等戮力同心，共图挽救，国家异数酬庸，谅能兼矢公忠，以副委任也。

公与国荃交疏恳辞，略云：功名之际，终之殆难，消长之机，盈则必缺。臣与臣弟函商两次，欲固辞，则颇涉矫情，思立异于当世；欲受事，则不自量力，惧贻讥于将来。不如稍安愚拙之分，徐图尺寸之功。恳乞天恩，收回成命，俯准以开缺藩司效力行间。疏入。奉上谕："曾国藩奏为伊弟国荃恳辞巡抚恩命，并曾国荃奏恳收回成命各折。曾国荃自统师南下以来，复沿江名城要隘。驻军雨花台，连破逆垒，与彭玉麟、鲍超等水陆诸军为规取金陵之计。朝廷以曾国荃勋绩卓著，擢授浙江巡抚，并令仍统前敌之军，一意进取，论功行赏，国家自有权衡。兹览该大臣

功名之际，终之殆难，消长之机，盈则必缺。

及该抚所奏，深以金陵未复，兵顿坚城，而该大臣兄弟异数频邀，既荣授以封圻，复令驻军江南，遥领疆寄，深虞陨越，弗克负荷。在该大臣受宠若惊，固辞恩命，洵属至诚，而朝廷懋赏懋官，权衡悉当。现在军事主亟，时局孔艰，凡在臣工，正宜黾勉效忠，共期宏济。该大臣惟当督率曾国荃忠诚报国，以副委任，正不必渎辞朝命也。钦此。"

四月初二日，鲍超、刘连捷等击贼于六安州，贼解围去。初七日，公弟国荃、彭玉麟会克东关贼垒，遂克桐城。时公弟国荃围攻金陵已久，贼百计欲解围，分股由徽宁窥伺江西，由和含一带图犯湖北。而由湖北下窜之捻匪，自蕲水分为两股，一股回窜黄州，一股窜扑宿松，越潜太以扑庐桐，发捻两逆联成一片。公搜获伪文，有由舒六而窜英霍分道援鄂之语，因疏陈逆谋甚狡，而规画甚大情形。奉上谕："此时曾国荃雨花台之军自不能辄自移动，堕贼诡计。湖北为数省枢纽，诚不可稍有疏失，严树森出驻团风，当不至任贼窜入。群丑蓄谋纷窜，曾国藩所部各军几于应接不暇。该大臣素能镇定，惟当毅力精心，以图万全。其浙沪两军，事机尚顺。左宗棠以杭城不难即克，而难于杜贼分窜。是以不急旦夕之效，固属老谋。此时贼既纷窜北岸及长江上游，浙沪两军如能一克富阳以取杭州，一克昆山以取苏郡，则金陵之贼腹背受敌，或可即收捣穴擒渠之效。该大臣等必能因时审势，以赴事机也。"

又谕："曾国藩现驻皖省，为中权扼要。其北自巢含舒桐以至英霍，贼氛密布，发捻交乘。又值苗沛霖复叛，颍、寿、六安逆练纷纷扑扰，凶焰顿张。金陵逆党自九洑洲北渡，声言就食，不即扰及里下河等处，而直上和含，且与捻苗各匪均相勾结，殊恐贼之蓄谋，故为此包抄大举，势将围裹安庆，以解金陵之围。曾国荃之军逼城为阵，不能遽撤。曾国藩所部桐舒守将仅能自固。鲍超一枝劲旅，往来策应，兵力已不甚厚。恐贼乘兵分备单之时，麇集群丑，四面围逼。该大臣驻扎江浙，实为东南大局安危所系，南顾弥增厪念。刻下皖事孔亟，许惟浙军尚属切近，左宗棠务与曾国藩声息相通，缓急可为援应，方为妥善。钦此。"

二十二日，鲍超军克巢县，遂克含山、和州，皖北之贼遁去。而皖南之建德，亦被官军收复，贼焰稍衰。李鸿章克昆山县。鸿章之图昆山也，部将程学启、郭松林献策曰："昆山环城皆水，上有阳澄、巴城两湖，下有清阳江，皆阻绝不能飞渡。由陆路至苏州必道正义镇，旧有四贼营，苏州援贼屯焉。我夺而据之，断其援而绝其窜路，贼胆堕，破之易，且歼其众。"鸿章从其谋，命松林会程学启等攻正义，斩首三千余。戈登率常胜军继至，贼尽溃。伪慕王谭绍洸率众四万来争，并力败之。松林、滕嗣武扼守隘口，学启会诸将极力攻城，绍洸遁去，遂克昆新两县。时刘铭传驻常熟之鹿苑，闻昆山既克，进攻杨舍泛，克之。

公弟国荃攻克雨花台，伪城及聚宝门外石垒九座皆下之。初，伪忠王李秀成自六安败后率众东窜，声言回救苏州。李鸿章函商公弟国荃，力攻上游，以分贼势。国荃度忠逆不回援苏巢，即窜犯扬州里下河，计莫如急争金陵老巢，攻其所必救，使城中之贼不暇远趋苏郡，而北岸之贼亦不敢专注扬州。乃于四月二十七日激励各军：先登者赏，退后者诛。漏甫二下，齐队出壕，六路并进。各路以一营为前锋，两营为策应。令李臣典、赵三元、武交清等专攻雨花台，何玉贵等攻东卡石垒，又令陈湜出中路应之，萧孚泗出右路应之，易良虎出左路应之。

前锋各营于三更时匍伏蛇行，偷近石城石垒，束草填壕，架梯欲上。贼遽惊觉，燃炮外击。我勇中炮而踣者五人，众勇辟易。李臣典立斩二卒，搴旗直前，军中无敢少后者。群以火箭火球盘空飞掷，悉入石城。天渐向明，赵三元率中军亲兵从炮台下蚁附而升。李臣典、武交清率所部从中右两路肉薄齐登。维时敌楼火发，贼方争相奔救不断，烟霾中人声鼎沸，乱锋交下，我军已夺伪城一座矣。

诸将乘胜猛攻东西南各卡，九垒皆克，群贼溃奔。萧孚泗、易良虎、陈湜追击于长干桥，蹙逼入水者无数。国荃以雨花台地段辽阔，近接城闉，贼所必争，乃抽四营驻守石城，增修六新垒以接各营之气。未几，城贼大出，潜匿附郭屋舍以诱敌。我军蓄锐不发。贼不得逞，遂绕雨花台，乘我新营未定，悉锐猛攻，抵

我夺而据之，断其援而绝其窜路，贼胆堕，破之易。

攻其所必救。

死不退。我军四面抟击，死者大半，余贼负创，鼠窜入城。是役也，俘获二百余名，歼戮六千余人，夺获炮械无算，贼势从此衰减矣。

五月初三日，太平、石埭贼分窜林泾县，易开俊击败之，斩首千级。初五日，江北贼由九洑洲南渡。初十日，杨岳斌以水师入浦口，复江浦县。鲍超、刘连捷等率陆军沿江进剿，与水师夹击，贼之未渡者歼焉，伏尸数万，江北肃清。十三日，公弟国荃、彭玉麟、杨岳斌会克下关、草鞋夹、燕子矶贼垒；杨岳斌、彭玉麟会刘连捷等攻九洑洲贼垒，大破之，杀贼二万人。十五日，克九洑洲，长江上下一律肃清。易开俊、刘松山连破贼于泾县。十八日，公弟国荃攻长干桥贼垒，破之。二十三日，朱品隆连破贼于青阳。

是月，伪忠王李秀成渡江至无锡，率五伪王水陆号数十万冀援江阴，窜常熟。李鸿章遣弟鹤章、郭松林、刘铭传等分御之。松林败贼陈市，铭传败贼华墅。鹤章登顾山，吹角趣诸军。贼势厚，我军多伤亡。松林越南涠，趋长泾，贼大骇愕。松林戴板挥刀荡贼阵，血染衣尽赤，贼乃溃，追至祝塘。而北涠贼援长泾，断我归路。鹤章约铭传携板曳柴潜设浮桥，以火器攻贼营，而伏大队隘口杀贼，贼大乱。是役也，铭传破北涠贼营二十七，松林破南涠贼营三十五，滕嗣武等破麦市桥贼营二十三，杀贼数万，擒伪王朝将数百酋，获贼马五百匹，船三十艘，伪印二百颗。自顾山以西贼皆尽。

六月初二日，鲍超移扎金陵神策门。初四日，苗沛霖陷寿州，知州毛维寿死之。十四日，李鸿章遣军攻吴江县，贼以城降。十六日，石埭贼陷黟县，刘典攻克之。二十二日，金陵城贼出仪凤门，犯鲍超营，又出太平门犯刘连捷营，我军皆击却之。七月初一日，贼以西瓜炮攻下关石垒，李成谋、刘连捷力战却之。初七日，江忠义等攻贼于湖口之文桥，克之。贼沿江下窜，江西肃清。初八日，公弟国荃攻克印子山贼垒。李鸿章攻克太湖贼垒，进军苏州。十七日，吴坤修破贼双斗门。三十日，公弟国荃攻上方桥贼垒，克之。

奉上谕："金陵逆匪聚集，悍党坚守老巢，时复伺隙出战。并有白齐文投入贼中，广置炸炮，分解金陵。曾国藩务饬各营预为布置，以防轰扑。并着李鸿章于沪上及沿江隘口严密搜查，毋令洋人卖给粤匪枪炮，以断该逆接济。逆首毕萃金陵苏常，为步步进逼之计。"又谕："金陵贼势穷蹙、官军攻剿吃紧之际，该逆困兽犹斗，势必拼死抵拒。曾国荃所奏旬日间战守各情，诸军将士皆能奋勇倍加，喋血苦战。曾国荃现在调集江浦、浦口之萧庆衍七营过江，驻扎七瓮桥河边，扼守秣陵关小河进城之路，并以金陵城大，尚须添募万人，以冀合围，克期扫荡。惟江浦、浦口街道上防兵，亦不可过于单弱。著曾国藩与曾国荃妥筹，相机办理，仍须谋出万分，以期必胜。钦此。"

> 该逆困兽犹斗，势必拼死抵拒。

八月初一日，李鸿章遣军克江阴县。初，刘铭传攻江阴，伪护王陈坤书来援，屡战未克。乃召郭松林会剿。松林破祝塘、横塘贼巢，追逐四五十里，遂抵江阴。贼方傍河筑木城自守，铭传出队诱贼，松林军突自山岭下，大呼曰"斫贼"。铭传益奋击，贼大溃，遂克其城。程学启破贼于宝带桥，毁其石垒一，土垒三。郭松林大捷于无锡，夺贼船百余艘，贼死者万人，失两伪王。李秀成痛哭，弃无锡而遁。

奉上谕："李鸿章奏官军会攻苏州获胜，并踏平无锡贼垒各折。苏州宝带桥为水陆要区，现经我军攻克，则规取苏城已成破竹之势。至无锡一路，经郭松林等协力进攻，东南两城门贼垒一律踏平，攻剿甚为得手。伪忠王李秀成已于八月十一日由金陵回苏，所带贼党甚众，金陵老巢势必空虚，我军正可乘此机会迅图攻取。著曾国藩督饬曾国荃乘机进捣，俾金陵之贼首尾不能兼顾，庶我军于该二城或可以得手之处。钦此。"

十一日，易开俊、刘松山击贼于泾县，破之。十二日，公弟国荃攻江东桥贼垒，克之。十八日，贼袭宁国府，刘松山破之。二十四日，易开俊败贼于泾县。

是时，金陵城东尚有数隘未下。近城者曰中和桥，曰双桥门，曰七瓮桥，稍远者曰方山、土山，曰上方门、高桥门，迤南则为秣陵关，以至于博望镇，亦金陵之外辅也。公弟国荃以东路未平，不能制贼之死命，遂令萧庆衍、彭毓橘、萧孚泗等择小河纡曲之处架桥结筏，谋东渡立营拒贼。贼已先据河东，筑数垒以拒我，萧庆衍迭用巨炮隔河迎击。

九月十八日，派朱吉玉、李祥和在西岸修三营为进兵之计。贼复列洋枪数千枝于堤埂，与我军对击，相持不下者两昼夜。二十日四更，李祥和等率队从下游渡河，萧孚泗等率队从上游渡河，破五土垒，歼贼甚众。俄而城贼蜂拥来争。萧庆衍一面抢筑营垒，一面麾军环进，挫贼前锐。逾时却走，而东岸之营垒已成。二十四日，贼又诸道并出，锐不可当。陈湜、彭敏橘、萧孚泗派兵扼驻其中，使双桥门以东不能通城贼之气。萧庆衍率部进取中路，战入垓心。我军小却，将士愤甚，相排竞进，贼乃靡然返窜。萧庆衍以骑队邀断归路，遂克上方门、高桥门诸石垒。而右路方山、土山之贼经熊登武等分道驰剿，亦各弃垒而奔。于是七瓮桥踞贼惶遽欲遁，萧孚泗、彭毓橘扼定东岸之左，李臣典等遮击西岸之前。正谋前后合围，城中忽出大股，抵死来援，两军相搏，互有死伤。萧孚泗等急督各军击退援贼，仍复逼垒环攻。二十四日夜，令死士前往纵火，贼众冒烟突出，遂将七翁桥攻克。由方山而南为秣陵关，关以南为博望镇，贼环镇设卡者二，筑垒者七，上可应水阳，旁可控金柱关。守关者为朱南桂，亦国荃部将也。

九月十八日，闻鲍超将有事于水阳，朱南桂约会朱洪章、武明良等进次小丹阳，谋袭博望镇，使不能为水阳之援。夜漏四下，朱南桂衔枚疾进，以武明良为右翼，朱洪章为左翼。十九日昧爽，各军齐抵博望卡。卡贼负固死守，枪炮横飞，猝不得进。朱洪章俟贼少懈，舁巨炮至左卡，克发而殪数贼。武明良又用火箭攒射，燔及右卡，群贼骇惧，扑火争窜。我军正乘胜杀入，毁其坚卡，而垒内之贼倾巢骤至，朱南桂往来猛扑，未能略挫其锋。武明良阴率哨勇绕出头垒，逾墙而登。贼闻后路人声若沸，反顾群垒，已易官军旗帜，错愕不知所为。朱南桂等纵兵夹剿，追贼至长流嘴地方，堕河而溺者强半。乃引军回驻博望，夺获米二千石。

国荃以博望既得，则秣陵关之势孤，七瓮桥既得，则中河桥之势孤。二十五日，派赵三元、伍维寿共带马步九营南略秣陵关，又派陈湜、黄润昌出七瓮桥之西，与熊登武等会师于中和桥，一战克之。而秣陵关之贼见我马步驰至，即弃釜奔溃。各营追至河干，深不可涉，仅斩尾贼二百余人而还。自是紫金山西南无一贼巢矣。

二十七日，公弟国荃亲督萧庆衍、萧孚泗、李臣典傍城抄入。鏖战方酣，俄有一酋指麾督阵。公弟国荃知为巨目，乃匿洋枪队于山麓，伺其近而击之。该酋中枪堕马，贼阵乱，有败往城中者，有不及回城转向淳化镇大路而逸者。萧庆衍、陈湜等率骑兵追至三十里外，俘获百数十人。伪章王、伪顺王仍退入城，不敢复出矣。公疏称金陵一城面面布置，据有重险，为洪逆坚不可拔之基。自克九洑洲、江东桥数隘，而西南一面已为我有。兹又克七瓮桥、秣陵关等隘，而东南一面又为我有。现令萧庆衍进扎孝陵卫，经营城北，渐成合围之局。得旨嘉奖。

二十八日，石埭贼酋古隆贤率众降，官军收复石埭、太平二县。易开俊克旌德县。彭玉麟克水阳、新河庄等垒。

李秀成之自无锡而遁也，仍图大举，聚贼八九万踞金匮之后宅。李鸿章令弟鹤章营大桥角。秀成犯安镇，郭松林击却之。贼麇集西路，意在保无锡以援苏州。鸿章令程学启、戈登逼齐门，击破城中援贼。而松林设伏安镇、兴隆桥。贼至伏发，骇而奔，遂毁后宅贼十一营，复进毁梅村贼营十余。秀成由麻塘来援，松林邀击走之。是月，奉到，颁赏文宗显皇帝御制诗文集。

十月初一日，彭玉麟克沧溪、长乐贼垒，遂复高淳县。

初三日，易开俊复宁国县。初七日，彭玉麟、鲍超克东坝。初九日，程学启克浒墅关。十二日，鲍超克建平县，遂复溧水县。二十五日，李鸿章克复苏州省城。先是，程学启攻苏州，累月未克。鸿章亲至学启营，周察城东南，益下令破贼。十六日，夜漏四下，军士衔枚设浮桥猛攻之。贼伏断桥下以洋枪狙击，战已达其垒矣。而常胜军伤亡多，不得进。伪忠王李秀成方由间道入城，助谭绍洸为守。十九日，我军尽出，炸炮二十余轰其垒，学启援南岸,戈登援北岸,鸿章亲督之。日过午,墙倾十余处,贼当者辄碎,伏窜中。秀成、绍洸率万人突出娄门拒战。学启令骁将王永胜、陈忠德、陈有升、周良才、龚生阳、朱宝元等分应之,稍却。常胜军肉薄以登长城,石垒皆破。秀成、绍洸遁入城。陈东友水师由黄天荡登岸,击贼娄葑门外,贼二十余营悉尽。

二十日,齐门贼自惊扰,黄翼升、况文榜水陆乘之而溃。而嘉善守将杨鼎勋以洋枪队千人会张遇春克盘门贼垒,于是我军水陆三面薄城,贼汹惧。谭绍洸最名凶急,所部粤贼皆悍党,至是犹死守。而郜云官等有贰心,密款于副将郑国魁乞降。学启单舸见云官等于城北洋澄湖,备得其要领,命斩秀成、绍洸以献。诸酋不忍于秀成,诺图绍洸。二十一日,秀成微觉之,顾事已无可为,涕泣握绍洸手为别,乘夜出胥门,由灵岩、木渎水道以去。官军攻益急。

二十四日,绍洸以事召云官,携伪天将汪有为往。即坐刺杀绍洸,并杀其党千余人,夜开齐门迎降。学启令郑国魁以二营入城。二十五日,献伪慕王谭绍洸首请验。学启入城抚视。时降之列名者八人,精壮犹逾十万。方歃血誓生死,乞学启请于鸿章,要总兵副将官,署其众为二十营,仍屯阊、胥、盘、齐四门。云官且未剃发。学启密白鸿章恐不可制,必诛之以定众。二十六日加午,伪纳王郜云官,伪比王伍贵文,伪康王汪安均,伪宁王周文佳,伪天将范启发、张六洲、汪怀武、汪有为并出城,请鸿章受谒。察其状诚叵测,乃骈戮焉。各军搜戮拒命者复二千余人。

二十七日,鸿章整部入城。捷闻。奉上谕:"李鸿章奏克复苏州省垣一折。览奏曷胜欣慰。本日已明降谕旨,将曾国藩交部优叙,李鸿章赏加太子少保衔,并赏穿黄马褂矣。逆匪盘踞苏城,与金陵、杭州互为犄角。此次苏城得手,他处自不难迎刃而解。惟忠逆率部万人出胥门,由光福、灵岩一带小路搭船而去。此路系前次该逆由浒关潜入苏城之路,恐复自立一帜,拥众据我要隘;或窜出重围,纷扰他处。着李鸿章迅即查明忠逆下落,具奏。该逆不得志于苏,必将肆毒于浙。左宗棠务饬蒋益澧严行防剿。苏城既克,杭城贼势渐孤,著即奋力攻克,以成破竹之势。金陵至苏之路已断,恐该逆仍思铤走。曾国荃须加意慎离,乘隙图取石城。曾国藩总统诸军,尤当督饬各处带兵大员,慎益加慎,以成全功,同膺懋赏。钦此。"

十一月初二日,李鸿章遣弟鹤章、郭松林克无锡县。松林擒伪潮王黄子隆及其子黄德懋,斩之。捷闻奉上谕:"李鸿章奏,忠逆李秀成自十年春间迭陷苏杭各处,尽得东南财赋之区,日益强悍。至去岁贼势屡挫,各城反正,精锐散亡,洪逆惊惶失措,犹赖忠逆回援金陵,主持守局。该逆以苏州为分地,事急仍须反顾。其部众逆酋尤以谭绍洸、郜云官、陈炳文、邓光明、黄子隆等为尤众且悍。此次苏锡两城之克,剿除逆酋殆尽,解散逆党数逾亿万。李秀成之巢穴既失,党羽亦孤。该抚据获贼供称,该逆踉跄西走,随行仅止两万余人,将赴金陵解围,计不得施,则挟洪逆并其母妻眷属,由浙皖交界窜走江闽,以寻回粤之路。李鸿章自入苏城,遍察贼中规画守御,颇晓贼智,深以此酋逸出江闽,仍恐蔓延为患。其常州护逆陈坤书不甚耐战,杭州之陈炳文、邓光明闻忠逆势败,思归多不愿从,惟溧阳侍逆李世贤战守俱悍,且与忠逆同恶相结,而陈邓两逆以嘉湖蓄粮甚多,必须死守。幸而官军各路布局皆稳,金陵、杭州再有一处得手,贼更瓦解。该抚拟即日驰赴锡城,筹布进取,令程学启等军由平望、太湖兜剿,冀与左宗棠、蒋益澧之军前后夹击,李鹤章、刘铭传等军进图常州、宜兴兜剿苏城之贼,冀与曾国荃、鲍超之军前后夹击,所筹均极周至。即著曾国藩饬令曾国荃及左宗棠联络进取,与李鸿章相为策应。该督抚等务须随时函商,层层进逼,万不可稍涉迟延。钦此。"

初五日,公弟国荃治地道轰城,未克。十三日,金陵城贼扑营,国荃击却之。十六日,贼于城外修筑营垒,又击破之。贼大股犯建平、溧水,官军力御却之。十二月,奉上谕:"据冯子材奏,接据曾国荃函称,忠逆已于十一月十一日带马队数百人,潜入金陵,步贼仍扎句容等处。现在金陵业经合围,着曾国藩饬令曾国荃密速围攻,断不可令忠逆乘隙他窜。钦此。"

十四日,郭松林、刘铭传破贼奔牛镇。先是,松林、铭传偕张树声进攻常州城外贼垒,所向皆捷,遂克孟河镇。伪章王自句容赴援,合伪护王、治王众五六万遮蔽城西南隅。周盛波等率千人绕其外,松林益击南门贼卡,贼各道受敌,乃大溃。陈坤书乞救于丹阳踞贼,城卒难下,于是松林、铭传由西门至奔牛。贼严阵以待,铭传以炸炮击其西桥前营,松林由上游攻贼东南,犄角而进,冒烟突入,斩贼数百。贼皆乱,咸夺门走。松林以马队数十突贼阵,驰骤纵横斫贼,贼奔丹阳。是役也,以官军各摧悍贼数万,将士咸称快焉。

时苗练反侧淮上,而江南之广德亦吃紧。公疏陈李世忠、蒋凝学在正阳、寿州等处启衅情节,并言鲍超只能力扼东坝,暂难分攻广德,成大吉、石清吉两军已由官文调赴鄂省防剿,其余未可轻动。奉上谕:"览奏均悉。即着照该大臣所拟妥筹办理。惟苏常一带军情正在得手,贼势趋重丹、句、金陵,意图突围上窜,冯子材兵力苦单,鲍超之军又不能分攻,只是相持局面日久,终虑变生。该大臣仍当于慎重之中力求出奇制胜之策,方为妥善。钦此。"年终恩赏如例。

<側>当于慎重之中力求出奇制胜之策,方为妥善。</側>

同治三年

正月初六日,宁国之贼陷绩溪县,唐义训击走之。二十一日,公弟国荃攻克天保伪城,分兵扼扎太平、神策两门,金陵城围遂合。奉上谕:"曾国荃亲督诸将攻破钟山石垒,夺回天保伪城,金陵城北之围自此始合,所办甚合机宜。惟是官兵不满五万,分布地段太长,深虑困兽犹斗,亟思一逞。曾国荃稳慎进攻,昼夜严防,必须就地殄除,毋任窜突他处,以竟全功,而膺懋赏。钦此。"

二十四日,李鸿章军克宜兴、荆溪二县。初,鸿章令郭松林徇宜兴,洋将戈登欣然请从。十九日,松林率队侦贼,败贼北门,焚其卡。东、西、北三门出贼,欲困官军,水陆分道迎击之，擒斩贼数百。松林被创。二十一日，常胜军进河东，松林等陆军进河西，水军溯流上。二十三日，东门及上湖桥贼垒俱破。伪代王黄靖忠由张渚达西沈登陆，分犯城东西，水陆军官击败之。自东沈至西沈追四十里，夺贼船十余艘，余众涕泣请降。次日，遂克宜兴、荆溪县城。是月，左宗棠军克桐乡县。

二月初一日，李鸿章克溧阳县。鸿章檄郭松林，由宜兴徇溧阳沙棠港。贼二千来降，松林受之。遂败贼于建渚，攻毁张渚贼十营。伪侍王李世贤踞溧阳久，其下吴人杰、梁柏和等思反正，未得闻。及是世贤由张渚败归，人杰等誓众闭城不纳，粤贼悉从世贤于外，乃遁湖州、泗安。人杰迎降，松林入收其城。遂进军金坛，尽毁城外贼垒。初九日，席宝田克金溪县。

十六日，李鸿章军大捷于常熟。初，常州贼陈坤书合丹阳、句容踞贼众十余万绕出常州城北，筑营数十，日犯我军。刘铭传屡击退之。鸿章弟鹤章令杨鼎勋、周盛波由南门移营城西，坤书率万余贼来争，我军力战竟日，贼始退。贼觇围城之师无可乘，乃图绕窜腹地。值阴雨旬日，贼卷旗剃发，冒雨奔驰至江阴之南闸，遂犯常熟、福山。于是苏州以西皆震。鸿章檄郭松林弃金坛勿攻，倍道归援。饬常州诸军坚壁勿战，令弟鹤章守无锡，杨鼎勋、张树声横截江阴之焦店、青旸，以阻其归，而调嘉兴、无锡、苏州各军赴常熟助守。贼方并集江阴、无锡、常熟间，而围攻常熟尤急。官军分门御贼。贼渐蔓延张泾桥、东亭，直趋无锡。鹤章登陴督守，松林援军适至，击贼于堰桥，贼始退。而贼之分犯江阴者，我军复力击败之。贼遂并趋常熟，北至杨舍、福山，南至顾山、王庄数十里皆贼。我军越虞山而下，并出东北门击贼，松林援军复由严家桥至。贼出不意，惊怖，乃大破之，毁其营。松林方过王庄，伪滕王、利王众三万踞焉。松林军突贼阵，黄式寿死之。贼旋败溃，追杀二十余里。顾山、陈市贼皆尽，常熟围乃解。

十八日，李鸿章军克嘉兴府。程学启攻嘉兴急，以洋炮毁城垣百余丈。贼负土堵城。学启挥旗，诡欲登城。俟贼益聚，乃燃炮，所中辄死。数百贼亦凿城根，实炮于中以拒我。而湖州贼伪诸王黄文金由新胜犯我后，学启遣张家瑜等击走之。城贼渐不支，学启促将士梯而登，死者相枕藉。学启愤，跃逾浮桥，肉薄登城。贼枪子中左脑，昏绝，舁归营。其下益裹创冒死争进，贼始乱。潘鼎新、刘秉璋率水陆登城，城乃破。学启创重，归苏州，旋卒。公闻而痛惜之。

是月，闽浙总督左宗棠攻克杭州省城，遂克余杭县城。余贼窜入湖州。奉上谕："左宗棠奏攻克杭州并余杭两城一折。本日已将左宗棠赏加太子少保衔，并赏穿黄马褂矣。杭州败匪窜向德清，余杭败匪亦窜踞瓶窑镇。左宗棠既须剿办瓶窑之贼，又须赴杭城布置，兼须进剿湖郡，用兵处所甚多，且距浙省边界渐远。所有浙江及江西交界边防，着曾国藩、左宗棠会商兼顾，严断贼匪窜越之路，断不可为其所乘，致掣全局。钦此。"

三月初七日，鲍超克句容县，擒伪汉王项大英、伪列王方成宗。金陵城贼自入春以来常放妇孺出城，以为节食之计。官军两次穿掘地道，又用云梯猛攻，均未得手。自句容克复，贼已成槛兽，不能复振矣。李鸿章督军破贼于杨舍、沙山、华墅、三河口等处。鸿章既克嘉兴，檄刘士奇、王永胜统程学启旧部，会郭松林循福山进击。鸿章自赴江阴、长泾督战。贼方自杨舍至华墅，夹山为营，绕至江阴，会张树声等自北击之。士奇、永胜驻周庄，邀击杨舍贼。鸿章率水陆疾抵青旸。杨舍贼惶遽，夜窜云亭，欲过三河口而西。鸿章令诸军绝其窜路，贼益致死，我军横截之。松林大破三河口贼营。贼争道，浮桥尽断，尸积水不流。树声击其已渡者，贼号泣就缚，斩获近二万人。沿江窜贼乃尽。

十五日，奉上谕："协办大学士、两江总督曾国藩督军剿贼，节制东南数省，尽心区画，地方以次削平。举贤任能，克资群力。着交部从优议叙。钦此。"同时疆臣膺上考者，湖广总督官文、四川总督骆秉章、闽浙总督左宗棠、江苏巡抚李鸿章凡五人。

二十日，鲍超克金坛县。公弟国荃遣军在朝阳、金川、神策等门，开挖地道十数处。贼于附城筑月围以拒之。二十二至二十六等日，官军攻破月围，焚其火药，歼贼数万。我军伤亡近三千人。是月，左宗棠军克武康、德清、石门三县。

四月初六日，李鸿章攻克常州府。初，鸿章至常州督诸军攻城，时城西贼营犹二十余里夹运河环列左右。鸿章令刘铭传攻西北贼六营，尽破之。郭松林、杨鼎勋攻陈渡桥贼大营，又破之。余十营皆溃。张树声、郑国魁、周盛波等会击河干贼二十营，又尽平之。于是贼西道皆绝。惟小南、西门附城十余营，官军复击破之。陈坤书恐官军蹑败贼入城，闭门拒不纳，悍贼尽死城下，乃合围。三月二十二日，坏城垣数十丈，遣列士树梯登。坤书率悍贼悉力堵缺口，火药杂砖石俱下，官军与贼皆死枕藉。会天雨，弗克。鸿章益缮攻具，筑长墙，伏奇兵出击，顾久雨不霁。四月初六日加午，天大霁，反风，烟焰扑城头。水陆炮声发如雷，旧坏城复倾数十丈。贼以人塞缺，直炸炮，则手足、旗帜、砖石纷激起天际。然旋死旋集，终不退。鸿章挥军登城，刘铭传、王永胜、刘士奇接刃趣队，携藤牌喷筒薄城。贼倾火药，以长矛格刺，军士十堕六七。不顾，卒拥而登，接刃战城头，久之，贼始溃。坤书率伪烈王费天将巷战，松林生擒坤书，周盛波擒费天将。松林、铭传令于城："弃械者免！"于是跪而降者万人。官军亦亡千余人。常州以咸丰十年四月初六日陷，越四年而复，月日时皆不爽，亦奇矣。

十四日，鲍超击贼于丹阳，大破之。常州余贼窜徽州，唐义训、毛有铭、金国琛截击破之。余匪窜江西。公以徽州失利，自请严议。奉旨宽免。初八日，富明阿、冯子材收复丹阳县。时郭松林、刘铭传将徇丹阳，师至奔牛，闻丹阳已克，乃还。

伪侍王李世贤、伪康王汪海洋、伪听王陈炳文先后由安徽休歙、祁门、绩溪等县分窜江西。公檄鲍超自句容赴援，而咨李鸿章遣军代防。鸿章檄刘铭传屯句容，郑国魁屯东坝，周盛波屯溧阳之南渡定埠，于是江苏所属之六十余郡县皆平，惟金陵未克。五月初八日，奉上谕："李鸿章所部兵勇攻城夺隘，所向有功，炮队尤为得力。现在金陵功在垂成，发捻蓄意东趋，迟恐制动全局，李鸿章岂能坐视。著即近调劲旅数千及得力炮队前赴金陵，会合曾国荃相机进取，速奏肤功。李鸿章如能亲督各军，与曾国荃会商机宜，剿办尤易得力。曾国藩身为统帅，全局在胸，尤当督同李鸿章、曾国荃、彭玉麟和衷共济，速竟全功，扫穴擒渠，同膺懋赏。总以大局为重，不可稍存畛域之见。钦此。"公疏称："苏常克复之后，臣本拟咨请李鸿章前来金陵会剿，特以该抚系封疆将帅之臣，又值苦战积劳之际，非臣所敢奏调。函询臣弟国荃，亦以师久无功，不敢更求助于人，近于畏难卸责、始勤终怠者之所为。乃两月以来，百计环攻，伤亡至四千余人。所挖地道已被该逆从内掘出三洞，此外诸洞亦难奏效。而曾国荃焦劳致疾，饮食渐减，饷项奇窘，尤为可虑。臣已恭录谕旨，加函催请李鸿章亲来金陵。使仅派将前来，其知者以为怜该抚之过劳，信苏将之可恃，不知者以为臣弟贪独得之美名，忌同列之分功，尤非臣兄弟平日报国区区之意。"旋两次奉旨催李鸿章助攻金陵。公疏称："李鸿章平日任事最勇，此次稍涉迟滞，盖绝无世俗避嫌之意，殆有让功之心，臣亦未便再三渎催矣。"

奉上谕："据曾国藩奏称，曾国荃焦劳致疾，饷项奇绌，尤为可虑等语。前据李鸿章将轮船经费五十万两解赴大营，曾国藩何时收到，即行具奏。曾国荃积劳致疾，闻之深为谨念。现在大暑炎蒸，该大臣即传知该抚善为调摄。金陵城大而坚，贼悍且众，困兽之斗，不可不防。该抚务当拊循士卒，严防窜突，先为不可胜，以待敌之可胜。钦此。"

二十二日，李鸿章遣郭松林等军攻克长兴县。三十日，公弟国荃攻克龙脖子山石垒，贼所称地保城也。我军自得天保城后，城中防守益密，地保城扼在要害，百计环攻不下。国荃遣李祥和等攻克之，遂筑炮台其上，日发大炮击贼。居高临下，城中形势皆在掌握矣。

六月十六日，公弟国荃攻克金陵伪都，伪幼主洪福瑱遁走，伪忠王李秀成及洪仁达等就擒。先是，四月二十七日，伪天王洪秀全见势穷援绝，服毒身死。群酋私瘗伪宫内，秘不发丧。而内外喧传已遍，乃立其子洪福瑱为幼主。官军自六月朔日轮流苦攻，昼夜不息。国荃度城内贼粮足支数月。我军地道三十余穴，俱未奏功，将士疲敝，恐生他变，益誓师督战。饬李臣典率吴宗国等从贼炮极密之处重开地道。萧孚泗、黄润昌、熊登武、王远和等距城十余丈筑炮台数十。令诸军积湿蒿，复以沙土，肉薄相逼，死亡枕藉。

十五日，国荃率李臣典亲诣地道洞口，指挥士卒埋药。忠酋李秀成突出死党数百人，由太平门傍城根，直犯地道大垒。别从朝阳门出数百人，装官军号衣，持火蛋延烧各炮垒及附近湿芦蒿草。官军久劳之余几为所乘，赖伍维寿、彭毓橘，等左右分击获免。

十六日向明，国荃饬各营稳站墙壕，严防冲突，而另军力攻太平门、龙脖子一带。至午刻，李臣典报地道封筑口门，安放引线。国荃悬不赀之赏，严退后之诛，各将士誓死报国。登时火发霹雳一声，轰开城垣二十余丈，烟尘蔽空，砖石如雨。李臣典等率官军蚁附争登，直冲倒口而入。贼以火药倾盆，烧我士卒，大队稍却。彭毓橘、萧孚泗等手刃数人，由是弁勇无一退者。群贼抵死巷战，我军分路齐进。王远和、王仕益、朱洪章、罗雨春、沈鸿宾、黄润昌、熊上珍等进击中路，攻伪天王府之北。刘连捷、张诗曰、谭国泰、崔文田等进击右路，由台城趋神策门一带。适朱南桂、朱惟堂、梁美材等亦从神策门地道之旁梯攻而入，兵力益厚，直鏖战至狮子山，夺取仪凤门。其中左路则彭毓橘、武明良等由内城旧址直击至通济门；右路则萧孚泗、熊登武、萧庆衍、萧开印等分途夺取朝阳、洪武二门，守陴之贼诛戮殆尽。而罗逢元等从聚宝门西旧地道缺口仰攻而入，李金洲等从通济门月城缘梯而上，陈湜、易良虎等猛攻旱西、水西两门月城。伪忠王李秀成方率党狂奔，将向旱西门夺路冲出，适为陈湜大队所阻，乃转回清凉山，隐匿民房。黄翼升率水师攻夺中关拦江矶石垒，乘胜至旱西门，遂与陈湜、易良虎等夺取水西、旱西两门。由是全城各门皆破，日已暝矣，而贼犹守伪王城。朱洪章与贼搏战，沈鸿宾等从左路卷旗疾趋，绕伪城东迤逦而南。三更时，伪天王府及各伪王府同时举火，突出悍贼千余人，手执洋枪，向民房街巷而走。其时伪城火已燎原，不可向迩。其伪宫女缢于前苑内者不下数百人，死于城河者不下二千人。夺获伪玉玺二，金印二方。伪幼主洪福瑱率死党二千余人，乘官兵夜战之时由缺口遁走。国荃传令闭城，分段搜杀，三日夜火光不绝，毙贼十余万人。凡伪王、伪主将、天将及大小酋目约三千余名，死于乱军者居其半，死于水火者居其半。十九日，提督萧孚泗搜获伪王兄洪仁达、伪忠王李秀成等，于是各营救火，掩埋贼尸，拔出难民数十万人。公弟国荃驰驿报捷。

奉上谕："杨岳斌、彭玉麟、曾国荃驰奏克复金陵大概情形一折。逆首洪秀全等以数十万逆众久踞金陵，负嵎死守。曾国荃等督兵围攻，所部不满五万，两载以来将城外贼垒悉数扫荡。兹于炎风烈日之中，伤亡枕藉之余并力猛攻，克拔坚城，非曾国藩调度有方，曾国荃及各将士踊跃用命，不能建此奇勋。披览之余，曷胜欣慰。此次立功诸臣将伪城攻破，巨憝就擒，即行渥沛恩施，同膺懋赏。其洪秀全及著名巨酋，必须悉数擒获，毋使免脱。此外被胁难民仍着设法安插，以示宽大之仁。金陵巢穴已复，各路余匪自必闻风丧胆，着左宗棠、李鸿章乘此声威，迅克湖郡。杨岳斌计已行抵南昌，即著迅将江右逆氛扫荡，俾东南数省咸就肃清，登吾民于衽席，有厚望焉。钦此。"

公以大功不易居，乃让湖广总督官文居首连衔入告。略云："臣等伏查洪逆倡乱粤西，于今十有五年，窃据金陵亦十二年，流毒海内，神人共愤。我朝武功之盛超越前古，屡次削平大难，煜耀史编。然如嘉庆川楚之役，蹂躏仅及四省，沦陷不过十余城；康熙三藩之役，蹂躏尚止十二省，沦陷亦第三百余城。今粤匪之变，蹂躏竟及十六省，沦陷至六百余城之多。而其中凶酋悍党，如李开方守冯官屯，林启容守九江，叶芸来守安太，皆坚忍不屈。此次金陵破城，十余万贼无一降者，至聚众自焚而不悔，实为古今罕见之剧寇。然卒能次第荡平，剿除元恶，臣等深惟其故，盖由我文宗显皇帝盛德宏谟，早裕戡乱之本。宫禁虽极俭啬，而不惜巨饷以募战士；名器虽极慎重，而不惜破格以奖有功；庙算虽极精密，而不惜屈己以从将帅之谋。皇太后皇上直守此三者，悉循旧章而加之。去邪弥果，求贤弥广，用能诛除伪僭，蔚成中兴之业。臣等忝窃兵符，遭逢际会，既恸我文宗不及

_{去邪弥果，求贤弥广，用能诛除伪僭，蔚成中兴之业。}

目睹献首告成之日，又念生民涂炭为时过久。惟当始终慎勉，扫荡余匪，以苏子黎之困，而分宵旰之忧。"

疏入。奉上谕："本日官文、曾国藩由六百里加紧红旗奏捷，克复江宁省城一折。览奏之余，实与天下臣民同深嘉悦。发逆洪秀全自道光三十年倡乱以来，由广西窜两湖三江，并分股扰及直隶、山东等省，逆踪几遍天下。咸丰三年占据江宁省城，僭称伪号，东南百姓遭其荼毒，惨不忍言。罪恶贯盈，神人共愤。我皇考文宗显皇帝赫然震怒，恭行天罚。特命两湖总督官文为钦差大臣，与前任湖北巡抚胡林民办肃清楚北上游；胡林翼驻扎宿松一带，筹办东征。复特授曾国藩为两江总督，并命为钦差大臣，东征江皖。号令既专，功绩日著。

"十一年七月，我皇考龙驭上宾。其时江浙郡县半就沦陷，遗诏谆切，以未能迅殄逆氛为憾。朕以冲幼，寅绍丕基，祗承先烈，恭奉两宫皇太后垂帘听政，指示机宜，授曾国藩协办大学士，节制四省军务，以一事权。该大臣自受任以来，即建议由上游分路剿贼，饬彭玉麟、杨岳斌、曾国荃等水陆并进，叠克沿江城隘百余处，斩首外援逆匪十数万人，合围江宁，断其接济。

"本年六月十六日，曾国荃率诸将克复江宁外城，杀贼数万。逆首仍踞内城，抵死抗拒。三更时，伪天王府及各伪王府同时火起，洪逆冲出伪殿，前往南门窜至民房。四更后，贼股千余人假装军官号衣，向太平门缺口冲出。经曾国荃亲讯李万材，供称城破后，伪忠王之兄巨王、幼西王、幼南王、定王、崇王、璋王乘夜冲出，被官军马队追及，将各头目全行杀毙。又据城内各贼供称，首逆洪秀全实于本年五月服毒而死，瘗于伪宫院内，伪幼主洪福瑱重袭伪号。李秀成一犯城破受伤，匿于山内民房，经萧孚泗亲自搜出。并搜擒伪王次兄洪仁达。其余两广两湖等处多年悍贼，经各将士于十七八日搜杀净尽。三日之内毙贼十余万人，伪王、伪主将、伪天将及大小酋目三千余名无一得脱者。此皆仰赖昊苍眷佑，列圣垂庥，两宫皇太后孜孜求治，识拔人材，用能内外一心，将士用命，成此大功。上慰皇考在天之灵，下孚薄海臣民之望。自惟藐躬凉德，何以堪此！追思先皇未竟之志，不克亲见成功，悲怆之怀，何能自已。此次洪逆倡乱粤西，于今十有五年，窃据金陵亦十有二年，蹂躏十数省，沦陷百余城，卒能次第荡平，殄除元恶，该领兵大臣等栉风沐雨，艰苦备尝，允宜特沛殊恩，用酬劳勋。

"钦差大臣、协办大学士、两江总督曾国藩自咸丰二年在湖南首倡团练，创立舟师，与塔齐布、罗泽南等屡建殊功，保全湖南郡县，克复武汉等城，肃清江西全境。东征以来，由宿松克潜山、太湖，进驻祁门，叠复徽州郡县。遂拔安庆省城以为根本，分檄水陆将士规复下游州郡。兹幸大功告蒇，逆首诛锄，实由该大臣筹策无遗，谋勇兼备，知人善任，调度得宜。曾国藩著赏加太子太保衔，锡封一等侯爵，世袭罔替，并赏戴双眼花翎。

"浙江巡抚曾国荃以诸生从戎，随同曾国藩剿贼数省，功绩颇著。咸丰十年由湘募勇，克复安庆省城。同治元、二年连克巢县、含山、和州等处，率水陆各营进逼金陵，驻扎雨花台，攻拔伪城。贼众围营，苦守数月，奋力击退。本年正月克钟山石垒，遂合江宁之围。督率将士鏖战，开挖地道，躬冒矢石，半月之久未经撤队。克复全城，殄除首恶，实属坚忍耐苦，公忠体国。曾国荃著赏太子少保衔，锡封一等伯爵，并赏戴双眼花翎。

"记名提督李臣典于枪炮丛中抢挖地道，誓死灭贼，从倒口首先冲入，众军随之，因而得手，实属谋通过人。着加恩锡封一等子爵，并赏穿黄马褂，赏戴双眼花翎。萧孚泗督办炮台，首先夺门而入，并搜获李秀成、洪仁达巨逆，实属勋劳卓著。着加恩锡封一等男爵，并赏戴双眼花翎。钦此。"

其余文武一百二十余员，论功进秩有差。又奉上谕："军兴以来，各路统帅疆臣，公忠体国，共济时艰。现在红旗报捷，东南军务即可从此底定。各路统帅疆臣，允宜特加异数，以昭恩渥。钦此。"

于是钦差大臣、科尔沁亲王僧格林沁加赏一贝勒。钦差大臣、大学士、湖广总督官文锡封一等伯爵，世袭罔替，并将本支内务府旗籍抬入满洲正白旗，赏戴双眼花翎。江苏巡抚李鸿章锡封一等伯爵，赏戴双眼花翎。陕西总督杨岳斌、兵部右侍郎彭玉麟，均赏给一等轻车都尉世职，太子少保衔。四川总督骆秉章赏给一等轻车都尉世职，并赏戴双眼花翎。浙江提督鲍超赏给一等轻车都尉世职。西安将军都兴阿、江宁将军富明阿、广西提督冯子材均赏给骑都尉世职。署京口副都统魁玉赏给骑都尉世职。漕运总督吴棠赏给头品顶戴。惟闽浙总督左宗棠、杭州将军国瑞、江西巡抚沈葆桢，但奉优旨褒奖外，俟浙江、江西肃清再行加恩。

又奉上谕："粤逆久踞江宁，负隅抗拒，实为从来未有之悍寇。此次水陆各军于溽暑炎蒸之际猛力环攻，迅克坚城，悍党悉除，渠魁就缚，非曾国藩运筹决策，督率有方，曾国荃躬冒矢石，鼓勇先登，未由建此奇功，成乃丕绩。朝廷嘉悦之怀，实难尽述。除曾国藩等已加恩锡封外，发去银牌四百面，著曾国藩、曾国荃等择其功绩最著者先行颁给，以励戎行。各路贼匪皆视金陵为趋向，此时巢穴既覆，其余窜逸之匪自必闻风丧胆。逆首李秀成、洪仁达等均系内地乱民，不必献俘。第该逆等罪恶贯盈，自应槛送京师，审明后尽法惩治，以泄神人之愤。钦此。"

又奉上谕："咸丰三年，洪逆窜陷江宁省城，窃据者十有余年。百姓遭其荼毒，或被裹胁而锋刃频罹，或转徙他乡而沟壑难免，蚩蚩何辜，罹此残酷。著曾国藩、李鸿章查胆江宁地方应征钱漕，分别应蠲应缓，候旨施恩。钦此。"

二十四日，公由安庆御轮船东行。二十五日至金陵，慰劳将士。二十八日，巡视城垣。二十九日，亲讯伪宫婢黄氏。始于伪宫中掘出洪秀全尸首，遍体皆用绣龙黄缎包裹，头秃无发，须已间白，遵尚邪教，不用棺木。因戮而焚之。七月初二日，一等子爵李臣典卒于军。初四日，设善后局赈难民。

公亲讯逆酋李秀成、洪仁达、洪仁发等。秀成书亲供四万余字，历述贼中兴败始末，冀贷一死。公以其逆罪大，骈戮之。因疏陈处治逆酋、粗筹善后事宜。略云：臣抵金陵，周历各营，接见诸将，均有憔悴可怜之色。盖自五月三十日攻破地保城后，连攻十五昼夜，但出行队，未支帐棚，昼则日炙，宵则露处；又出入地洞之中，面目黧黑，虽与臣最熟之将，初见几不相识。其论功最首之李臣典因冒暑受伤，一病不起。诸将亦伤病山积，死亡相属。臣弟曾国荃，前病业已痊愈，近因随众露处过久，又复遍发湿毒。臣带兵多年，克城数十，罕见如此次之劳苦者。

臣宣道皇仁，多方抚慰，既奖其可悯可敬之功，复勖以忘死忘劳之义。至伪王洪秀全逆尸，将士积愤之余，皆欲得而甘心。直至六月二十七日始从伪宫内掘出。二十八日扛至营次，臣与臣弟国荃验看。暨各文武公同相验。该逆尸遵尚邪教，不用棺木，遍身皆用绣龙黄缎包裹，虽缠脚亦系龙缎。头秃无发，须尚全存，已间白矣。左股右膀肉犹未脱。验毕戮尸，举烈火而焚之。有伪宫婢者，系道州黄姓女，即手埋逆尸者也。

臣亲加讯问。据洪秀全经年不见臣僚，四月二十七日因官军攻急，服毒身死；秘不发丧，而城内群贼、城外官兵喧传已遍，十余日始行宣布等语。伪幼主洪福瑱绕室积薪，为城破自焚之计，众供皆合。连日在伪宫灰烬之中反复搜寻，茫无实据。观其金玉二印皆在巷战时所夺，又似业已逃出伪宫者。李秀成之供，则称曾经挟之出城，始行分散。然此次逃奔之贼，仅十六夜从地道缺口逸出数百人，当经骑兵追至湖熟，围杀净尽。自十七日后，曾国荃即将缺口封砌，关闭各城，搜杀三日。洪福瑱以十六龄童呆，纵未毙于烈火，亦必死于乱军，当无疑义。所有伪玉玺二方、金印二方，臣当专差赍送军机处，俾修方略者有所考焉。

李秀成之被擒也，各营之降卒、附城之居民人人皆识，观者如堵。臣甫至金陵，亲讯一次，旋派委员鞫讯累日，令写亲供多至数万字，叙发逆之始末，述忠酋之战事，甚为详悉。臣复询以江西李世贤、湖北马融和、湖州黄文金各股贼情。据李秀成供，湖州、广德之贼即可不攻自遁。马融和一股，本由陕西调援金陵，因长江阻隔，久无来信。李世贤系李秀成堂弟，与之约定，八月以前则掳江西之粮以救侍逆之饥，八月以后全数回窜，图解长围，则掳宁国之粮以救金陵之饥等语。又力劝官兵不宜专杀两广之人，恐粤匪愈孤，逆党愈固，军事仍无了日，其言颇有可采。日来在事文武皆请将李秀成槛送京师，即洋人戈登、雅妥玛等来贺者，亦以忠逆解京为快。臣窃以为圣朝天威灭此小丑，除僭号之洪秀全外，其余皆可不必献俘，陈玉成、石达开既有成例可援。且自来元恶解京，必须诱以甘言，许以不死。李秀成自知万无可追，在途或不食而死，或窜夺而逃，翻恐翻逃显戮而贻巨患。臣与臣弟国荃熟商，意见相同。又李逆权术要结，颇得民心。城破后窜匿民间，乡民怜而匿之。萧孚泗生擒李逆之后，乡民竟将亲兵王三清捉去杀而投诸水中，若代李逆发私忿者。李秀成既入囚笼，次日又擒伪松王陈德风到营，一见李逆即长跪请安。闻此二端，恶其民心之未去，党羽之尚坚，即决计就地正法，以绝后患。遂于初六日行刑。其洪仁达一犯系洪秀全之胞兄，与其长兄洪仁发皆暴虐恣横，多行不义，为李秀成所深恨。且如醉如痴，口称天父不绝，无供可录。因其抱病甚重，已于初四日先行处死矣。

奉旨："所办甚是。著即将洪李二逆首级传示被扰地方，以快人心，而儆凶顽。钦此。"

鲍超破贼于杭州许湾，斩首四万。十一日，鲍超克复东乡、金溪两县。十二日，江忠朝等克复崇仁、宜黄两县。十三日，公札撤湘勇二万五千人，留万人防守金陵，留万五千人为皖南北游击之师。十七日，巡视贡院，榜示金陵房屋章程八条。二十五日，鲍超克南丰、新城二县。

二十七日，左宗棠、李鸿章会克湖州府。湖州西南倚丛山，东北多水道，险固可守，故赵景贤揹挂贼中，而陷亦独后。伪堵王黄文金犹拥众十万踞之。浙军既克孝丰，遂进安吉。宗棠方注意安吉，图截贼窜道，并令总兵高连升、王月亮，降将蔡元吉、邓光明等进湖州东南。五月初，攻克菱湖、东林山，进营妙喜镇。鸿章以苏、湖接壤，命郭松林、杨鼎勋屯长兴，吴毓芬屯夹浦口，为湖西之师；松林分军会潘鼎新，屯平望、吴溇、南浔。为湖东之师。浙师蔡元吉方军长超山，贼围攻之急。统领浙军布政使蒋益澧函嘱鼎新攻晟舍。鼎新以炸炮隔水击坏其营。贼布桩水中，鼎新以小火轮船驶入，尽拔其营桩。浙军张景渠亦出师。次第毁其石垒，乃大破之。而湖州之西，吕山、尹隆桥、大德桥皆达四安、广德之地。

六月二十二日，郭松林由长兴南进跨塘桥，自至吕山察贼势。二十三日，往攻之。先拔山腹贼营，山巅贼亦溃，追杀千余人，贼遁尹隆桥。二十七日，刘士奇、王永胜、杨鼎勋皆率师至，进扼尹隆桥、大德桥，与贼隔水而军。二十八日，松林、士奇、鼎勋分道败贼。鸿章察知贼困窘，必将西趋，益促松林等进军。贼先于尹隆桥立十数营，临桥筑石卡，围以月墙、外壕二重，引河水灌之可灭顶。于是松林等亦筑长墙，置炸炮。七月十五日，炮毁其月墙，湖州贼来援。十六日，松林等令潜拔其壕外木桩。十七日，军士奋而登，松林督之。已抵内壕，会松林中枪，复遇雨，火药尽湿，乃退。二十日，贼自尹隆桥至白龙洞袤延二十余里来犯。松林令易用刚迎贼，自督李长乐等断后，士奇、永胜由吕山夹击败贼，擒斩数千人。二十六日夜，松林等衔枚趋大德桥，渡河围攻贼营。贼大骇愕，悉破之，并破沿山贼十余营。士奇率所部移屯焉。广德、四安之道遂灭。

二十七日，城贼倾巢出争。松林等约各路军疾攻城，分伏六营于尹隆桥、八字桥河干伺之。黄文金挟悍贼数万至，势甚骤。松林率水师军迎其左，永胜由山径迎其右。文金袒而衔刀，狂突数回，枪炮密格之不得前。我军益奋呼斫贼，乃反奔，追之横塘渡、尹隆桥伏起，松林继至，守贼亦溃，尽破其营。鼎新遂会浙军夺府城。败贼奔安吉，松林追至梅溪镇，逼之山谷间，歼毙无算。文金犹逸去。二十八日，公回至安庆。左宗棠克安吉县，浙江平。二十九日，李鸿章遣刘铭传克广德州。伪昭王黄文英方挟伪幼主洪福瑱踞广德，闻铭传军至，挟福瑱出走宁国山中。余贼犹迎拒，铭传追至广德西门，贼由南门逸。遂收其城。

是时江苏、浙江皆肃清，惟江西、皖、楚尚有余匪。公既撤湘勇二万五千人，而朝廷恐散勇啸聚为乱。御史陈廷经条陈勇补兵额，寄谕垂询。公前后具疏，略云：臣初到金陵，拟令将士休息一月即派剿广德等处。乃诸将盛暑鏖兵，病者甚多，纷纷禀请撤勇回籍。臣以皖浙未靖，本不欲遽撤多营，惟念近岁以来，但见增勇，不见裁撤，无论食何省之饷，所吸者皆斯民之脂膏，所损者皆国家之元气。前此贼氛方盛，万不得已屡募屡增，以救一

无论食何省之饷，所吸者皆斯民之脂膏，所损者皆国家之元气。

时之急。今幸老巢既破，大局粗定，裁一勇即节一勇之糜费，亦即销无穷之后患。诸将之愿遣散归籍，盖未始非臣之幸，未始非大局之幸。臣弟曾国荃困惫殊甚，彻夜不寐，以似怔忡。据称心血过亏，欲请回籍调理。一面亲率遣撤之勇，部勒南归，求可为善聚不如善散，善始不如善终之道。湘勇召募之初，选择乡里农民，有业者多，无根者少，但使欠饷有着，当可安静回籍，不至别生枝节。至挑补兵额之说，近多建此议者，臣窃不以为然。盖勇丁之口粮一倍于马兵，三倍于守兵。马粮之缺极少，守粮月支一两，不足供衣食之需，谁肯于数千里外补一衣食不敷之缺？欲以湖南朴实之勇补三江绿营之兵，必不情愿。其愿补者，皆游惰无归者也。臣愚以为勇则遣回籍，兵则另募土著，各返本而复始，庶为经久可行之道。

奉旨："均照所议办理。惟据称曾国荃因病回籍、部勒散勇南归等语，该抚所见虽合于出处之道，而于荩臣谋国之谊，尚未斟酌尽善。况遣散勇丁，只须分派妥靠之员沿途照料。现在江宁、安庆等城均须督兵镇守。该抚正宜驻扎江宁，安心调理，一俟就痊，即可帮同曾国藩分任其劳，即著曾国藩传旨存问，毋庸遽请开缺回籍。钦此。"

公复疏言国荃病状，力请开浙抚缺，回籍调理。奉上谕："曾国荃自随同曾国藩剿贼以来，迭克名城，勋绩卓著。本年亲督将士苦战数月，攻拔江宁省城，歼除巨逆，厥功尤伟。乃以连年办理军务，心力交瘁，遂致忧劳成疾，请假开缺回籍，情辞极为恳挚。若不俯如所请，惟恐为职守所羁，未能从容静摄，转非体恤功臣之道。曾国荃著准其开缺，回籍调理，并著赏给人参六两，交该抚只领，用资保卫。该抚系有功国家之臣，朝廷正资倚畀，尚其加意调治，一俟病痊，即行来京陛见。钦此。"

又谕："曾国荃督兵数载，伟绩丰功，朝廷甚资倚畀。第栉风沐雨，辛苦备尝，致病日剧。已明降谕旨，准开缺回籍，并发给人参六两，以资调理。所有江宁善后事宜，即著曾国藩驰往江宁斟酌机宜，妥筹办理。钦此。"

八月初一日，湖州余贼窜宁国，刘松山迎击于钱村铺，降四

〔为善聚不如善散，善始不如善终之道。〕

千余人。贼窜歙县。初七日，唐义训、易开俊夹击，大败之，擒斩三千有余。开俊乘胜逐北，连捷于六甲岭、胡须岭等处。义训连捷于豹岭、佛岭、镇口等处，歼酋目九人，伪幼孝王毙焉。左宗棠击贼于昌化、淳安之境，大破之，斩贼目黄文金。余匪挟洪福瑱窜入江西之广信境。

于时金陵克复历两月，朝旨询问善后事宜甚多。公分条复奏：其一，江宁省城贼踞最久，居民流亡殆尽。此次官兵克复，群酋纵火焚烧，昔年巨室富家改造伪府，微有存者。此外房屋极少，街市尚未复业。臣尝至贡院履勘一次，号舍一万六千余间尚完好，惟监临主考房官及各所片瓦无存。现经委员广集工匠，赶紧兴修，拟于十一月举行乡试。庶冀士子云集，商民亦可渐次来归矣。其一，驻防旗营亟宜修理。抉俟巩院工竣，次修江宁旗营，次修京口旗营。工作有先后之分，庶筹办有措手之处。昔岁贼陷金陵，旗营三万余人几同一烬，被害之惨甚于京口，殉节之烈甲于天下。十余年来陆续增添，现存不过八百余人，筹饷甚易为力。至挑闲散京旗以实江宁兵额，亦俟修盖营房规模粗定，续奏办理。其一，御史陈廷经条陈疆域，略为变通。臣查苏皖未分之时，跨江淮而为省。古人经画疆里具有深意，我朝圣君贤相未尝轻议更张。若必画江而分南北两省，则亦宜画淮而为南北两界。淮北如苏之徐州、皖之颍州，将割隶何省乎？唐之十道，宋之十五路，其如于江南江北皆截然分而为二，与该御史所奏大指略同。然唐自中兴以后，号令并不行于江北。画疆太明，未必果能久安。论形胜控扼之道，守江南者必须先固淮甸，弃淮则江南不可保。昔人如吴师道、胡安国、杨万里暨赵范、叶适辈言之详矣。臣愚以为疆吏苟贤，则虽跨江跨淮而无损于军事、吏事之兴；疆吏苟不贤，同绳画疆分治而无补于军事、吏事之废。此等大政，似不必轻改成宪。奉旨如议。

九月初八日，公至金陵。二十日，公弟国荃遵旨诣明孝陵致祭。江西浙江官军会破贼于广信府，洪福瑱遁走石城。二十五日，席宝田追擒洪福瑱，送南昌斩之。鲍超破贼于宁都州。贼窜闽粤境，江西平。闽浙总督左宗棠锡封一等伯爵；葆桢一等轻车

疆吏苟贤，则虽跨江跨淮而无损于军事、吏事之兴；疆吏苟不贤，同绳画疆分治而无补于军事、吏事之废。

都尉；提督鲍超锡封一等子爵。贼窜广东者攻扑南雄州。其窜闽者陷武平县，张运兰死之。贼遂遍扰汀州属境，陷漳州府而踞之。

十月初一日，公弟国荃回湘。时捻发各匪庸集湖北，扰及皖之六安、英山、太湖。公遣蒋凝学、刘连捷分道堵御。贼败退入蕲水、罗田，依山据险，绵亘几二百里。石清吉阵亡。僧亲王由商城进驻黄冈之上巴河。吉军解围，贼窜英山等处，经僧格林沁等督师进剿，拎斩首逆。又以逆酋陈得才、马融和、倪泷、吴义汰人数尚众，非楚皖豫三省通力合作不能歼灭。于是余公前赴皖鄂交界督兵剿贼，而以李鸿章暂署两江总督，吴棠暂署江苏巡抚。

十七日，李鸿章至金陵。公与商裁退楚军，进用淮军之策。又以蕲黄四百里之内公与僧亲王、官文钦差三人萃于一隅，恐启贼匪轻视将帅之心，拟仍驻安庆、六安等处。上疏陈状。奉上谕："前因楚皖贼势甚众，僧格林沁、官文均未得手，是以谕令曾国藩督师剿贼。嗣据僧格林沁等先后奏报，蕲水获胜，成大吉军解围。贼窜英山等处，经僧格林沁等督师进剿，擒斩首逆多名，降者十余万众。昨又据乔松年奏报，捻逆陈得才自戕，发逆剿除净尽，皖省一律肃清。是楚皖近日军情，较这半月以前大不相同。现在楚境余贼由黄州窜德安一带，逆数无多，楚军可敷剿办。曾国藩无庸前赴安庆，亦无须交卸督篆，仍驻扎金陵，妥筹调度。李鸿章现在入闱监临，俟出闱后仍回江苏巡抚本任。江苏各郡县新复，一切理财用人、抚绥安辑诸事，宜非老成硕画、真能视国如家者，不克胜此巨任。曾国藩惟当仰体朝廷倚畀之重，次第经车，奠安黎元。钦此。"

十一月初八日，改殓前总督陆建瀛遗骸，公亲诣祭吊。二十二日，会考拔贡优质。十二月十五日，乡试揭晓，取士二百七十三名。是月，左宗棠督师入闽剿贼。湖北捻匪由襄阳窜河南，僧亲王追击之。年终恩赏如例。

事略　卷四

同治四年

正月，昭忠祠成。设粥厂以食饥民。二月，饬各属置积谷，定收养贫民，挑补绿营章程，葺钟山、尊经两书院。时公弟国荃回湘已久，散勇归农，俱各安堵。奉上谕："上年江宁克复后，曾国荃因病陈请开缺回籍，当经降旨，令该抚病痊即行来京陛见。迄今已及半载，该抚病体当渐次就痊。朝廷以该抚功绩昭著，且年力盛强，正可借资倚任。著曾国藩传知曾国荃，如病已就痊，即行来京陛见。现当勤求治理、需才孔亟之时，该抚慎勿遽萌功成身退之志，以副期望。钦此。"公疏称："臣弟国荃病尚未愈。钦奉寄谕，已恭录传知。"公复札饬各军大裁湘勇，驻金陵者仅存四营耳。

三月，李鸿章檄郭松林率军四千人航海赴福建，助剿漳州贼。松林破贼于东山、恒仓社、东岳庙等处。四月二十一日，左宗棠督军攻漳州府，郭松林率师助剿，克其城。遂克云霄、诏安两厅县。松林剿平同安土匪，福建平。贼窜广东。中兴将帅锡封侯伯者，奉旨锡以美名，公曰毅勇侯，公弟国荃曰威毅伯，官文曰果威伯，左宗棠曰恪靖伯，李鸿章曰肃毅伯。

二十四日，科尔沁亲王僧格林沁战殁于曹州。诏公携带钦差大臣关防，赴山东督师，以李鸿章署两江总督。刘郇膏护理江苏巡抚。

五月初九日，奉上谕："钦差大臣、协办大学士、两江总督、一等毅勇侯曾国藩，现赴山东一带督师剿贼，所有直隶、山东、河南三省绿旗各营及文武员弁均著归曾国藩节制。如该文武不遵调度，即由该大臣指名严参。钦此。"

公疏称："潘鼎新一军由轮船驶直天津，可以壮畿辅之威，可以补臣迂缓之过。至于节制三省，臣实不能肩此巨任，即才力十倍于臣者，亦不必有节制三省之名，恳乞收回成命。"奉上谕：

"曾国藩恳辞节制三省之命，具见谦抑为怀，不自满假。该大臣更事既多，成效夙著，若非节制直、东、豫三省，恐呼应未能灵通，勿再固辞。钦此。"

二十五日，公由金陵启行。闰五月初八日，公抵清江浦。复具疏辞节制三省之命。奉上谕："曾国藩因节制三省任大责重，复恳收回成命，具见谦抑为怀。第贼氛猖獗，时事孔艰，事权不专，则一切调度事宜深恐呼应不灵。该大臣惟当力任艰巨，与三省督抚和衷筹画，将此股贼众克期殄灭。彼时三省军务既平，自可无庸该督节制。即为其实，毋避其名，万不可稍存过虑之心，再有渎请。钦此。"

二十二日，公由清江溯淮西上。二十九日，抵临淮驻营。十三日，公弟国荃简授山西巡抚。二十四日，奉上谕："曾国荃已简授山西巡抚，曾国藩当嘱该抚勉图报效，作速赴任，勿以病辞。钦此。"七月初八日，公具疏谢恩，并陈明弟国荃病状，未知现在是否痊愈。已恭录谕旨，嘱其勉图报效。公弟国荃具折辞山西巡抚之命。

八月初四日，公抵徐州。十五日，捻匪陷辛家集，徐州戒严。是月，福建官军进克广东镇平县。贼踞嘉应州，左宗棠督兵围攻之。十月初九日，徐州官军击贼获胜，贼窜山东。十二月二十二日，左宗棠克嘉应州，粤匪剿灭净尽，东南底平。年终恩赏如例。

同治五年

正月二十八日，公遣刘铭传克湖北黄陂县。捻贼窜河南。公弟国荃简授湖北巡抚。奉上谕："刻下捻匪窜扰湖北边境，防剿正当吃紧。曾国荃素娴军略，朝廷为地择人，正资倚任。且由湘赴鄂，相去甚近。著曾国藩、李鸿章即行知照该抚，迅赴新任，力图报称，不得稍存推诿，致负属望。钦此。"

二月初九日，公自徐州拔营启行。十五日，宿邹县，谒孟子庙。十六日，次曲阜县，谒至圣先师庙。十七日，偕衍圣公孔祥珂出谒圣林。十九日，至济宁州驻营。四月初七日，公偕山东巡抚阎敬铭巡视运河。初九日，直隶总督刘长佑来会。十一日，公渡黄河，至张秋镇。十六日，登岱岳。十九日，回济宁拨营。舟行查视运河堤墙。七月初八日入淮。十五日，发五河县，途遇大风，公舟几覆，幸风将船篷吹去，始获安。十六日，至临淮驻营，患病。二十八日，力疾登舟。八月初九日，至周家口驻营。九月，公疏请李鸿章视师徐州，公弟国荃视师襄阳。旨如议。

十月十三日，公疏称病，难速痊，请开协办大学士、两江总督实缺，并请另简钦差大臣接办军务，自以散员留营效力。奉上谕："该大臣勋望夙著，积劳致疾，自系实情，著再行赏假一月，在营安心调理。就痊即行来京陛见，以慰廑系。朝廷赏功之典，自有权衡。该大臣援古人自贬之义，请注销侯爵，著无庸议。钦此。"

十一月初六日，奉上谕："曾国藩著回两江总督本任，暂缓来京陛见，江苏巡抚、一等肃毅伯李鸿章著授为钦差大臣，专办剿匪事宜。钦此。"又奉上谕："曾国藩即遵前旨，将军务交与李鸿章接办。该督即回两江本任，办理饷需军火，源源筹解，俾李鸿章得离江境，统兵追剿。则筹饷与剿匪之功，均为国家倚重，正不必到开缺赴营，始足为朝廷宣力也。钦此。"

公疏称："病体难胜重任，若离营回署，又不免畏难取巧之讥。请仍在军营照料，维系湘淮军心，庶不乖古人尽瘁之义。"奉上谕："曾国藩请以散员仍在军营自效之处，具征奋勉图功不避艰险之意。惟两江总督，责任綦重，湘淮军饷，尤须曾国藩筹办接济，与前敌督军同为朝廷所倚赖。该督忠勤素著，且系朝廷特简，正不必以避劳就逸为嫌，致多顾虑。著遵奉前旨，仍回本任，以便李鸿章酌量移营前进，并免后顾之忧。钦此。"

十二月初三日，公再疏力辞。奉上谕："曾国藩为国家心膂之臣，诚信相孚已久。当此捻逆未平，后路粮饷军火筹办，岂能无误事机。曾国藩当仰体朝廷之意，为国家分忧，岂可稍涉疑虑，固执己见。著即懔遵前旨，俾李鸿章得专意剿贼，迅奏肤

正不必以避劳就逸为嫌。

功。该督回任以后，遇有湘淮军事，李鸿章仍当虚心咨商，以期联络一气，毋许再有固请，用慰廑念。钦此。"公复奏疏称遵旨，暂接两江总督关防，驻扎徐州。御史穆缉香阿劾公督师日久无功，请量加谴责。奉上谕："年余以来，曾国藩所派将领驰驱东、豫、楚、皖等省，不遗余力，歼贼亦颇不少，虽未能遽蒇厥功，亦岂贻误军情者可比。该御史所奏，著毋庸议。钦此。"年终恩赏如例。

同治六年

正月初六日，公自周家口启行。十五日，抵徐州府。十九日接篆，与钦差大臣李鸿章商筹兵饷大计。奉上谕："曾国藩既经接受两江督篆，所有察吏、筹饷及地方应办事宜均关紧要，且金陵亦不可无勋望素著大员坐镇，著即回驻省城，以资镇摄。该督公忠体国，自当仰体朝廷倚畀之隆，勉为国家宣力。一切军情调度，仍着李鸿章随时咨商，以资裨益。钦此。"诏授李鸿章为湖广总督。二月初三日，李鸿章前赴河南督师。

十六日，公由徐州启行，三月初六日，抵金陵节署，居民焚香跪道以迎。奉上谕："协办大学士、两江总督曾国藩公忠素著，保障东南，著交部从优议叙。钦此。"五月奉上谕："曾国藩著授为体仁阁大学士，仍留两江总督之任。钦此。"十月，公弟国荃奏请开湖北巡抚之缺，回籍调理。奉旨报可。

十二月，李鸿章剿平东捻。奉上谕："大学士、两江总督、一等毅勇侯曾国藩，著加恩加一云骑尉世职。钦此。"年终恩赏如例。

同治七年

四月二十四日，公自金陵启行。二十六日，至扬州查运库。

二十九日，登金山，观苏文忠玉带，为诗纪之。旋登焦山。闰四月初三日，抵苏州省城。奉上谕："曾国藩著授为武英殿大学士。钦此。"初十日，至上海县，驻铁厂，查阅洋炮轮船工程。十五日，公乘轮船回金陵。七月，李鸿章剿平西捻，奉上谕："曾国藩筹办淮军后路军火，俾李鸿章克竟全功。著交部从优议叙。钦此。"诏以公调补直隶总督，马新贻调补两江总督，公疏请陛见。

十一月初四日，公自金陵启行，士民攀送，填塞街巷，为诗歌以饯者数十百人。十二月十三日，抵京，寓东安门外贤良寺。奉旨赏紫禁城骑马。

十四日，昧爽趋朝，见军机大臣于朝房。巳正叫起，公山带领入养心殿之东间。皇上向西坐，两宫皇太后在后黄幔之内，慈安太后在南，慈禧太后在北。公入门跪奏，称臣曾国藩恭请圣安。旋免冠叩头，奏称臣曾国藩叩谢天恩毕，起行数步，跪于垫上。

慈禧皇太后问："汝在江南，事都办完了？"对："办完了。"

问："勇都撤完了？"对："都撤完了。"

问："遣散几多勇？"对："撤的二万人，留的尚三万。"

问："何处人多？"对："安徽人多。湖南人也有些，不过数千；安徽人极多。"

问："撤得安静？"对："安静。"

问："汝一路来可安静？"对："路上很安静。先恐有游勇滋事，却倒平安无事。"

问："汝出京多少年？"对："臣出京十七年了。"

问："汝带兵多少年？"对："从前总是带兵。这两年蒙皇上恩典，在江南做官。"

问："汝从前在礼部？"对："臣前在礼部当差。"

问："在部几年？"对："四年。道光二十九年到礼部侍郎任，咸丰二年出京。"

问："曾国荃是汝胞弟？"对："是臣胞弟。"

问："汝兄弟几个？"对："臣兄弟五个。有两个在军营死的，曾蒙皇上非常天恩。"碰头。

问:"汝从前在京,直隶的事自然知道。"对:"直隶的事,臣也晓得些。"

问:"直隶甚是空虚,汝须好好练兵。"对:"臣的才力怕办不好。"旋叩头退出。

十五日,辰初趋朝,巳正叫起,六额驸带领入养心殿东间。即叩头,奏称臣曾国藩叩谢天恩。起行数步,跪于垫上。

皇太后问:"汝造了几个轮船。"对:"造了一个,第二个现在方造未毕。"

问:"有洋匠不?"对:"洋匠不过六七个,中国匠人甚多。"

问:"洋匠是那国的?"对:"法国的。英国的也有。"

问:"汝的病好了?"对:"好了些。前年在周家口很病,去年七八月便好些。"

问:"汝吃药不?"对:"也曾吃药。"退出。

十六日,辰正趋朝,巳正叫起。僧王之子伯王带领入见,进门即跪垫上。

皇太后问:"汝此次来,带将官不?"对:"带了一个。"

问:"叫甚么名字?"对:"叫王衍庆。"

问:"他是什么官?"对:"他是记名提督,是鲍超的部将。"

问:"汝这些年见得好将官多不?"对:"好的倒也不少。多隆阿就是极好的,有勇有谋。此人可惜了。鲍超也很好,勇多谋少。塔齐布甚好,死得太早。罗泽南是好的。杨岳斌也好。目下的将官就要算刘铭传、刘松山。"每说一名,伯王在旁叠说一次。

太后问:"水师的将。"对:"水师现无良将。长江提督黄翼升尚好可用,但是第二等人才。"

问:"杨岳斌他是水师的将,陆路何如?"对:"杨岳斌长于水师,陆路调度差些。"

问:"鲍超病好了否,他现在哪里?"对:"听说病好些。他在四川夔州府住。"

问:"鲍超的旧部撤了否?"对:"全撤了。本存八九千人,今年四月撤了五千人,九月间臣调直隶时恐怕滋事,又将此四千人全行撤了。皇上如要用鲍超,尚可再招得的。"问:"汝几时到任?"对:"臣离京多年,拟在京过年,朝贺元旦,正月再行到任。"

问:"直隶空虚,地方是要紧的,汝须好好练兵;吏治也极废弛,汝须认真整顿。""但是臣之精力现在不好,不能多说话,不能多见属员。这两年在江南见属员太少,臣心甚是抱愧。"

太后说:"汝实心实力去办。"伯王又帮太后说:"直隶省现五军务,去办必好。"

太后说:"有好将,尽管往那里调。"对:"遵旨竭力去办,但恐怕办不好。"

> 尽力竭力,没有办不好的。

太后说:"尽力竭力,没有办不好的。"又问:"汝此次走了多少日?"对:"十一月初四启行,走了四十日。"退出。

十八日至内阁,到大学士任。先至诰勅房更衣,在公案一坐,次至满本房公案一坐,次至大堂一坐。横列六案,满东三案,汉西三案,公在西之第一案一坐,画稿两件。侍读中书等数十人来三揖,公答揖。旋至翰林院到任。先在典簿厅更衣,次至昌黎庙大堂一坐,次至至圣庙行礼,次至典簿厅更衣,次至昌黎庙行礼,次至清秘堂一坐。学士、编检等以次来三揖,公答揖。年终恩赏如例。

同治八年

正月初一日,寅初一刻趋朝,卯初一刻至景运门,旋过隆宗门。捧庆贺皇太后表文,进至慈宁门之东阶案上,内监接入。同事者阁学宋晋从内阁捧表,礼侍温葆深、李鸿藻前引也。旋在工部朝房等候,辰初随同皇上行庆贺皇太后礼。皇上在慈宁门行礼,一二品大臣在长信门外行礼。毕,至太和殿。辰正,皇上升殿受贺。公与大学士朱凤标在殿门正中外展表,太常寺司官宣读表文。皇上退,诸大臣补行三跪九叩礼。

十六日,辰初二刻趋朝。是日赐廷臣宴,午正,入乾清门内。由甬道至月台,用布幔帐台之南,即作戏台之出入门。先在阶下东西排立，大学士倭仁在殿上演礼。午正二刻，皇上出，奏乐升宝座。太监引大臣入左右门。东边四席西向：倭仁首座，二座文祥，三座宝鋆，四座全庆，五座载龄，六座存诚，七座崇纶，皆满尚书也。西边四席东向：公列首座，朱相次之，三座单懋谦，四座罗惇衍，五座万青藜，六座董恂，七座谭廷襄，皆汉尚书也。桌高尺许。升垫叩首，旋即盘坐。每桌前有四高装碗，如五供之状。后八碗亦鸡、鸭、鱼、肉、燕菜、海参、方馃、山楂糕之类。每人饭一碗，杂脍一碗，内有荷包蛋及粉条。唱戏三出。皇上及大臣各吃饭菜毕，将前席撤去。皇上前之菜及高装碗，太监八人轮流撤去；大臣前之菜，两人抬出一桌，抬毕另进一桌。皇上前之碟不计其数；大臣前之每桌果碟五，菜碟十。重奏乐，倭相起，众皆起立。倭相脱外褂，拿酒送爵于皇上前，退至展中叩首，众皆叩首。倭相又登御座之右，跪领赐爵，退至殿中跪。太监易爵，另进杯酒，倭相小饮叩首，众大臣皆叩首。旋各赐酒一杯。又唱戏三出。各赐奶茶一碗，汤圆一碗，山茶饮一碗。每赐皆在垫上叩首。旋将赏物抬于展外。各起，出至殿外谢宴谢赏，一跪三叩，依旧排立东西阶下。皇上退，奏乐，蒙赏如意一柄，磁瓶一个，蟒袍一件，鼻烟一瓶，江绸袍褂料二副。各尚书之赏同一例也。

十七日，辰初二刻趋朝。是日请训。午初召见。皇太后问："汝定于何日起身出京？"对："定二十日起身出京。"

问："汝到直隶，办何事为急？"对："臣遵旨以练兵为先，其次整顿吏治。"

问："汝打算练二万兵？"对："臣拟练二万人。"

问："还是兵多些，勇多些？"对："现尚未定，大约勇多于兵。"

问："刘铭传之勇现扎何处？"对："扎在山东境内张秋地方。他那一军有一万一千余人，此外尚须练一万人。或就直隶之六军增练，或另募北勇练之，俟臣到任后察看，再行奏明办理。"

问："直隶地方也不干净，闻尚有些伏莽。"对："直隶、山东交界地本有枭匪，又加降捻游匪，处处皆有伏莽，总须练兵，乃弹压得住。"

问:"近来外省督抚也说及防海的事不?"对:"近来因长毛捻子闹了多年,就把海防的事都看松些。"

问:"这是一件大事。"对:"这是第一件大事。兵是必要练的,那怕一百年不开仗,也须练兵防备。兵虽练得好,却断不可先开衅,讲和也要认真练兵,兵也要认真。二事不可偏废,都要细心的办。"

兵虽练得好,却断不可先开衅。

问:"也就靠你们替我办一办。"对:"臣尽心竭力去办。凡有所知,随时奏明请示。"

问:"直隶吏治也疲玩久了,你自然也都晓得。"对:"一路打听,到京又问人,也就晓得些。属员全无畏惮,臣到任后,不能不多参几人。"

问:"百姓也苦得很。"对:"百姓也甚苦。年岁也不好。"

问:"你要的几个人,是跟你久了的?"对:"也跟随臣多年。"太后顾带见之惠郡王云:"叫他就跪安。"起身走数步,复跪奏云:"臣曾国藩跪请圣安。"退出。

二十日出都。二十一日,巡视永定河堤工。二十七日,抵保定省。二月初二日,接篆视事。三月初五日,刊发隶清讼事宜十条。四月初六日,验收河工。初八日回署。公疏称直隶练兵,当参用东南募勇之法,仍须户部筹饷,然后营务方有起色。旨报可。二十三日,永定河复决,公自请议处。十月初十日,公出省验收河工。二十三日,回署。十二月,公疏称畿南各属灾歉较重,拟于来春以贷为赈,请于天津存储项下拨制钱十万串,解至大名,预备散放。年终恩赏如例。

同治九年

正月,核练军马队章程。二月初二日,公疏称清理积案,计审结及注销之案四万一千余起,请将勤奋之员酌奖。三月,公右目失明。四月二十一日,公患眩晕,请假一月调理。公子纪泽赴荫生试。奉旨以员外郎分部行走，签分户部陕西司。五月二十二日，公因病尚未痊，展假一月。

二十三日，天津民教相讧。奉上谕："曾国藩奏遵旨复陈一折，另片所陈善全和局，以为保民之道，预备不虞，以为立国之本。甚属曲当事理。即著该督坚持定见，悉心经理，用全大局。钦此。"七月，奉上谕："该督至津后，统筹全局，次第办理，其中委曲求全、万不得已之苦衷，在稍达事理者自无不谅。刻下府县一层坚持定见，当可就我范围。如能将为首滋事及下手之人严拿务获，讯取确供，按律议抵，大局似可粗定。钦此。"

是月，两江总督马新贻为刺客张汶祥所害。诏以公调补两江总督，李鸿章调补直隶总督。公具疏恳辞。奉上谕："曾国藩奏沥陈病目情形，请另简贤员，畀以两江重任一折。两江事务殷繁，职任綦重。曾国藩老成宿望，曾在两江多年，情形熟悉，措置咸宜。现虽目疾未痊，但能坐镇其间，诸事自可就理。所请另简贤员之处，著毋庸议。钦此。"九月，天津民教之案办结。

是年，公寿六十。奉旨赐寿。御书"勋高柱石"匾额一面，福寿字各一方，梵佛铜像一尊，紫檀嵌玉如意一柄，蟒袍一件，吉绸十件，线绉十件。公具疏谢恩，并恳请陛见。奏旨着来见。

二十五日入都。二十六日趋朝。巳正三刻，入养心殿之东间，叩谒皇太后、皇上圣安，旋即叩头恭谢天恩。

慈禧皇太后问曰："你何日自天津起程？"对："二十三日自天津起程。"

问："天津正凶曾已正法否？"对："未行刑。旋闻领事之言，俄国公使即将到津，法国罗使将派人来津验看，是以未能遽杀。"

问："李鸿章拟于何日将伊等行刑？"对："臣于二十三日夜接李鸿章来信，拟于二十五日将该犯等行刑。"

问："天津百姓现尚刁难好事否？"对："此百姓业已安谧，均不好事。"

问："府县前逃至顺德等处，是何居心？"对："府县初撤任时并未拟罪，故渠等放胆出门。厥后遣人谕知，业已革参交部。该员等惶骇，始从顺德、密云次第回津。"

问:"你右目现尚有光能视不?"对:"右目无一隙之光,竟不能视,左目尚属有光。"

问:"别的病都好了么?"对:"别的病算好了些。"

问:"我看你起跪等事精神尚好。"对:"精神总未复原。"

问:"马新贻这事岂不甚奇?"对:"这事很奇。"

问:"马新贻办事很好。"对:"他办事精细和平。"退出。

二十七日,辰初三刻入朝。已初三刻后蒙召入对,已正三刻进见。

皇太后问:"你在直隶练兵若干?"对:"臣练新兵三千,前任督臣官文练旧章之兵四千,共为七千。拟再练三千,合成一万,已与李鸿章商明,照臣奏定章程办理。"

问:"南边练兵也是最要紧的,你们好好地办去。"

对:"现在海面尚平安,惟当设法防守。臣拟在江中要紧之处修筑炮台。"

问:"能防守便是好的,这教堂就常常多事。"对:"教堂近年到处滋事,教民好欺不吃教的百姓,教士好庇护教民,领事官好庇护教士。明年法国换约,须将传教一节加意整顿。"

问:"你几时出京?"对:"万寿在迩,臣随班行礼后,再行跪安请训。"退出。

十月初一日,奉派入坤宁宫吃肉。寅正一刻入朝。卯正二刻传入乾清宫,与众王大臣立谈。三刻入,过交泰殿,至坤宁宫。皇上坐西南隅榻上,背南窗北向而坐;各王大臣以次向西而坐,以南为上。第一排南首为惇王、恭王,以次而北;第二排又自南而北;公坐第五排之南首一位。初进钉盘、小菜、酱瓜之类一碟,次进白肉一大银碟,次进肉丝泡饭一碗,次进酒一杯,次进奶茶一杯。约二刻许退出。

初九日,召对于养心殿。慈禧皇太后问:"你几时起程赴江南?"对:"臣明日进内随班行礼毕后,三两日即起程前赴江南。"

问:"江南的事要紧,望你早些儿去。"对:"即日速去,不敢耽搁。"

问:"江南也要练兵。"对:"前任督臣马新贻调兵二千人在省城训练,臣到任当照常训练。"

问:"水师也要操练。"对:"水师操练要紧。海上现造有轮船,全未操练,臣去拟试行操练。长江之中拟择要隘处试造炮台。海面虽安静,也须设法防守。"

问:"你从前用过的人,此刻好将尚多么?"对:"好将现在不多。刘松山便是好的,今年糟蹋了。可惜!"

问:"实在可惜。文职小官也有好的么?"对:"文职小官省省都有好的。"

问:"水师还有好的么?"对:"好将甚少。若要操练轮船,必多求船主。"

太后少停未问,旋告六额附曰:"令他即可跪安。"公立起,退至帘前,复跪请圣安,旋即出。

十月十一日,公六十初度,湖广同乡京官称觞于湖广会馆。十五日出都。闰十月二十日抵金陵,住巡道署。二十二日接篆视事。年终恩赏如例。

同治十年

正月,公与钦差郑敦谨奏结张汶祥行刺马新贻一案,该犯实无主使,应凌迟处死。疏陈河运艰难,请旨饬各督抚通筹运道全局,为可久之规。二月,疏复淮南盐引碍难增价。又奏永州、宝庆引地,未便改运粤盐,并川盐侵占淮南引地,宜议规复。

六月初八日,公泛舟城北元武湖,游历秦淮诸胜。见画舫往来,笙歌杂还,大有承平之象,公为欣然。七月,公与李鸿章会奏派刑部主事陈兰彬,江苏同知容闳,选带聪颖子弟赴泰西各国肄习技艺。从前斌椿、志刚、孙家谷等奉使海外,亲见各国军政、船政,皆视为身心性命之学,中国宜规仿其意。查照和约,先赴美国学习,计程月余可到。所需经费,请饬下江海关按年指拨,毋使缺乏。

八月十三日,出省大阅。十九日,至扬州。二十八日,至清江浦。九月初三日，至徐州。十五日，回清江舟次。二十日，至丹阳。二十二日，至常州。二十六日，至常熟，登福山，以望洋面。二十八日，至苏州。十一日，至吴淞口。校阅已毕，因演试轮船。凡四号：曰恬吉，曰威靖，曰操江，曰测海，皆公所命名也。十五日，回金陵。十一月十二日，移居新修督署，即承平时督署故址也。年终恩赏如例。

同治十一年

正月二十三日，公病肝风，右足麻木，良久乃愈。二十六日，前河道总督苏廷魁过金陵，公开城迎候。舆中背诵《四书》，忽手指戈什哈，欲有所言，口噤不能出声，遂回署。

二十九日，公自书日记云："余病患不能用心。昔道光二十六七年间，每思作诗文，则身上癣疾大作，彻夜不能成寐。近年或作诗文，亦觉心中恍惚，不能自主。故眩晕、目疾、肝风等症，皆心肝血虚之所致也。不能溘先朝露，速归于尽。又不能振作精神，稍治应尽之职，苟活人间，惭悚何极。"次日又曰："余精神散漫已久，凡遇应了结之件，久不能完，应收拾之件久不能检，如败叶满山，全无归宿。通籍三十余年，官至极品，而学业一无所成，德行一无所就。老大徒伤，不胜悚惶惭赧。"

> 老大徒伤，不胜悚惶惭赧。

二月初二日，公方阅案牍，执笔而手颤，欲言而不能出声，有顷复愈。因告公子纪泽，丧事宜遵古礼，勿用僧道。初三日，阅《理学宗传》中《张子》一卷，又有手颤心摇之象。初四日午后，公周历署西花园，公子纪泽从。游毕将返，忽呼足麻。扶掖至厅事，端坐而薨，是日戌刻也。城中惊传火起，救视无见，他处皆见大星陨于金陵城中。士民巷哭野祭，如丧慈母。事闻，上震悼，辍朝三日。

> 学问纯粹，器识宏深，秉性忠诚，持躬清正。

奉谕曰："大学士、两江总督曾国藩学问纯粹，器识宏深，秉性忠诚，持躬清正，由翰林蒙宣宗成皇帝特达之知，洊升卿贰。咸丰三年间，创立楚军，剿办粤匪，转战数省，迭著勋劳。

文宗显皇帝优加擢用，补授两江总督，命为钦差大臣，督办军务。朕御极后，简任纶扉，深资倚任，东南底定，厥功最多。江宁之捷，特加恩赏给一等毅勇侯，世袭罔替，并赏戴双眼花翎。历任兼圻，于地方利病尽心筹画，老成硕望，实为股肱心膂之臣。方冀克享遐龄，长承恩眷，兹闻溘逝，震悼良深。曾国藩著追赠太傅，照大学士例赐恤，赏银三千两治丧，由江宁藩库发给。赐祭一坛，派穆腾阿前往致祭。加恩予谥文正，入祀京师昭忠祠、贤良祠，并于湖南原籍、江宁省城建立专祠。其生平政绩事实宣付史馆，任内一切处分，悉予开复，应得恤典，该衙门察例具奏。灵柩回籍时，着沿途地方官妥为照料。其一等侯爵，即着伊子曾纪泽承袭，毋庸带领引见。其余子孙几人，着何璟查明具奏，候旨施恩，用示笃念忠良至意。钦此。"

十八日，奉上谕："前据穆腾阿等并梅启照同日奏到。曾国藩因病出缺，当降旨优予恤典，并于湖南原籍、江宁省城建立专祠，生平政绩事实宣付史馆。一等侯爵，即着伊子曾纪泽承袭。其余子孙几人，令何璟查明具奏，候旨施恩。兹据何璟历陈，曾国藩公忠体国，懋著贤劳，览奏尤增悼惜。何璟原折着暂行留中，即将该故督之孙何名、年岁若干查明具奏，再降谕旨。钦此。"

四月二十八日奉上谕："大学士两江总督曾国藩于本年二月间因病出缺，当降旨优予恤典，并于湖南原籍、江宁省城建立专祠，生平政绩事实宣付史馆。一等侯爵，即令伊子曾纪泽于承袭。其余子孙几人，令何璟查明具奏，候旨施恩。旋据何璟、英翰、李瀚章先后胪陈曾国藩历年勋绩，英翰、李鸿章并请于安徽、湖北省城建立专祠。又据何璟遵查该故督子孙详晰复奏，披览之余，弥增悼惜。曾国藩器识过人，尽瘁报国。当湘、鄂、江、皖军务棘手之际，倡练水师，矢志灭贼，虽屡经困厄，坚忍卓绝，曾不少渝。卒能万众一心，削平逋寇。功成之后，寅畏小心，始终罔懈。其荐拔贤才如恐不及，尤得以人事君之义，忠诚克效，功德在民。允宜迭沛恩施，以彰忠荩。曾国藩着于安徽、湖北省城建立专祠。此外立功省分并着准其一体建祠。伊次子附贡生曾纪鸿、伊孙曾广钧均着赏给举人，准其一体会试。曾广镕着赏给员外郎。曾广铨着赏给主事。均候及岁何璟、英翰、李瀚章折三件均着宣付史馆，用示眷念勋臣、有加无已至意。"

又奉御赐祭文，曰："朕惟功懋赏，信圭表延世之勋；思赞赞襄，雕俎厚饰终之典。爰申牲奠，用贲丝言。尔原任大学士、两江总督、一等毅勇侯、赠太傅曾国藩，赋性忠诚，砥躬清正。起家词馆，屡持节而抡才；洊陟卿曹，辄上书而陈善。值皇华之载赋，闻风木而遄归。忽乡邻有斗之颇惊，潢池盗弄；憬战阵无勇之非孝，墨绖师兴。奇功历著于江淮，大名永光于竹帛。俾正钧衡之位，仍兼军府之尊。一等酬庸，锡侯封于带砺；双轮曳羽，飘翠影于云霄。重锁钥而任北门，百僚是式；还敬戒而惠南国，万众腾欢。方期硕辅之延年，岂意遗章之入告。老成忽谢，震悼良深。颁厚赗于帑金，遣重臣而奠酹。特易名于上谥，赠太傅之崇阶。列祀典于昭忠、贤良，建专祠于金陵、湘渚。彝章载考，初祭特颁。於戏！天不慭遗一老，永怀翊赞于元臣。人可赎兮百身，用寄咨嗟于典册。灵其不昧，尚克歆承。"

又奉御赐祭文：曰："朕惟位兼将相，仗经文纬武之才；气壮山河，懋崇德报功之典。爰陈芳奠，用奖成劳。尔原任大学士、两江总督、一等毅勇侯、赠太傅曾国藩，学有本原，气成远大。忠诚体国，节劲凌霜。正直律躬，心清盟水。初联班于玉署，芸省蜚声；旋献贼于銮坡，芝坊晋秩。叠司文柄，先蜀郡而后洪都；频进谠言，因疾风而知劲草。卿阶超擢，荷先朝特达之知；忠悃弥摅，笃臣子靖共之谊。乃乘轺而奉使，旋持服以去官。值粤逆之纷来，遂楚军之创立。援墨绖从戎之义，俾移孝以作忠；励丹心报国之诚，每出奇而制胜。选将不拘常格，募壮士于三科；分军屡拔逆巢，慑长城于万里。秩隆总制，节授专征。洎朕宝祚诞膺，皖江告捷。特晋钧衡之位，仍持旄钺之权。扫穴擒渠，告成功于建业；酬庸锡爵，膺懋赏于通侯。叠翠羽以增辉，贲黄裳而耀彩。未几畿疆移节，藉修三接之仪；既因南服需才，仍莅两江之任。方冀长承湛露，恩眷优隆；何期遽陨大星，老成凋谢。览遗章之入奏，震悼良深；予恤典以从优，哀荣是

（学有本原，气成远大。）

备。谕重臣而致奠，给国帑以治丧。崇阶赠太傅之衔，秩祀永贤良之誉。并专祠之分建，宜世爵之钦承。特沛丹纶，增光青史。谥为文正，允副嘉名。於戏！日赞黄扉，勋业永思夫补衮；风凄丹旐，怆怀倍切于骑箕。歆是苾芬，荣兹俎豆。"

又奉御赐入祀贤良祠祭文：曰："闻鼓鼙而思将帅，每深良弼之怀；治馨香而感神人，用永明禋之报。崇祠载列，元祀攸隆。尔原任大学士、两江总督、一等毅勇侯、赠太傅曾国藩，学蔚儒宗，忠全令德。早入承明之选，玉尺提衡；洊跻卿贰之班，冰壶洁操。历华省而谠言屡上，议礼制而正论无阿。迨奉讳以旋湘，乃尽哀于庐墓。值戎车之告警，奋集乡兵；爰墨绖以誓师，恪遵朝命。勇呼爪士，率长沙子弟以先来；捷奏肤公，挽半壁河山而永定。纶扉懋赞，总制仍兼。双轮扬上将之华，辉增翠羽；一等锡通侯之贵，服称黄褋。延爵赏丁后人，畀宫衔于太保。节制甫资于北道，旌旄转于南方。歌遵渚而人望鸿飞，奠长江而民争蛾伏。范希文以天下自任，志事终酬；李西平为社稷而生，身名俱泰。江淮流惠，草木知名。方倚元老以图功，忽怅台星之敛耀。披章轸恻，厚礼饰终。晋太傅之崇封，易嘉名于上谥。念经天而纬地，斯谓之文；医辅世而长民，尔身克正。允表贤良于京国，倦怀耆旧于湖湘。庙貌聿新，丞赏罔替。有功德于民则祀，尚念典型；俎豆之事常闻，载颁芬苾。昭兹休渥，式克钦承。"

又奉御赐碑文：曰："朕惟台衡绩懋，树峻望于三公；钟鼎勋垂，播芳徽于百世。宠颁紫绂，色焕丹珉。尔原任大学士、两江总督、一等毅勇侯、赠太傅曾国藩，秉性忠纯，持躬刚正。阐程朱之精蕴，学茂儒宗；储方如之勋猷，器推公辅。登木天而奏赋，清表风规；历芸馆而迁资，诚孚日讲。屡持使节，兼校春闱。洊擢卿班，允谐宗伯。溯建言之直节，荷殊遇于先朝。凡兹靖献之丹忱，早具忠忱之素志。乃突来夫粤匪，俾训练夫楚军。拔岳郡而克武昌，功如破竹；靖章江而平皖水，威振援袍。两江尊总制之权，九伐重元戎之命。朕丕承基绪，眷念成劳。荣衔特畀以青宫，峻望更登诸黄阁。辞节于三省四省，弥见寅恭；精调度于湘军淮军，务严申令。联苏杭为犄角，坚垒同摧；倚昆季为

江淮流惠，草木知名。念经天而纬地，斯谓之文；医辅世而长民，尔身克正。

爪牙，逆巢直捣。金陵奏凯，慰皇考知人善用之明；玉诏酬庸，褒元老决胜运筹之略。既析圭而列爵，亦叠翠以飘缨。既而畿辅量移，因之阙廷展觐。汲黯近戆，实推社稷之臣；杨震厚遗，无惭清白之吏。惟是疮痍未复，每厪念乎天南；锁钥攸同，仍遄归于江左。方谓功资坐镇，何期疾遽沦殂！赠太傅而阶崇，祀贤良而誉永。专祠遍祭，世赏优颁。易名以表初终，核实允乎文正。於戏！松楸在望，倍怀麟阁之遗型；金石不磨，长荷鸾纶之锡宠。钦兹巽命，峙尔丰碑。"

年谱

年譜 卷一

公讳国藩，字伯涵，号涤生，湖南湘乡人。曾氏祖籍衡阳。国初有孟学公者，始迁湘乡荷塘都之大界里。再传至元吉公，族姓渐多，资产渐殖，遂为湘乡人。元吉公之仲子曰辅臣公者，公之高祖也。曾祖讳竟希，诰赠光禄大夫。妣彭氏，诰赠一品夫人。祖讳玉屏，字星冈，诰封中宪大夫，累赠光禄大夫。妣王氏，诰封恭人，累赠一品夫人。考讳麟书，字竹亭，湘乡县学生员，诰封中宪大夫，累封光禄大夫。妣江氏，诰封恭人，累封一品夫人。仲父讳鼎尊，早卒。叔父讳骥云，字高轩，以公官貤封光禄大夫。星冈公以嘉庆戊辰年迁居白杨坪。公兄弟五人，女兄弟四人。公则竹亭公之长子也。

【辛未】嘉庆十有六年，公生

公生十月十一日亥时，时竟希公在堂，寿几七十矣。是夜梦有巨蟒盘旋空中，旋绕于宅之左右，已而入室庭，蹲踞良久。公惊而寤，闻曾孙生，适如梦时，大喜曰："是家之祥。曾氏门闾行将大矣。"宅后旧有古树，为藤所缠。树已槁，而藤日益大且茂，矫若虬龙，树叶苍翠，垂荫一亩，亦世所罕见者。

【壬申】嘉庆十七年，公二岁

竟希公孝友敦笃，为乡里所敬。年七十，见曾孙，极欣爱之。

【癸酉】嘉庆十八年，公三岁

公幼小时，状貌端重。自初生至三岁，庭户不闻啼泣声。母江太夫人勤操作，不恒顾复。每日依祖母王太夫人纺车之侧，花开鸟语，注目流眄，状若有所会悟。王太夫人尤奇之。

【甲戌】嘉庆十九年，公四岁

六月，妹国蕙生。

【乙亥】嘉庆二十年，公五岁

冬十月，受学于庭，诵读颖悟，竟希公益钟爱之。

【丙子】嘉庆二十一年，公六岁

公在家塾，以陈雁门先生为公问字师。十月，竟希公薨，寿七十有四，葬西坑山。公哭泣甚哀，执丧若成人。

【丁丑】嘉庆二十二年，公七岁

竹亭公粹然儒者，屡应童子试未售，积学不怠，名其塾曰利见斋。课徒十余人，训诱专勤。公禀学于庭者凡八年。

【戊寅】嘉庆二十三年，公八岁

八月，妹国芝生。

【乙卯】嘉庆二十四年，公九岁

是年读《五经》毕，始为时文帖括之学。

【庚辰】嘉庆二十五年，公十岁

五月，公弟国潢生。竹亭公笑谓曰："汝今有弟矣。"命作时文一道，题曰："兄弟怡怡"。公文成，竹亭公喜甚，曰："文中有至性语，必能以孝友承其家矣！"

【辛巳】道光元年，公十一岁

【壬午】道光二年，公十二岁

五月，公弟国华生。

【癸未】道光三年，公十三岁

【甲申】道光四年，公十四岁

衡阳廪生欧阳沧溟先生凝祉与竹亭公友善，常来家塾，见公所为试艺，亟赏之。竹亭公请试以题，先生以"共登青云梯"命为试律。诗成，先生览而称善曰："是固金华殿中人语也。"因以女许字焉。是岁，始从竹亭公至长沙省城应童子试。八月，公弟国荃生。

【乙酉】道光五年，公十五岁

竹亭公设馆同族家塾，曰锡麒斋。公从受读《周礼·仪礼》，成诵，兼及《史记》《文选》。

【丙戌】道光六年，公十六岁

应长沙府试，取前列第七名。

【丁亥】道光七年，公十七岁

【戊子】道光八年，公十八岁

九月，公弟国葆生。

【己丑】道光九年，公十九岁

竹亭公设馆石鱼之百鲁庵，公从。

【庚寅】道光十年，公二十岁

九月，公季妹生。肄业于衡阳唐氏家塾，从事汪觉庵先生。公姊国兰出阁，适王氏，婿名鹏远。

公自衡阳还家塾，冬月，肄业本邑涟滨书院。山长刘元堂先生，名象履，见公诗文，叹赏不置，以为大器。

【壬辰】道光十二年，公二十二岁

竹亭公以府试案首入湘乡县学。公从应试，备取，以佾生注册。试罢还居家塾利见斋。

【癸巳】道光十三年，公二十三岁

本年科试，入县学。时公名子城，提督学政为岳公镇南。竹亭公年四十有三，应童试十七次，始补生员。积苦力学，授徒家塾者二十年，至是深喜公之继起而早获售也。十二月，欧阳夫人来归。

【甲午】道光十四年，公二十四岁

肄业岳麓书院，山长为欧阳坦斋先生。公以能诗文，名噪甚，试辄第一。是科领乡荐，中式第三十六名举人。（本科乡试《四书》首题《疑思问，忿思难，见得思义》，次题《武王缵太王、王季、文王之绪》，三题《智譬则巧也，圣譬则力也，由射于百步之外也》。诗题《赋得蔚得秋光入卷来》。）座主为徐公云瑞、许公乃安，房考官为张公启庚。十一月入都。是岁始见刘公蓉于朱氏学舍，与语大悦，因为留信宿乃别。

【乙未】道光十五年，公二十五岁

公寓长沙郡馆。会试不售，留京师读书，研究经史。尤好昌黎韩氏之文，慨然思蹑而从之。治古文词自此始。

【丙申】道光十六年，公二十六岁

会试再报罢，出都为江南之游。同邑易公梅官作睢宁知县，因过访之。由清江、扬州、金陵溯江而归。公久寓京师，窘甚，从易公贷百金，过金陵尽以购书，不足则质衣裘以益之。比归里，陈所购廿三史。竹亭公问所自来，且喜且诫之曰："尔借钱买书，吾不惜为汝弥缝，但能悉心读之，斯不负耳。"公闻而悚息。由是侵晨起读，中夜而休，泛览百家，足不出庭户者几一年。

> 是侵晨起读，中夜而休，泛览百家，足不出庭户者。

【丁酉】道光十七年，公二十七岁

公闻浏阳文庙用古乐，诣浏阳县，与其邑举人贺以南等谘考声音律吕之源流，留两月乃归。过长沙，适刘公蓉与湘阴郭公嵩焘均在省城应试，相见欢甚，纵谈今古，昕夕无间。留月余，始各别去。公妹国蕙出阁，适王氏，婿名待聘。十月，公生子，命名桢第。十二月，公入都会试，无以为资，称贷于族戚家，携钱三十二缗以行。抵都中，余三缗耳。时公车寒苦者，无以逾公矣！

【戊戌】道光十八年，公二十八岁

正月，入都门，寓内城西登墀堂。本科会试，钦派大总裁大学士穆彰阿公及朱公士彦、吴公文镕、廖公鸿荃。（钦命《四书》首题《言必信，行必果》。次题《万物并育而不相害，道并行而不相悖》。三题《颂其诗，读其书，不知其人可乎？是以论其世也，是尚友也》。诗题《赋得〈泉细寒声生夜壑〉》。）公中式第三十八名进士。房考官季公芝昌。同乡中式者五人，宁乡梅公钟澍、茶陵陈公源衮，尤公至好。四月，正大光明殿复试一等，殿试三甲第四十二名，赐同进士出身。朝考一等第三名，进呈宣宗，拔置第二名。五月初二日引见，改翰林院庶吉士。

公少时器宇卓荦，不随流俗。既入词垣，遂毅然有效法前贤、澄清天下之志。读书自为课程，编摩记注，分为五门：曰"茶余偶谈"，曰"过隙影"，曰"馈贫粮"，曰"诗文钞"，曰"诗文章"。时有论述，不以示人。读书务内自惩，亦性然也。中式后，更名国藩。

八月，请假出都，与凌公玉垣、郭公嵩焘偕行。道出襄樊，舟次安陆，遇大风，邻舟数十，鲜有完者，公舟独无恙。十二月抵家。曾氏自占籍衡阳以来，无以科名显者。星冈公始督课子姓受学，宾礼文士，公遂以是年成进士，入翰林。星冈公年六十，健在。后公官至学士，堂上犹重庆。至侍郎，星冈公犹及见之。京朝官无及其盛者。公之以翰林归也，亲友踵门而贺，竹亭公治酒款客。比酒罢，星冈公语竹亭公曰："吾家以农为业，虽富贵，毋失其旧。彼为翰林，事业方长，吾家中食用无使关问，以累其心。"自是以后，公官京师十余年，未尝知有家累也。

【己亥】道光十九年，公二十九岁

正月，乡里天行痘证大作，公季妹及子桢第皆染痘殇。季妹年十岁，桢第生甫十五月也。四月，公至衡阳。五月，至耒阳县，谒杜工部祠堂，遂至永兴。有曾纪诗者，执贽愿从事，公为书勖之以学。六月，还至耒阳。舟行出昭阳河，至清泉县之泉溪市，还寓石鼓书院，数日乃抵家。议修谱牒，清查源流。八月，公由邵阳至武冈州，还至新化及安化县之蓝田市。十月，抵家。公妹国芝出阁，适朱氏，婿名咏春。公弟国华出继叔父高轩公为后。十一月初二日，子纪泽生。是日启行北上，竹亭公、高轩公送之长沙。十二月，由汉口行。次罗山县，遇大雪，遂留度岁。是岁始为日记，逐日记注所行之事及所读之书，名曰"过隙影"。公会试座师朱文定公士彦卒于位。

【庚子】道光二十年，公三十岁

正月，由罗山启行，至周家口，换车入都。寓宣武门外南横街千佛庵，与同年陈公源衮、梅公钟澍联课为诗赋。

四月，移寓淀园挂甲屯，十七日，散馆。（钦命题《正大光明殿赋》，以"执两用中怀永图"为韵，诗题《赋得〈人情以为田〉》。）取列二等第十九名，引见授职检讨。是科散馆，改部属者二人，改知县者三人，余皆留馆。

六月，移寓果子巷万顺客店，病热危剧，几不救。同寓湘潭欧阳小岑先生兆熊，经理护持，六安吴公廷栋为之诊治。

八月初，病渐减，始能食粥。九月，乃大愈。钦派顺天乡试磨勘官。

十月，移寓达子营之关侯庙，与同年编修钱振伦同寓。十二月，移寓棉花六条胡同路北。竹亭公入都，公夫人欧阳氏、公弟国荃、子纪泽从入都。

【辛丑】道光二十一年，公三十一岁

正月元日，入大内，随班朝贺。嗣是岁以为常。初十日，偕同乡京官至淀园递折谢恩，为湖南岳、常、澧各处被水缓征，借给籽种。去岁大西洋英吉利国兵陷定海，宣宗命大学士琦善往广东查办。是月报英吉利攻破沙角炮台，直逼虎门。上通谕中外，授奕山为靖逆将军，隆文、杨芳为参赞大臣。琦善革职。

闰三月，竹亭公出都还湘。

五月，梅公钟澍在都病故。公为经理其丧，委曲周至。

六月，管理长沙府会馆事。益阳胡公达源卒，公作诔词挽之。

七月，皇上御门侍班。善化唐公鉴由江宁藩司入官太常寺卿，公从讲求为学之方。时方详鉴前史，求经世之学，兼治诗古文词，分门记录。唐公专以义理之学相勖，公遂以朱子之书为日课，始肄力于宋学矣。

> 详鉴前史，求经世之学，兼治诗古文词。

八月，移寓绳匠胡同北头路东。

十月，充国史馆协修官。二十八日，偕同乡京官递折谢恩，为岳州水灾蠲免钱粮。公寓书善化贺公长龄，自陈其所学所志。

十一月十五日，公长女生。后适湘潭袁氏，婿名秉桢。公弟国荃肄业京寓，公为之讲课。

【壬寅】道光二十二年，公三十二岁

公益致力程朱之学，同时蒙古倭公，六安吴公廷栋，昆明何公桂珍、窦公垿，仁和邵公懿辰及陈公源衮等，往复讨论，以实学相砥砺。其为日记，力求改过，多痛自刻责之言。每日必有记录，是为日课。每月另作诗、古文若干篇，是为月课。凡课程十有二条：一曰主敬，二曰静坐，三曰早起，四曰读书不二，五曰读史，六曰谨言，七曰养气，八曰保身，九曰日知所亡，十曰月无忘所能，十一曰作字，十二曰夜不出门。

是春，英吉利洋船驶入镇江，沿江诸城多不守。和议成后，乃退出海口。

七月，公弟国荃出都。公送之都门外卢沟桥，以诗为别。有句云："辰君平正午君奇，屈指老沅真白眉。"公弟国潢生庚辰岁，国华生壬午岁，国荃字沅甫也。

【癸卯】道光二十三年，公三十三岁

三月初十日，上御正大光明殿考试翰詹。（钦命题《如石投水赋》，以"陈善闭邪谓之敬"为韵。《烹阿封即墨论》，诗题《赋得〈半窗残月有莺啼〉》。）钦定一等五人：万青黎、殷寿彭、张芾、萧良城、罗惇衍。公列二等第一名。十四日引见，奉旨以翰林院侍讲升用。

五月，考试差。六月，钦命公充四川正考官，以赵楫副之。

七月，公第二女生。公出都，行至保定府，病暑不能食，扶病而行。

闰七月，行至西安。李公星沅时为陕西巡抚，延之署中，治医药。数日病渐愈，即启行入蜀。

八月初四日，抵成都。接准吏部咨文，已于七月十五日补授翰林院侍讲之缺，具呈四川总督宝兴公代奏谢恩折。（是科四川乡试首题《不知言，无以知人也》，次题《体群臣也，子庶民也》，三题《人有不为也，而后可以有为》。诗题《赋得〈万点蜀山尖〉》。）揭晓得士宋文观等六十二名，副榜十二名如例。

九月二十一日，由成都回节。十一月二十日，抵都门复命，充文渊阁校理。

公居京师四年矣，宦况清苦，力行节俭，而遇穷困及有疾病死亡者，资助必丰。四川差竣，得俸千金寄家，为馈遗族姻之用。

【甲辰】道光二十四年，公三十四岁

正月，陈公源衮之妻易安人病卒于京寓。其子远济生甫一月，公携之宅中，雇乳妪字养之，以次女许字之。

二月，侍班于文渊阁，赞经筵大典。

三月二十四日，移寓前门内碾儿胡同西头路北。

四月，考试差。五月初十日，奉上谕："翰林院自侍读以下，詹事府自洗马以下，每日召见二员。"公于二十日召见勤政殿，派充翰林院教习庶吉士。

八月，新宁江公忠源以公车留京师，因郭公嵩焘求见公。江公素以任侠自喜，不事绳检。公与语市井琐屑事，酬笑移时。江公出，公目送之，回顾嵩焘曰："京师求如此人才不可得。"既而曰："是人必立功名于天下，然当以节义死。"时承平日久，闻者或骇之。江公自是遂师事公。二十八日，公第三女生，后适罗氏忠节公泽南之子，名兆升。九月，分校庶常馆。

十二月初七日，上御门，转补翰林院侍读。

公作字初学颜柳帖，在词垣兼临褚帖。于诗则五七古，学杜韩，近体诗学杜，而于苏黄之古诗，温李之近体，亦最为致力。还书家中，训勉兄弟，以立志有恒为本，作《五箴》以自警：一曰立志，二曰居敬，三曰主静，四曰谨言，五曰有恒。公子纪泽是岁入家塾，塾师为长沙冯树堂先生卓怀。

以立志有恒为本。

【乙巳】道光二十五年，公三十五岁

三月，钦派会试同考官。签分第十八房，荐卷六十四本，中试周士炳等十有九人。是科湖南中式八人，皆长沙府籍。贵州中式之黄辅相与佴彭年二人，原籍醴陵。而状元为萧锦忠，朝元为孙鼎臣。去秋乡试，南元为周寿昌，亦于是科入翰林。公时管理长沙郡馆事，题名之日，公为联语云："同科十进士，庆榜三名元。"盖佳话也。

五月初二日，上御门，公升授詹事府右春坊右庶子。次日具折谢恩，召见于勤政殿。

六月，转补左庶子。夏间癣疾发，至秋微愈。自是以往，癣疾恒作，以至老年，未得全愈也。

九月，公弟国潢、国华入都。二十四日，上御门，升授翰林院侍讲学士。次日具折谢恩，召见。宣宗时，每岁举行御门之典至四五次，京朝官缺，多以其日简放，示爵人于朝、与众共之之意。合肥李公鸿章，本年家子也，中甲辰科举人，是年入都会试，受业公门。公大器重之。

十月初十日，皇太后万寿。十五日，颁恩诏于太和殿，公祖父母、父母以公官皆封中宪大夫、恭人。

十一月，唐公鉴乞假回湖南。公为校刻其所著《学案小识》一书。

十二月十二日，补日讲起居注官。二十二日，充文渊阁直阁事。公名位渐显，而堂上重庆，门祚鼎盛。公每以盈满为戒，自名其书舍曰"求阙斋"。其说云："求阙于他事，而求全于堂上也。"同乡京官及公车在都门者，遇疾患穷窘之事，恒有求于公。公尝谓："钱则量力资助，办事则竭力经营。"人莫不称厚焉。

【丙午】道光二十六年，公三十六岁

公与弟国潢、国华相砥砺于学，有如师友。为国华纳资入监，应顺天乡试。

五月，考试差。

九月十八日，公第四女生，后适湘阴郭氏郭公嵩焘之子，名刚基。夏秋之交，公病肺热，僦居城南报国寺，闭门静坐，携金坛段氏所注《说文解字》一书，以供披览。汉阳刘公传莹，精考据之学，好为深沉之思，与公尤莫逆，每从于寺舍，兀坐相对竟日。刘公谓近代儒者崇尚考据，敝精神费日力而无当于身心，恒以详说反约之旨交相勖勉。寺前有祠一所，祀昆山顾亭林先生。

十月，公在寺为诗五首赠刘公，以明其志之所向。公尝谓近世所学者，不以身心切近为务，恒视一时之风尚以为程而趋之，不数年风尚稍变，又弃其所业，以趋于新。如汉学、宋学、词章、经济，以及一技一艺之流，皆各有门户，更迭为盛衰。论其原皆圣道所存，苟一念希天下之誉，校没世之名，则适以自丧其守，而为害于世。公与刘公传莹讨论务本之学，而规切友朋，劝诫后进，一以此意为兢兢焉。公在京所为诗古文，不自存录，随时散佚。是冬以后，乃稍择而存之。公弟国华应乡试未售，仍留京肄业。公弟国潢赍覃恩诰命南归。十月二十一日，领同乡京官具折谢恩，为湖南濒湖围田水灾，奉旨蠲缓钱粮。湖南水灾，迭奉恩旨，至是初用公名领衔奏事。

十一月，闻祖妣王恭人之讣。请假两月，设次成服。恭人殁以九月十八日，寿八十岁。十二月葬湘乡二十四都木兜冲。

【丁未】道光二十七年，公三十七岁

三月，移寓南横街路北。四月二十七日，奉旨考试翰詹。(钦命题《远佞赋》，以"清问下民常厥德"为韵。《君子慎独论》。诗题《赋得澡身浴德》。)公名列二等第四名。

五月引见，奉旨记名遇缺题奏，赏大卷缎二件。

六月，奉旨升授内阁学士，兼礼部侍郎衔。次日，递折谢恩，召勤政殿。钦派考试汉教习阅卷大臣，取士咸安宫学教习黄文璧等十三名，景山官学刘绍先等十五名，宗学郭昆焘等十五名，觉罗官学崔斌等三十名，八旗学张春第等四十八名。

七月，公弟国荃以府试案首入湘乡县学。

十月，钦派武会试正总裁，中式杨登魁等六十四人。又派殿试读卷大臣。凡武进士弓矢技勇，上亲阅之，派大臣及兵部尚书、侍郎等侍班。十月二十日，领同乡京官具折谢恩，为沅澧一带水灾奉旨蠲缓钱粮。

十二月初九日，又递折谢恩，为三厅欠收缓征屯田。是岁，山东、河南亢旱，盗贼蜂起，两省大吏交部严议。钦差柏俊、陈孚恩前往捕盗，平之。李公鸿章、郭公嵩焘、李公宗义均以是科

成进士。

【戊申】道光二十八年，公三十八岁

正月初八日，领同乡京官具折谢恩，为上年水灾借给籽种。

二月二十四日，子纪鸿生。汉阳刘公传莹移病归籍，公为文以送之。

七月，公弟国荃科试一等，补廪膳生。

九月十四日，领同乡京官具折谢恩，因水灾奉旨抚恤。十八日，钦派稽查中书科事务。公官至卿贰，名望渐崇，而好学不倦。其于朝章国故，如《会典》《通礼》诸书，尤所究心。又采辑古今名臣大儒言论，分条编录为《曾氏家训长编》，分修身、齐家、治国为三门，其目三十有二。公尝谓，古人无所云经济之学，治世之术，壹衷于礼而已。秦文恭公《五礼通考》，综括天下之事，而于食货之政稍缺，乃取盐课、海运、钱法、河堤各事，抄辑近时奏议之切当时务者，别为六卷，以补秦氏所未备。又采国史列传及先辈文集中志状之属，分门编录，条分近代学术，用桐城姚氏之说，以义理、考据、词章三者为目，依汇辑之。星冈公病风痹逾年，公令弟国华出都还湖南。

十月，闻刘公传莹以病卒于家，公设位哭之，为墓志一篇，家传一篇，刻石寄其家。刘公所著述无成篇，独于金氏《孟子集注考证》中，搜得朱子所编《孟子要略》一书，公为校刻行于世。二十三日，领同乡京官具折谢恩，为本年水灾之区奉旨蠲缓钱粮。公官京十年，俸薄不给于用，取资称贷；及官侍郎，每岁以其所得俸银数十两为高堂甘旨之奉，兼以周族戚之贫者。

【己酉】道光二十九年，公三十九岁

正月初九日，率同乡京官具折谢恩，为灾区借给籽种。二十二日，奉旨升授礼部右侍郎。次日具折谢恩，召见，上嘉勉焉。公勤于供职，署中办事无虚日。八日一室淀园该班奏事，有事加

班，不待期日。在部司员，咸服其条理精密。

三月十四日值班召见。三十日，又召见。每有奏对，恒称上意。礼部、翰林院、詹事府署中，皆有土地祠，祠皆祀先儒韩愈。礼部之祠，复有孔子木主，胥吏相沿，莫知所自。公取木主焚化，而为文以祀韩子，辩正其谬。夏，督修长沙府会馆，旋又修湖广会馆，位置亭榭，有纡余卓荦之观。

八月初二日，奉旨兼署兵部右侍郎。二十五日，钦派宗室举入复试阅卷大臣。九月十七日，钦派顺天乡试复试阅卷大臣。十月初四日，钦派顺天武乡试较射大臣。武乡试分四围，王大臣分较。公所较中式者五十二名。二十六日，率同乡京官具折谢恩，为水灾奉旨蠲缓粮钱。

是岁东南各省大水，民饥。江南、浙江、湖北均展期，九月举行乡试。湖南贼匪李沅发倡乱于新宁，戕官据城，分扰黔粤边境，粤逆亦从此萌芽矣。先是，江公忠源在籍，擒获会匪雷再浩，遂以知县拣发浙江署秀水县事，办理赈灾及保甲，甚得民誉。公闻新宁之乱，恐匪党寻仇及江公之家，遂致书江公，劝其弃官以赴家难。未几而贼党溃窜，江公家亦无损焉。

十一月十五日，闻祖考星冈公之讣，请假两月，设位成服。星冈公之卒以十月初四日，寿七十有六岁，葬于八斗冲，迁王恭人之柩附葬。

十二月十一日，孝和睿皇后升遐。公以礼部职任所在，不俟假满，即日入内供办。其署中他事，仍不与闻。

【庚戌】道光三十年，公四十岁

正月十四日，宣宗成皇帝升遐。朱谕遗命四条，其中无庸郊配、无庸庙附二条。文宗嗣位，谕令臣工详议具奏。十五日，奉移孝和睿皇后梓宫于漪春园。十六日，谕臣下议行三年丧礼。二十三日，召见，咨以大礼。二十六日，上御太和殿，颁登极诏书。二十七日，王大臣九卿集议，复奏郊配、庙附二事。公专折具奏，称：遗命无庸庙附一条，考古准今，万难遵从；无庸郊配一条，不敢从者有二，不敢违者有三。疏对甚晰。时恭遇登极覃恩，加一级；请封三代，皆封荣禄大夫。公以本身妻室应得封典，貤封叔父母。

二月初二日，内赐遗念衣一件，玉佩一事。是日奉移大行皇帝梓宫于圆明园正大光明殿。初六日，奉上谕："侍郎曾国藩所奏，颇有是处；其余京堂及科道等所奏，各抒己见，殊少折中。各折均著发还。钦此。"初七日召见，公奏对甚详，上益嘉之。初八日奉上谕："九卿科道有言事之责者，于用人行政一切事宜，皆得据实直陈，封章密奏等因。钦此。"

三月，公递应诏陈言一折。奏称：用人行政，二者并重。然凡百庶政，著有成宪，未可轻议。今日所当讲求，惟在用人一端。人才有转移之道，有培养之方，有考察之法，三者不可废一。皇上春秋鼎盛，与圣祖仁皇帝讲学之年相似，请俟二十七月后，举行逐日进讲之例。亦请广开言路，借臣工章奏，以为考核人才之具。疏入，奉上谕："礼部侍郎曾国藩奏陈用人之策，朕详加披览，剀切明辨，切中情事，深堪嘉纳。连日左副都御史文瑞、大理寺卿倭仁、通政使罗惇衍等，各陈时事，朕四降旨褒嘉。其通政副使王庆云、鸿胪寺少卿刘良驹及科道等折，分别准行交议。如该侍郎折内所请保举人才，广收直言，迭经降旨宣示，谅各大小臣工必能激发天良，弼予郅治。惟称日讲为求治之本，我圣祖仁皇帝登极之初，即命儒臣逐日进讲，寒暑无间。朕绍承丕业，夙夜孜孜，景仰前徽，勉思继述，着于百日后举行日讲。所有一切应行事宜，着各该衙门察例详议以闻。钦此。"初四日，奏入春以来，雨泽稀少，农田待泽孔殷，亟请设坛祈祷，以迓和甘，而慰民望一折。十二日，孝和睿皇后升附覃恩，公呈请本身妻室封典。十五日，公弟国潢入都，相见极欢。时以职务繁剧，不遑兼顾家事，悉以属公弟经理。十九日，下淀园，恭送孝和睿皇后梓宫奉安昌陵。

四月初四日，奏陈日讲事宜，补前折所未备，凡十四条。其余讲官员数，进讲之地，所讲之书，陈讲之道，以及讲官仪节体制等事，皆详考圣祖御制文集会典，与国史列传各书。先定大概

于用人行政一切事宜，皆得据实直陈。

用人行政，二者并重。

人才有转移之道，有培养之方，有考察之法，三者不可废一。

规模，于赞助圣学之中，寓陶成人才之意，犹前疏中之指也。十二日，宣宗成皇帝升配，覃恩加二级，请封三代，皆封光禄大夫，公仍以本身妻室应得封典贻封叔父母。十七日，钦派会试复试阅卷大臣。十九日，移寓贾家胡同南头路西。二十九日，钦派朝考阅卷大臣，是科入馆选者五十八人。

是月，湖南新宁贼酋李沅发就擒，槛送京师斩之。上年收复新宁，巡抚冯公德馨奏报李逆死于乱军中。春间李逆复出，冯德馨逮问遣戍，诏以骆秉章为湖南巡抚。

五月初二日，公第五女生，后殇。十四日，在署考试各省优贡。时奉旨令部院九卿各举贤才，公疏荐五人。奏称李棠阶以学政归家，橐橐萧然，品学纯粹，可备讲幄之选；吴廷栋不欺屋漏，才能干济，远识深谋，可当大任；王庆云闳才精识，脚脚踏实，可膺疆圉之寄；严正基洞悉民隐，才能济变；江忠源忠义耿耿，爱民如子。

六月初四日，奉旨兼署工部左侍郎。十四日，钦派朝考拔贡阅卷大臣。是科取士二百余人。

七月，公弟国葆以县试案首入湘乡县学，年二十有三岁，与公入学之年同。公每绾部务，悉取则例，博综详考，准以事理之宜，事至剖断无滞。其在工部，尤究心方舆之学，左图右书，钩校不倦，于山川险要、河漕水利诸大政详求折中。

八月十一日，召见，询以工部职务。公奏对详悉，移时乃退。二十一日，钦派考试国子监学正学录阅卷大臣，取士五十名，引见记名者二十人。

九月十八日，恭送宣宗成皇帝梓宫奉安慕陵，钦派梓宫前恭捧册宝大臣。二十四日，飨奠礼毕，礼部堂官各加二级。二十五日，具折谢恩。次日，皇上驻跸秋兰行宫，谕随扈各员均加一级。十月，回銮，奉旨兼署兵部左侍郎。

十一月十三日，领同乡京官具折谢恩，为水灾州县蠲缓粮钱。

十二月二十二日，礼部奏元旦礼节。朱批严饬礼部堂官，分别交部议处察议。寻奉旨准予抵销处分。是年夏间，广西贼匪大起,巨股数十。六月,逆首洪秀全与其党杨秀清、萧朝贵等起于桂平县之金田村,为数最众且悍。诏以向荣为广西提督,起用林则徐为钦差大臣,驰赴广西督剿。以前云南提督张必禄督师会剿。广西巡抚郑祖琛革职。既而林文忠公则徐卒于道,张武壮公必禄至浔州亦卒,诏以李星沅为钦差大臣,以周天爵署广西巡抚。

【辛亥】咸丰元年,公四十一岁

正月初十日,领同乡京官具折谢恩,为上年灾区借给籽种。十四日,上祇谒慕陵,行初周年礼。礼部堂官悉从。公奉旨派留署办事。

二月,上谕广州副都统乌兰太驰往广西帮办军务。二十六日,公弟国潢出都还湖南。粤西贼势益炽。

三月,上命大学士赛尚阿为钦差大臣,前赴广西督师,以都统巴清德、副都统达洪阿为之副。初九日,公奏简练军实以裕国用一折。奏称:天下大患,一在国用不足,一在兵伍不精。近者广西军兴,纷纷征调,该省额兵竟无一足用者,他省可推而知。当此饷项奇绌,惟有量加裁汰,痛加训练,庶饷不虚縻,而兵归实用。谨抄录乾隆增兵,嘉庆、道光减兵三案进呈。疏入,召见,嘉其切中时弊,谕以俟广西事定,再行办理。疏入,召见。嘉其切中时弊,谕以"俟广西事定再行办理"疏留中。十四日,礼部奏请以宋臣李纲从祀孔子庙廷。时福建巡抚徐继畬原奏称李纲所著书有《周易传》《论语说》二种,公复查得纲所著《中兴至言》《建炎类编》《乘闲志》《预备志》各书,文渊阁著录者《梁溪集》《建炎时政记》二种。奉旨准其从祀,在先儒胡安国之次。

四月二十六日,公奏《敬陈圣德三端预防流弊》一折。维时上孜孜求治,在廷臣僚,鲜以逆耳之言进者。广西军事日棘,赛尚阿公以端揆大臣出而督师,中外惊慑。公意欲为人臣者趋尚骨鲠,培其风节,养其威棱,遇有事变,乃可倚之以折冲捍患,不

天下大患,一在国用不足,一在兵伍不精。

至畏葸退缩。公所陈多切直之语，疏入时恐犯不测之罪。上谕："曾国藩条陈一折，朕详加披览，意在陈善责难，预防流弊，虽迂腐欠通，意尚可取。朕自即位以来，凡大小臣工章奏，于国计民生、用人行政诸大端有所补裨者，无不立见施行。即敷陈理道，有益身心者，均著置左右，用备省览。其或窒碍难行，亦有驳斥者，亦有明白宣谕者，欲求献纳之实，非徒沽纳谏之名，岂遂以'毋庸议'三字置之不论也。伊所奏，除广西地利兵机已查办外，余或语涉过激，未能持平；或仅见偏端，拘执太甚。念其意在进言，朕亦不加斥责。至所论人君一念自矜，必至喜谀恶直等语，颇为切要。自维藐躬德薄，夙夜孜孜，时存检身不及之念。若因一二过当之言不加节取，采纳不广，是即骄矜之萌。朕思为君之难，诸臣亦当思为臣之不易，交相咨儆，坐言起行，庶国家可收实效也。钦此。"公是疏得奉优旨，时称盛事焉。是月，李文恭公星沅卒于军。

五月，诏授邹鸣鹤为广西巡抚。十八日，唐公鉴入都，召见十余次，极耆儒晚遇之荣。二十六日，公奉旨兼署刑部左侍郎，次日具折谢恩，并以前疏激直未获咎戾，具申感激之意。

六月，赛尚阿公抵桂林，疏调江公忠源随营差遣。江公方丁忧在籍，应调赴粤。乌兰太公一见而极重之，留于幕府，每事必咨焉。复委募楚勇五百人助剿，是为湖南乡勇出境剿贼之始。公前官翰林时，与倭仁公、唐公鉴辈讲学，逐日记注，中辍数年。刘公传莹为公书斋额曰："养德养身绵绵穆穆之室"，至是公乃仿程氏读书日程之意，为日记曰《绵绵穆穆之室日记》。其说曰："自戒惧而约之，以至于极中，而天地位，此绵绵者由动以之静也。自谨独而精之，以至于极和而万物育，此穆穆者由静以之动也。由静之动，有神主之；由动之静，有鬼司之。终始往来，一以贯之。"每日自课以八事：曰读书，曰静坐，曰属文，曰作字，曰办公，曰课子，曰对客，曰复信。触事有见，则别识于其眉。

八月，钦派顺天乡试搜检大臣。公兼摄刑曹，职务繁委，值班奏事，入署办公，益无虚日。退食之暇，手不释卷，于经世之务本在朝掌故，分汇记录，凡十有八门。大学士琦善公在新疆办理审案得罪，钦差大臣萨迎阿公前往查办，奏请将琦善交刑部治罪，奉旨逮问。

闰八月，琦善至京师，入刑曹，钦派军机大臣三法司会审。琦善自写供折千余言，谓由萨迎阿之陷害。在廷诸公亦颇咎萨公原奏之过。当时萨公代琦善任，未旋京邸。会审之际，琦善争辩不已。军机章京邵懿辰驳诘供词十九事，诸公不之省，乃议传萨公所随带查办之司员四人，赴法堂与琦善对讯，至有议反坐者。公独曰："琦善虽位至将相，然既奉旨查办，则研鞫乃其职分。司员职位虽卑，无有传入廷尉与犯官对质之理。若因此得罚，将来大员有罪，谁敢过问者？且谕旨但令会审琦善，未闻讯及司员。必欲传讯，当奏请奉旨然后可。"争之甚力，词气抗厉，四坐为之悚动，其事遂已。广西逆匪窜陷永安州城，僭伪王号。赛尚阿公督师由桂林进剿。二十一日，上御门，闻永安失守之警，督兵将帅。皆奉旨申饬。二十六日，礼部考送军机章京。二十九日，刑部考送军机章京。

九月初一日，领同乡京官具折谢恩，为水灾州县豁免粮钱。

十月十二日，钦派顺天武乡试大主考，以沈公兆霖为之副。是科中式武举一百六十六名。十七日，试竣复命，召见。

十一月初三日，监视郊坛开工。十九日，领同乡京官具折谢恩，为新宁县经兵乱，奉旨蠲免钱粮与仓谷之未完者；又因武陵等县水灾蠲缓钱粮。

十二月十八日，公奏备陈民间疾苦一折。奏称：国贫不足患，银价太昂，惟民心涣散则为大患。目前之急务，其大端有三：一曰银价太昂，钱粮难纳；二曰盗贼太众，良民难安；三曰冤狱太多，民气难伸。其时银价昂贵，朝野均以为苦。宣宗曾饬部院衙门、各省督抚议变通平价之法。

公疏于弭盗贼清狱讼二条请申谕外省，思所以更张之。其平银价一条，即于次日续递银钱并用章程一折。奏称：十年以来，中外臣工奏疏言钱法者，不为不多，臣之所深服者，惟吴文镕、刘良驹、朱嶟三疏。谨就三臣原奏，参以管见，拟章程凡六条，并抄录吴文镕等原疏，进呈御览。奉旨交户部议奏。二十六日，

（惟民心涣散则为大患。）

监视慕陵隧道开工。是岁，公选录古今体诗凡十八家，又选录古文辞百篇，以见体要。

【壬子】咸丰二年，公四十二岁

正月二十四日，奉旨兼署吏部左侍郎，次日具折谢恩。

二月十九日，随扈祗谒慕陵。是月，广西永安州贼窜出，官军大挫，总兵官长瑞等四人阵亡。贼扑攻桂林省城，都统武壮公乌兰太追贼至将军桥阵亡。江公忠源之军，初与乌公偕，至是回籍，益募楚勇赴桂林防剿。

三月初二日，奉宣宗成皇帝永安地宫，上行虞祭礼回銮。初七日，奉神牌升祔，颁恩诏于太和门。初八日，率同乡京官递折谢恩，为豁免屯丁实欠。钦派会试搜检大臣。

十一日，广西警报至都下，奉旨乌兰太、向荣交部严加议处，赛尚阿交部议处。公赴部会议，以军务关系重大，议处罪名宜从重者，不当比照成例。会议罢后，公专折奏请从严议处，诏改从宽典焉。

十八日，礼部奏请以宋臣韩琦从祀孔子庙廷。二十七日，奉旨派恭送太庙册宝。三十日，公第六女生。后字衡山聂氏，婿名缉椝。欧阳夫人之兄柄铨入都。

是时粤匪猖獗，河工未合，京畿亢旱，人情惊惧。上诏求直言，内阁学士胜保上疏失检，交部严议，部议降三级调用。公奏请特旨宽免胜保处分以广言路一折。上纳用焉，疏留中。

四月初一日，宣宗成皇帝升配，诏礼部诸臣各加一级。广西省城解围，贼窜陷全州，入湖南境，掠民船将浮湘而下。江公忠源以楚勇破之于蓑衣渡。

五月，贼窜陷道州。

六月十二日，钦命充江西乡试正考官。次日递折谢恩。附片奏请试竣后，赏假两月回籍省亲。公自己亥之冬入都供职十有余年，由翰林七迁至侍郎，眷遇甚隆，中间星冈公衰老疾笃，屡思乞假归省，于势未得。至是得江西试差，乃请假回籍，朱批允之。

二十四日，驰驿出都。二十九日，过河间府，吴公廷栋权守河间，相见于途次。七月十三日，道过宿州。周公天爵方引病在籍，以函约公相见于旅店，纵谈今古，自夜达旦，乃别去。

二十五日，行抵安徽太和县境小池驿，闻讣：江太夫人于六月十二日薨逝。公大恸，改服奔丧。取道黄梅县，觅舟未得，乃乘小舟渡江，至九江府城，雇舟溯江西上。

贼于六月由道州窜出，陷桂阳州。是月陷郴州，由安仁、醴陵下犯长沙省城。湖南各郡旧有会匪蠢焉欲动。湘乡尤多匪踪，县令朱孙诒缉治甚勤，礼请邑中儒士罗公泽南、李公续宾兄弟、王公鑫、刘公蓉等，团结乡勇，加以训练，而竹亭公以乡老巨望总其成。是时乡团以湘乡为称首。

八月十一日，公舟至黄州登陆。十三日，抵武昌。常公大醇为湖北巡抚，来唁。公始闻逆匪扑长沙之警。十四日，由武昌启行。十八日，抵岳州，取道湘阴、宁乡。二十三日，抵家哭殡，旋谒星冈公墓。逆贼大股均至长沙，官军亦渐集。江公忠源于南门外近贼垒为营，贼不得逞。诏以张亮基为湖南巡抚。张公入守长沙，以左公宗棠入赞军幕。

九月十三日，江太夫人葬于下腰里宅后山内。贼用地道轰长沙城，官军拒却之。时承平日久，骤经兵乱，人心惧怯，危言四起，虽未见贼之地，亦相率挈家惊走。公在家遇乡里人，则教之以保守之方、镇静之道。赛尚阿公至长沙，奉旨逮问。以徐文缙为钦差大臣，督兵剿贼。

十月，长沙围解。贼渡湘西窜宁乡、益阳，东出临资口，大掠民船，窜湘阴，陷岳州。官军数万人，自长沙拔营追之。

十一月，贼船蔽江而下，陷汉阳府城。张公亮基于贼退后搜捕土匪甚严。留江公忠源之楚勇二千人驻省城防守，札委湘乡罗泽南、王鑫等招募湘勇千人入省垣防守。时巴陵匪徒晏仲武等作乱，江公忠源以楚勇往讨擒之。是月，湖南巡抚奉上谕："前任丁忧侍郎曾国藩籍隶湘乡，于湖南地方人情自必熟悉，著该抚传旨，令其帮同办理本省团练乡民搜查土匪诸事务，伊必尽力，不负委任等因。钦此。"

十二月，武昌省城失守，湖北巡抚常文节公大醇等殉难。十三日，公奉到寄谕，草疏恳请在家终制，并具呈请巡抚张公代奏，缮就未发，适张公专弁以函致公，告武汉失守，人心惶恐，恳公一出。郭公嵩焘至公家，力劝出保桑梓。公乃毁前疏，于十七日起行，二十一日抵长沙，与张公亮基筹商，一以查办匪徒为急务。二十二日，拜折敬陈团练乡民搜查土匪大概规模；且称长沙省城兵力单薄，行伍空虚，不足以资守御，因于省城立一大团，就各县曾经训练之乡民招募来省，实力操练，既足资以剿捕土匪，于防守省城不无裨益。是折奉朱批："知道了，悉心办理，以资防剿。钦此。"公又附片奏称：臣在京供职十有四年，今岁归来，祖父母之墓已有宿草，臣母之葬亦未尽礼。若遽弃庭闱出而莅事，万分不忍。请俟贼氛稍息，团防之事办有头绪，即当回籍守制，以遂乌私。

时罗公泽南，领所招湘乡练勇三营，已至省城，仿前明戚继光束伍成法，逐日操练。公为之酌定训练章程，故疏中及之。其后良将辈出，实滥觞于此。浏阳会匪煽乱，号曰征义堂。其匪首为周国瑜，聚党逾万人。江公忠源以楚勇往，出其不意，一战破平之。武昌陷后，诏授向荣为钦差大臣，徐文缙逮问，前湖广总督程矞采革职；诏以张亮基署总督，又特命琦善为钦差大臣，偕直隶提督陈金绶、内阁学士胜保督兵驰赴楚豫之交，堵贼北窜；又以两江总督陆建瀛为钦差大臣，出省堵剿。

年谱 卷二

【癸丑】咸丰三年，公四十三岁

正月，公在长沙督办街团，委在籍江苏候补知州黄廷瓒、安徽候补知县曹光汉编查保甲，以书函劝谕，不用公牍告示。又以书遍致各府州县士绅。其大致以为团练之难，莫难于集费，宜择地择人而行之。目前急务，唯在清查保甲，分别良莠，以锄暴为安良之法，遇有匪徒，密函以告，即行设法掩拿处办，庶几省文移之烦，可期无案不破。其书中有"不要钱，不怕死"二语，公所自矢者，一时称诵之。十一日，张公亮基赴湖北署总督任，江公忠源从行，其楚勇留长沙者，江公忠济、刘公长佑接统之。二十二日，耒阳、常宁报有匪徒啸聚白沙堡，扰及嘉禾境。公调派刘长佑、李辅朝带楚勇五百，王鑫带湘勇三百，二十五日启行追剿。未至，而常耒之匪闻风先溃。适衡山县境之草市土匪窃发，楚勇、湘勇留衡山，一战平之。

二月初三日，奉上谕："封疆大吏翦除百恶，即可保卫善良。着该署督抚等认真查办，并着会同在籍侍郎曾国藩体察地方情形，应如何设法团练以资保卫之处，悉心妥筹办理等因。钦此。"十二日，公奏严办土匪以靖地方一折。奏称：湖南会匪名目甚多，近年有司掩饰弥缝，任其猖獗，非严刑峻法无以销遏乱萌。时公于长沙城中鱼塘口为行辕，设审案局，委候补知州刘建德、照磨严良畯承审，拿获匪徒，立予严讯，用巡抚令旗即行正法，或即毙之杖下。分别会匪、教匪、盗匪及寻常痞匪名目，按情罪以处办。公意纯用重法以锄强暴，而残忍严酷之名，在所不辞也。是疏入，奉朱批："办理土匪，必须从严，务期根株净尽。钦此。"

初，贼之犯长沙也，调集各省兵勇数万人，既而追贼东下。其余丁散勇逗留湖南，或数十百人为群，出没附近村墟，遇湘水行船上下，辄以兵差为名强封之，而诈索其财。商旅畏惮，百物几不通。会捕得强封民船之川兵三人，径行斩决，枭示江干。由

非严刑峻法无以销遏乱萌。

是游手敛迹，风帆畅行无阻。贼陷武、汉两城后，大掠民船数千艘，于正月初旬括掠丁壮妇女数十万人，驱入舟中，顺流而下，旌旗蔽江，沿江城镇皆失守。十一日，陷九江府城。十七日，陷安庆省城。二月初十日，攻陷江宁省城，将军忠勇公祥厚、总督陆公建瀛等殉难。贼遂据为伪都，僭伪号，造宫殿，分其党林凤祥等北窜。二十一日，陷镇江府。二十三日，陷扬州府。皆踞守之。向公荣总统各路兵勇十余万追至金陵，而城已陷，遂驻营城外。琦善公率领北方各路官兵攻围扬州。是为江南、江北两大营。刘公长佑等既破衡山土匪，余党窜入攸县界，遂督勇追剿。而安仁县土匪又起，劫狱烧官署，在籍候选知州张荣组带镇筸勇数百，与楚勇会剿平之。江公忠源赴鄂，寻奉旨授湖北臬司，又奉旨令赴江南大营帮办军务。江公上书于公，言今日办贼之法，必合江楚皖各省，造战船数百艘，调闽广水师数千人，先肃清江面，而后三城可复，否则沿江各省后患方长。公治水师之议，萌芽于是矣。

湖北崇阳、通城两县匪徒大起，聚党数千人。江公领兵勇于三月初旬回南剿捕，公饬江忠济带所部楚勇由平江前往会剿。初五日，刘公长佑楚勇回长沙，公亦饬其驰赴崇通会剿。三战而匪徒歼焉。江公遂尽挈楚勇下赴江南。省城所招湘乡练勇千余人，署巡抚潘公铎议汰之还乡。公前调取三百余人，以王鑫领之，剿土匪于衡、永各属。其留未汰者，操练无虚日。塔齐布公方署长沙营都司，忠勇冠时，人鲜知者。公一见大奇之，委密捕巨盗数名，皆克获。千总诸殿元领辰勇数百人，亦经公所识拔。公委塔齐布兼管领辰勇，与湘勇会同操练，胆技精强，遂成劲旅。二月，潘公铎具折告病。骆公秉章仍奉旨署湖南巡抚，以四月十一日到任，奏委塔齐布署抚标中军参将。各州县捕送匪徒来省者渐多，严刑鞫讯，日有斩枭杖毙之案，前后所戮者二百余名，湘中匪徒闻风敛迹。李公瀚章以己酉选拔朝考，出公门下，时署湖南益阳县事，上书于公，劝以缓刑。公未之从也。安化县属蓝田市有串子会匪聚众谋乱，公饬湘乡县知县朱孙诒以练勇往捕，擒百余人，事乃解。桂东县有江、广边界匪徒窜入，城陷。公与骆公札委张荣组带三厅兵勇往剿，又调候补道夏廷樾督湘勇七百余人继之。未几，桂东平。骆公增募湘勇一营，以监生邹寿璋领之。欧阳夫人挈子女出都还湘，夫人之兄柄铨随行。五月初三日抵长沙，寻归湘乡。

公弟国葆募湘勇一营，驻扎长沙南门外。江公忠源奏请招练楚勇三千，赴江南助剿。奉旨允之。公因函致江公之弟忠濬、忠淑与宝庆知府魁联，令招宝募勇。湘乡县知县朱孙诒令招募湘勇，来省操练，然后遣赴大营，与江公旧部合成一军，以壮其势。江公以四月初七日由鄂东下，行抵九江，值贼船数百，自金陵上窜，再陷安庆，直抵湖口，势趋南昌省城。江公方驻守九江，十日即驰至南昌，筹备防守。部署粗定，而贼抵城下，设法堵御，贼不得逞。江公飞檄请援于湖南。湘中闻邻省之警，人心惶恐。公初拟六月归行小祥之祭，而湘省官绅倚公为防守。公乃札张荣组驻营永州，王鑫驻营郴州，以防南路土匪；而调夏廷樾、罗泽南以湘勇回省。适奉到寄谕，因金陵贼船驶赴上游，有回攻长沙、兼扰南昌之语，有旨令各省督抚严防，并令公与骆公会筹防御。骆公咨提督鲍起豹调兵来省，并札饬所募宝勇、湘勇三千人留省城听调。

六月十二日，公与骆公会奏办理防堵事宜一折。公又专折奏称：搜拿土匪，随时正法。省局委员添派候补知县厉云官审讯各案，粗有头绪。臣母丧初周，拟回籍修小祥之礼。适闻粤贼回窜江西，臣应留省城会筹防堵，不敢以事权不属，军旅未娴，稍存推诿。是日又与骆公会折奏参长沙协副将清德，请旨革职，以儆疲玩而肃军政。又专折奏保署抚标中军参将塔齐布、千总诸殿元，恳恩破格超擢，并称该二人日后有临阵退缩之事，即将臣一并治罪。附片特参副将清德性耽安逸、不理营务等款，请交部从重治罪。江忠淑募新宁勇千人，朱孙诒募湘乡勇千二百人，均抵长沙。公檄江忠淑由浏阳赴江西，朱孙诒由醴陵赴江西，夏廷樾、郭嵩焘、罗泽南以兵勇千四百人，由醴陵继进。合计援江兵勇三千六百人，是为湘勇出境剿贼之始。二十二日，公与骆公会奏拨派兵勇赴江西援剿一折。湖南调各路兵勇防守省城者数千人，塔齐布逐日抽调操阅，暑雨不辍，公亟奖其勤。提督鲍起豹至省城，乃宣言盛夏操兵之非，由是营伍咸怨塔公以及于公，时复与湘勇争讧。公所奏参之副将清德，乃依附鲍起豹，而与塔齐布为仇者。公前疏入，二十九日奉到上谕："塔齐布着赏给副将衔，诸殿元以守备补用，先换顶带，以示奖励。钦此。"又奉上谕："曾国藩奏请将性耽安逸、不理营务之副将革职治罪一折，清德著革职拿问，交张亮基、骆秉章讯明定拟具奏等因。钦此。"由是兵伍益怨公矣。

七月，公以省城筹防之事粗备，援江之师已成行，遂回籍省亲。家居数日，复出至省垣。时新宁勇援江者，行抵瑞州，遇警而溃，至义宁复行招集以进。湘勇援江者，以七月十九日抵南昌，二十四日与贼战，小挫，阵亡营官谢邦翰、易良干、罗信东、罗镇南四人，湘勇死者八十余人。罗公泽南以诸生讲学，湘人多从受业者，是役阵亡各员，皆罗公弟子也。贼攻南昌，屡以地道轰城，官军堵之。江公忠源复以书致公，谓长江上下，任贼船游弈往来，我兵无敢过问者。今日之急，唯当先办船炮，击水上之贼。时郭公嵩焘在江公幕中，力主水师之议。文宗寄谕各督抚，亦屡及之。公商之巡抚骆公，奏请敕调广东琼州红单船放出大洋，由崇明入江口，以击贼于下游；调广东内江快蟹拖罟船，由梧州府江溯漓水，过斗门，浮湘而出大江，以收上下夹击之效。长江水师之议，自此始。

湖南营兵与湘勇断断不和。七月十三日，提标兵与湘勇械斗，公但将湘勇棍责。八月初四日，永顺协兵与辰勇械斗。公咨提督请按治军法，未行也。初六夜，永顺协兵掌号执杖至参将署，欲害塔齐布公。塔公匿菜圃草中以免。兵众毁其房室。旋出至公所馆抚署侧射圃中，大哗，骆公步出谕饬之，乃解。时有劝公据实参奏者。公曰："为臣子者，不能为国家弭乱，反以琐事上渎君父之听，于心未安也。"二月中，曾经奏请移驻衡宝二郡，就近剿办土匪。遂定计移驻衡州以避之。因与骆公商调塔齐布领宝勇、辰勇八百人，益以抚标兵，移驻醴陵；调邹寿璋领湘勇驻浏阳，以防江西之贼；调训导储政躬所领湘勇一营，往郴州以防土匪；公弟国葆率所领湘勇上驻衡州。八月十三日，公具折奏言，湖南衡、永、郴、桂各属为匪徒聚集之薮，数月以来，聚众为乱，巨案叠出，臣即日移驻衡州，就近调遣。附片奏调委员厉云官等随往差遣。

十四日，公由长沙起行，绕道湘乡，抵家省亲，以二十七日抵衡州府。先是，南路土匪屡起，次第剿平。江西吉安府属土匪大起，太和、安福二县失守，江公忠源派罗泽南以湘勇往剿，大破之，擒斩数千，克复两城。余匪溃窜湖南界，茶陵、安仁皆不守。公乃调塔齐布以兵勇往剿，平之。王公鑫驻营郴州，闻江西援军营官阵亡之信，欲回籍募勇，赴江西剿贼，以抒公愤而复私仇。上书于公，词气慷慨。公嘉其义，札令即来衡州面商以讨贼之事。公言近日大弊，在于兵勇不和，败不相救。而其不和之故，由于征调之时，彼处数百，此处数十，东抽西拨，卒与卒不相习，将与将不相知。地势乖隔，劳逸不均，彼营出队，而此营袖手旁观，或哆口而笑，欲以平贼，安可得哉！今欲扫除更张，非万众一心不可。拟再募勇数千，与援江各营合成一军，交江公忠源统之以平贼。

八月二十二日，江西省城解严。贼窜陷九江府湖口县，仍陷安庆省城，皆据之。复分股上窜湖北。张公亮基以兵五千人扼守田家镇，贼至则大溃。江公忠源间道驰援，战不利，北屯广济。贼因上犯鄂渚。张公亮基奉旨调任山东巡抚，以吴文镕为湖广总督。吴公者，公会试座师也。九月初，由黔赴鄂，道出长沙，以书招公至省垣相见。公以军事方殷，未遑离次。吴公星驰赴任。时贼已陷黄州、汉阳，北扰德安，南及兴国、湖南、岳州戒严。骆公秉章驰书与公谋防堵。公以茶陵、安仁既平，札调塔齐布等军速赴长沙，并调援江之湘勇回援。二十七日，奉上谕："长江上游，武昌最为扼要，若稍有疏虞，则全楚震动。著骆秉章、曾国藩选派兵勇，并酌拨炮船，派委得力镇将驰赴下游，与吴文镕等会合剿办，力遏贼冲，毋稍延误。钦此。"

十月初三日，奉上谕："曾国藩团练乡勇，甚为得力，剿平土匪，业经著有成效。著酌带练勇，驰赴湖北。所需军饷等项，著骆秉章筹拨供支。两湖唇齿相依，自应不分畛域，一体统筹也。钦此。"王公鑫募湘勇，初议欲为援江诸军复仇，既而闻贼窜湖北之警，骆公因札令募勇三千，赴防省城。公见王鑫气太锐而难专用也，既为书以戒之。又函致骆公，言兵贵精不贵多。新集之勇，未经训练，见贼易溃，且饷糈难继，宜加裁汰。骆公未能用。维时罗公泽南由吉安率勇回湘。李公续宾分领一营，战功卓著。又有杨虎臣、康景徽所带湘勇二营，先后自江西回抵长沙，合以王鑫新募之勇及所调兵勇，赴防省城者，不下万人。总督吴公到鄂，屡请援师。时又奉上谕："武昌情形万分危急，着曾国藩遵照前旨，赶紧督带兵勇船炮，驶赴下游会剿，以为武昌策应等因。钦此。"公商之骆公，请饬王鑫带所招湘勇赴鄂。旋以贼船东窜，湖北解严，湘勇亦未北行也。公言今之办贼，不难于添兵，而难于筹饷；不难于募勇，而难于带勇之人；不难于陆战，而难于水战。江公忠源之守南昌也，派夏廷樾、郭嵩焘在樟树镇制造木簰数十具，载炮于其上，拟冲贼船。簰甫成，将发，而贼退出鄱湖。至是公亦于衡州仿造冲簰，既试之水面，钝滞难用。乃买民船改造炮船。

兵贵精不贵多。

二十四日，公具折奏言：武昌现已解严，臣暂缓赴鄂，并请筹备战船，合力堵剿。该匪以舟楫为巢穴，长江千里，任其横行。欲加攻剿，惟以战船为第一先务。臣即在衡州试行赶办，果有头绪，即亲自统带，驶赴下游。是疏奉朱批："所虑甚是，汝能斟酌缓急，甚属可嘉。钦此。"时广东解江南大营饷银过长沙。公附片奏，请截留四万两，以为筹办炮船、召募水勇之资。湘勇营制，以三百六十人为一营，每营用长夫百四十人，合为五百。公之选将领，以四科为格：一曰才堪治民，二曰不畏死，三曰不急名利，四曰耐辛苦。公欲募成六千之数，合江公忠源旧部，足成万人。甫立此议，江公遂奏请以公所练六千人出省剿贼。奉上谕："湖北情形紧要，已有旨令江忠源暂留剿贼。着曾国藩即将选募之楚勇六千名，酌配炮械，筹雇船只，由该侍郎督带驶出洞庭湖，由大江迎头截剿，肃清江面贼船。想曾国藩与江忠源必能统筹全局也。钦此。"鄂中兵勇前防田家镇者，溃后或逃窜湘中，

公之选将领，以四科为格：一曰才堪治民，二曰不畏死，三曰不急名利，四曰耐辛苦。

劫掠行旅。公捕得，即斩以徇，民赖以安。

是月，公致书湘乡人士，议建忠义祠于县城，祀援江阵亡营官四人，而以湘勇附祀焉。江公忠源回军汉阳，奉旨授安徽巡抚，并谕令楚皖一体斟酌缓急，相机进剿。时贼已据安庆，议建庐州为省会。工部侍郎吕文节公贤基在籍办理团练。贼自舒桐北窜，吕公迎剿阵亡。周文忠公天爵亦卒于家。江公见鄂贼甫退，皖事尤棘，力疾提师北趋庐州。行至六安，病甚。

十一月，奉上谕："宋晋奏曾国藩乡望素孚，人乐为用，请饬挑选练勇，雇觅船只，顺流东下，与江忠源水路夹击，速殄贼氛等语。现在安徽逆匪，势甚披猖，连陷桐城、舒城，逼近庐郡。吕贤基业经殉难，江忠源患病，皖省情形危急。总由江面无水师战船拦截追剿，任令贼艅往来自如，以致逆匪日肆鸱张。该侍郎前奏亦曾筹虑及此。着即赶办船只炮位，并前募勇六千，由该侍郎统带，自洞庭湖驶入大江，顺流东下，与江忠源水陆夹击。该侍郎忠诚素著，兼有胆识，朕所素知，必能统筹全局，不负委任也。钦此。"前此寄谕，有肃清江面之语。各省亦苦贼踪飘忽，公一以水师为急。所造木牌，既不可用，水师舟舰，无人经见，刱为此举，相顾色骇。公日夜苦思，博采众议。岳州营守备成名标、广西候补同知褚汝航、知县夏銮等，先后奉委托公行辕。公留置戎幕，遂询知拖罟、长龙、快蟹、舢版各船式，鸠集衡永工匠，依式制造。公研精覃思，不遗余力。彭公玉麟、杨公载福来营，公弟国葆亟称两人之才，公拔而用之。广西巡抚劳公崇光委解炮二百尊赴鄂，道出衡州。时田镇防兵已溃，公因截留其炮位并护解之水手，以备教练水师之用。公以湖南库款不敷提用，其募练之饷，恃劝捐接济。公选派员绅，设局于各州县，不用官牍，以防抑勒。自刊军功执照，用抚藩钤印，自六品至九品，按资填给。

常宁县土匪起，县城失守。公调千总周凤山、公弟国葆，带勇往剿。十一日，贼窜踞羊泉洞，又调张荣组、储玫躬带勇会剿。十四日，陷嘉禾，犯蓝山，又窜踞道州之四庵桥。公又添调邹寿璋、魏崇德带勇往剿。各营与贼战，均有斩获，而储玫躬之功为多。公与巡抚骆公会奏常宁土匪滋事戕官，现已派勇往剿拿获首要各犯一折。

二十六日，公具折奏言：筹备水陆各勇，驰赴安徽会剿，而船炮水军一时未能就绪。前经奉旨，特派广西右江道张敬修购办夷炮、广炮千尊，并带工匠，自粤来楚。臣专候该道来楚，乃可成行。附片奏请设立水路粮台，提用湖南漕米二三万石，以资军食。又附片奏请经手劝捐之款，准归入筹饷新例，随时发给部照，以免捐生观望不前之弊。公前拟募陆勇六千，本以付江公忠源统带。寻奉旨筹备水师，始建水陆万人，大举东征之计。先派江公之弟忠浚带勇一千名赴皖，公则经营战舰，规造炮船二百号，雇民船二百以从其后。船行中流，陆兵则夹江而下。其规画大局如是。庶事草创，经费繁巨，有求弗应，则与巡抚骆公书函往复。骆公委曲应付，渐以就绪。公尝以蚊虻负山、商距驶河自况；又尝有精卫填海、杜鹃泣血之语。盖公之水师为肃清东南之基本，而是年冬间，最为盘错艰难之会矣。

十二月初一日，委褚汝航至湘潭分设一厂，监造战船。其衡州船厂，委成名标监督之。造船大者快蟹，次曰长龙。又购民间钓钩船，改修以为炮船。褚公又依式添造舢舨、小艇数十号。两厂之船，往来比较，互相质证，各用其长。潭厂所造，尤坚利矣。贼船回窜湖北，仍陷黄州。公致书总督吴公，言今日南北两省，且以坚守省会为主，必俟水师办成，乃可以言剿。湖北巡抚崇纶公奏参督臣闭城株守，奉旨切责。吴公乃出，督师于黄州。吴公遗书于公，其略云：“吾意坚守，待君东下，自是正办。今为人所逼，以一死报国，无复他望。君所练水陆各军，必俟稍有把握，而后可以出而应敌。不可以吾故，率尔东下。东南大局，恃君一人，务以持重为意，恐此后无有继者。吾与君所处，固不同也。”公得书，深忧之。骆公秉章调罗泽南等湘勇二营，朔湘而上，会剿土匪。初十日，抵衡州。公与罗公商榷兵事，更定陆军营制，以五百人为一营，每营四哨，每哨八队，亲兵一哨六队，火器刀矛，各居其半。每营用长夫百八十人，营官、哨官、队长以至勇夫薪粮，分毫悉经手定。刊立营制数十条，营规亦数十条。自此以后，湘勇转战遍于各省，一依公所定规制行之。广东协拨鄂饷七万两，委员解楚，道出郴桂。适永兴土匪起，公乃令罗泽南带勇迎护粤饷，剿捕土匪，平之。

公前奏一疏，于十六日奉到朱批："现在安省待援甚急，若必偏执己见，则太觉迟缓。朕知汝尚能激发天良，故特命汝赴援以济燃眉。今观汝奏，直以数省军务一身克当。试问汝之才力能乎？否乎？平时漫自矜诩，以为无出己之右者。及至临事，果能尽符其言甚好；若稍涉张皇，岂不贻笑于天下？著设法赶紧赴援，能早一步，即得一步之益。汝能自担重任，迥非畏葸者比。言既出诸汝口，必须尽如所言，办与朕看。钦此。"公于二十一日具疏，逐条陈明：其一，起行之期，必俟粤东解炮到楚，稍敷配用，即行起程。其一，黄州巴河，被贼艅占踞，必先扫荡鄂境江面，乃能赴皖。其一，武昌为金陵上游，贼所必争，目今宜力保武昌，然后可以进剿。其一，臣所练之勇，现在郴桂一带剿办土匪，不能遽行撤回，俟来年正月船炮将齐之时，一并带赴下游。其后一条奏称：饷乏兵单，成效不敢必，唯有愚诚，不敢避死而已。与其将来毫无功绩，受大言欺君之罪，不如此时据实陈明，受畏葸不前之罪。疏入，奉朱批："成败利钝，固不可逆睹。然汝之心可质天日，非独朕知。若甘受畏葸之罪，殊属非是。钦此。"公又具折奏称："衡、永、郴、桂一带，尚有一股会匪，剿捕未毕，余党尚多。此股会匪，实为湖南巨患，亦是臣经手未完之件。"奉朱批："汝以在籍人员，能如是出力，已属可嘉。著知会抚臣剿办，或有汝素来深信之绅士，酌量办理亦可。钦此。"公又因衡阳、清泉两县，每用保甲催征银粮。民户抗欠，则追此保甲；而保甲亦包揽为奸，反置团防事于不理。公批饬两县，令但责成保甲稽查土匪，而催征仍责之吏役，亦于是折附片陈奏。奉朱批："此亟应改易者，着知照骆秉章将改办章程，速行复奏。钦此。"衡州府县差役，人数甚多，诈索乡间，倚势作威。公访得恶差数人诛戮之，不少宽贷。公于地方之事，知无不为，意在锄奸宄以安良善，不以侵官越俎为嫌也。

江忠烈公忠源自六安力疾入守庐州府，贼纠党合围数重。刘

能早一步，即得一步之益。

长佑、江忠濬等以楚勇往援，及各路援军皆阻隔不得进。十二月十七日，府城陷，江公赴水死之，城中殉难者不能悉记。候补知府陈公源衮、知县邹公汉勋死尤烈。陈公者，公同年友；邹公者，亦公所推许也。

船厂赶工，岁暮不息，成者过半。二十七日，公自衡州回籍省亲。

是年夏四月，贼党林凤祥自扬州掠众北窜，陷滁州，踞临淮关，复陷凤阳府。遂北窜河南，陷归德，扑开封省城，渡黄河。六月，围攻怀庆府。八月，窜入山西，陷平阳府。复出至临洺关，陷深州。九月，犯天津府，据静海、独流二城。江南大营向公荣、江北大营琦善公驻两城外围，攻经年，未得一战。内阁学士胜保公率兵追林逆一股，转战数千里。贼势飘忽不可遏。钦差大臣直隶总督讷尔经额督兵败贼于怀庆。贼之窜山西、扰畿辅也，山西巡抚以下失守各员，与督兵之都统、提镇大员多获罪。诏授胜保为钦差大臣，逮讷尔经额治罪。特命惠亲王为奉命大将军，科尔沁郡王僧格林沁为参赞大臣，会兵进剿，贼势少戢。

左都御史雷以诚募勇于扬州，刱收厘捐，以济军饷。各省厘捐始于此。

年谱 卷三

【甲寅】咸丰四年，公四十四岁

正月初五日，公由家出抵衡州，督催船工，招募水勇。时湘中人未见水师，应募者少，乃招船户水手不怯风涛之民，用广西炮勇为之教习。快蟹船用桨工二十八人，橹八人；长龙船桨工十六人，橹四人；舢舨船桨工十人。每船用炮手数人。又另置舱长一名，头工二名，柁工一名，副柁二名，其口粮较优。亦刊发营制一篇。吴文节公文镕督兵于黄州，驻营堵城，亟攻黄州不下。贼焚毁堵城营垒，吴公力战阵亡。贼船上犯武昌，戒严。

十三日，奉到初二日上谕："前因贼扰安徽，迭次谕令曾国藩置办船炮，督带楚勇，由湖入江，与安徽水陆夹击。本日据袁甲三奏请，令曾国藩督带兵勇船炮，由九江直赴安徽安庆。刻下贼数无多，或先复安庆，亦可断贼归路等语。庐州为南北要冲，现在为贼所据，必须乘其喘息未定，赶紧进剿，遏贼纷窜之路。曾国藩制办船炮，并所募楚勇数千人，此时谅已齐备，著即遵旨，迅速由长江驶赴安徽，会同和春、福济，水陆并进，南北夹攻，迅殄逆氛，以慰廑念。钦此。"公既闻庐州失守，江公殉难，而探卒自鄂归者，亦报黄州堵城之败，公于时心愈迫矣。二十六日，船厂毕工，成快蟹四十号，长龙五十号，舢舨百五十号，拖罟一号，以为坐船。购民船改造战船者数十号，雇民船百数十号，以载辎重。募水勇五千人，分为十营。其五为正，其五为副。每营置一营官，又设帮办一人。在湘潭募水军四营，以褚汝航、夏銮、胡嘉垣、胡作霖为营官领之。衡州募六营，以成名标、诸殿元、杨载福、彭玉麟、邹汉章、龙献琛为营官领之。二十八日，自衡州起程，会师于湘潭，前、后、左、右、中营旗帜，各用其方色。陆勇五千余人，则以塔齐布、周凤山、朱孙诒、储玫躬、林源恩、邹吉琦、邹寿璋、杨名声及公弟国葆等领之。水路以褚汝航为各营总统，陆军以塔齐布为诸将先锋。粮台设于水次，载米一万二千石，煤一万八千石，盐四万斤，油三万斤，配炮五百尊，军械数千件，子药二十余万斤。应需之器物，应用之工匠，相随以行。辎重民船，亦给予旗帜枪炮，以助军势。合计员弁、兵勇、夫役一万七千余人，军容甚盛。作《讨粤匪檄文》一道，布告远近。贼船上窜，仍陷汉阳。湖北按察使唐公树义迎战，死之。贼上窜湖南境。

二月初一日，岳州失守。初二日，公在衡山舟次，奏报东征起程日期一折，并奏陈水陆营制、粮台章程大概情形，并奏调署抚标中军参将塔齐布、耒阳县知县陈鉴源、平江县知县林源恩、善化县知县李瀚章等随同东征差遣。又附片代递唐树义遗折一件。公之为是役也，水陆兼进，尤注重水师。自上年创为战船，每事必躬自考察，材木之坚脆，纵广之矩度，帆樯楼檐之位，火器之用，营阵之式，下至米盐细事，皆经于目而成于心。粮台设立八所，条综众务：曰文案所、内银钱所、外银钱所、军械所、火器所、侦探所、发审所、采编所，皆委员司之。罗公泽南、李公续宾湘勇二营，留驻衡州，以防南路之土匪，委知府张丞实督办捐局，以资接济。时又奉到上谕："此时惟曾国藩统带炮船兵勇，迅速顺流而下，直抵武汉，可以扼贼之吭。此举关系南北大局，甚为紧要。此时水路进剿，专恃此军。该侍郎必能深悉紧急情形，兼程赴援等因。钦此。"贵州候补道益阳胡公林翼应前总督吴公之调，带练勇六百名由黔赴鄂，军抵金口。闻吴公阵亡，贼舟上犯，阻隔不能进。公商之巡抚骆公秉章，由湖南支给饷糈军械。并饬令回军，会剿岳州之贼。王公鑫所招湘勇在长沙者，不用公所定营制，有自树一帜之意。骆公札饬王鑫率所部先趋黄州。军未发而贼已由岳州窜湘阴，上踞靖港市，扰陷宁乡。公舟师抵长沙，调陆路各营剿之。

十五日，公具疏奏称，贼船上窜，东南大局，真堪痛哭。湖广江皖四省，止有臣处一枝兵勇较多，每月需饷银近八万两，专恃劝捐，以济口食。现在湖南、江西、四川较为完善，请旨饬派大员办理捐谕，专济臣军之用。并言世小乱，则督兵较难于筹饷；世大乱，则筹饷更难于督兵。此次成师以出，已属竭力经营，若复饥疲溃散，此后不堪设想。附片奏胡林翼黔勇，暂令驻

言世小乱，则督兵较难于筹饷；世大乱，则筹饷更难于督兵。

岳州附近地方，相机会剿。王鑫湘勇剿贼于乔口，败之。公所派陆营赵焕联、储玫躬、公弟国葆等，分投攻剿。储公玫躬击破贼大队于宁乡，旋因追贼阵亡。贼败溃下窜，公饬各营及战船追击之。

二十四日，公与骆公会奏逆船上窜派员前往分途截剿连获胜仗一折，附片奏留胡林翼在楚剿贼，暂未能赴鄂。又附报官军收复湘阴乘胜追剿一片。于时奉到上谕："曾国藩统带炮船，想已开行，著即兼程驰赴下游，迎头截剿。此时水路进攻，专恃湖南炮船，遏其凶焰，务须赶紧前进，勿稍延误。钦此。"又奉到上谕："本日据青麟奏称：探闻曾国藩带勇已距金口百有余里，贵州道胡林翼随同前来，现复退往上游。贼船飙忽上窜，急须出其不意，顺流轰击。该侍郎炮船早入楚北，胡林翼何以退守？著曾国藩饬知该道迅速前进，无稍迟延等因。钦此。"公乃专折陈明胡林翼一军未能赴鄂留于湖南之由。并称胡林翼之才胜臣十倍，将来可倚以办贼。胡公之军回湖南境，崇阳、通城各属土匪四起，贼由兴国上窜，陷崇通二邑，匪党大炽。公调胡公黔勇由平江往剿，平江县知县林源恩带员继之。胡公军至通城，请援于公，公又令塔齐布、周凤山等带勇往剿。贼退出岳州。王鑫湘勇先抵岳州，由蒲圻前进。公所派陆军三营亦抵岳州。公自统水军进剿。

三月初二日，抵岳州。初五日，公由驿具折奏称：贼踪令数退出南省，臣现驻岳州，搜捕湖汊徐匪，就近剿办崇通股匪。上游肃清，则驰赴下游，庶无彼此牵掣之患。又具折奏训导储玫躬，屡著战功，拟保以同知直隶州升用。该员冲锋遇害，恳恩准照同知直隶州例议恤。阵亡之勇目喻西林、文生杨华英均请一体议恤，以慰忠魂。附片奏：在籍道员蒋征蒲捐助军饷，请先提银十万两，拨付臣营口粮，并请旨饬令该道员赴行营，总办粮台事务，以期呼应较灵。是日，公派战船搜捕西湖余匪。卫千总邹国彪遇贼掷火，烧伤而亡。初七日，北风大作，战船及辎重船在岳州湖畔者，漂沉二十四号，撞损数千号，勇夫多溺毙者。

骆公秉章屡奉旨筹兵援鄂。骆公于二月内奏称：湖南弁兵存数无多，历次剿办土匪及此次所派追剿贼匪者，俱系臣与曾国藩督饬士绅召募自练之壮勇，较为得力。该逆现窜湖南，鄂省情形较缓，拟俟南省剿办事竣，臣派兵驰往鄂省跟踪追击。奉朱批："楚南之贼明系分窜，现在湖北尚有多贼。曾国藩炮船原为肃清江面，第此时道路不通，暂可留在湖南剿办，亦不能专待事竣缓缓北上。楚南办有头绪，仍应速赴湖北为是。曾国藩素明大义，谅不敢专顾桑梓，置全局于不问。北重于南，皖、鄂重于楚南，此不易之局也。钦此。"

湖北贼势方炽，武昌省城岌岌不保。公屡奉寄谕，饬令统领舟师，驰赴下游。谕旨云："此时得力舟师，专恃曾国藩水上一军。倘涉迟滞，致令汉阳大股窜踞武昌，则江路更形阻隔。朕既以剿贼重任付之曾国藩，一切军情，不为遥制等因。钦此。"公启行之初，派陆路劲军，由崇通剿贼，欲以次扫荡，进援武昌。公自统水师，顺流而下。既至岳州，遇风沉损各船。而王鑫湘勇之前进者，初八日抵羊楼司，遇贼溃败，退回岳州。贼乘胜上犯。公弟国葆、邹寿璋、杨名声等营在岳州者，皆溃退入城。贼扑城甚急。初十日，公急调炮船，齐赴岳州登岸击贼，拔出城中各营溃勇，乘风南返。十四日，泊长沙城外，贼船复上犯湘阴。公在衡州时，原任湖北巡抚杨健之孙杨江捐助军饷银二万两，公因奏请以杨健入祀乡贤祠。奉旨交部议处，部议革职，奉旨改为降二级调用。

十五日，骆公奏岳州官军失利、省城现筹防剿情形。王鑫革职，留营效力赎罪。十八日，公具折奏陈：岳州陆军败溃，水师遇风坏船，力难应敌，恐战船洋炮反以资贼，遂乘风退保省城。皆由臣不谙军旅，调度乖方，请交部治罪。附片奏船只遇风沉损情形，邹国彪伤亡请恤。又奏探明前路贼情一片。官军在崇通者，屡获胜仗，胡公林翼有初六日上塔市之胜，塔齐布公有十四日沙坪之胜。贼势少挫。时值贼船上窜，长沙戒严。公乃调胡林翼、塔齐布两军旋省，委林源恩以平江勇扼守，防其南窜。

二十二日，奏报崇通胜仗一折。奏称：武昌以南等属州县，皆已为贼所踞，臣本拟痛剿崇通一股，即可直抵鄂省，以资救援。不谓岳州一败，大股上窜，须酌撤通城之兵，回保长沙，此皆臣调度乖方所致也。公之回长沙也，竹亭公为书以诫公，谓其筑垒不坚，调军太散，皆取败之道。结阵之法，缉奸之法，皆宜加意讲求，尤以早起早食为要。自是以后，公每日未明而起，甫明而食，凡十余年如一日。

贼船窜踞靖港市，复分股由陆路扰宁乡南及湘潭。二十七日，湘潭失守，贼于城外筑垒自固，于湘水上游掠民船数百号，竖立木城，以阻援师。二十八日，塔齐布公督军驰至湘潭，奋击贼营，大破之。连战四日夜，毙贼数千人。官军力战杀贼之多，实自此役始。二十九日，公派水师五营，驶赴湘潭助剿。

四月初一日，水师大破贼船于湘潭。陆军攻贼垒，尽破之。初二日，公自督战船四十号，陆勇八百人，击贼于靖港市。西南风发，水流迅急，不能停泊，为贼所乘。水勇溃散，战船为贼所焚，或掠以去。公自成师以出，竭力经营，初失利于岳州，继又挫败于靖港，愤极赴水两次，皆左右援救以出。而是日水师适破贼船于湘潭，连日报捷，军势少振。初三日，水师尽毁贼所掠船。塔齐布公会各军兜剿，屡破之。初五日，克复湘潭县城，贼乃大溃。自粤逆称乱以来，未受大创。湘潭一役，始经兵勇痛加剿洗，人人有杀贼之志矣。公之回长沙也，驻营南门外高峰寺。湘勇屡溃，恒为市井小人所诟侮，官绅间亦有讥弹者，公愤欲自裁者屡矣。公言古人用兵，先明功罪赏罚，今时事艰难，吾以义声倡导，乡人诸君，从我于危亡之地，非有所利也，故于法亦有所难施，所以两次致败，盖由于此。湘潭未捷之时，公与骆公会奏贼势全注湖南，大局堪虞，请旨速饬广东、贵州遴调兵勇来楚协剿一折。

<small>古人用兵，先明功罪赏罚。</small>

初十日，兵部火票递到前折。奉上谕："曾国藩奏岳州水陆各军接仗情形并自请治罪一折。此次岳州水军，虽获小胜，惟因陆路失利，以致贼匪复行上窜，曾国藩统领水陆诸军，调度无方，实难辞咎，著交部严加议处。仍著督带师船，迅速进剿，克复岳州，即行赴援武昌，毋得再有延误。钦此。"又奉上谕："曾国藩所统各勇，为数过多，既须剿办粤逆，又须搜捕土匪。即如

所奏，有拨赴平江、通城者，有拨赴临湘、蒲圻者，又有不能依限前进者。散布各处，照料既不能周，剿捕自难得力，一有败衄，人无固志，似此何能力图进取？此时肃清江面，专恃此军。曾国藩初次接仗，即有挫失，且战船被风沉损多只，何事机不顺若是！现在湖北待援孔亟，曾国藩以在籍绅士，若只专顾湖南，不为通筹全局之计，平日所以自许者安在？鲍起豹本系水师大员，何以不令督带舟师剿办贼匪，是否不能得力？且该提督何以陆路亦未带兵前进？著骆秉章查明具奏。钦此。"

十二日，公与骆公会奏官官击贼靖港互有胜负，贼由陆路攻陷湘潭，官军水陆夹击大获胜仗，巨股歼克复县城一折。随折奏保副将塔齐布、守备周凤山、同知褚汝航、知县夏銮、千总杨载福、文生彭玉麟、哨官张宏邦、训导江忠淑八员。是役以塔齐布公为功首，而水师立功，亦于是始著。公专折奏：靖港战败，水师半溃，实由臣调度乖方，请交部从重治罪，并请特派大臣总统此军。臣未赴部之先，仍当力图补救。附片奏保塔齐布、褚汝航等数员，可分水陆将领之任。奏奉上谕："屯聚靖港，逆船经曾国藩亲督舟师进剿，虽小有斩获，旋以风利水急，战船被焚，以致兵勇多有溃败。据曾国藩自请从重治罪，实属咎有应得。姑念湘潭全胜，水勇甚为出力，著加恩免其治罪，即行革职，仍赶紧督勇剿贼，带罪自效。湖南提督鲍起豹自贼窜湖南以来，并未带兵出省，迭次奏报军务，仅止列衔会奏。提督有统辖全省官兵之责，似此株守无能，实属大负委任。鲍起豹著即革职，所有湖南提督印务，即著塔齐布暂行署理。该部知道。钦此。"又奉上谕："曾国藩统领舟师，屡有挫失，此折所陈纰缪各情，朕亦不复过加谴责。现在所存水陆各勇，仅集有四千余人。若率以东下，诚恐兵力太单。该革员现复添修战船，换募水勇，据称一两月间当有起色。果能确有把握，亦尚不难转败为功。目下楚北贼踪，由应山窜回德安；随州之贼，亦回武汉。是鄂省望援甚急。该抚等务当督饬水陆各军，迅将此股败窜之匪歼灭净尽，兼可赴援武昌，以顾大局。钦此。"

官军既复湘潭，余贼溃窜者擒捕殆尽，贼船在靖港者闻风下驶,岳州贼亦退出。公所造战船,经岳州之损、靖港之败,去其大半。旋委员于衡州、湘潭设两厂,续造船六十号,较前更加坚致。长沙亦设厂重修百数十号。已溃之勇丁,不复收集,别募水陆兵勇数千人。每船增设哨官一员。调罗泽南、李续宾带所部湘勇回长沙,又委增募湘勇数营。将领立功者,奖拨保奏,溃败者革退更置。奏调水师弁兵于两粤。广西巡抚委知府李孟群募水勇一千名,广东委派总兵陈辉龙带水师四百员名,炮一百尊,赴湖南会剿。规模重整,军容复壮矣。通城贼南犯,林源恩带勇堵之。公调江忠淑、陈鉴源等带勇会剿,破之。

五月初八日,公具折恭谢天恩。奏称:臣屡奉谕旨,饬令迅速东下,数月之久,未能前进,复多挫失,且愧且憾。是以吁请治罪。乃蒙皇上俯从宽宥,贷其前愆,期其后效。臣现将水陆各军严汰另募,重整规模。一俟料理完毕,即星夜遄征,誓灭此贼,以雪挫败之耻,赎迟延之罪。又因前折奉批谕,有太不明白之语,附片复陈湘潭、宁乡、靖港三处贼踪来去、官军胜败曲折情形。又附片奏请署提督塔齐布会师东下,出省剿贼。又奏称:臣系革职人员,此后出境剿贼,一切军情,必须随时奏报,请容臣专折奏事。奉朱批:"准汝单衔奏事。钦此。"又奉上谕:"曾国藩添募水陆兵勇,及新造重修战船,既据奏称,已可集事,则肃清江面之举,仍借此一军,以资得力。塔齐布胆识俱壮,堪膺剿贼之任。著骆秉章即饬统领弁兵,迅速出境。曾国藩与该署提督共办一事,尤应谋定后战,务期确有把握,万不可徒事孟浪,再致挫失等因。钦此。"

贼既退出湖南,旋复上犯,陷华容,踞岳州,分扰洞庭之西湖。十三日,陷龙阳,掠民船,攻常德府。十六日,陷踞之。塔齐布公统带兵勇三千,先赴岳州进剿。公乃调胡林翼与周凤山、李辅朝等,带勇由益阳进剿常德。行抵龙阳,湖水骤涨。贼船乘水攻营,周凤山等小挫。胡公林翼督各勇回益阳,改道绕赴常德。

六月,船厂修造战船毕工。广东总兵陈辉龙到长沙,添造浅水拖罟二号。李孟群所募广西水勇千名,亦到长沙,与公所新募

俯从宽宥,贷其前愆。

水勇日夜操练，刻期进剿。汉阳之贼，于春初分股溯汉水，陷德安、随州。江汉城邑，大半残破。湖北学政、侍郎青麟入守武昌，署巡抚事。将军台涌驻营随州，署总督事。贼于三月陷安陆府，四月陷荆门州，犯荆州府。将军官文公遣兵击却之。贼窜陷宜昌府。五月复下窜宜都、枝江，由太平口南入洞庭，与西湖股匪合并，陷澧州、安乡等城。青麟守武昌数月，城外贼踪四布，粮尽援绝，乃率饥军数千突围南出，就饷于长沙。贼遂陷武昌省城，踞之。公与骆公筹发饷银二万两，以赈鄂军，资遣至荆州。青麟奉旨正法，台涌革职。诏以杨霈署湖广总督。

公水师既集，分三帮起碇。十三日，先遣褚汝航等四营击楫而下。陆师则以塔齐布公之军为中路，驻营于新墙。胡公林翼等军出西路，趋常德。江忠淑、林源恩等由平江追剿崇通者为东路。先后进剿，合计兵勇数近二万。贼闻官军大至，遂退出常德、澧州各城，将所掠船尽集岳州踞守。公以新墙兵力稍单，调派罗泽南等以勇二千继进，又调周凤山等兵勇齐赴岳州。二十二日，塔齐布公破贼于新墙，进逼岳州。晦日，水师破贼于南津港，贼乃宵遁。

七月初一日，官军收复岳州。初三日，贼船数百来犯，水师力战破之。初六日，公督水师后帮，由长沙起行，陈辉龙、李孟群率师继进。十一日，公会骆公衔驰奏水师克复岳州，越日大股续至，复被水师痛剿，全数歼灭，南省已无贼踪一折，随折奏保褚汝航、夏銮、彭玉麟、杨载福、何南青等五员。附片奏调浙江候补知县龚振麟来楚铸造炮位，接济舟师之用。又附片奏称：水师以造船置炮为最要，出征船舰，不无漂损。臣设衡州、长沙两处船厂，仍不停工，酌留水勇在长沙操演，预备接济。请旨饬催两广督臣赶紧解运夷炮数百尊来楚，以资攻剿。又附片奏报水师前后起行日期，并雇船载陆勇二千，以资护卫。奉朱批："览奏稍慰朕怀。汝能迅速东下，借此声威，或可扫除武汉之贼。朕日夜焦盼，忧思弥增，护船陆勇终恐未可深靠。钦此。"又奉上谕："此次克复岳州，大获胜仗，湖南逆艘业就肃清，江路已通，重湖无阻。即著塔齐布、曾国藩会督水陆兵勇，乘此声威，迅速东下，力捣武汉贼巢，以冀荡平群丑。钦此。"

水师既克岳州，进破贼船于道林矶。十四日，贼船上犯，水师复破之于城陵矶。十五日，公抵岳州。十六日，驰奏水师迭获胜仗、将犯岳贼船全数歼灭一折。随折仍奏保褚汝航等五员，阵亡哨官秦国长请恤。是日公专差赍折，奏请旨饬部颁发部监执照，以速捐务而济要需。现在臣与提臣塔齐布一军，水陆共计一万三千余人，月需饷银六七万两，万分焦灼。是以专差赴部，守领执照。水师乘风击贼船于城陵矶下，南风大作，官军失利，总兵陈壮勇公辉龙、游击沙公镇邦战殁，褚公汝航、夏公銮等驰救，亦阵亡。战船陷失者数十号，兵勇死伤甚多。十八日，塔齐布公陆军破贼于擂鼓台，阵斩贼目曾天养。

二十一日，驰奏水师失利陆军获胜一折。阵亡总兵陈辉龙、道员褚汝航、同知夏銮、游击沙镇邦、千总何若、澧府经历唐嵘，均奏请恤。随折奏保陆营将弁童添云、周岐山、黄明魁三人，并自请交部严加议处。其时水师营官道员李孟群之父李愍肃公卿谷在湖北署臬司任内殉难。公附片奏报李卿谷殉难情形，请照臬司例赐恤；并称其子孟群忠勇奋发，思报仇殄逆，请留营剿贼；并请从权统领水师前营，以专责成。奉上谕："览奏曷胜愤懑！曾国藩系在水路督战，于陈辉龙出队时，不能详慎调度。可见水上一军毫无节制，即治以贻误之罪，亦复何辞！惟曾国藩前经革职，此时亦不必交部严议，仍责令督饬水师将弁奋力攻剿，断不可因一挫之后，遂观望不前等因。钦此。"又奉上谕："李孟群现在丁忧，著准其仍留军营带勇剿贼。钦此。"贼屯聚城陵矶者，为数尚众，诸公殿元等击贼阵亡。二十六日，贼党大至，罗公泽南奋击破之。二十八日，湘勇由陆路进攻贼垒。二十九日，水师毁贼船于城陵矶，贼大溃。

闰七月初三日，驰奏岳州水陆官军四获胜仗一折。随折奏保知府罗泽南、守备杨名声、千总唐得升、李荣华四员，阵亡都司诸殿元、千总刘士宜请恤。奉上谕："塔齐布、曾国藩自带兵以来，既未尝遇败而怯，定不致乘胜而骄。总宜于妥速之中，持以慎重，则楚省贼踪，渐可扫荡。钦此。"塔齐布公陆军初二日，攻破贼营十三座，杀贼二千余人。李公孟群、杨公载福等率水师以火焚贼船，乘胜攻击，尽平沿江两岸贼垒，穷追二百余里至嘉鱼县境，贼溃下窜。公督水军出江，进驻螺山。

初九日，驰奏水陆两军大胜，贼垒尽平，大股歼贼一折。随折奏保周凤山、李续宾、何越珽、佘星元、滕国献、萧捷三六员。附片奏调湖北藩司夏廷樾总理行营粮台，暂驻岳州，以资转运。又附片奏称：新授四川臬司胡林翼，才大心细，为军中必不可少之员。请旨饬令该臬司管带黔勇，酌拨他路兵勇，自成一队，随同东征。知府罗泽南经江西抚臣咨调赴援，该员现带湘勇，屡次大捷，独当要隘，以寡胜众，亦请随同出境东征，免其赴援江省。

贼之上犯也，濒江城市村镇，悉被残掠，岳州城陵矶以下，筑垒江岸，以图抗拒。至是水陆屡捷，乘势扫荡，贼垒悉平，难民焚香跪道以迎。公约束严明，秋毫不犯，解散胁从，抚恤疮痍。军抵湖北境，与将军官文公、总督杨公霈之军声息渐通。奉上谕："塔齐布、曾国藩奏水陆官军大获胜仗一折，办理甚合机宜。塔齐布着交部从优议叙，曾国藩著赏给三品顶戴，仍著统领水陆官军，直捣武汉，与杨霈所统官军会合，迅扫妖氛。钦此。"

骆公秉章具折奏称：东南形势，利用舟楫。自逆贼掠取江湖舟舰以数万计，以致糜烂数省，凶焰日张，官军坐受其困。自奉明诏，筹备舟师，始有湘潭、岳州诸大捷。疆圉危而复安，此舟师协剿之明效也。曾国藩所统水师船炮，本不为多；接仗失利，所失不少。现在曾国藩整军东下，通筹防剿大局，以船炮为最要。现饬绅民设局捐办船炮，以固本省藩篱，而资大营接济。又奏留胡林翼一军仍驻岳州。奉旨皆允之。贼之大股窜回武汉，而江岸支港汊湖，尚有余匪藏匿，崇阳踞贼数近两万，蒲圻、咸宁等县之匪倚崇阳为巢穴。公与塔公筹商，分路进剿。公督水军搜剿濒江贼船，进扼金口。贼屡来犯，击却之。塔公督陆军驰赴崇阳，连破贼卡。二十六日，破贼于羊楼司。贼败窜，塔公追剿，直抵崇阳。

八月初四日，克复崇阳县城。初九日，追击贼于咸宁，破

约束严明，秋毫不犯。

之。荆州将军官文公所遣之魁玉、杨昌泗等，带兵五千会于金口。水陆并势，复破贼于沌口。公于初四日驻军嘉鱼，驰奏水陆官军迭获胜仗及现筹剿办情形一折，奉批谕："汝等自湘潭大捷后，屡次得手，有此声威，岂可自馁。惟利在速战，莫待两下相持。师劳饷乏，大有可虑处。塔齐布不致为崇阳一股牵制方好。钦此。"十一日，公进驻金口。

十九日，驰奏崇阳克复、咸宁大获胜仗、水师连日接战获胜一折。又奏恭谢天恩一折。奏称：臣丁忧在籍，墨绖从戎，常负疚于神明，不敢仰邀议叙，乃荷温纶宠锡，惭悚交增。嗣后湖南一军，再立功绩，无论何项褒荣，概不敢受奉。朱批："知道了。殊不必如此固执。汝能国尔忘家，鞠躬尽瘁，正可慰汝亡亲之志。尽孝之道，莫大于是。酬庸褒绩，国家政令所在，断不能因汝一请，稍有参差。汝之隐衷，朕知之，天下无不知也。钦此。"

_{国尔忘家，鞠躬尽瘁。}

胡公林翼军至通城，因骆公奏留，遂回驻岳州。塔齐布公、罗公泽南由咸宁北趋，击破贼党于横沟桥，与公会于金口。而崇阳余匪仍聚攻县城，陷之。公兼督水陆各军，分途进剿。公与塔齐布公、罗公泽南规画讲取武昌之策。贼于城外洪山、花园两路皆驻重兵筑坚垒。罗公自请攻花园一路，塔公攻洪山一路。二十一日，罗公破贼垒九座，塔公亦破洪山贼垒，水师破毁贼船五百余号。二十二日，驰奏水陆续获胜仗现筹进兵武汉情形一折。是日，水军奋击贼船，焚毁殆尽；陆军攻武汉城外贼垒，悉破平之，先后毙贼万余。二十三日，克复武昌省城，汉阳府城贼大溃，湖广总督杨公霈军汉阳以北。驰奏武汉克复大概情形。奉上谕："曾国藩等攻剿武汉情形尚未奏到。塔齐布陆路官兵，此时谅与曾国藩水陆合为一军。著俟杨霈抵省后商榷挑选精兵，水陆进剿，朕日盼捷音之至也。钦此。"

二十七日，公驰奏水陆大捷、武昌汉阳两城同日克复一折。奏称：臣等先后入城，镇抚子黎，飞咨署督臣杨霈，迅速渡江，妥筹进剿。随折奏保水军营官道员李孟群、游击杨载福、守备萧捷三、陆营将领知府罗泽南、知县李续宾、都司彭三元、守备唐得升、文生李光荣，并奏保荆州将领已革都统魁玉、总兵杨昌泗共十员。附片奏称：军务殷繁，差遣乏员，不能不兼用丁忧降革之员，从权办理。如果奋勉出力，仍当恳请天恩，一律保奖，以收后效而励戎行。又具折奏：六七月以来，水陆两军迭次胜仗，已奏请将员弁兵勇保奖，奉旨允准。谨分为三起，先将第一单汇列，并粮台各员，昼夜辛勤，经各营官开单请保，臣等核实，缮单恭呈御览。其武汉克复折，奉朱批："览奏感慰实深。获此大胜，殊非意料所及。朕惟兢业自持，叩天速赦民劫也。另有旨。钦此。"又奉上谕："此次克复两城，三日之内，焚舟千余，踢平贼垒净尽。运筹决策，甚合机宜。允宜立沛殊恩，以酬劳勚：曾国藩著赏给二品顶戴，署理湖北巡抚，并加恩赏戴花翎；塔齐布著赏穿黄马褂，并赏给骑都尉世职等因。钦此。"又奉上谕："楚省大局已定，亟应分路进剿，由九江、安庆直抵金陵，扫清江面。应如何分兵前进，如何留兵防守，著杨霈、曾国藩、塔齐布妥筹商定，即行具奏。曾国藩以杀贼自任，必能谋定后战，计出万全。沿江剿贼之事，朕以责之曾国藩与塔齐布。楚省防贼回窜及搜捕江北等处余匪事宜，朕以责之杨霈。务当协力妥筹，不可稍存大意等因。钦此。"武汉既克，贼船在襄河者尚多，奔出汉口，以图下窜。公派魁玉、杨昌泗带兵进剿，而杨载福等以水师舢板数十号溯流驶入汉口，纵火焚贼船千余号，几尽。三十日，驰奏水师搜剿襄河续获大胜一折。奏称：战船用力甚少，成功甚多。江汉以上贼舟无几，从此一意东下，无牵制之虞。然臣细察大局，有可虑者数端：一在兵气之散佚。一在乱民之太多。一则军去湘日远，军火银米输转为难，恐有缺乏溃散之患，不能不熟虑而缕陈之。附片奏请旨饬江西抚臣筹银八万两，广东、四川二省各筹银数万两，迅解行营。现因陆兵太单，拟添募陆勇二千，率以东下。又附片奏鄂省克复以后，查获贼中伪文卷，七月十八日，城陵矶之战，贼酋曾天养被殪情形，前奏未及详悉声明。又讯据贼供武汉贼情曲折，一并声明。奉上谕："曾国藩等以剿贼自任，虽当乘此机会，急思顺流而下，以次攻复沿江诸城，然须计出万全，谋定后战，方无挫衄之虞。若能由九江、安庆直抵金陵，使长江数千里尽荡妖氛，则从征将弁，朕必破格施恩，以酬

谋定后战，计出万全。

懋绩。钦此。"

总督杨公霈自德安入驻武昌，时贼已退出黄州。南则踞兴国州，北则屯聚蕲州、广济，仍以船为巢穴。公与杨公会商进剿，分为三路：以塔齐布公统率湖南兵勇，进剿兴国、大冶为南路；派提督桂明等领鄂省兵勇进剿蕲州、广济等处为北路；公自督水军浮江而下。

九月初七日，驰奏统筹三路进兵分别水陆先后直捣下游一折。附片奏请饬谕陕西抚臣筹银二十四万两，解赴行营。又片奏参都司成名标监造船工，浮开款项，请革职查办。是日，又具折汇保出力员弁兵勇第二单。奉上谕："曾国藩等奏统筹三路进兵直捣下游一折。览奏布置各情，甚合机宜。以长江大局而论，楚北上游既已渐次肃清，则各路官军乘胜东趋，自成破竹之势。但兵机移步换形，贼情亦诡诈百出，总须出奇应变，步步为营，以免孤军深入，方操胜算。其桂明一军，较之楚南兵勇，强弱是否相当？倘彼强此弱，南岸被剿紧急，该逆必至伺隙北渡，该督等曾否虑及？此次东下之师，关系大局转机，务期成算在胸，相机筹办，能制贼而不为贼制，庶可次第廓清也。所请饬拨陕西饷银，已谕知王庆云照数筹拨，源源接济矣。钦此。"

> 须出奇应变，步步为营。

十三日，驰折恭谢天恩，并奏陈：奉命署理湖北巡抚，于公事毫无所益，于臣心万难自安。臣统率水师，即日启行，于鄂垣善后事宜不能兼顾。且母丧未除，遽就官职，得罪名教，何以自立。是以不敢接受关防，仍由督臣收存。等因。是折未奏到时，奉上谕："曾国藩赏给兵部侍郎衔，办理军务，毋庸署理湖北巡抚。陶恩培著补授湖北巡抚。未到任以前，著杨霈兼署。钦此。"是折奏到，奉朱批："朕料汝必辞，又念及整师东下，署抚空有其名，故已降旨，令汝毋庸署湖北巡抚，赏给兵部侍郎衔。汝此奏虽不尽属固执，然官衔竟不书署抚，好名之过尚小，违旨之罪甚大，著严行申饬。钦此。"又奉上谕："曾国藩既无地方之责，即可专力进剿。但必须统筹全局，毋令逆匪南北纷窜，方为妥善。并随时知照江皖各抚及托明阿、向荣等四路兜击，以期直捣金陵。固不可迁延观望，坐失事机；亦不可锐进贪功，致有贻误。谅曾国藩等必能兼权熟计，迅奏肤功也。钦此。"

水师杨公载福等领战船先行，公与李孟群等继进。南路陆营以十三日拔营进剿，北路陆军魁玉、杨昌泗等以十七日拔营。十九日，水师破贼于蕲州城下。二十一日，塔齐布公克复大冶县城，罗公泽南等克复兴国州城。公舟次黄州，按行前总督吴文节公堵城营垒，于其殉难之处，为文以祭之，词甚哀厉。祭文稿今佚。

二十七日，公驻舟道士洑，驰奏陆军克复兴国、大冶，水师在蕲州胜仗一折。附片奏探明贼踪，于田家镇坚垒抗拒，横江铁锁二道，拟先攻半壁山，夺其要隘。又具折奏称：臣自入鄂城以来，采访舆论，佥谓武昌再陷之由，实因崇纶、台涌办理不善。督臣吴文镕忠勤忧国，殉难甚烈，官民至今思之。即于前抚臣青麟，亦尚多哀怜之语，无怨憾之词。前任督抚优劣情形，以及年余之成败始末，关系东南大局，不敢不据实缕陈。又奏遵保出力员弁兵勇第三次汇单请奖一折。奉上谕："蕲州贼势尚众，水师既经攻剿得手，何以桂明等陆路一军未能赶到？曾国藩经朕以剿贼重任，事权不可不专，自桂明以下文武各员，均归节制。倘有不遵调遣，或迁延畏葸贻误事机者，即著该侍郎专衔参奏，以肃戎行等因。钦此。"是月奉旨："胡林翼调湖北按察使，杨载福补湖南常德协副将，罗泽南授浙江宁绍台道，均督勇剿贼。钦此。"二十九日，蕲州贼船上犯，杨公载福、彭公玉麟等纵火尽焚之。

十月初一日，罗公泽南陆军破贼于半壁山，夺其营栅。初四日，罗公泽南等大破贼于半壁山，歼贼逾万人。初五日，贼至，复击破之。初七日，驰奏陆军踏破半壁山贼垒水师续获胜仗一折，阵亡员弁何如海、石炽然、徐国本请恤。附片专奏营官白人虎阵亡请恤。又片奏查明前湖北道员刘若珪殉难情形，请饬部议恤。又片奏军中子药概系湖南支应，今全军将出楚境，距湘省千数百里，请旨饬江西抚臣遴委干员，筹款开局，监制火药，铸造铁子铅弹，解营接济。是日，具折谢恩赏兵部侍郎衔。附片陈明前折未署湖北巡抚新衔，奉批谕申饬，蒙恩宽宥，谨奏申谢。又代奏浙江宁绍台道罗泽南呈谢天恩，仍请留营剿办贼匪。

初八日，水师攻贼船于蕲州，绕出贼前。初十日，贼船退至田家镇南岸，铁锁已为陆营湘勇斫断。杨公载福、彭公玉麟督水军于十三日攻断江中铁链，舟师飞桨而下，至邬穴纵火焚贼舟。适东南风大作，贼船四千五百余号皆尽，伏尸万数。田家镇北岸之贼大溃，毁营而遁。

十四日，驰奏南路陆军大捷、毙贼万余、斫断江岸铁锁、水师屡获胜仗一折。随折奏保李续宾、彭三元、普承尧三员，阵亡千总萧世祥请恤。附片奏陈贼踪遍扰，驿邮多梗，侦探难遣，文报难通，江皖各营不克随时知照，请旨饬军机处，将江南北大营现在情形及红单船现泊何处，随时示知臣行营，期通消息。奉朱批："获此大胜，皆因汝等和衷共济，调度有方，故能将士用命，以少击众。朕披览之余，感慰莫能言喻，仍另有旨。钦此。"奉上谕："此次我军陆路夺取半壁山，水师屡获大胜，逆贼不敢复窥南岸，办理甚为得手。据奏北兵不甚得力，究竟桂明一军现在何处，何以未与南军会合，着杨霈亲督后军，迅速前进，为曾国藩等后路声援，不准稍有迁延，致滋贻误等因。钦此。"

十四夜，蕲州之贼弃城窜去。水师追贼船至九江城下。塔齐布公陆军破平南岸富池口贼垒。二十日，与罗公泽南率师渡江而北。二十一日，公舟次田家镇，驰奏官军水陆大捷、烧毁贼船四千余号、田家镇蕲州两处贼悉溃窜一折。随折奏保副将杨载福、同知彭玉麟、道员罗泽南、游击普承尧、水师将弁刘培元、秦国禄、孙昌国、洪定二十八余员。附片奏报水师前队追逐贼艅已至九江城外，陆军即日渡江北岸进剿。又片奏臣等一军，以肃清江面直捣金陵为主，设该逆旁窜他县，陆军竟难兼顾，请旨饬各路带兵大臣及各省督抚择要堵御，预防流贼之患。奉朱批："续获此胜，皆因汝等筹画尽心，朕甚廑念。钦此。"又奉上谕："曾国藩、塔齐布自岳州统帅东下以来，沿江攻克城池，歼除丑类，所向克捷。皆由同心戮力，调度有方。节次披览奏章，朕心实深欣慰。在事文武员弁兵勇亦能人人用命，奋不顾身，尤堪嘉奖。钦此。"

陆军渡江，循北岸而下。二十六日，遇贼于莲花桥，击破

和衷共济，调度有方，故能将士用命，以少击众。

之。二十六日，克复广济县城。水师追击贼船，二十八日战于九江城外，破之。

十一月初一日，陆师破贼于双城驿。初三日，破贼于夏新桥。初四日，克复黄梅县城。初六日，驰奏莲花桥胜仗克复广济及水师九江胜仗一折。阵亡将弁苏胜、郑沐、李金梁请恤。附片预报黄梅胜仗，并陈桂明一军未能会剿缘由。又附片奏蕲州州判魏作霖殉难，请恤。又片奏调湖南永州府知府张丞实来营，添募湘勇，交该守管带，以厚兵力。又附片奏报服阕日期，现在办理军务，在营释服。是日具折奏保克复武汉及兴国、大冶、蕲州各案水陆两军出力员弁兵勇共三百四十人，开单请奖。罗公泽南自黄梅拔营进剿，破贼于濯港。

十一日，公驰奏双城驿、大河埔、夏新桥胜仗，黄梅克复一折。随折奏保周发胜、佘星元、滕国献三弁，阵亡千总王映轸，请恤。附片奏濯港胜仗。又奏陈近日剿办情形一折。奏称：九江贼船不多，我师两次苦战，未能大挫凶锋，皆因两岸贼营太多，水陆依护，抵拒甚力。我之水师与陆军隔绝，昼夜戒严，劳苦倍甚。并陈可恃者数端，可虑者亦数端。时迭奉谕旨，令湖北、江西两省派兵会剿，总督杨公霈派桂明一军留驻黄州，魁玉、杨昌泗随同剿贼。蕲州以下，杨公霈自驻黄梅、广济之间。江西派臬司恽光宸、总兵赵如胜驻军九江境上。皆奉旨归公节制调度。又奉上谕："杨霈奏克复广济、黄梅一折，所叙进攻九江情形，似该郡贼党尚复不少。塔齐布渡江而北，南岸官军即不能得手，是江西陆路兵勇殊不足恃，塔齐布仍须渡回南岸。倘南北两岸专恃一塔齐布奔驰追剿，则湖北、江西两省官兵，岂不皆成虚设耶？钦此。"

十二日，塔齐布公、罗公泽南等破贼于孔陇驿。十三日，小池口贼遁去。十四日，水师焚贼船牌，浔郡江面贼艘略尽。公即日进驻九江城外。十五日，塔公陆军抵小池口。水师击破贼船，进泊湖口。贼踞守九江，坚不可下。十八日，陆军渡江南岸，驻营九江南门外。

二十一日，驰奏濯港孔陇驿小池口胜仗、浔郡江面肃清、水师进扼湖口一折。随折奏保朱南桂、童添云二员。附片奏参鄂军营官李光荣所带川勇掳掠滋扰,请革职讯办。又片奏称:攻围九江陆兵单薄,湖北臬司胡林翼识略冠时,已札饬带勇二千,驻防田家镇,就近飞调该军来浔助剿;副将王国才、都司毕金科朴实勇敢,驭军有法,请拨带劲旅,交臣调遣;皖省道员何桂珍、知县李沛苍在六安等处带勇防剿,亦请归臣调遣。又片奏请旨饬江西抚臣赶造攻具,解交行营。均奉旨允准。又奉上谕:"曾国藩、塔齐布运筹决胜,戮力同心,麾下战士率皆转战无前,争先用命,皆由曾国藩等调度有方。览奏之余,实堪嘉慰。曾国藩著赏穿黄马褂,并发去狐腿黄马褂一件,白玉四喜搬指一个,白玉巴图鲁翎管一枝,玉靶小刀一柄,火镰一把,交曾国藩祗领,以示优奖。钦此。"

贼踞九江、湖口两城,浚壕坚垒,结木簰于湖口城下,以阻官军入湖之路;而别筑石垒于梅家洲,水陆相倚。贼舟屯踞大姑塘,扰犯南康府。二十一日,罗公泽南湘军渡江未毕,为贼所乘,回军击却之。胡公林翼军亦至,均驻九江城外。水军登岸攻贼,屡破之。贼每乘夜惊营,水师亦彻夜戒严。

十二月初一日,陆军合攻九江城,未克。初三日,驰奏水军屡获胜仗、陆军围逼浔城、现筹攻剿情形一折。阵亡将弁曾献成、周福友、罗嘉典请恤。奉上谕:"我军自肃清浔江进扼湖口以后,满拟九江郡城乘胜可克,乃连日焚毁贼船,蹋破贼垒。而该逆死党仍负固坚守,殊属凶悍。贼情变幻靡常,著曾国藩、塔齐布相机筹画,不可稍有孟浪,致误事机。钦此。"

初六日,胡公林翼、罗公泽南击贼于梅家洲,破之。水师乘势攻破湖口木簰贼卡。初八日,童壮节公添云因攻城受伤,卒于军。初十日,水陆合攻湖口贼营,未克。十二日,水师舢板驶入内湖,焚贼舟数十号,乘胜追逐至大姑塘以上。贼复于湖口设卡筑垒增栅,以断其后。舢板船遂不得出。其在外江者,皆快蟹、长龙诸大船,掉运不灵,贼以小艇乘夜来袭,战船被焚者三十九号,余皆退回九江大营。

十四日,驰奏九江、湖口水陆攻剿情形一折。随折奏保刘国斌、孙昌国二弁，阵亡参将童添云暨兵弁叶楚南、杨玉芳、黄韵南、姜凌浩请恤。水师既退，集九江城外湖口之贼分股渡江，踞小池口皖贼复上犯鄂境。公派周凤山陆营渡江，攻剿小池口贼垒，大挫而还。公急调胡林翼、罗泽南回援九江，驻营南岸官牌夹。二十五日，贼复以小艇夜袭水军，放火焚战船十余号。公座船陷于贼，文卷册牍俱失。公棹小舟驰入陆军以免。调舟师悉泊南岸，与罗公泽南湘勇陆营，紧相依护。粮台辎重各船皆退驶至邬穴，以上战舰亦多溃而上溯者。公愤极，欲策马赴敌以死，罗公泽南、刘公蓉及幕友等力止之。

三十日，驰奏水师在内湖三获胜仗一折，外江水师两次败挫一折。奏称：水师屡获大捷，声威尤震。自至湖口苦战经月，忽有挫失，皆由臣国藩调度无方，请交部严加议处。水师阵亡将弁史久立、李允升、李选众、沈光荣、葛荣册及座船弁兵刘盛槐等请恤。奉上谕："水师锐气过甚，由湖口驶至姑塘以上，长龙、三板各船与外江师船隔绝，以致逆氛顿炽，两次被贼袭营，办理未为得手。曾国藩自出岳州以后，与塔齐布等协力同心，扫除群丑，此时偶有小挫，尚与大局无损。曾国藩自请严议之处，著加恩宽免。钦此。"

<small>偶有小挫，尚与大局无损。</small>

杨公载福留邬穴养病，闻败，力疾而下，督战船拒贼，却之。寻以病甚回籍。水军在外江者，李公孟群、彭公玉麟与陆军依岸而守；其入鄱湖者，营官萧捷三、段莹器、孙昌国、黄翼升等领之。由是水师遂有内湖、外江之分。

是岁正月，科尔沁郡王僧格林沁及胜保公督兵破贼于独流。二月，破贼于阜城。三月，贼由安徽分股窜山东，陷临清州。四月，胜保公歼贼于临清，僧王大军克阜城。五月，贼陷高唐州，大兵围之。江北大军于去冬收复扬州，贼窜踞瓜洲。

贼陷太平府，孙文节公铭恩死之。闰七月，江南官军克太平府，是年二月，瞿威壮公腾龙阵亡于瓜洲。江北督师文勤公琦善卒于军，江宁将军托明阿代其任。庐州陷后，皖北城邑多残破，诏以福济为安徽巡抚。江南大营复遣提督和春以兵援皖。五月，克六安州。捻匪乘乱起于皖豫之交，副都御史袁公甲三督师驻临淮关防剿。何公桂珍奉旨授皖南兵备道。道阻不得之任，袁公委以带勇剿贼，驻于霍山。屡有功，欲西与楚军会合。公亦疏调来营，阻于贼而不能达。

年譜 卷四

【乙卯】咸丰五年，公四十五岁

正月，公驻罗泽南湘勇陆营中。贼既踞小池口，皖中大股续至，塔齐布公、罗公泽南率勇渡江击之，挫败而还。贼以一股循江北岸上窜蕲州，一股窜犯广济。官军溃退，总督杨公霈退驻汉口，又退守德安。贼至汉口，溯襄河大掠民船，武昌戒严，江汉之间纷扰矣。公派臬司胡林翼、总兵王国才、都司石清吉领兵勇六千余人，先后回援武汉。李孟群以战船四十号溯江上驶，以援蕲黄。初四日夜，东北风大作，巨浪撞击，水师老营战船在九江城外者，漂沉二十二号，撞损数十处。公乃饬外江炮船全赴鄂省，扼紫金口，李公孟群、彭公玉麟领之。而于沔阳州境之新堤镇，设立船厂，修补已损之船，添造舢板小艇。其陷入内湖之水师，闻老营被袭及大风坏船之警，相率赴南昌，巡抚陈公启迈给以口粮，抚而辑之，军心渐定。公自督陆军，急攻九江城，未克。贼屡出扑营，均击退之。

初五日，拜折恭谢天恩，上年十二月奉旨赏穿黄马褂等，并年终奉赏福字荷包银钱银锞食物等件。是日，驰奏陆军渡江挫于小池口、北岸贼踪大股上窜，并陈近日贼势军情一折。奏称：目前局势可虑者多端，臣等一军进止机宜有万难者。

初八日，驰折奏报大风击坏战船，饬令全数赴鄂，并自陈办理错谬之处：一在武汉既克，未留重兵防守；一在九江未克，遽攻湖口，又遭风坏船，事机不顺。目前筹办之法凡四条：其一在鄂省添修外江水师，以固荆湘门户。其一飞饬鄂省兵勇胡林翼等军先后回援武昌。其一拟亲至南昌，修整内湖水师。其一围攻九江之陆军有进无退，攻克浔城，仍当鼓行东下，直捣金陵，以雪积愤。又奏浔城贼出扑营陆军获胜一折。奉上谕："览奏殊深悬系。所称办理错误之处，如水师冲入内河，以致声势隔绝，诚不免锐进贪功。至武汉收复，未留后路声援一节，则其势本有不及，水陆两军全数进剿，犹恐兵力单弱。若彼时即分防武汉，兵数愈少，刻下更不知如何棘手。曾国藩等既定直捣金陵之计，即著迅速设法攻克九江，合军东下，毋得再存顾虑等因。钦此。"

十二日，公由九江启行。十六日，抵南昌，谕营官萧捷三等抚辑众心。委员设局制造炮位子药，专供楚军炮船之用。是为楚师三局。派委员弁回湘增募水勇，拨用江省所造长龙战舰三十号，归入楚军，添造快蟹十余号。又委在籍候选知府刘于浔设立船厂，添造各船。署臬司邓仁坤总理船炮，支应各局。内湖水师，自成一军矣。援鄂之师，胡公林翼一军先发，抵鄂后驻军沌口。石公清吉之军继行。王公国才一军守领饷项，犹驻九江城外。贼出扑营，塔公合击破之。蕲州贼党由富池口渡江而南窜，踞兴国、通山、崇阳、通城、咸宁各城邑，扰陷殆遍，并扰及江西武宁县境，武昌戒严。陶公恩培入守武昌，飞书请援。公急调王国才一军，取道武宁，转战而前，以为之援。

二十七日，驰奏九江陆军胜仗、内湖水师重加整理情形及调派鄂军先后赴鄂援剿情形一折。附片奏：江西署臬司邓仁坤经理船炮等各要务，于秋审事件势难兼顾。江西臬司恽光宸拟即调回本任，所带之勇归九江镇将居隆阿统辖。又片奏水师哨官万瑞书乘贼匪袭营之时，搬抢粮台银两，请旨饬湖南抚臣严拿正法。又奏保上年半壁山、田家镇、蕲州、广济、黄梅五案出力员弁兵勇一折。奏称：武汉以下，复为贼踪往来之地，前此战功，竟成空虚，可愤可憾。然事机之不顺，调度之失宜，咎在臣等，而将士之劳勋究不可没。惟录其既往之功，冀作其将来之气，奉旨允之。又奉上谕："楚北贼焰复燃，于曾国藩等剿贼机宜大有关系。此时惟有会合各兵迎贼攻剿，使曾国藩、塔齐布各军无腹背受敌之患，方为妥善。钦此。"

二十八日，公在南昌，派大小战船六十余号进泊康山。贼在九江、湖口及江北岸小池口者，益浚壕增垒，守备益固。湖口之贼，由都昌窜陷饶州府，分犯乐平、景德镇、祁门、徽州，扰及广信之境。公调派罗公泽南统带湘勇三千，由南昌绕出湖东攻剿。又增募平江勇四千名，同出东路会剿。塔齐布公所统陆营在浔城外者，仅五千人，但主坚守，不复仰攻矣。水师至武昌，泊

惟录其既往之功，冀作其将来之气。

舟城外，连遇大风，复多沉损，乃上泊金口，以扼贼上窜。胡公林翼一军。亦退驻金口。

二月，贼扑武昌省城。十七日，城陷，巡抚陶文节公恩培死之，各军驰援皆不及。

二十七日，公驰奏统筹全局一折。奏称：臣来江省，已逾月余，探悉各路贼情大略。论江、楚、皖三省全局，陆路必须劲兵四支，水路须兵两支，乃足以资剿办。江之北岸，自蕲水、广济、黄梅以达于太湖、宿松为一路，自汉口、黄、蕲循江岸而下达于小池口为一路。南岸自九江以上兴国、通山等属为西一路，湖口以下至于皖南为东一路。臣之水军，已分为两支，陆军若再分，则立形单弱。谨就目前急务，凡臣力所能办者，分条陈奏。并声明前月奏报，均未奉批谕，此次改由湖南绕出荆州驿递进京。附片奏称凤阳、临淮由寿州、光固以达于麻城、黄州，不过八百余里，请旨饬令袁甲三募勇五千，练成劲旅，驰出黄州，以通皖鄂声息，以挽江北大局。又片奏水师大营被贼袭毁之时，座船被夺，文卷全失，其所领部照监照遗失数目，俟查明咨报。又片奏：臣军万余人，饷道梗阻，请旨饬拨江西漕折银两就近接济，并请闽浙两省每月各筹银二万两，解赴行营。是日，又奏恭谢天恩宽免处分一折。时袁公甲三奉旨革职来京，公所筹四路分兵剿办之策，谕旨嘉之，亦未能行也。

杨公霈军驻德安，贼复遍扰江汉各城邑，由岳家口、仙桃镇窥犯荆襄，荆州将军官文公拒却之。胡公林翼抵鄂后，擢授湖北藩司，寻奉旨署理湖北巡抚。水陆两军在金口者为数无多，而贼势益炽。鄂军在德安者屡败不振，饷尤绌无所出。胡公与李公孟群、彭公玉麟、王公国才等竭力守御荆湘，上游赖以稍安。江西新募平江勇至南康，公委幕中候选同知李元度管带操练。因调战船，前赴南康，令陆军紧相依护。公言此军之起原，专为肃清江面而设，陆军所以护水营，九江、湖口之挫失，皆以水师孤悬，与陆师远隔之故。时塔公军在浔城，罗公东剿广饶，不得合并。

三月，公在南昌登舟，督将弁操练，分起调赴南康，与平江勇水陆驻扼，使贼不得掠舟来往湖中。十九日，罗公泽南一军由贵溪进剿。二十日，击贼破之。二十一日，克弋阳县城。公两奉旨统筹全局。

二十三日，复奏谨陈水陆军情一折。奏称：臣等一军，水陆为分四支。回援武汉之师，距臣营在八百里外，江之两岸，仍为贼踞。欲以楚军回剿武汉，其难有三端：一则浔郡为长江腰膂，陆兵未可轻撤；一则内湖水师乘此春涨，可以由湖出江，所虑在既出以后孤悬无依；一则金口水陆诸军饷项缺乏，若再添师前往，更无可支拨，恐饷匮而有意外之虞。臣实乏良策，惟有坚扼中段，保全此军，以供皇上之驱策而已。奉上谕："行兵之道，合则力厚，分则力薄。自师船陷入鄱湖，贼匪再扰武汉，文饶一带，复有贼踪窜突。该侍郎等水陆两军，实有不能不分之势。该侍郎所谓千里驰逐，不如坚扼中段，所奏亦不为无见。当此上下皆贼，总宜计出万全，勿以浪战失机，勿以迟回误事。一切机宜，朕亦不为遥制。该侍郎不可因挫失之余，遂至束手无策，仍当激厉军士，踊跃用命，谋定后动，勿负初心，以副委任。塔齐布攻剿九江，近日情形，未据奏及，岂为贼氛阻隔，竟不能声息相通耶？并著随时奏报，以纾悬系。钦此。"刑部侍郎黄公赞汤在籍，公于上年奏请督办江西劝捐，至是计捐银数四十余万两。公军入江西后，皆赖黄公筹捐银两接济。湖南协饷，专拨供湖北金口之师。公所请拨浙闽协饷，以有警不时解到，公乃议借运浙盐，行销于江西、湖南。旧日淮南引地，用盐抵饷，仍请以黄公赞汤总理盐饷事务。江西巡抚陈公启迈与公谋调遣兵勇，意见多不合，饷尤掣肘。万载县知县李皓，与其乡团举人彭寿颐，以团事互相控诉。公见彭寿颐，赏其才气可用，札调来营差遣。陈公乃收系彭寿颐，令臬司恽光宸严刑讯治之。以是尤多龃龉。

二十三日，贼窜陷广信，罗公泽南由弋阳追剿破之。二十七日，克广信府城，贼窜入浙江境。公由南昌督水师进发，驻吴城镇。

四月初一日，驰奏罗泽南陆军克复弋阳一折，阵亡勇弁张以德、易传武、喻能益请恤。又奏陈湖北兵勇不可复用、大江北岸宜添劲旅一折。奏称：自粤匪至鄂，迄今不满三载，而全军覆溃

宜变易前辙，扫除而更新之。

者五次，小溃小败，不可胜数。既溃之后，仍行收集兵勇，习为故常，恬不为怪。宜变易前辙，扫除而更新之。请饬下湖北督抚另立新军，涤除旧习，使江之北岸得两路足恃之兵，则不惟有益大局，即臣等水陆各军，亦有恃而不恐。奉寄谕："交湖广总督杨霈、署巡抚胡公林翼办理。"时鄂军屯聚德安，湘军回援武汉者为数无多。公屡函致胡公林翼，论东南大势，以武昌据金陵上游，为必争之地，宜厚集兵力，以图恢复。杨公载福伤病在籍，病稍痊，湖南巡抚骆公秉章委令招募水勇，又添造战船，赴鄂助剿。李公孟群补授湖北臬司。胡公委令添募陆勇，扼防金口，饷械均仰给于湘中，兵势稍振。是日，又奏请拨浙引用盐抵饷一折。奏称：贼踞金陵，长江梗塞。淮南盐务，片引不行。奸民偷送贼中，贱售于各岸，江西、湖南民间皆食私盐。方今饷项缺乏，请旨饬拨浙盐三万引，设法运销于淮引口岸，以济军饷之不足。附片奏：现当干戈扰攘，招商领运为难，拟仍用劝捐之法行之。请旨饬派在籍侍郎黄赞汤，在江西临江府属樟树镇设局，劝谕绅富，措资办运，并请浙江学政、侍郎万青藜，在浙督办盐运，江西道员史致谔、力启埰协理西省盐运，湖南盐法道裕麟、在籍知府黄廷瓒，协理楚省盐运。又将《盐饷章程》分条咨商户部，并咨商浙江巡抚及江西、湖南、湖北巡抚。户部议准。既而贼氛大扰，未能畅行也。公又奏湖北在籍礼部主事胡大任、江西在籍礼部主事甘晋，并办理臣军粮台，未能赴部当差，请饬吏部查明办理。是时南昌设立后路粮台，公委甘晋、李瀚章综理之，罗公泽南移军剿贼于景德镇。贼窜入徽州境，罗公乃移驻饶州，以图湖口。

十二日，公驰奏陆军克复广信郡城一折，奏保罗泽南转战千里，谋深勇沉，常能从容镇定，以少胜众，请交部从优议叙。

十三日，公由吴城进驻南康，派前队战船进泊青山，以攻湖口。十九日，贼由姑塘上犯，水师击之，挫败，退泊火焰山。二十一日，水师焚贼船于马家堰，于徐家埠，又追焚之于都昌城下，计百数十号。湖北兴国、崇通等属贼党日炽。分股窜入江西境，陷踞义宁州，杀掠甚惨。

五月初八，公派水师搜剿贼船于都昌。十三日，水师击贼船于青山，破之，追奔至鞋山以下。罗公泽南驻军饶州。浙江巡抚檄调湘军往徽州会剿，未行。而江西闻义宁之警，省城戒严。陈公启迈亟调湘军回南昌，罗公遂移军而西。

二十一日，公驰奏内湖水师近日接仗情形一折。附片奏：臣前在江省吴城，近在南康，与臣塔齐布信息常通。九江与南康仅隔一庐山，因贼匪时时窥伺，昼夜巡防，臣等二人不敢远离营次，屡约以匹马相见，而未能也。又称，罗泽南一军既须回湘省，则不能由都昌进剿湖口。东岸无陆兵，则水军孤悬可虑。奉上谕："该侍郎等务当通筹大局，谋勇兼施，以副朕望。钦此。"杨公载福督带舟师，由岳州出大江剿贼于蒲圻，会扎金口。

三十日，内湖水师击贼于青山，破之，夺回拖罟大船，并获他船炮等。拖罟，即九江之败所失座船也。

六月初五日，湖南巡抚咨送万瑞书到案正法。

十二日，驰奏水师胜仗、夺回拖罟大船一折，阵亡外委苏光彩请恤。公又专折奏参江西巡抚陈启迈劣迹较多、恐误大局一折。奏称：臣与陈启迈同乡同年，同官翰林，向无嫌隙。自共事数月，观其颠倒错谬，迥改常度，深恐贻误全局，不敢不缕晰陈之。奉上谕："江西巡抚著文俊补授。未到任以前，著陆元烺署理。陈启迈著即革职，按察使恽光宸先行撤任，听候新任巡抚文俊查办该抚。到任后，著即将曾国藩所参各情节逐款严查，据实具奏，不得稍有徇隐。钦此。"

十三日，公派水师攻贼于徐家埠，委知县李锟带陆勇会剿，破之，毁船八十余号。塔齐布公陆军击贼于新坝，破之。十五日，水师攻贼卡于梅家洲。贼冲出卡外，战船四号陷于贼，兵勇伤亡数十人。罗公泽南军至南昌。二十四日，拔营进剿义宁之贼。湖北德安府失守，杨霈退走襄阳，革职。官文公奉旨授湖广总督、钦差大臣，都统西凌阿由河南赴湖北督师，以攻德安。

二十七日，塔齐布公与公相见于青山营次，会商攻剿之策。

七月初六日，驰奏浔城陆军胜仗、水师在徐家埠获胜、湖口小挫一折，阵亡将弁黄明魁、洪建勋、李文田请恤。附片奏：浔郡陆营久无成功，日对坚城，顿兵糜饷。拟于七月臣与塔齐布移驻青山，渡湖而东，会剿湖口，是亦大局旋转之一策。又片奏新选湖北督粮道万启琛现在樟树镇协理盐饷事务，请暂缓赴任。罗公泽南陆军抵义宁。初八日，破贼于梁口。十三日，破贼于乾坑。十四日，大破贼于鳌岭鸡鸣山，毙匪六千余名。水师萧捷三等破贼于鞋山。李元度率平江勇渡湖而东。十五日，击贼于徐家埠，破之。罗公泽南陆军攻贼营，大破之。十六日，克复义宁州城。

十八日，湖南提督忠武公塔齐布卒于军。十九日，公驰赴九江陆营，哭之恸，派副将周凤山接统其军。公亲巡营垒，抚定其众，派副将玉山等弁兵三百人护丧至南昌。李元度击贼于文桥。

二十一日，李元度攻贼于苏官渡，破之。二十三日，平江营与水师会攻湖口。破贼营数座，烧贼船几尽。舟师驶出大江，仍回泊青山。是日，萧节愍公捷三阵亡。平江勇攻下钟山贼营，未克，仍驻军苏官渡。周凤山督军会操，贼出扑营，力战却之。公在大营中，复督众攻城，未克。

二十四日，驰奏：提督塔齐布因病出缺，臣驰赴大营，料理丧事，兼统陆军，拊循士卒，保此劲旅。请旨将提臣塔齐布交部从优议恤，准于湖南省城建立专祠，以慰忠魂而洽民望。附片奏派广东罗定协副将周凤山统领全军，旋获胜仗，士气犹锐，可无涣散之虞。又附片奏报义宁、湖口水陆三路胜仗大略，当名将新失之际，而事机尚为顺利，军威尚足自振，堪以抑慰圣怀。公于是日闻萧捷三阵亡，即带陆勇数百名驰赴青山，抚定水勇。

二十五日，公回驻南康水营，札调彭玉麟来江西督领内湖水师。二十七日，平江营击贼于流漩桥。二十八日，烧贼栅于柘矶。

八月初四日，贼扑平江营，拒却之。

初七日，驰折奏报罗泽南陆军攻剿义宁，迭次大胜，克复州城。随折奏保罗泽南及李续宾、李杏春、唐训方、蒋益澧五员。又奏水陆两军攻剿湖口、迭获胜仗、湖内贼船几尽一折，阵亡都司萧捷三，请照副将例议恤。罗公泽南既克义宁，军威振于南服。是时湖南四境皆有贼氛，两粤匪徒攻陷郴州，逆焰尤盛。骆公秉章奏调湘军折回湖南剿贼，罗公由义宁策单骑谒公于南康舟次，指画吴楚形势。谓方今欲图江皖，必先复武昌；欲图武昌，必先清岳鄂之交。定计率军出崇通以援武汉。公从其策。

初八日，罗公渡湖，督平江勇攻湖口下钟山贼垒。未克。是日，水师击贼于梅家洲，大败，失战船二十一号。其时江西之贼，惟存九江湖口两城、梅家洲下钟山两垒未克，坚据不可攻。罗公旋至南康，谓湖口水陆官军但当坚守，不宜数数进攻，以顿兵损威，仍当俟江汉上游攻剿有效，以取建瓴之势。公又从之，饬水师勿事浪战，抽调九江大营宝勇千五百人并归罗公统带，由义宁进剿。

十六日，罗公还义宁营。胡公林翼攻武昌未下，乃议先攻汉阳。由金口渡江，军于奓山，进攻汉阳。杨公载福、彭公玉麟率水师进泊沌口，毁贼船数百号。南岸崇通各属之贼，攻金口李孟群陆营，陆营大溃。德安贼党回援汉阳，奓山陆营亦溃，惟沌口水师屹然未动。胡公度不可攻，率水军退驻新堤，以扼荆湘之路。委都司鲍超增募湘勇数千以为援。驰疏奏调罗泽南率湘军援鄂，公已令罗公由义宁拔营前进矣。

二十一日，驰奏陆军攻剿湖口胜仗、水师小挫一折。奏称：去年湖南水师靖港、城陵矶之役，均因风顺水利，不能收队，以致挫败。臣屡饬水营，不令顺风开仗，乃各弁勇轻勇进，致蹈覆辙。请将营官吴嘉宾、秦国禄等分别撤革。阵亡千总葛维柱请恤。又奏调派罗泽南一军由崇通回剿武汉一折。附片奏：提臣塔齐布病故后，周凤山新领全军，尚为奋勉，臣令其专意防守，不图进取。又附片奏派委员弁护送塔齐布灵柩。时长江梗塞，塔公之柩由南昌取道长沙、荆州以北也。公又专折汇报安徽道员何桂珍在江北英山、蕲水、罗田等处剿贼胜仗。又附片奏称蕲、黄、英、霍当楚皖之交，匪党最多，与粤逆勾结响应。何桂珍以二千饥疲之卒，转战于群盗出没之区，与地方绅民以信义相孚。请旨饬令何桂珍督办皖楚交界英山、麻城各处团练，严清土匪，实于大局有益。公前奏调何公一军归东征大营调遣，既而阻于贼，不得合并。何公提一旅，崎岖苦战，屡立战功，克英山、蕲水两城，斩贼目田金爵。而军饥饷匮，皖中大府不之恤，专特劝捐米麦接济军食。频遣探卒，间关跋涉，抵公大营以求援。公为缕陈其战绩十余案，请旨授以团练之任，盖欲设法以援之，而势未能也。罗公泽南回义宁营，上书于公，申陈前议。公所调九江之宝勇，以参将彭三元、都司普承尧领之，并湘勇各营为五千人。刘公蓉在公幕中二年，至是亦从罗公军赴鄂。二十七日，由义宁州拔营，直趋通城。彭公玉麟接公札调，阻于贼未能前，公因委刘于浔暂统内湖水师。

九月初三日，公至青山巡视水陆各营。初五日，公驻屏风水营。具折奏保陆军克复广信一案，水师肃清鄱湖一案。出力员弁兵勇，汇单请奖。附片请饬浙江巡抚补解五月以后饷银。又片奏：罗泽南一军去臣营日远，湖北抚臣胡林翼尚在江北，亦恐为贼氛所隔。拟令罗泽南自行具折奏报军情。又奏称：臣自抵江西，整理水师已逾半年。师久无功，虚縻饷项，请交部严加议处。至助臣办理军务实有劳绩、不可泯灭者，侍郎黄赞汤，督办捐输，力拯大局；南昌府知府史致谔，支应军需；候补知州李瀚章，办理粮台，权衡缓急；湖南巡抚骆秉章与其幕友同知左宗棠，一力维持，接济军饷，照料船炮；知府彭玉麟，保守金口，力能坚忍；主事胡大任，劝捐济饷，历险不渝；知府黄冕，造炮精利，实属有用之才。除黄赞汤、骆秉章未敢仰邀恩叙外，其史致谔等各员，拟归入义宁案内，开单保奏。奉上谕："曾国藩奏师久无功，自请严议，并保劳绩较多人员等语。兵部侍郎曾国藩督带水师，屡著战功。自到九江，虽未能迅即克复，而鄱湖贼匪已就肃清。所有自请严议之处，著加恩宽免。著刑部侍郎黄赞汤督办捐输，以济军饷，尤为出力，著加恩赏戴花翎。钦此。"

初六日，公渡湖至苏官渡，巡视陆营。留二日，还屏风营。罗公泽南进攻通城。初六日，克之，贼大溃。十四日，进克崇阳县。

二十三日，公驰奏罗泽南一军进剿获胜、克复通城一折，阵亡把总李懋勋请恤。附片奏探明湖北抚臣胡林翼驻扎嘉鱼县六溪口，与罗泽南之军声息可通，此后援鄂一军，由胡林翼转奏。又遵奉谕旨保举堪任总兵人员一折。奏保副将杨载福、周凤山、参将彭三元三人。湖南兵勇援鄂者，至羊楼司大溃，江壮节公忠济殉难。罗公泽南驻军崇阳，派李公续宾等五营进剿羊楼司，旋派彭公三元等营进剿壕头堡。

二十四日，贼大股来犯，彭勤勇公三元、李公杏春等阵亡，弁勇挫溃。二十六日，罗公督军至羊楼司，击贼破之。

二十七日，奉到上谕："兵部右侍郎著曾国藩补授。曾国藩现在督办军务，兵部右侍郎著沈兆霖兼署。钦此。"夏秋之间，黔粤匪徒侵扰湖南西南境，其东北岳鄂之交，贼势正炽。公弟国潢、国华皆治团练于乡邑。公弟国荃考取是科优贡，亦办乡团。是月，广东匪徒自茶陵窜入吉安境，江西之西境又纷扰矣。

十月初三日，罗公泽南大破贼于羊楼司。十三日，胡公林翼至羊楼司会商军事。十七日，拔营进剿蒲圻。

二十日，公具折谢恩授兵部侍郎。又奏报罗泽南一军在壕头堡败挫，在羊楼峒获胜。阵亡参将彭三元，知府李杏春，将弁彭献杰、萧馥山、李光炽、刘碧山请恤。奏称：此次军情应由楚省具报，缘彭三元系臣军屡战得力之将，未便没其忠绩，是以仍行奏报。附片奏：臣前请于湖南省城为塔齐布建立专祠，奉旨允准。应请以去年阵亡参将童添云及彭三元入祠附祀。

二十一日，罗公泽南克蒲圻，转战而前，师锐甚。杨公载福以水师破贼于金口。湖广总督官文公至德安，接受钦差大臣关防。都统西凌阿督兵力攻德安府城，克之，乘胜收复江北各城邑。官文公督各军进逼汉阳，收集王国才、李孟群陆营兵勇兼辖之，与南岸楚军为犄角之势。九江、湖口陆营数月无大战事，贼亦不以大股来犯。水师泊扎青山、屏风各岸，陆勇二营护之。公自驻屏风水营，不时巡视青山、苏官渡各营，一意严防，不事进剿。而贼酋石达开由湖北崇通等处，纠合匪党，窜入江西境，陷据新昌县。其在吉安境内匪徒连陷安福、分宜、万载等县，与石逆合股。于是赣水以西，乱民响应，众至十余万。瑞、临、袁、吉同时告警。署巡抚陆公元烺调兵援剿，日不暇给，乃抽调湖口陆勇回援西路。

十一月初五日，九江贼出扑营，周凤山击却之。初七日，湖口贼出扑营，李元度击却之。初十日，贼陷瑞州府。十一日，陷临江府，攻扑袁州、吉安二府。四郡属邑大半失守，省城戒严。维时江西官军，西路则臬司周玉衡、总兵阿隆阿一军，援剿吉安；东路则道员耆龄、游击遮克敦布一军，防守饶州；其平江勇由湖口调回者，剿贼于瑞州。营官李锟、刘希洛阵亡，勇遂溃散。陆公元烺复调耆龄、遮克敦布之师回援。

十五日，公调周凤山九江军回南昌，调水师防守省河，添调平江勇一营驻扎青山，以护水师。十七日，九江贼扑营，周凤山击却之。十八日，周凤山拔营回省。二十日，湖口贼扑营，李元度击却之。

二十一日，公具折谢恩宽免处分。又奏九江湖口陆师、青山水师接仗情形一折。又奏逆匪攻陷瑞州、临江，逼近省垣，急调周凤山全军并抽拨水师驰往堵剿一折。分条奏目前布置情形：其一，江省腹地别无重兵，不得不撤九江之军，先其所急。其一，汀西水军单薄，抽调战船驶赴省河，防其东渡。其一，拟调罗泽南一军回驻通城，牵掣逆贼后路，亦可兼顾楚省。其一，拟留遮克敦布一军防守东北四府，庶钱粮有可征之处，奏报有可通之路凡四条。又声明本年三月以后，奏报均由湖南驰递，此次道途梗塞，仍由浙江驰驿呈递。奏上谕："曾国藩、陆元烺着妥筹兼顾，万不可因有警信张皇失措，徒使兵勇有调拨之烦，转授贼以可乘之隙也。钦此。"又奉上谕："石逆所带贼党虽多，一经罗泽南痛剿，即连次挫败，可见兵力不在多寡，全在统领得人。曾国藩等着激励在事文武奋勉图功，殄此巨寇。至九江一路能否足资堵剿，倘有疏懈，不特江西内地堪虞，并碍及长江大局。该侍郎等不得顾此失彼，是为至要。钦此。"

罗公泽南克咸宁县，大破贼于山坡，会师金口，进攻武昌。二十八日，大破城外贼垒，驻营于洪山。水贼进泊沌口。

三十日，贼陷袁州府城。彭公玉麟屡接公催调函牍，由衡州赴江西。值贼氛遍布，彭公间关微服，徒步七百余里，行抵南康。公见大喜，派领战船赴临江扼剿。何文贞公桂珍驻军英山，是月为降人李兆受所戕，皖中大吏不为奏请议恤。公闻而深痛之。

十二月初三日，九江贼出扑青山陆营。营官林湖恩、黄虎臣、胡应元等击却之。贼既踞临江，分股屯聚樟树镇。周凤山回至南昌。初四日，进击樟树镇，克之。刘于浔以水师毁贼之浮桥。初十日，周凤山陆军进剿新淦县城，克之。

十二日，驰奏九江、湖口、青山、姑塘水陆接仗情形，阵亡千总吕国恩请恤。附奏瑞州剿贼殉难之知县李锟、刘希洛二员，请加赠知府衔议恤。又附报樟树镇胜仗一片。

十九日，驰奏周凤山一军会合水师、克复樟树镇、收复新淦县城一折。又具折汇保陆军克复义宁攻剿湖口两案，出力员弁兵勇，开单请奖。公每于军事孔棘之际，奖拔有功，优恤死伤。二者必详必慎。由是人心维系，军虽屡挫，气不少衰。江西巡抚文俊公到任。贼攻吉安，臬司周公玉衡入城，坚守经月，请援甚急。周凤山既克樟树，收新淦，将赴吉安。虑贼复至，拨派八百人回驻樟树，以护水师，扼防南昌之西南路。

是年正月，江苏巡抚吉尔杭阿公克上海县。僧王督军歼灭连镇之贼，擒贼酋林凤祥，槛送京师斩之。河北肃清。二月，僧王攻克高唐州。贼窜冯官屯，官军围之。四月，克之。山东肃清，官兵凯撤。七月，江南大营分兵克芜湖县。十月，安徽官军克庐州府，皖鄂贼势少衰。吉尔杭阿公督师攻镇江，未克。苏州、浙江、湖北、湖南皆于是年仿办厘捐以济军饷，浸及于川广矣。

【丙辰】咸丰六年，公四十六岁

正月，公驻南康水营。初二日，贼扑樟树镇，陆营挫溃，营官岳炳荣走丰城；刘于浔以水师击贼船，破之。初三日，周凤山自新淦回援樟树，遇贼于瓦山，击破之。彭公玉麟水师至樟树镇。初七日，击贼船，破之。初九日，攻临江贼垒，又破之。先是，御史萧浚兰条陈江西军务，公奉谕旨责问。又奉兼顾临江及

公每于军事孔棘之际，奖拔有功，优恤死伤。

严扼九江之旨。公遂复奏缕陈各路军情一折。奏称：瑞临接近省城，臣与抚臣文俊商令周凤山一军先剿临江之贼。湖口、青山水陆存营至为单薄。九江之贼日夜环伺。又有湖北兴国土匪窜扰德安县，去来无常。勉力支撑，深虞决裂。臣军自岳州而下，水陆万余人，并为一支。今则分调为四五支，其得力之将，如塔齐布中道殂谢，罗泽南、杨载福分往鄂省，不克合并。所以久困一隅，未能扫荡群丑。寸心焦灼，愧悚难名。江西西路四郡。贼踪遍扰，值冬春水落，赣水处处可涉。贼可于上游掠民船，兼造小艇，有东犯抚州扑省城之势。公饬令彭玉麟、刘于浔以战船往来扼截，饬周凤山一军驻扎樟树镇，与水师战船全力扼守。

十八日，青山陆营出队击贼于九江，破之。

二十二日，驰折奏报周凤山分兵小挫，旋以全队击贼大胜，水师在樟树三获胜仗。附片奏报青山陆营同知林源恩、都司黄虎臣等击贼获胜，请奖拔数人，归案汇保。又奏：楚军在江西境内，每月需饷六万有奇，而入款约有三端：一曰拨用漕折，二曰督办捐输，三曰借运浙盐。今贼匪大势全注江西，漕折难以催征，捐输不能措办，盐引无处销售，来源俱竭，有坐困之势。惟查江苏上海县商货云集，请旨饬令该省督抚转饬道府等官，于上海抽厘，拨解臣营，专济楚军之用。臣军无饥溃之虞，得专心于战守机宜，不复以请饷之奏屡渎圣聪也。公于上年奏议借运抵饷，及盐引到江地，贼氛大扰，不复行销。江楚之交，文报梗阻，不能通者累月。贼围攻吉安，外援不至。赣州周汝筠一军来援，阻于泰和之贼，不得前。文俊公派遮克敦布率勇赴援，行至乐安。

二十五日，吉安府城失守，周贞恪公玉衡等死之。文俊公因令遮克敦布驻军乐安，扼抚建之路。

二十九日，青山水师击贼于姑塘，挫失战船六号。

二月初五日，奉到上谕："文俊甫经到任，于该省地势军情一时未能周悉。现当万分棘手之时，倘布置稍疏，难免贻误。曾国藩自抵江西，为时已久，贼情亦所深悉。此时江西匪踪几欲蔓延全省，既不能处处调兵，又不能顾此失彼，自应择其最要之

（边注：臣军无饥溃之虞，得专心于战守机宜，不复以请饷之奏屡渎圣聪也。）

处，先为攻剿。着曾国藩与文俊妥速会商，务筹全局，不可徒事张皇，亦不可专顾一处。军情变幻靡常，大势所关，应从何处下手，则身在其间者，必能挈其纲领。该侍郎与该抚酌度机宜，即著会同驰奏，以慰廑念等因。钦此。"

贼既陷吉安，大股东窜，江西官军溃于乐安。贼扑犯抚州、建昌，所属城邑多失守。十四日，扑樟树营，周凤山击破之。十七日，大股扑营，周凤山出击之，挫败。十八日，周凤山出队大败，营垒全陷，弁勇溃回南昌省城，人心大震，夺门奔走者，不可禁御，或相践以死。公亟棹舟赴省，途次闻警，飞调青山陆营赴南昌，调水师退扎吴城镇，调李元度一军由饶州绕回，进剿抚州之贼。

二十日，公至南昌，收集溃勇暂统之。筹备守御，抚定居民，人心稍安。时自鄂渚以南，达于梅岭，贼踪绵亘千数百里，众号数十万。公遣弁勇怀密函赴楚请援，多为贼所截杀，不得达。湖南巡抚骆公秉章派委刘长佑、萧启江等募勇分道赴援。刘公长佑由醴陵克萍乡，萧公启江由浏阳攻万载。皆募死士，怀赍函牍，间行赴南昌，旬月而始达。公与文俊公会商军事，意见甚叶。

二十一日，具折会奏各路堵剿情形，并奏复谕旨垂询各件。奏称：江西全省，赣水中分，以樟树镇最为扼要。石逆久据临江，凶悍之贼必萃聚于此。意图尽披枝叶，困我省会。至德安县城，被贼窜据，乃湖北新到之股匪。既乃窜入武宁，并归石逆。至周汝筠一军，不能救援吉安，拟令其退守赣州。赣郡天然雄镇，为古来必争之地，倘存疏虞，则两广、湖南股匪皆得以赣州为巢穴，后患不可胜言。请旨饬广东督抚迅派兵勇数千赴赣，会同战守，保此重镇，顾全大局。又奏江西贼氛日炽，岌岌将殆，请旨饬湖北抚臣速令罗泽南一军，兼程来江援剿。又奏江西需饷甚迫，请旨饬江苏督抚借拨上海关税银十万两，迅解江西，以济眉急。又片奏：臣国藩单舟晋省，途次闻周凤山全军挫败之警，飞调湖口、青山水陆各营同回省城，以固根本。公又专折奏谢年终恩赏福字荷包等件。又奏捐输实官人员请给部照一折。附片奏：布政司衔罗泽南、盐运司衔李续宾经湖北抚臣胡林翼奏请，给予二品、三品封典，奉特旨允准。臣军水陆员弁，奋勇出力，未经补缺者实不乏人，请照罗泽南、李续宾之例，容臣择尤照升阶咨请封典，以示鼓励。又片奏水师在姑塘小挫，请将营官陈炳元、刘国斌参处，阵亡勇弁周华堂请恤。又奏：知府李瀚章，知县黎福畴、张秉均三员，在营闻讣丁忧，该员等办理臣军粮台，洵为得力熟手，仍请留营当差。

二十二日，贼陷抚州府。二十九日，陷建昌府，分股由安仁、万年窜入徽州境。李元度带平江勇由湖口拔营至饶州，与耆龄会军驻守。公之调回青山诸军也，南康府亦没于贼。综计是时贼陷江西府城八，州县城邑五十有奇。屡分股党，南扑赣州，东扰广信。文报往来，饷需转运，仅广饶一路可通，亦时有贼踪焉。

三月初一日，奏报周凤山陆军在樟树镇挫败情形，请将副将周凤山革职，营官岳炳荣、黄玉芳分别参革，并自请交部议处。阵亡委员马丕庆、林长春、李清华请恤。附片奏：广信一府，为奏报进京、江浙转饷之路，一有疏虞，四面梗塞，现调李元度一军由饶州绕回，进剿抚州，以保广信。上年九江、湖口水陆万余人，今全数撤入内地。前功尽弃，回首心伤，然舍此亦无他策。广东援防赣州之师，请旨再饬催迅速来江，并请饬浙闽督抚严防窜越。公在南昌孤危之中，奏报军情，每以赣州、广信为急，是后全局之转机，亦赖两城之存也。

初二日，贼犯吴城镇，水师击退之。初四日，彭公玉麟赴吴城水营督领防剿，分派水师扎饶州南河。公又派战船分扎省河及市汊，扼截防守。又与巡抚文俊公调派驻省城之平江勇二千人，委候选知府邓辅纶、同知林源恩带领进剿抚州，又派周凤山、毕金科等带勇随往会剿（辅纶者，臬司邓公仁堃之子也）。罗忠节公泽南攻武昌未克，亲督队进攻受伤。初八日，卒于洪山营次。胡公林翼奏派李续宾接统湘军。

公回省后，收集陆军，裁并训练，每日巡视操场。既而出居营盘，虽当士民惶恐之际，从容镇定。时以诗古文自娱，羽檄交驰，不废吟诵，作《陆师得胜歌》《水师得胜歌》以教军士，于战守技艺、结营布阵诸法曲尽其理，弁勇咸传诵之。

十一日，邓辅纶、林源恩击贼于罗溪。十二日，克进贤县城。彭公玉麟击贼于吴城，却之。十四日，水师破贼于涂家埠。二十日，李元度克东乡县城。二十二日，邓辅纶、周凤山等会军于东乡，公派都司黄虎臣带勇三营，赴吴城镇会水师。二十三日，克建昌县城。抚州贼扑东乡，李元度、林源恩等击破之。二十四日，黄虎臣回军南昌。二十五日，李元度等军进扎江桥，以攻抚州。

二十六日，驰奏陆军平江营在湖口罗溪胜仗、克复进贤县城一折，又奏吴城水师三获胜仗并水师分布各处情形一折，又奏报湖南授军刘长佑等克复萍乡一折。附片奏报贼分大股窜至徽州、婺源一带，江西贼势稍分，剿办较易措手。又片奏正月二十一日所奏折片，未奉批谕，想因贼氛方盛，中途沉失，请饬军机处抄录，寄交臣营。又专折奏保樟树、新淦两案水军出力员弁，开单请奖；其陆军后来溃败，前功尽弃，应无庸保奏，以示惩警。

文俊公屡疏请援师，楚、粤、闽、浙各省督抚均奉寄谕，派拨兵勇赴江西援剿。方江西之初警也，众议请调罗公泽南军回援。公函致胡公林翼、罗公泽南，谓东南大局，当力争上游，亟望武汉速克，水陆东下，不欲其奔驰于崇通之郊，以援瑞临也。及贼氛大炽，及从众议，奏调罗公湘勇驰回援剿，而罗公已伤亡。公弟国华奉竹亭公命，赴鄂请援师。胡公曾派知县刘腾鸿、刘连捷湘勇千五百人，同知吴坤修彪勇七百人，参将普承尧宝勇千四百人，交公弟国华总领之，以援江西。募勇夫怀蜡丸书，间行以达南昌。公始闻罗公之亡，鄂军之来援矣。

二十七日，李元度、林源恩击抚州贼垒，破之。

四月初二日，平江军渡抚河，扎五里塘，进攻抚州，未克。初四日，调派黄虎臣陆军，又派刘于浔市汊水师，进攻瑞州。初八日，进攻未克。初九日，水师回泊市汊。黄虎臣剿奉新县之贼小挫，回军南昌。平江营连日攻抚州，未克。湖南援军刘公长佑等攻万载县贼，以大股踞守不下。湘军击贼垒，尽平之。二十日，刘于浔领水师克丰城县。南昌省城附近各城邑均陷于贼，建昌、进贤、东乡、丰城四邑经官军收复，而贼踪犹往来不绝。

二十一日，奉报李元度等军克复东乡破贼五营围攻抚州一折，奏报黄虎臣等水陆两军克复建昌攻剿瑞州、奉新一折。附片奏：臣请拨上海关税银两，经户部议驳，臣等何敢再渎。惟江西饷源已竭，补救无术，请旨仍饬江苏督抚于上海税项筹拨银十万两，以济急需。又附片奏：吉、袁、临、瑞、抚、建等府之贼，浚壕坚守，近者各县，亦有老贼踞守城池，盖欲使省会成坐困之势。目前剿办之法，惟当力保广饶，通苏杭之饷道；先剿抚建，固闽浙之藩篱。其南路赣州，必借广东之援；西路吉袁，必借湖南之援。请旨饬催广东援兵，星驰逾岭，保全赣州，不胜跂幸。又奏江西士民请建罗泽南专祠以伸爱慕一折。

二十八日，杨公载福焚汉阳贼船几尽。刘公长佑进军袁州。萧公启江攻万载。二十九日，克万载，进军合攻袁州。耆龄公一军防守饶州，贼屡犯境，公调派都司毕金科带勇千人，扎营童子渡以援之。建昌府城陷后，知府何栻、团绅张家驹等，招勇谋收复。公派委都司黄虎臣、彭山屺，训导罗萱等带勇三千余名，驰往助之。

五月初一日，杨公载福督水军沿江下剿，破焚两岸贼船，贼溃，莫敢抵拒。初三日，水军直抵九江城外。初四日，回舟溯江旋鄂。公遣卒探知水军江面之捷，函告楚军各营，士气为之一振。抚州城贼踞守益坚，屡攻不克。建昌、临江之贼各分股来援城贼，亦屡出扑营。李元度等均击却之。十二日，黄虎臣等军至建昌，与何栻、张家驹分途进攻。十三日，贼船犯吴城，彭公玉麟击却之。十五日，毕金科击贼于由墩，破之。十九日，贼援抚州，李元度等渡河击贼，破之。

二十三日，公驰奏官军攻剿抚州情形一折，又奏饶州防剿情形及毕金科在饶州胜仗。奏称：毕金科身先士卒，骁勇冠伦，军中称为塔齐布之亚。此次以少胜众，请赏加勇号。又奏建昌官绅办理防剿并由省城拨兵会剿一折。附片奏报水师刘于浔克复丰城，彭玉麟吴城胜仗，水师分扎要地，均尚得力。但无陆军以辅之，只能扼守，未能进剿。又片奏报：湖南援军已至袁州，湖北援军已克咸宁而进两湖，集厚力以相拯救，贼亦出死力以相抗拒，臣等募长发探卒，蜡丸隐语，以通消息，但能知其大略，而不能详悉。浙江边防孔亟，不暇议及援江，福建援军亦无入境确信。每念赣州天险必争之地，非得厚援，终恐疏虞。恳恩饬下广东督抚，迅拨兵勇，保守赣州，不独江西之幸，亦广东之先著也。公是时注意赣州，而兵力不及，吁请援师。疏已三上矣。又奏：江西城池沦陷甚多。凡在地方有守土防汛之责者固应一律严办，其中不无情有可原之人，如建昌府知府何栻、万载县知县李吉言、宜春县知县锡荣，此三者，实系失守案内愧奋有为之员。臣等责令襄办一切，如果出力，再请宽免处分。

黄虎臣等攻建昌，未克。二十八日，福建援军至建昌。副将陈上国、张从龙领之。公调派参将阿达春带勇赴饶州，与耆龄、毕金科合军防剿。公谓兵家以攻坚为最忌，再三谕饬各营将领，勿徒事仰攻，以损精锐。而贼踞城垒，亦以坚守为坐困我师之计。数月以来，无大战事可纪，惟力支危局，以待援师而已。

江西学政廉兆纶奏陈江西军务，奏参臬司邓仁堃物议沸腾，其子捐职知府邓辅纶，本不知兵，不宜管带兵勇。公遂札撤邓辅纶解兵回省。

周凤山督勇攻抚州久未下，自请间道回湘，招募旧部，以援江西。公批答许之。周凤山遂由建昌取道于闽广，绕回湖南。其在抚州之勇，并归李元度、林源恩兼辖之。

六月初二日，建昌援贼大至，都司黄公虎臣阵亡。初五日，贼突扑饶州，耆龄、毕金科、阿达春军皆败溃，府城失守。公闻警，急调建昌六营，彭山岊、罗萱、李大雄、胡应元等撤回抚州，仍调回南昌。学使廉兆纶方驻河口，公又与咨商，奏调建昌城外官兵撤赴广信防守，其福建援师在建昌者未撤也。

十九日，彭公玉麟带水师收复南康府城。城荒不能守，乃回泊吴城镇。毕金科回南昌，整辑弁勇，仍赴饶州。公调派总兵居隆阿、都司林葆带勇会剿。二十二日，毕金科等力攻饶州，克之。公弟国华，总领刘腾鸿、普承尧、吴坤修等军，克咸宁、蒲

公谓兵家以攻坚为最忌，再三谕饬各营将领，勿徒事仰攻，以损精锐。而贼踞城垒，亦以坚守为坐困我师之计。

圻、崇阳、通城四县，转战而前，暑雨不息，进抵江西境。十八日，克新昌。二十四日，克上高。二十九日，军抵瑞州城外，其锋锐甚。公闻上高之捷，急调彭山屺、李新华、滕如洪、胡应元等带勇四千，先后拔营，驰赴瑞州以迎之。南赣道汪报闰于春间剿贼泰和，失利，退守赣州。阿隆阿、遮克敦布均以溃兵入城协守。贼来扑犯郡城，屡拒却之。五月，广东援军抵赣州入守。是月，出攻贼营，破平之。赣郡解严。

三十日，驰奏抚州攻剿情形一折，会剿建昌府城一折，阵亡都司黄虎臣请恤。随折奏保李大雄、胡应元、王永和三弁。又奏水师收复南康府城一折。又奏报饶州失守旋经克复一折。布政司耆龄专办饶防，与知府张澧瀚等均有应得处分，惟以克捷迅速，请免议。阵亡将弁李鹤龄、李遐龄请恤。附片奏报福建援江兵勇现到建昌者，已有二千六百人；湖北援师已克新昌、上高，两湖声息可通；广东援师，已入守赣州，当可保全要郡。先是，贼踪四布，赣、吉、袁、瑞声息久不达于南昌，至是音问渐通。贼至江西以来，水师扼剿屡胜，贼不得逞。乃于吉、袁、瑞、临各处造战船，制攻具，乘夏水涨盛时，齐举以赴南昌，于樵河口、临河口、塘头埠、生米司皆为营垒。

七月初一日，贼舟下犯，刘于浔以水师击贼瑞河口，破之。湖北援军抵瑞州。初二日，扎营西门外。初三日，拔瑞州之南城，公之遣军迎援军也。贼之大股扰犯省河西岸，屯垒于沙井。初四日，营官羊瀛、万泰、胡应元、李大雄、滕加洪带勇五营，渡河击贼，破之。初五日，援军攻瑞州，未克。水师击生米司贼垒，贼溃走。初九日，彭山屺、李新华拔营赴瑞州。瑞州城贼屡出扑营，援军击却之。楚军中以刘公腾鸿谋勇最著。公所派彭山屺、羊瀛等带勇四千人，委彭山屺总理营务，又以训导罗萱兼理各营营务。十五日，军抵瑞州，与援师会合。公令罗萱与刘腾鸿合并为营，以联合江楚两军之势。十七日，瑞州贼出扑营，江军稍却，刘腾鸿、普承尧击破之。公弟国华以暑月行师，得病甚剧，棹小舟至南昌见公，公为之悲喜。吴公坤修偕至南昌迎饷，还瑞州。公与文俊公筹拨银五千两，以犒援军。公弟国华留省养病，旬日渐愈。二十七日，瑞州贼出扑营，楚军、江军合击破之。彭公玉麟以水师击贼于南康，破走之。刘于浔水师击临河口贼船，破之。二十八日，水师攻临河口贼垒，悉平之。饶州之复，都司毕金科战功为最。藩司耆龄揭参毕金科，公与文俊公商调藩司回省复任，委毕金科驻军饶州防剿。楚军既至瑞州，新昌、上高仍为贼陷。吴坤修率勇收复二邑，回剿奉新，为援军之游兵。是月，有边钱会匪起于吉安、建昌之界，勾结粤匪游勇，有众千数百人，窜陷广昌、南丰、新城、泸溪，复窜贵溪县境。建昌府官军分途援剿，贼势飙忽不可遏。

八月初一日，贼大股援瑞州，城贼亦出扑营，官军迎击破之。初四日，瑞州军击贼垒，破之，贼溃走。楚军、江军立营始固。

初七日，驰折奏湖北援师进攻瑞州府城，江省派兵四千前往会合，屡获胜仗，江楚之路渐通，全局转机，胥系乎此。奏保知县刘腾鸿谋勇为全军之冠，参将普承尧、同知吴坤修战功卓著，请将该员等分别保奖。曾国华系臣胞弟，未敢仰邀奖叙。又奏刘于浔水师在瑞河口、临河口胜仗，彭玉麟水师在南康胜仗。随折奏保刘于浔请赏戴花翎。又奏攻剿抚州胜仗一折。附片奏请敕山西、陕西两省，每月各筹银三万两，拨解至江西瑞州等处，专供两湖援师之用。又奏虎字营哨长周万胜私逃回籍，请饬湖南抚臣严拿正法。又奏遵奉谕旨咨催广东提督昆寿赴江南大营，并奏称：江西贼势浩大，党类众多。刻下兵力不为不厚，鏖战不为不苦，迄未能克复要郡，挽回全局。臣惟当一意镇静，化大为小，以安军民之心。又具折奏报赣州府城解严，并防守剿办情形，实为江省大局转旋之一端。又奏查明吉安府阵亡及殉难文武员弁，请从优议恤。又附报瑞州胜仗一片。

建昌城外官军，设粮台于新城县。会匪窜陷新城，何拭率领兵勇援剿。在建昌者，惟存福建援军。贼出犯营，闽军击却之。江西练勇曰广义营者，道员石景芬等领之，由广信赴贵溪迎剿会匪失利。匪徒大炽，由弋阳窜犯河口镇及铅山县，扑广信府城，吏民惊走，城为之空。署知府沈公葆桢登陴固守，飞函请援于浙

臣惟当一意镇静，化大为小，以安军民之心。

江总兵饶公廷选。方驻防玉山，率浙兵二千赴援。

十五日，浙军击贼于广信城外，破之。贼溃走入徽州境，广信以平。瑞州援贼既退，城贼犹时出犯，官军皆击却之。吴坤修军破贼于奉新，分军收复靖安、安义二县。公弟国华病痊愈，仍回瑞州营。公弟国荃在长沙招募湘勇千五百人，周凤山既抵长沙，募勇千七百人，黄公冕、夏公廷樾督领以行，由南路直趋吉安，是为楚军援江之第三支。

三十日，驰奏官军攻围瑞州，屡获大胜，分军出剿奉新，收复靖安、安义二县。随折奏保营务处彭山屺、罗萱，请领万泰、滕加洪、詹荣清、黄纯珍、黄在玉七员。阵亡千总黄兆麟请恤。又具折奏报边钱会匪窜陷各属，围攻广信府城，浙兵援剿解围。奏称：近年以来，江西连陷数十郡县，皆因守土者先怀去志，惟沈葆侦守广信，独能伸明大义，裨益全局。参将荣寿、知县杨升、千总胡再升协同坚守，请分别保奖。其在新城殉难之官绅杨坤、诸葛槐、马长葛、吴毓浚、周光裕、陈德亮、陈济之、何彦琦八员名均请优恤。何栻之妻薛氏及其女三人，仆婢八人，全家尽节，请旨旌表。仍请分别建祠立坊，以慰忠魂。又奏闽兵援剿建昌府前后获胜情形，阵亡兵弁曾瑞英请恤。附片奏：闽兵都司玉亮在建昌军营病故，请照阵亡例议恤。又片奏请饬湖南抚臣筹拨硝磺火药十万斤，迅解来江，以资攻剿。又片奏：臣营发审委员李沛苍，系何桂珍军营差遣之员，因案革职，交部治罪。现在营中，实为得力，恳恩免其治罪，留营当差。仍饬确具亲供，咨皖定结。奉上谕："李沛苍着准其免罪，仍留江西军营，交曾国藩差遣。钦此。"

九月初三日，公至瑞州劳师。巡视营垒，刘公腾鸿治军严整，公深嘉奖之。李元度等军围攻抚州数月，大小五十余战，虽屡攻未克，而江西东路十余州县赖以屏蔽无患。广信、饶州，通苏杭之道，许湾、河口，商贩所集，饷需器械，赖以接济。公饬诫平江各营一意坚守，且令其退扎十里之外，勿事进攻。李元度志在克城，未能从也。是月初二日，分军攻剿近县。初四日，收复宜黄县。初九日，收复崇仁县。抚州之贼，乃自城出扑营，复有援贼扰犯东乡至抚州。十七日，大营为贼扑陷，林公源恩等阵亡，李元度力战突围以走。崇仁贼势愈张，南昌戒严，广信、建昌皆震。

二十日，公由瑞州营还至南昌。咨留浙军饶廷选驻防广信，调李元度收集溃勇，扼守贵溪以保河口，调吴坤修率勇赴广信。吴坤修为奉新绅民所留，未果往。二十七日，瑞州军分剿南路贼。二十八日，贼出扑营，击破之。连日与贼战，皆破之。上高县再陷，知县傅自铭阵亡。

十月初四日，瑞州分军收复上高县。初十日，军回瑞州，遇贼，击破之。

十一日，驰奏瑞州胜仗收复上高一折。阵亡知县傅自铭、守备詹荣清请恤。又奏抚州一军被贼扑陷一折。李元度调度失宜，请以知县降补；殉难同知林源恩，请赏加道衔，照道员例议恤；营官唐得升、耿光宣，委员周尚桂，均请从优议恤。附片奏请旨饬浙江抚臣咨行总兵饶廷选率得胜之师，仍驻广信府城。臣等札饬李元度驻扎贵溪，则河口商民可以复业。饶廷选一军仍可策应四路，于浙江兵力无损，于江西筹饷有益。又片奏：新授吉安府知府黄冕与前任湖北藩司夏廷樾，在湖南劝捐募勇，规复吉安。已革副将周凤山，怀樟树挫败之耻，亦欲另募劲勇，力扫寇氛。两军合并，兵力较厚。臣等即饬径捣吉安，取上游建瓴之势。请饬颁部照二千张，发交黄冕、夏廷樾劝办捐输，专济此军之用，归臣处粮台报销。又片奏：江西捐输，请照湖南章程，以制钱千六百文抵银一两，俾捐生踊跃乐输，实于军饷有济。

瑞州军攻城未克，贼之出入接济者，屡被各营截击，仍不能绝。刘公腾鸿等督率弁勇夫役，毁瑞州之南城，筑新垒二座，以劲兵五千人坚守；分调各军，分途雕剿，以扼截贼援。吴坤修击贼于奉新，屡破之。抚州既败，建昌之贼屡出扑营，江西兵勇、福建援军皆溃。二十五日，大营失陷，闽军副将陈上国等死之，张从龙领闽兵退回杉关。新淦县复陷于贼。刘于浔以水师再克之。

是月奉上谕："曾国藩、文俊自八月奏报瑞州、建昌胜仗之后，已及月余未见续报。前闻贼匪多回至金陵，而江西失陷，各郡尚无一处克复。据江浙各省奏报，皆言金陵内乱，恐石逆不得志于皖楚，势必窜入江西。该逆于诸贼之中最为凶悍，若令回窜江西，占踞数郡，煽惑莠民，其势愈难收拾。著曾国藩等乘此贼心涣散之时，赶紧克复数城，使该逆退无所归，自不难穷蹙就擒。若徒事迁延，劳师糜饷，日久无功，朕即不遽加该侍郎等以贻误之罪，该侍郎等何颜对江西士民耶！又闻石达开与韦逆不睦，颇有投诚之意。倘向曾国藩处乞降，应如何处置之法，亦当预为筹画，经权互用，以收实效。现在仍将失陷各城先图攻克，使该逆无所凭借，不敢退至江西，是为至要。钦此。"

十一月初一日，刘公长佑、萧公启江等力攻袁州，克之。十三日，公弟国荃、周凤山会克安福县城，进攻吉安。

十七日，驰奏：瑞州一军屡次胜仗，现在新修南北两城，并力坚守，以为西路官军根本，以通江楚要路。并奏报吴坤修一军在奉新胜仗，阵亡将弁王吉昌请恤。又具折奏：赣州、南宁一路，匪势蔓延，兵勇战守，渐形疲乏。赣南距省城千里而遥，路途多梗，实有鞭长莫及之势，仍请添调粤兵来江会剿。又奏建昌官军挫败、营垒被陷、闽兵退回本境一折。阵亡副将陈上国与其殉难员弁苏廷美、伍连青、吕文炘、丁开第请恤。又奏报湖南援军克复袁州一折。又具折复陈江西近日军情。奏称石逆若归命投诚，当令其献城为质，乃为可信，不敢贪招抚之虚名，驰防剿之实务。刻下瑞州、奉新剿办尚为得手。周凤山吉安之师，差称劲旅。袁州新复，西路大有振兴之机。水师则彭玉麟、刘于浔均甚得力。惟抚建屡挫，东路空虚，惟当严饬诸将，克复数城，以副圣主拯民水火之意。奉朱批："尔等主见，甚属允妥。剿抚固应并用，尤重先剿后抚。可随时审其机宜，好为之。钦此。"先是，湖南巡抚骆公秉章奏称侍郎曾国藩招募乡勇，屡著战功，请加湘乡县文武学额。江西巡抚文俊公奏保曾国华以同知选用。均奉旨允准。公于是日具二折恭谢天恩。又奏保饶州、丰城等前后六案出力员弁汇单请奖一折。阵亡员弁汪焕文、赵德溶、黄邦治请恤。附片奏彭泽、都昌、湖口、鄱阳四县久陷贼中，其间颇有忠义之士，抗节不屈，办团杀贼，忠愤激发，不避艰险，请将该四县出力绅董开单保奖。

袁州克后，贼窜樟树镇，聚党日盛。刘于浔以水师攻战连日，击破之。毕金科驻防饶州数月，破贼于泥湾，又破贼于陶溪渡，又破贼于线洲。鄱阳境内肃清。贼之初起，以飘忽见长。及去年再陷武汉，窜扰江西各府州县，则坚垒浚壕，以困官军。兵勇仰攻，累月不下。官文公、胡公林翼之师攻武汉两城，迭奉严旨督促。李公续宾、杨公载福击各路援贼，戡除几尽，惟两城未下。江西八府，惟南康贼众不多，余城则皆以悍贼数千守之。

公在军终日凝然，奏牍书札，躬亲经理，不假手于人。益治书史，不废吟诵。尝谓军事变幻无常，每当危疑震撼之际，愈当澄心定虑，不可发之太骤。盖其数年所得力者在此，所以能从容补救，转危为安也。

二十二日，湖北官军水陆大举，克复武昌、汉阳两城，乘胜东下江宁。将军都兴阿公总统马队，李公续宾总统步军，杨公载福总统水军，水陆并进。沿江贼党，望风瓦解。二十四日，克武昌县。二十五日，克黄州府。遂连克兴国、大冶、蕲州、蕲水四城。李孟群、王国才、石清吉等以兵勇从将军都公。

十二月，克广济、黄梅。水军直抵九江，焚夺贼舟净尽，江面肃清，合力以攻九江。李公续宾一军八千人屯九江城外，杨公载福率战舰四百号泊江两岸，都公马队益以副将鲍超之步军三千六百人扼小池口，兵威鼎盛。公由南昌至吴城镇，巡视水师。十八日，驰至九江，迎劳诸军。

二十三日，驰奏湖南援师周凤山等克安福县一折，饶州防军毕金科等屡次胜仗、鄱阳县境肃清一折，江西水师刘于浔再克新淦、在樟树镇迭次胜仗一折，随折奏保刘于浔、蔡康业二员。又奏保瑞州援军出力员弁开单请奖一折，阵亡将弁潘河清、李经元、呙长源、唐梅洪、李上安、彭益胜、姚长青、刘家全、吴秀山、向秀武请恤。附片奏：臣驰赴九江，迎劳水陆各军，见其军威严肃，士气朴诚，实为不可多得之劲旅。请旨饬催山西、陕西将每月协报之饷，解交湖北抚臣胡林翼经收，专济九江大军之

尝谓军事变幻无常，每当危疑震撼之际，愈当澄心定虑，不可发之太骤。

用。其江西分驻各府兵勇，再请敕广东督抚，每月筹拨银四万两，解交湖南抚臣骆秉章，转解江西各营。夏间，奉旨饬查邓仁堃被参各款。是日具折复奏，请将臬司邓仁堃交部严加议处，并陈明邓辅纶带勇原委。自公入南昌以来，军务章奏，与文俊公会衔，均推公主稿。

二十八日，公旋至南昌。是时楚军在江西东路者，李元度贵溪一军，毕金科饶州一军，势稍单弱，裁足自守。西路军势大振，瑞昌、德安、武宁、建昌、新喻、永宁六县城先后收复，刘公长佑、萧公启江等进军临江府。南昌、袁州两郡全境肃清。九江、南康、瑞、临、临安各属邑，收复过半。贼势益衰。湖北崇、通一带，迭经官军剿克，仍为贼踪扰踞。王公鑫募勇一军曰老湘营，既剿平湖南南路各匪，巡抚骆公调令赴鄂，进剿通城、崇阳、通山、咸宁等县，皆破平之。

是年三月，扬州复陷，托明阿、陈金绶、雷以諴均革职。钦差大臣都统德兴阿接统江北大营，翁同书帮办军务，收复扬州。贼陷宁国府城，皖南大扰，浙江戒严。邓绍良率兵援之。四月，江苏巡抚勇烈公吉尔杭阿阵亡，道员刘刚愍公存厚、副都统勇节公绷阔亦战死。五月，江南大营失陷，向荣、张国梁退走丹阳。六月，贼攻丹阳，张公国梁击破之。七月，向忠武公荣卒于丹阳。八月，金陵贼内乱。贼酋杨秀清、韦昌辉皆毙，石达开窜安庆。和春奉旨授钦差大臣，由皖北渡江，接统江南大营。

年譜 卷五

【丁巳】咸丰七年，公四十七岁

正月，公在南昌。初五日，吴公坤修克奉新县城，毕刚毅公金科由饶州率军剿贼于景德镇，遇伏阵亡。

十七日，奏报吴坤修一军迭获胜仗，克奉新县城。随折奏保吴坤修请以道员用，并保杜霖、孔广晋二员，阵亡勇弁陈有才、余瑞林请恤。又奏报江西官军克建昌、武宁二县，湖北援军收复瑞昌、德安，湖南军收复新喻、永宁等县城。附片奏：九江南北两岸水陆至二万余人之多，臣即日拟由瑞州前往九江料理联络，惟现患目疾，请赏假一月，即在军营调理。是日拜折后，出至奉新，督带吴坤修一军赴瑞州。扼扎府城东面，始合长围，掘堑周三十里，以断贼之接济。西安将军福兴奉旨领兵千人，由浙江赴江西会剿，于是月抵南昌。

二月初四日，公由瑞州回至南昌，会商军务。初九日，仍还瑞州营。

竹亭公以初四日薨于里第。十一日讣至瑞州，公大恸，仆地欲绝。次日赴告南昌及湘军各营，设次成服。十六日，驰折奏报丁忧开缺。奏称：微臣服官以来，二十余年未得一日侍养亲闱。前此母丧未周，墨绖襄事；今兹父丧，未视含殓。而军营数载，又功寡而过多，在国为一毫无补之人，在家有百身莫赎之罪。瑞州去臣家不过十日程途，即日奔丧回籍。查臣经手事件，以水师为一大端。提督杨载福、道员彭玉麟，外江内湖所统战船五百余号，炮位至二千余尊之多。此非臣一人所能为力，合数省之物力，各督抚之经营，杨载福等数年之战功，乃克成此一枝水军。请旨特派杨载福总统外江内湖水师事务，彭玉麟协理水师事务，该二人必能了肃清江面之局，并请饬湖北抚臣、江西抚臣每月筹银五万两，解交水营，以免饥溃。仍恳天恩，准臣在籍守制，稍尽人子之心。合家感戴皇仁，实无既极！抑或赏假数月，仍赴军营效力之处，听候谕旨遵行。

> 在国为一毫无补之人，在家有百身莫赎之罪。

江西巡抚文俊公派委督粮道李桓至瑞州营，李公续宾之弟续宜，自九江驰赴瑞州唁公。二十一日，公与公弟国华自营启行。二十九日，抵里门。越数日，公弟国荃自吉安营奔丧回籍。湖南巡抚骆公秉章奏报公丁父忧一折。奉上谕："该侍郎现在江西督师，军务正当吃紧。古人墨绖从戎，原可夺情，不令回籍。惟念该侍郎素性拘谨，前因母丧未终，授以官职，具折力辞；今丁父忧，若不令其奔丧回籍，非所以遂其孝思。曾国藩著赏假三个月，回籍治丧，并赏银四百两，由湖南藩库给发，俾经理丧事。俟假满后，再赴江西督办军务，以示体恤。钦此。"三十日，具呈骆公请代奏报奔丧到籍日期。

　　三月初一日，奉上谕："曾国藩奏丁忧回籍请派员督办军务一折，业经降旨赏假三个月，回籍治丧。所有曾国藩前带水师兵勇，著派提督衔湖北郧阳镇总兵杨载福就近统带，广东惠潮嘉道彭玉麟协同调度。所需兵饷，并著官文、胡林翼、文俊源源接济，毋使缺乏。该侍郎假满后，著仍遵前旨，即赴江西督办军务，以资统率。钦此。"安徽官军溃于桐城，皖北之贼大炽。官文公檄调李孟群督军援皖。二十六日，公具呈骆公，请代奏谢恩赏假并银两。

　　四月，贼酋陈玉成由安徽纠党犯鄂境，蕲黄以北各州县城皆扰陷，李公续宜由瑞州分军回鄂以击贼。江西吉安、临江、瑞州等府城，久攻未克。贼酋石达开率贼党往来江楚境，为城贼之援。骆公秉章檄调王鑫老湘营三千人，赴江西为雕剿游击之师。

　　五月，石逆大股援吉安，王公鑫驰往奋击，大破之。二十二日，公以假期将满，具折奏沥陈下情，恳请终制：臣在京十四年，在军五年，祖父母、父母先后见背。生前未伸一日之养，没后又不克守三年之制，寸心愧负，实为难安。臣恭阅邸抄，大学士贾桢丁忧，皇上赏假六个月，旋因贾桢奏请终制，奉旨允其所请。臣葬事未毕，恳照贾桢之例，在籍终制。

　　闰五月，奉上谕："曾国藩奏沥情恳请终制一折。曾国藩在江西军营闻丁父忧，前经降旨赏假三个月，回籍治丧，俟假满时，再赴江西，督办军务，以示体恤。并据该侍郎奏称，假期将满,葬事未毕,吁准在籍终制。曾国藩本以母忧守制在籍,奉谕帮办团练,当贼氛肆扰皖鄂,即能统带湖南船勇,墨绖从戎。数载以来,战功懋著,忠诚耿耿,朝野皆知。伊父曾麟书因闻水师偶挫,又令伊子曾国华带勇远来援应,尤属一门忠义,朕心实深嘉尚。今该侍郎以假期将满,陈请终制,并援上年贾桢奏请终制蒙允之例。览其情词恳切,原属人子不得已之苦心。惟现在江西军务未竣,该侍郎所带楚勇,素听指挥,当兹剿贼吃紧,亟应假满回营,力图报效。曾国藩身膺督兵重任,更非贾桢可比。著仍遵前旨。假满后即赴江西督办军务,并署理兵部侍郎,以资统率。俟九江克复,江面肃清,朕必赏假,令其回籍营葬,俾得忠孝两全,毫无余憾。该侍郎殚心事主,即以善承伊父教忠报国之诚,当为天下后世所共谅也。钦此。"

初三日,奉竹亭公葬于湘乡二十四都周壁冲山内丙山壬向为茔。李元度其驻贵溪御贼,屡有功,专弁诣公函商军事。公复书谓:江西军务,刻不去怀。所以奏请终制者,实以夺情两次,乃有百世莫改之誉。至其所自愧憾者,上无以报圣主优容器使之恩,下无以答诸君于患难相从之义。常念足下与雪芹皆有极不忘者。前年困守江西,贼氛环逼,雪芹之芒鞋徒步,千里赴援;足下之力支东路,隐然巨镇。鄙人自读礼家居,回首往事,眷眷于辛苦久从之将士,尤眷眷于足下与雪芹二人。王公鑫击贼于宁都州永丰县境,皆大破之。

六月初六日,公具折恭谢天恩,请开兵部侍郎署缺。又具折沥陈历年办事艰难竭蹶情形:臣处一军,概系募勇,虽能奏保官阶,不能挑补实缺。将领之在军中,权位不足以相辖,大小不足以相维。臣居兵部堂官之位,而事权反不如提镇。此其一端也。筹饷之事,如地丁漕折,劝捐抽厘,均需经地方官之手,臣职在军旅,与督抚势分主客,难以呼应灵通。此又一端也。臣办团练之始,仿照通例,刻木质关防,文曰"钦命帮办团防查匪事务前任礼部右侍郎之关防"。四年八月,剿贼出境,湖南巡抚咨送木印一颗,文曰"钦命办理军务前任礼部侍郎关防"。五年正月换刻之,文曰"钦命办理军务前任礼部侍郎关防"。秋间又换刻,文曰"钦差兵部右侍郎关防"。臣前后所奉寄谕，援鄂援皖，筹备船炮，肃清江面，外间皆未明奉谕旨，时有讥议。关防更换既多，往往疑为伪造。如李成谋已保至参将，周凤山已保至副将，出臣印札，以示地方官而不见信，反被诘责。甚至捐生领臣处实收，每为州县猜疑。号令所出，难以取信。此又一端也。三者其端甚微，关系甚大。臣处客寄虚悬之位，又无圆通济变之才，恐终不免贻误大局。目下江西军势，无意外之虞，无所容其规避。若果贼氛逼迫，当专折驰奏，请赴军营，不敢避难。若犹是平安之状，则由将军福兴、巡抚耆龄两臣会办。事权较专，提挈较捷。臣在籍守制，多数月尽数月之心，多一年尽一年之心。

疏入，奉上谕："曾国藩以督兵大员，正当江西吃紧之际，原不应遽请息肩。惟据一再陈请，情词恳切。朕素知该侍郎并非畏难苟安之人，着照所请，准其先开兵部侍郎之缺，暂行在籍守制。江西如有缓急，即行前赴军营，以资督率。此外各路军营，设有需才之处，经朕特旨派出。该侍郎不得再行渎请，致辜委任。钦此。"

王公鑫破贼于广昌，又破贼于乐安。贼回窜吉安。周凤山等军败溃。胡公林翼督军于黄州击贼，连破之。王刚介公国才阵亡于黄梅。

七月，楚军攻克瑞州府城，刘武烈公腾鸿阵亡。耆龄公檄调普承尧等移师会攻临江府。

八月初四日，王壮武公鑫卒于乐安营次。其老湘营一军，以张运兰、王开化分领之。十四日，奉上谕："昨据给事中李鹤年奏曾国藩自丁父忧后，迭蒙赐金给假，褒奖慰留。此后墨绖从戎，宜为天下所共谅，岂容以终制为守，经再三渎请，请饬仍赴江西，及时图报等语。军务夺情，原属不得已之举。朕非必欲该侍郎即入仕途，然如该给事中所奏，亦可见移孝作忠，经权并用，公论自在人心。现在江西军务，有杨载福统带，虽无须曾国藩前往，而湖南本籍逼近黔粤，贼氛未息，团练筹防，均关紧要。该侍郎负一乡重望，自当极力图维，急思报称。所有李鹤年原折，著钞给阅看。钦此。"

李公续宜引军渡江，至黄州，会鄂军克蕲水、广济、黄梅，击小池口贼垒，破平之。湖北全境肃清。胡公林翼至小池口，督诸军合攻九江。

九月初八日，官军水陆齐举，克湖口县城，攻破梅家洲贼垒，内湖、外江水师始合。初九日，公具折复奏：臣两奉谕旨，现在江西军务，办理得手，自可无庸前往。湖南目下全省肃清，臣仍当暂行守制。如果贼氛不靖，应须团练筹防之处，届时商之抚臣，奏明办理。臣自到籍以来，日夕惶悚。欲守制，则无以报九重之鸿恩；欲夺情，则无以谢万世之清议。惟盼各路军事日有起色，即微臣寸心亦得以稍安。附片奏称：此后不轻具折奏事，前在江西经手未完事件，拟函致江西抚臣耆龄，请其代奏。疏入，奉朱批："江西军务渐有起色，即楚南亦就肃清，汝可暂守礼庐，仍应候旨。大臣出处，以国事为重，抒忠即为全孝。所云惧清议之訾，犹觉过于拘执也。钦此。"

十三日，杨公载福督水师，破小姑山贼卡。二十一日，克彭泽县，拔其伪城，乘胜而下，连克望江、东流，直抵安庆城外。进克铜陵县，又拔其伪城二座，逐北千里，遂与定海镇之红单船相接。红单船见楚师旗帜，大惊以为神。杨公分银米火药以饷下游船兵，皆大感服，仍率水师回泊湖口。自公在衡州创立舟师，苦战四载，至是克奏奇功，肃清江面之势成矣。胡公林翼以水一军，本自公建立，杨公载福、彭公玉麟皆经公识拔于风尘之中，所统将弁，皆公旧部。遂于二十四日在九江营次，驰奏起复水师统将以一事权一疏。奉上谕："曾国藩丁忧后，奏派杨载福总统内湖外江水师，彭玉麟协同办理。业经明降谕旨，允其所请。朕因该侍郎恳请终制，情词恳切，且江西军务渐有起色，是以令其暂守礼庐等因。钦此。"

湘军之攻吉安也，公弟国荃所部湘勇曰吉字营。夏间周凤山之败，公弟国荃方在籍，而吉字营独全军而退，保守安福。于是江西巡抚耆龄公奏请起复曾国荃治军吉安，旋令总统吉安各军。公居礼庐，眷念江西援军连失刘腾鸿、王鑫二劲将。于国荃之行也，反复训诫，以和辑营伍、联络官绅与夫攻战之法，至数千言，并令辞总统之任。十月，公弟国荃抵安福，约会各军，并集吉安城下。

十一月，石达开纠贼党由皖入江，犯湖口。李公续宜击破之。贼由饶抚疾趋吉安，官军合力迎击，破贼于吉水县之三曲滩，城围遂合。

十二月初八日，楚军克临江府城。刘公长佑因病回籍，其所部勇，并归萧公启江总统，而以刘公坤一分领之，进攻抚州。张公运兰等进军建昌府。于时江西西路，仅吉安、九江两城未复而已。

公治军五载，粮台无定处，经涉三省，头绪繁多。公于读礼之次，酌拟报销大概规模。于是月具折咨江西巡抚附奏。奏称：臣处一军，未经奏派大员综理粮台，亦无专司之员始终其事。越境剿贼，用银渐多，历时既久，散漫难清。拟将水陆各军，分为数大款，在臣处领饷之月日截清起讫，归臣处报销。至若经手人员，如同知陶寿玉，知府李瀚章，道员裕麟、厉云官，礼部员外郎胡大任、甘晋等，经臣前后派委，分处江楚各省，俟江西军务将毕，即饬该员等为臣办理报销事件，造册送部。如有款目不符、著赔追缴之处，皆臣一身承认，不与该员等相干。请旨饬部核议施行。附奏报邓辅纶捐造战船请叙一片，请注销李新华捐案一片。

是岁安徽之贼与河南之捻匪相结，党众炽盛。安徽巡抚福济罢职，以李孟群署理巡抚。钦差大臣都统胜保与副都御史袁甲三，均驻皖豫之交，督办军务。又以翁同书为安徽巡抚。十一月，德兴阿公克瓜洲，张公国梁克镇江府。

【戊午】咸丰八年，公四十八岁

正月，公在里第卜宅兆，将谋迁葬。公过罗忠节公家、刘武烈公家，慰其老亲，抚其孤子。又至刘公蓉家，小住二日，畅谈忘倦。江西巡抚耆龄公奏委公弟国荃总理吉安攻剿事务。

二月，行小祥礼，公弟国华除服。公与弟国华议立家庙，祀曾祖以下。置祭田四十六亩。庙中庋藏御赐衣物若干事，诰命十一轴，祖考遗念衣履、几砚、宗器、祭器若干件，书籍数千卷，分条记注于簿。公之为学，雅重礼典，国朝尚书徐公乾学《读礼通考》，秦文恭公蕙田更为《五礼通考》，二书皆公素所服膺。自上年奉讳家居以来，日取二书，昕夕研校，读之数反。凡几筵奠祭，必参考古今，衷于至是而后已。

三月，公弟国华出，从军于九江。李公续宾留之军中，遇事谘之。户部议复东征一军水陆各营报销规模，如公前疏中所拟，奉旨依议。公初行军，粮台设于水次，总属于内银钱所。公之回里也，彭公玉麟兼综理之。公致书胡公林翼商立报销局，又致书彭公玉麟筹拨恤银数千两，给内湖外江水师殉难员弁及陆军平江营殉难员弁之家，如褚汝航、夏銮、林源恩、唐得升、白人虎、伍宏鉴六人，尤公所加意。又如毕金科之在饶州，力战死绥，李元度之驻贵溪，坚忍扼守，屡悍巨股，均以公不在军中，赏与恤为之缺然。然公恒自谓负之。李元度军驻贵溪两年，贼酋石达开由江西窜入浙江之境，连陷城邑。胡公林翼奏保李元度，请旨饬令率所部平江勇前赴浙江，择要扼守，以遏贼锋。并由鄂省筹银一万两以资之，从公所请也。

四月初七日，水陆两军合攻九江府城，克之，屠戮无遗。二十日，萧公启江、刘公坤一等克复抚州府城。二十四日，张公运兰、王公开化等克复建昌府城。贼悉窜入浙江境。将军福兴驻军广信，奉旨切责，以总兵周天受督办浙江防剿事宜。寻诏和春兼督江浙军务。李公续宾补授浙江布政史，既克浔城，军威大振。浙人官都中者奏请其移军援浙，浙中官绅争催其督师赴任。适逆酋陈玉成窜扰皖鄂之交，城邑多陷，势方大炽，李公续宾率师回援。五月，击贼于黄安、麻城，克之，楚境以清。

官文公、胡公林翼会奏统筹东征大局：先剿皖北，次及皖南，节节扫荡，请以陆路军事专属之李续宾，奉旨嘉奖。寻复奉旨："李续宾加巡抚衔，军入皖境后，得专折奏事。而调湘军之在江西东路者，悉移师以援浙。"五月二十一日，奉上谕："前因江西贼匪窜入浙江，恐周天受资望较浅，未能统率众军，复谕和春前往督办。兹据和春奏现在患病未痊，刻难就道。东南大局攸关，必须声威素著之大员督率各军，方能措置裕如。曾国藩开缺回籍，计将服阕。现在江西抚建均经克复，止余吉安一府，有曾国荃、刘腾鹤等兵勇，足敷剿办。前谕耆龄饬令萧启江、张运兰、王开化等驰援浙江。该员等皆系曾国藩旧部，所带勇丁，得曾国藩调遣，可期得力。本日已明降谕旨，令曾国藩驰驿前往浙江办理军务。著骆秉章即传旨，令该侍郎迅赴江西，督率萧启江等星驰赴援浙境，与周天受等各军，力图扫荡。该侍郎前此墨绖从戎，不辞劳瘁，朕所深悉。现当浙省军务吃紧之时，谅能仰体朕意，毋负委任。何日启程，并著迅速奏闻，以慰廑念。钦此。"二十五日，骆公秉章具疏奏称：现在援江各军将领，均前侍郎曾国藩所深知之人，非其同乡，即其旧部。若令其统带赴浙，则将士一心，于大局必有所济。且江浙本属泽国，利用舟师。杨载福、彭玉麟两军，皆系曾国藩旧部。曾国藩统陆师赴浙，或从常山更造战船，顺流而下；或派船由长江入太湖，溯流而上。江南大军既免后顾之虞，援浙陆军亦得戈船之助。其勇饷一项，拟由湖南每月筹解饷银二万两。请旨饬下湖北抚臣胡林翼，每月筹解银二万两，专供曾国藩军之用。

六月，奉上谕："骆秉章奏分拨楚军援浙，并请饬曾国藩统率前往。与前降谕旨，适相符合。每月筹解银二万两，作为援浙勇饷，实能统筹大局，不分畛域，著即照办。该侍郎兵力既精，饷需又足，必当迅奏肤功也。钦此。"初三日，接奉谕旨。初七日，公治装由家启行。初九日，过湘乡县城。十二日，抵长沙，与骆公秉章、左公宗棠会商军事。刻木质关防，其文曰"钦命办理浙江军务前任兵部侍郎关防"。具札调派萧启江、张运兰、王开化等湘军，由江西抚建一路，拔营进驻铅山县之河口镇。公拟由水路东下，过九江登陆，会军于河口，督师以赴浙。骆公派委主簿吴国佐管带练勇千二百人，隶公麾下。公札令由陆路先赴江西。

十七日，具折恭报起程日期，并陈明进兵援浙之道。奉朱批："汝此次奉命即行，足证关心大局，忠勇可尚。俟抵营后，迅将如何布置进剿机宜，由驿驰奏可也。"钦此。是日又会奏萧启江请假两月回籍一片。

十九日，由长沙登舟。二十四日，行抵武昌，与胡公林翼会商进兵之路、筹饷之数、大营转运粮台报销各事。留署中旬日。鄂省协饷二万两，亦奉旨允准饬拨。公素称胡公才大心细，事无巨细，虚衷商度。胡公亦悉心力代为之谋，谈议每至夜分不息。

七月初三日，由武昌解缆。初四日，泊巴河。公弟国华，李公续宾、续宜，彭公玉麟等，先后谒见于巴河，筹商陆营统领营官哨长及随营委员章程，兵勇行军止营出队之法。李公续宾派拨湘勇二营，以副将朱品隆、唐义训领之，隶公麾下，以为亲兵营。公与李公议改修湘乡忠义祠。李公捐银二千两，公捐银一千两，以为之倡。十一日，行抵九江府，致祭塔忠武公祠。杨公载福来见公。

十二日，舟次湖口。彭公玉麟修建水师昭忠祠于石钟山，祀楚军水师之死事者萧公捷三以下弁勇夫役等，凡数千人。十五日，公至昭忠祠致祭，遍赏外江内湖水勇，为钱二千二百余贯，札调朱品隆、唐义训率所部勇先行赴河口镇。公之初出也，以肃清江面为期。公自驻水营，设粮台于水次。至是楚皖江面，以渐廓清。下游虽有贼踪，势不得复逞。贼酋石达开，由江西窜扰浙闽边界，所陷郡县，不复踞守，渐成流寇之势。公督师援浙，舍舟而登陆，治兵转饷，均改前规。设立报销总局于湖口，札调李瀚章来江总理报销局，清釐茵东征水陆各军饷糈收发之数，分款核销。设陆路随营粮台，派委喻吉三、彭山屺带勇数百以护之。武昌、九江、贵溪皆设转运局，南昌省城设支应局，札委道员李元度、知府王勋综理营务处，札委陆营管理银钱所、军械所、发审所，公牍案卷各员弁十有余人。

二十一日，舟抵南昌，与巡抚耆龄公会商军饷。札撤前年江省所较楚军支应炮位子药三局，以所余硝磺火器之属归于陆军支领。撤遣李大雄、滕加洪两营。其上年在江西差委员弁，分别撤留。是时楚军在江西者，张运兰、萧启江所领两军，已集于河口镇，合以朱品隆等军，共万余人。其刘公长佑一军，经江西巡抚派委，由抚州移防杉关；李元度一军，亦秦派由贵溪拔营援浙。贼既解浙江衢州之围，由处州窜入福建，分股由浦城窜出二度关，围攻广丰、玉山二县，广信戒严。李元度力守二城，击贼却之。寻接公札委办营务处，以所部平江勇属沈公葆桢权领之。

二十四日，公由南昌解缆，泊瑞洪。江西水师道员刘于浔来见公。途次奉上谕："前因浙江军务紧急，谕令曾国藩赴浙剿办，现在衢州业已解围，处州等府县亦相继克复，境内余匪，不难克日肃清。惟闽省浦城、崇安、建阳、松溪、政和等处贼势蔓延，亟应赶紧剿办。和春等现饬总兵周天培于援浙兵勇内，挑选精锐三千数百名，由龙泉一带进剿。饶廷选带漳州兵勇，亦驰往浦城。曾国藩业已奏报起程，著即以援浙之师，由江西铅山直捣崇安，相机进剿。迅将闽省各匪一律扫除，毋少延误。钦此。"又奉上谕："总兵李定泰，前令帮办和春军务，此时周天受等会剿窜闽各匪，著总归曾国藩调度。钦此。"又奉上谕："署福建漳州镇总兵周天受，著加恩赏还提督衔，即著驰往福建与周天培、饶廷选、张腾蛟等分路进剿，俟前任侍郎曾国藩到后，即归曾国藩调度。钦此。"是月，胡公林翼丁母忧，解任回籍，诏官文兼署巡抚事。

八月初八日，公抵河口营。沈葆桢、李元度来见。札各营营官支发勇粮，每日每名领银一钱四分，夫粮每名一钱，画一定制。楚军在江西境内者，迭被乡团截杀，多至数十百人。公出示晓谕各兵勇，严禁骚扰。又出示晓谕团练，禁毋得妄杀人。委员提各案证讯鞫得实，按法处办。

十二日，驰奏遵旨援闽拟即日由崇安进剿、并陈明现在贼情军事一折。又奏报闽贼窜扑广丰、玉山两县，官军力战获胜，两城解围一折。奏称：李元度自从军以来，备尝艰险，百折不回。臣丁忧回籍，该员以孤军支柱东路，屡能以少胜众。此次力保两城，有裨大局。请赏加按察使衔，并给勇号。阵亡弁勇易金榜、李传纶、龚茂发、张应龙、龚拱纶、李家纯、黄查七名请恤。附片奏调游击喻吉三随营差遣。又奏：此次由江入闽，应于广信府城、铅山县城设立粮台，转运米粮军火等件，已札委驻防广信之

自从军以来，备尝艰险，百折不回。

九江道沈葆桢兼理。臣军粮台,并委在籍道员雷维翰经理铅山水陆转运。又札调李元度带所部平江勇一营,随臣赴闽办理营务处,余勇并交沈葆桢接管,留防广信。札调王勋来营会办营务处。又会奏九江府城建立提督塔齐布祠,湖口建立水师昭忠祠。臣在途次,经历两处,见其祠宇将次工竣,请敕下地方官春秋致祭。又奏湘乡县城捐建忠义祠、汇祀阵亡员弁勇丁一折。附片奏:湖南补用知府李瀚章在臣军粮台经手最久,该员现回庐州原籍,应令迅来湖口水营办理报销。所请皆奉旨允之。公弟国荃督各营攻克吉安府城,江西全省肃清。江西、湖南巡抚会奏,保曾国荃以知府遇缺即选,并加道衔。贼由福建邵武分股窜出铁牛关,刘公长佑击贼失利。泸溪、金谿皆失守。贼窜陷安仁县。

十五日,公率军移驻弋阳县,调张运兰回军截剿。十九日,克复安仁县,贼由万年窜入饶州境,屯踞景德镇。公调吴国佐会剿安仁之贼。吴国佐追贼于万年,小挫,帮办营官刘本杰阵亡。

二十四日,驰奏闽贼窜入江西、官军克复安仁一折。随折奏保道员张运兰、知府王文瑞二员,阵亡千总周玉田请恤。附片奏阵亡知县刘本杰请恤。又片奏请旨敕四川督臣每月筹银二万两,由湖北转解行营。又片奏同知胡兼善在营病故,请恤。

二十七日,公拔营赴云际关。二十九日,行抵双港,闻警驻营。闽中之贼,分大股回窜新城县。吉安余匪窜陷崇仁、宜黄两县。抚州、建昌两郡戒严。公调张运兰一军进剿新城。公改道南趋建昌。

九月初二日,李元度请假回籍。刘公长佑击贼于新城,大破之。贼退回闽境,崇仁、宜黄股匪亦窜入闽境。

初七日,公行抵金谿,闻新城大捷。初九日,抵建昌府,驻军城外。刘公长佑来见公。公登麻姑山,周览建昌形势,高下远近攻守之途,浚壕坚垒,委弁勇严守垒门,每夜亲巡查之。委员弁专司更鼓,晨昏漏刻,毋得参差。委员分巡营垒附近数里之地,严禁赌博及吸食鸦片之馆。出示晓谕弁勇,严禁强索夫役,抑勒货物。每日传见哨长三人,察其材力能否,密为记注。

十三日,驰折奏移师建昌,商筹抚建各府防剿事宜,拟从杉关入闽剿贼。附片请给捐生纪以凤等执照。萧公启江假满还江西，抵建昌大营。公调张运兰一军，由杉关进剿，萧启江一军由广昌进剿，派吴国佐一军为后路策应。时闽中贼氛方炽，官绅函牍迭至，催公赴援。而岭路崎岖难行，天雨不止，疾疫大作，不能速进。公弟国荃克吉安后，撤遣所部之勇回湘。所统湖南援军各营，亦先后遣回湖南境。自率所部勇千人，从公于建昌。二十六日，抵大营。公留其勇为亲兵，谓之护卫军。其营官、哨长，亦每日传见数人，视其能者奖拔之。公弟国荃留营十余日。李公瀚章由庐州应调来营。公核定在营委员夫役等薪水口粮章程，查核火器大小炮位、抬枪鸟枪等项所食子药多少轻重之数，为表以记之。

十月十一日，公弟国荃回湘。公送之行，以课子读书为属。十六日，具折奏保玉山、广丰守城案内出力员弁，开单请奖。又驰奏调派官军分道入闽、并陈现在办理情形一折。附片奏报：疾疫盛行，从前所未见。张运兰、萧启江、吴佐国等军，报病多者千数百人，少或数百人，臣亦不忍亟催其进。刘长佑一军，积劳过深，患病尤众，请移驻抚州调理。奉上谕："曾国藩奏办理情形，朕亦不为遥制。该侍郎惟当督饬将士，相机剿办，探知何处有贼，即由何处进剿，以期迅歼丑类。至建昌等属疾疫流行，各营兵勇现多染病，著该侍郎妥为拊循，俾得迅速调治，无误军行。钦此。"

李忠武公续宾、公弟愍烈公国华于巴河相见，别后督军入皖。八月，克太湖、潜山。九月，克桐城、舒城，兵势甚锐。时庐州复陷，贼屯聚三河镇。李公续宾督军攻三河贼垒。是月，贼酋陈玉成纠合大股援贼，连营围之。官军全覆，李公赴敌阵亡，公弟国华及在军员弁兵勇从殉难者六千人。湘军精锐歼焉！舒城、桐缄后路之军，相率溃退，楚皖之间大震。都兴阿公由宿太进攻安庆之师，亦退屯鄂境。李公续宜抚定溃卒，屯于黄州。官文公奏请公移师援皖。奉寄谕，以江西援闽之军疾疫方盛，难以跋涉长途。诏起复胡林翼署理湖北巡抚，督办军务，以援皖北。是月，公编记江浙皖闽各省府州县所属山川扼塞，逐日记注，以为常课。出示晓谕被贼州县流亡户口,招集复业。

十一月,公闻三河之警,悲恸填膺,减食数日,作《母弟温甫哀词》。专遣弁勇,间行入皖北,收觅骸骨。公核定大营阅视操练之期。每月逢三日,阅步箭刀矛之属,逢八日阅马箭火器之属。其时江西乡团犹有截杀楚勇之案,公作《爱民歌》一篇,令军中习诵之。张公运兰进军福建邵武府,贼已悉数南窜,由汀州窜扰江西赣州、南安之境。萧公启江军至石城县,值潮勇为匪,扰乱县境。萧公捕讨平之。皖北军覆后,贼之在景德镇者,乘势益张,江西之兵进剿失利。公乃调萧启江剿江西南路之贼,调张运兰回军建昌,移剿景德镇,与刘于浔水师会剿。

二十六日,驰奏分调官军追剿闽省窜贼、移剿景德镇股匪一折,附片奏萧启江军过石城讨捕潮匪一案。又奏探明贼踪大略一片。胡公林翼营葬甫毕,驰至湖北接受关防,进驻黄州,拊循士卒,人心稍安。刘公长佑因军中多病,由抚州撤遣楚勇回籍。骆公秉章奏陈军情缓急,请公由江援皖。奉上谕:"皖北贼势鸱张,楚省边防吃紧,谅曾国藩亦必有探报。此时闽省之贼已南趋漳泉,距江西渐远。若照骆秉章所请,令该侍郎移师赴皖,而留萧启江所部四千余人防守江西,亦未始非权衡缓急之计。惟曾国藩所部各军多染疾疫,前奏尚须休息。且景德镇尚有大股逆匪,随剿随进,亦非计日可到。著曾国藩豫为筹度。如果闽省兵勇足资剿办,而江西边境防剿有人,自以赴援皖省尤为紧要。不独庐州省城可收南北夹攻之效,即上窜湖北之路,亦可借资堵扼。倘因汀州等处尚须兵力,一时不能移军,或须俟景镇股匪歼除,再回楚北,亦著斟酌具奏。钦此。"

十二月十一日,公具折复奏:近日贼势,以皖江南北两岸为最重。皖南大山绵亘,自山以北,久为粤匪出没之区;自山以南,现惟婺源县、景德镇两处有贼。皖北贼势浩大,实倍甚于皖南。论大局之轻重,则宜并力江北,以图清中原;论目前之缓急,则宜先攻景镇,保全湖口。臣已札张运兰一军驰剿景镇。至福建之贼,为数无多,其回窜江西者,已饬萧启江一军,迅速追剿。奉朱批:"所拟尚属妥协。钦此。"公又附片奏目疾请假一

每月逢三日,阅步箭刀矛之属,逢八日阅马箭火器之属。

月,在营调理。李公鸿章来谒于建昌,因留幕中。

十五日,李元度假满来营,王勋请假回籍。十七日,张公运兰等军至景德镇。吴国佐遇贼军败,公批饬责之,令其撤营回湘。贼陷南安府城,萧公启江进军攻之。张公运兰击贼于景德镇,破之。

是岁二月,和春公、张公国梁克秣陵关,复进攻金陵。诏授何桂清为两江总督。前江西巡抚张芾督办皖南军务,驻徽州。七月,江南大营筑长围于金陵以困贼。九月,德兴阿军大溃于浦口。贼复陷扬州府城及仪征、天长、六合等县,温壮勇公绍原死于六合。张公国梁引兵渡江,克扬州。十月,捻匪李兆受以天长归顺,更名世忠。十二月,戴武烈公文英、邓忠武公绍良剿贼于宁国府之黄池湾汕,先后阵亡。

年譜

卷六

【己未】咸丰九年，公四十九岁

正月，公在建昌营中，奉谕旨通筹全局。十一日，公具折奏称：数省军务，安徽吃重，江西次之，福建又次之。计惟大江两岸，各置重兵，水陆三路，鼓行东下。剿皖南，则可以分金陵之势；剿皖北，则可以分庐州之势。北岸须添足马步军三万人，都兴阿、李续宜、鲍超等任之；南岸须添足马步军二万人，臣率张运兰等任之；中流水师万余人，杨载福、彭玉麟任之。至江西军务，分南北两路，臣当与抚臣耆龄分任之。粤贼勾结捻匪，近来常以马队冲锋，拟调察哈尔马三千匹，募马勇数千，择平旷之地，驰骋操习。臣愿竭数月之力，训练成熟，皖豫军务，可期大有起色。附片请敕健锐营、内外火器营选派精练弓马、曾经战阵之员，咨送来营。并奏调翰林院编修郭嵩焘、礼部主事李榕二员。又片奏江西南路防剿吃紧，暂难移师北行，请饬赣南镇总兵饶廷选带兵来江，驻防南路。是日，又奏陈明李续宾死事甚烈、功绩最多一折。又奏陈臣弟曾国华殉难情形一折。奉上谕："巡抚衔浙江布政使李续宾前在三河阵亡，业经降旨，优加褒恤。兹据曾国藩胪陈该员功绩具奏，览之亦深悼惜。李续宾从军数载，所向成功，乃其见危授命，麾下将士无一偷生，实有古名将之风。允宜垂诸信史，百世流芳。著将曾国藩此奏交国史馆采入列传，以示褒嘉。钦此。"又奉上谕："曾国藩此奏伊弟曾国华殉难情形一折。著再加恩，赏给伊父曾骥云从二品封典，以示褒嘉。钦此。"同日又奉上谕："曾国藩奏遵筹全局请添马队进取一折。该侍郎统筹全局，意在并力大江两岸为节节进剿之计，所见甚是。惟现在江西南赣等处贼氛尚炽，该侍郎未能即日北行。俟南路稍松，再赴楚皖交界，筹办大局。编修郭嵩焘现随僧格林沁前赶天津，俟该处撤防，再降谕旨。主事李榕已令赴营差委。汝弟曾国华在三河阵亡，可嘉可悯，业经追赠道员，从优赐恤。该员之子，例有应得世职。本日复明降谕旨，赏给伊父曾骥云从二品

（旁注：李续宾从军数载，所向成功，乃其见危授命，麾下将士无一偷生，实有古名将之风。）

封典，以示褒奖。钦此。"公作《圣哲画像记》，图画昔时圣贤先儒三十三人，系之以说明，抗希古人之意，略依孔门四科及近世桐城姚氏论学，以义理、考据、词章三者，分门依类而图之。

官军攻景德镇小挫，公调驻防广信之平江勇等营赴镇助剿，饬张运兰等坚守营垒，与贼相持，军心以安。萧公启江击贼于南康县，大破之，克新城墟及池江贼垒。

二月初三日，萧公启江等攻克南安府城，收复崇义县城。贼酋石达开纠党西窜，入湖南境。初四日，公在营中，行大祥祭礼。初九日，奏报萧启江一军胜仗，阵亡将弁龙复胜等十七名请恤。又奏张运兰一军攻剿景德镇情形一折。汇奏水陆各军阵亡病故员弁何长庚等八十员名，开单请恤。又奏汇保新城、安仁两案老湘营、平江营出力员弁兵勇开单请奖一折。是日，又具折谢弟国华从优赐恤恩，又折恭谢年终恩赏。附片奏：邓辅纶捐造战船请叙一案，经工部咨查何项工例。臣查江楚创造战船，本系臣新立规模，并未仿造他省战船成式，实无工例可援，仍请照前案议叙。奉朱批："著照所请奖励该部知道。钦此。"

十一日，公查核报销七柱清单。公闻闽省已无贼扰。十二日，由建昌拔营，移驻抚州。李忠武公遗骨，经难民收得，负送大营。胡公林翼遣弁觅得公弟愍烈公遗骨，而丧其元。公闻而益悲之。胡公委员弁先后殓送回湘。

十五日，公在途次驰折奏报萧启江一军，协同各勇攻克南安府城，现在引兵驰援信丰县，江省南路可望肃清。随折奏保道员萧启江请加勇号。附片奏：移军抚州，距景德镇较近，军中声息易通。又具折恭谢天恩，并奏称：臣胞叔曾骥云，臣在侍郎任内，恭遇两次覃恩，曾邀貤封至正一品光禄大夫。兹复渥荷褒嘉之典，诰轴则祗领新纶，顶戴则仍从旧秩。奉上谕："前因曾国藩奏伊弟曾国华殉难情形，当经赏给曾国华之父曾骥云从二品封典。本曾国藩谢恩折内，声明曾骥云曾邀貤封正一品封典等语。所有曾国华之子曾纪寿，著再加恩，俟及岁时，由吏部带领引见，以示朕褒崇忠节有加无已之至意。钦此。"

十六日，公至抚州，赁城内谢氏宅以为行馆。萧公启江援剿信丰县，力战贼解围去。贼之窜湖南者，连陷桂阳、郴州各城邑，攻扑永州府。江西南境余匪相继西窜。公乃调萧启江一军，驰赴吉安府境，以为湖南援应之师。骆公秉章亦奏调萧启江由间道回军湖南，听候调遣。自是南路军饷，不复关公虑矣。公以景镇之贼，久攻未克，委副将朱品隆、游击喻吉三、知县张岳龄、县丞凌荫廷等，回湖南续招湘勇四千人，赴抚州训练，以备攻剿。二十七日，派委员弁巡查抚州城防。

二十八日，具折奏谢弟国荃保选用知府加道衔恩。又奏报萧启江一军力解信丰城围，现在飞调该军驰赴吉安为湖南援应一折，阵亡将弁李先益、李楚文、黄龙光、刘文友请恤。附奏添招练勇，即由江西添筹月饷一片。

三月，朱品隆等所募乡勇先后抵抚州。公按日阅操，传见各营哨官，时时训饬之。十三日，张公运兰击贼于景德镇，军势复振。刘公腾鹤领湘军驻防湖口。皖南之贼窜陷建德，刘公进剿阵亡。公调派平江勇千人，委知府屈蟠领之，以防湖口。

二十六日，奏报景德镇官军两月以来攻剿情形一折。阵亡将弁喻福庆、易福升等五十二员名，开单请恤。附片奏：添募湘勇，在抚州教练，俟吉安防务稍松，即调派各营合攻景镇之贼。又具折奏谢曾纪寿由吏部带领引见恩。是月，李武愍公孟群攻剿庐州阵亡。

四月，湖南永州解围，贼以全股围扑宝庆府城。公弟国潢治团练于乡邑。湘勇从军在外者，人怀家乡之虑。公札饬各营官禁勇丁告假回籍。委员至衡州府城，坐探湖南贼势军情，三日一报，随时函告各营以慰之。公出城阅视操演，其队伍整齐者，亟犒赏以奖励之。

二十五日，拜发万寿贺折，专弁入都。二十七日，公弟国荃到抚州营。

五月初九日，公与弟国荃设次行释服礼，仿《通礼》中品官祭仪，而略变通以行之。初十日，派调湘军之在抚州者旧部四营，新募者七营，为数共五千八百人，公弟国荃总领之，赴景德镇助剿，李公鸿章同住赞画。二十二日，总兵饶公廷选来见公。

二十六日,奏报楚军进攻景德镇连获胜仗,现在添军助剿一折。附片奏:饬九江道沈葆桢赴本任,调总兵饶廷选接防广信。又奏记名道编修李鸿章留营襄办军务,檄令会同曾国荃等督剿景镇。又奏陈明服阕日期一片。时公麾下名军悉赴景德镇,其留防抚州者千数百人,皆本归江省调度之营,借公为之镇抚而已。

六月初三日,礼部主事李榕来抚州见公。湖南贼围宝庆,久不解,萧公启江军亦至宝庆。总督官文公奏探知湖南贼势将窜入蜀,请令公带兵赴夔州一带,择要扼守。奏上谕:"官文奏请饬曾国藩迅赴夔州一折。详览该大臣所奏各情,实为通筹大局起见,本日已谕令有凤派兵扼要严防。惟该省兵力恐不能当此悍贼。曾国藩前派萧启江带兵援剿湖南,现在湖南吃重,此一军自未能调回。此外如江西、湖北等兵,素称得力,著曾国藩即日统带,由楚江前赴四川夔州扼守,以据两湖上游之势。倘贼踪窜至,即可有备无患。至江西景德镇之贼,尚未剿平,著曾国藩斟酌情形,咨商耆龄,妥为布置。俾得迅扫逆氛,不至顾此失彼,是为至要。钦此。"

公弟国荃督军至景德镇,三战皆获胜。十四日,克景德镇。贼窜浮梁县。十五日,公弟国荃、张公运兰等追击贼于浮梁,克之。贼溃入徽州境。江西全省肃清。

十八日,复奏寄谕防蜀一折。奏称:臣所部兵勇为数无多,目下景德镇攻剿之师,难以遽行抽动。若令由鄂赴蜀,应须兵力稍厚,乃可携以入峡。维时湖南宝庆贼势犹盛,湘军既克景镇后,弁勇等思归尤切,势不能止。公乃调张运兰引军回湘,以援宝庆。拟自率六千人,溯江西上至宜昌驻军,扼湖广之西路。

二十二日,驰奏克复景德镇及浮梁县城,江西全省肃清一折。奏称:曾国荃系臣亲弟,不敢仰邀议叙。随折奏保道员张运兰、王文瑞,游击任星元三员,阵亡都司李印典,守备向其昌、陈玉才、高成春请恤。附片奏:调张运兰一军会剿宝庆,以副弁勇迫救桑梓之情,可期得力。臣拟先驻湖北宜昌等郡,如贼果入川,再行酌量前进。又奏保已革编修吴嘉宾,前奏保升同知,经吏部核驳,请以内阁中书选用,并加五品衔。又片奏副将黄翼升复姓归宗一案。

二十八日，张公运兰拔营回湘。公弟国荃率吉字中营拔赴抚州。公饬调朱品隆等军由景镇拔营，取道湖口渡江，驻军于小池口。

七月初一日，公弟国荃至抚州。公作《林君殉难碑记》刊石立于抚州城外林源恩殉难之处，以表其忠。

初六日，奏报景镇官军分两路赴楚拔营日期一折，奏保萧启江一军南安、信丰两案出力员弁，开单请奖。附片奏：臣前在江西，重整水师，设立楚师子药炮位三局，历时三载有余，始行裁撤，请将该局员量子保奖。公弟国荃以病留抚州数日。初七日，公由抚州启行，绅民酹酒于路，以饯公行。

初十日，公行抵南昌省城。奉上谕："现在江西全省一律肃清，剿办甚为得力。曾国藩调度有方，著交部从优议叙。在事出力之道衔候选知府曾国荃，著免选知府，以道员用。钦此。"李公续宜由黄州率军回援湖南，击贼于宝庆城外，大破之。石达开窜入广西境。湖南解严。公弟国荃病愈，由抚州拔营回湘。公弟国葆更名贞干，从军于黄州。胡公林翼奏留办理军事，是月至抚州，旋至南昌见公。沈公葆桢见公于南昌。

十五日，公登舟启行，李公瀚章、鸿章皆从。十七日，泊吴城镇。李公瀚章所设报销总局在焉。十八日，核阅报销清册。十九日，泊湖口。彭公玉麟、杨公载福来见。公棹小舟石钟山下，作《湖口水师昭忠祠记》，彭公立石焉。是月奉上谕："该侍郎原折所称驻札宜昌等处，即可稳占上游。但为镇守湖北起见，尚未筹防蜀省。曾国藩当熟思大势，应如何定计之处，详悉驰奏，毋得迁延。钦此。"又奉上谕："曾国藩虽先驻宜昌等处，仍当侦探贼情。如宝庆一带未能遏其入川之路，即当亲督兵勇赴蜀，以便调度堵剿机宜，未可迁延贻误。钦此。"又奉暂留兵勇赴徽州会剿之旨。又奉酌拨兵勇留防江西之旨。

二十五日，复奏四次谕旨一折。奏称：江西北路，饶州有刘于浔一军，彭泽有普承尧一军。臣与耆龄熟商，拟令饶廷选、吴坤修各添置一军，或以留防本省，或以助攻皖南。臣所带领人数无多，不能抽拨赴皖，亦不能酌留防江。臣筹防全蜀，断不能迁延贻误。俟抵鄂后，察看贼势，与官文、胡林翼会商，再行驰报。是日，又奏折恭谢天恩交部优叙，弟国荃以道员用。公舟次湖口，所调朱品隆、唐义训等营咸集，驻营于江之两岸。触暑多病，公留湖口旬日，令各营休息医调。

八月初一日，札调朱品隆拔营，由陆路赴鄂，驻扎巴河。公舟解缆，溯江而上，泊九江，谒先贤周子墓。十一日，行抵黄州，与胡公林翼相见于行馆，留七日而行。公在舟中，定每日静坐读书日课。武昌门人张裕钊谒见公舟中，公教以文词甚详。途次奉到上谕："官文奏皖省贼势日张、筹议由楚公路剿办一折。皖省粤匪与捻匪勾结，蔓延日甚。官文以宝庆解围，败贼悉数南窜，川省已有备无患。请饬曾国藩缓赴川省，暂驻湖口，分军四路进剿皖省。所筹实于大局有益，曾国藩如已启程赴鄂，著与官文商酌。如湖南大局已定，川境可保无虞，即暂驻湖北，调回湖南各军，为分路追剿皖省之计等因。钦此。"

二十三日，公至武昌省城。与官文公会商军事，留旬日。是月公弟国潢国荃迁葬竹亭公、江太夫人于台州新茔。胡公林翼委公弟贞干回湘募勇二营，赴鄂助剿。

九月初三日，公由武昌解缆回黄州。与胡公林翼商筹进兵皖省之途，须分四路：循江而下者为南二路，循山而进者为北二路。胡公拨派兵勇十营，隶公麾下。初五日，公至巴河登陆。驻陆营中，接见各营营官、哨长，简校军实。胡公林翼至公营视师。

十二日，驰奏遵奉谕旨会商大略由鄂省回驻巴河一折。催调萧启江一军，克日前来，会师东下。副都统多隆阿公攻克石牌贼垒，进规安庆。

二十五日，公至黄州。留二日还营。李公鸿章奉旨授福建延建邵遗缺道，留公营幕中不之任。两淮贼氛肆扰，胜保、翁同书督师屡失利。漕运总督袁公甲三奏请以公一军，由河南光固进剿，遏贼北窜。奉上谕："袁甲三等所虑，不为无见。著官文、曾国藩、胡林翼再行悉心筹酌。至此次官文等会筹大举，关系全局利害，总须计出万全，不妨稍迟时日，谋定后动也。钦此。"

十月初一日，核定马队营制章程。初二日，公弟国荃领所部吉字营勇至巴河。公弟贞干领所招乡勇至黄州。初八日，见公于巴河。

十七日，会奏悉心筹酌一折。奏称：逆贼洪秀全踞金陵，陈玉成踞安庆，窃号之贼也；石达开窜扰楚粤，流贼之象也；皖豫诸捻，股数众多，分合不定，亦流贼之类也。目前要策，必先攻安庆，以破其老巢；兼捣庐州，以攻其所必救。现拟四路进兵之局：第一路由宿松、石牌以规安庆，臣国藩任之。第二路由太湖、潜山以取桐城，多隆阿、鲍超任之。第三路由英山、霍山以取舒城，臣林翼任之。先驻楚皖之交，调度诸军，兼筹转运。第四路由商城、固始以规庐州，调回李续宜一军任之。湘勇久战江滨，于淮北贼情地势不甚熟悉，能否绕出怀蒙以北，应俟李续宜到后，察看情形，再行奏明办理。附片奏：李续宜因母病请假归省，先调该道所部各营回鄂，由北路进发。又具折奏保员外郎胡大任、道员厉云官，请特旨记名简放，以昭激劝。又附片请旨饬浙江巡抚罗遵殿，月筹饷银四万两，解交湖北粮台。是日，公专衔奏保张运兰等军克复景镇、浮梁案内出力员弁，开单请奖。附片奏：江西绅士刘锡绶报捐饷银壹万两，请照例给奖。又奏参将邬世莲复姓归宗一案。又片奏报目疾未痊，兼患头晕，请假一月，在营调理。奉上谕："曾国藩著赏假一月，在营调理。该侍郎一路兵勇既待另筹，而李续宜亦系独当一面。复因母病给假，是四路中已有二路急难进征，于皖北待援情形，实有缓不济急之势。至所称先图安庆，兼捣庐州等语，所筹尚属周妥，但恐言之易而行之难。所有前谕派出一军，取道光、固、颍州，绕出怀、蒙以北之处，仍著官文、曾国藩、胡林翼悉心筹酌办理。钦此。"

二十四日，公督各营拔营入皖，分为前后帮启行。公弟国荃请假回湘。十一月初三日，公驻军于黄梅县。十三日，拔营进驻宿松县。公统领步队二十营、马队一营，派朱品隆、李榕总理营务处。萧公启江、张公运兰两军，由湖南分途出境，援剿两粤。公两次奏调萧启江一军，谕旨饬调张运兰赴皖，均经广西、湖南

所筹尚属周妥，但恐言之易而行之难。

奏留。

十九日，奏报入皖日期一折。奏称：萧启江、张运兰两军均不调回，谕旨另筹一军，绕赴淮北，由臣官文会奏办理。前月通筹四路进剿之议，由公主稿。其后奏报各路军情，多由胡公林翼主稿，公会衔而已。

十二月，胡公林翼由黄州拔营进军英山，公弟贞干从之。公调派前帮十营，以朱品隆、李榕总领之，进驻太湖县，派委彭山屺总理营务处。公与营官讲求坚垒浚壕之法，壕深丈有五尺，躬亲巡视量度，虽风雪不避也。是月公弟国潢、国荃迁葬星冈公王太夫人于大界新茔。江西巡抚耆龄公调任广东。公乃作《毕君殉难碑记》，刻石立于景德镇毕刚毅公阵亡之处。

是岁，和春公奏劾德兴阿罢职，江北大营不复置帅，诏和春兼辖之。周武壮公天培阵亡于浦口。胜保丁忧，陈请回京穿孝。以袁甲三为钦差大臣，与南河总督庚长督办军务，攻克临淮关。袁公驻守之。

【庚申】咸丰十年，公五十岁

正月，公在宿松大营。贼酋陈玉成大股由安庆上犯小池驿，围扑鲍超营甚急。公与胡公林翼调派各营援之。飞札调萧启江一军驰回援皖。每遇寒风雨雪沉霾阴曀之晨，则终日惶然，以前敌为虑。二十五日，多隆阿、鲍超大破贼于小池驿。二十六日，击破贼垒七十余座，克太湖、潜山两县城，贼下窜。

公叔父高轩公卒于家。

萧公启江军至长沙，骆公秉章派令援皖。公以陈逆败退，皖军解严，而萧启江一军迭奉旨令赴蜀，遂咨湖南止其前来。萧公乃引军由常德入川。是月张公国梁攻克沿江贼垒，袁公甲三克凤阳府城，而颍州府又为贼所陷。石达开踞广西之庆远府，分扰湖南、广东边境。

二月初五日，闻高轩公讣，悲痛，目疾复剧。初六日，专折奏谢年终恩赏。专差赍部监执照一百八十七张，历年筹饷劝捐所余者，具折奏缴。附片奏：官军大捷，拟分路进剿，臣目疾复发，又得臣叔父曾骥云病故之信，请假四十日，在营调理。初七日，公入宿松县城，设次成服，设奠服衰十有四日。公弟贞干自太湖营来，就次成礼。官文公、胡公林翼会奏小池驿大胜，克复太湖、潜山两县。奉上谕："官文、胡林翼、曾国藩督师进剿，调度有方，著先行交部从优议叙。钦此。"

二十日，公改服还营。公每日黎明即出，巡视营墙，按期阅视操练。虽羽檄交驰，而不废书史。是月始辑录《经史百家杂钞》，以见古文源流，略师桐城姚氏鼐之意而推广之。李公续宜假满到鄂，寻赴大营。张公国梁攻金陵上下关贼垒，克之。皖南之贼，陷泾县及广德州，窜入浙江境。张公玉良由金陵大营分兵援浙。二十七日，杭州省城陷，罗壮节公遵殿等死之。

三月初一日，探明安庆城内贼踪之强弱多寡及城外贼垒拒守之形势，定计攻之。初五日，李公续宜来见，筹度分兵进剿。议以公所部围攻安庆，多隆阿公围攻桐城，李公驻军于青草塥以为援。鲍超伤病发，请假回籍。

二十六日，公调所部吉字等营拔赴安庆。是月杭州将军瑞昌公督驻防兵坚守满城，贼攻之不下。提督张公玉良以援兵至，克复杭州省城，寻收复广德州。贼窜陷建平、东坝、溧阳，纠皖南大股萃于金陵。

闰三月初五日，奏折恭谢天恩交部优叙。又奏景德镇、浮梁案内保举文员遵部议分晰开单声明各员劳绩一折。

十一日，会奏鄂皖军情一折。又奏保小池口击破援贼、克复太湖潜山三案出力员弁开单请奖一折。

十四日，作《何君殉难碑记》，立石于英山县何文贞公殉难之处。二十二日，编《经史百家古文杂钞》成，又约选四十八篇，以为简本。公寄书家中，名其所居曰八本堂。其目曰："读书以训诂为本，诗文以声调为本，事亲以得欢心为本，养生以少恼怒为本，立身以不妄语为本，居家以不晏起为本，居官以不要钱为本，行军以不扰民为本。"

二十六日，李元度来见公。公派令综理宿松大营营务处。二十七日，公弟国荃到营。公令督勇攻安庆集贤关贼垒。左公宗棠自英山来见公。是月，贼攻陷江南大营，官军溃走丹阳。张忠武公国梁阵亡，钦差大臣忠壮公和春受伤，卒于浒墅关。贼陷丹阳县，攻常州府城。总督何桂清退走常熟，江浙戒严。诏令公传旨荆州将军都兴阿驰赴江北，办理军务。

四月，奉上谕："江浙安危，在于呼吸。曾国藩现扎安庆，若与杨载福率领所部水陆各军，迅由东流、建德一带分剿芜湖，并入宁境，以分贼势而顾苏常，于东南大局实有裨益。惟安庆贼势颇众，曾国藩能否舍安庆而东下，著酌度情形，相机办理，迅速奏闻。有人奏左宗棠熟悉形势，运筹决策，所向克敌。现在贼势披猖，东南蹂躏，请酌量任用等语。应否令左宗棠仍在湖南本籍襄办团练等事，抑或调赴该侍郎军营，俾得尽其所长，以收得人之效，并著曾国藩酌量办理。钦此。"

酌度情形，相机办理。

俾得尽其所长，以收得人之效。

初二日，罗壮节公灵柩自浙归宿松，公派队迎护。寻与胡公林翼诣其家祭之。

十三日，驰折复奏：臣军万余人，兵力单薄，若尽撤赴芜湖，则桐城之师不能独立。左宗棠刚明耐苦，晓畅兵机。当此需才孔亟之时，无论何项差使，求明降谕旨，必能感激图报。附片奏：目疾未痊，肝气复发，军中又乏著名统将，拟调张运兰一军前来，以厚兵力。左公宗棠留营中两旬，昕夕纵谈东南大局，谋所以补救之法。十八日，左公回湘募勇，奉旨以四品京堂候补，襄办军务。

二十日，公核定报销稿案。贼攻陷常州府城，连陷苏州省城，江苏巡抚徐庄愍公有壬死之。奉上谕："曾国藩规取安庆，屯兵坚城，即使安庆得手，而苏常有失，亦属得不偿失。全局糜烂，补救更难。为今之计，自以保卫苏常为第一要务。著官文、曾国藩、胡林翼熟商妥议，统筹全局等因。钦此。"是时都中犹未闻苏常已失。公接奉谕旨，咨商胡公林翼，称苏常业已失守，救援不及。据安庆各营搜获逆首陈玉成伪文，定于秋间两路大举上犯湖北、江西。欲合江西、两湖三省之力，防御陈逆秋间大举之狡谋。如能并力击退，再行分兵驶赴下游，图复苏常也。又咨商江西、湖南巡抚。贼由苏州犯浙江，陷嘉兴府，张公玉良引兵退守杭州。奉旨："何桂清革职逮讯，以张玉良暂署钦差大臣关防，总统江南诸军。"又奉上谕："曾国藩着先行赏加兵部尚书衔，迅速驰往江苏，署理两江总督。钦此。"又奉上谕："目下军情紧急，曾国藩素顾大局，不避艰险，务当兼程前进，保卫苏常，次第收复失陷地方。重整军威，肃清丑类，朕实有厚望焉。钦此。"是月，萧壮节公翰庆奉调援浙，阵亡于湖州。萧壮果公启江卒于四川省城。胡公林翼奏请以左宗棠入蜀，接统湘军。刘公长佑、蒋公益沣克广西庆远府城，贼窜贵州境。

五月初三日，拜折恭谢天恩署两江总督。又驰折复奏通筹全局并办理大概情形。奏称：目下安庆一军已薄城下，关系淮南全局，即为克服金陵张本，不可以遽撤。臣奉恩命，权制两江，必须带兵过江，驻扎南岸，以固吴会之人心，而壮徽宁之声援。无论兵之多寡，将之强弱，职应南渡，不敢稍缓。拟于江之南岸分兵三路：一由池州进规芜湖，与杨载福、彭玉麟水师就近联络；一由祁门进图溧阳，与张芾、周天受等军就近联络；一分防广信，以至衢州，与张玉良、王有龄等军就近联络。臣函商官文、胡林翼酌拨万人，先带起程，仍分遣员弁回湘添募劲勇，赶赴行营，以资分拨。至于饷糈军械，必以江西、湖南为根本。臣咨商两省抚臣，竭两月之力，办江楚三省之防。布置渐定，然后可以言剿。又具折奏请起用告养回籍道员沈葆桢，驰赴江西，仍办广信防务。附片奏陈察看海漕，兼保盐场之利。又片奏请敕下湖南抚臣，迅催张运兰一军，取道江西，至饶州一带，听候调遣。又奏委道员李元度驰赴湖南，另募平江新勇三千，与饶廷选之平江勇五营合为一军，防剿广信、衢州一路。又片奏：请设粮台于江西，委江西藩司总办，添委道府数员帮同办理。自咸丰三年至十年五月，由臣分作三案，造册报销。自接受总督任务以后，即由江西藩司报销，以专责成而免牵混。另设江西通省牙厘局，遴委大员专管。此后江西钱漕归抚臣经收，以发本省兵勇之饷；牙厘归臣经收，以发出境征兵之饷。疏入，奏上谕："曾国藩奏统筹全局并办理大概情形，甚合机宜，即著照所拟办理。胡林翼奏保之左宗棠一员，前已有旨，赏给四品京堂，令其襄办曾国藩军务矣。钦此。"又奉上谕："曾国藩现署两江总督，军务地方，均属责无旁贷。所请调张运兰一军，本日已寄谕骆秉章，饬令该道前赴该署督军营，听候调遣等因。钦此。"公自奉到署两江总督之旨，与胡公林翼函商兵饷之计。筹饷以江西为本，筹兵以两湖为本。调鲍超所部六千人，朱品隆、唐义训所领二千人，杨镇魁所领千人，渡江而南，驻军徽州之祁门。其围攻安庆之师，坚垒不撤。攻剿之事，以公弟国荃任之。

初六日，专弁递万寿贺折。又专折奏历年军需、支给官弁兵勇盐粮等款，照例造册，分送部科核销。自咸丰三年起至六年十二月止，是为报销第一案。初九日，李元度回平江募勇。十五日，公登舟启行。朱品隆等拔营，由陆路至华阳镇渡江，期集于祁门。十六日，舟泊老洲头。宿松绅民数千人，饯送于江干。

十七日，驰奏钦奉谕旨先行复陈并报起程日期一折。又具折奏预筹三支水师，俟皖南贼势稍定，即行分途试办。查淮扬里下河产米最多，而盐场为大利所在，非于淮安急办水师，造船购炮，实有岌岌不保之势。欲克金陵，必先取芜湖；欲取芜湖，必于宁国另立一支水师，遍布固城、南漪诸湖，与外江水师，为夹攻之势。苏州既失，四面皆水，贼若阻河为守，陆军无进兵之路。欲攻苏州，必于太湖另立一支水师。此三者皆目前之急务，如力不能兼，则先办淮扬、宁国二支；力仍不逮，则专办淮扬一支。苏省财赋之区，沦陷殆遍，若不设法保全，则东南之利尽失矣。附片奏保彭玉麟任事勇敢，励志清苦，实有烈士之风，如须兴办水师，再行奏请简派；湖南道员李瀚章，廉正朴诚，遇事精核，请以道员改归江西，遇缺简用，与署藩司李桓会办江西通省牙釐事务。又片请敕下户部，查明京仓米石存余若干，咨行到臣，俾得斟酌缓急，设法筹办。又奏：调饬下游水师总兵吴全美、李德麟所领师船，分扼狼山、福山、焦山、瓜洲一带江面，与扬州陆军联络，无任贼船得渡北岸，以保全里下河为主。又奏：鄂省为用兵之枢纽，据上游之形胜，全局攸关，一有疏虞，则南六省之奏报不能达于京师矣。臣与都兴阿分调万数千人，拨

任事勇敢，励志清苦，实有烈士之风。

饷数万，湖北之力，甚形竭蹶。应请嗣后无再抽拨该省兵勇，俾官文、胡林翼等勉力支持，不蹈金陵覆辙，天下幸甚。

二十日，李公瀚章赴江西办理牙釐局。公行泊华阳镇，彭公玉麟来见。二十一日，泊黄石矶。公弟国荃、贞干，杨公载福皆来见。公派委员弁察看皖南山路。二十三日，札江西粮台支发银数千两，委守备成名标赴广东购买洋炮。二十六日，饬谕巡捕、门印、签押各员弁吏役，约以三条：一不许凌辱州县；二不许收受银礼；三不许荐引私人。凡六百余言。二十七日，登陆，行至东流。二十八日，至建德，巡视普承尧营垒，接见各营哨官。是月，张玉良革职留营，以瑞昌公总统江南诸军。江苏巡抚薛焕驻上海，暂署两江总督印务。松江府失守，官军旋复之。

六月初三日，公驻建德县。驰折奏：安庆之围，不可撤动，盖取以上游制下游之势。臣南岸一军，先守徽宁要县，暂不深入，庶免贼抄我后路之虞。至于地方公事，未可置为缓图。臣在皖南驻扎行营，仍于安庆水次设立老营，规模与行省衙署相似。历年文卷概存水次官署，专委司道大员经管。其地方寻常事件，即令代拆代行，紧要者汇封送营核办。此臣兼管地方变通办理之大概也。附片奏：已革守备成名标请开复原官。又片奏：水师各营候补候选人员，请援照咸丰六年奏准前案，各照升衔，给予封典。又片奏：调四川万县知县冯卓怀来营差委。又奏副将成发翔复姓归宗一案。

初四日，拔营启行。初九日，途次奉到上谕："曾国藩现已抽调兵勇万人，由宿松进驻祁门，俟鲍超、张运兰、李元度到后，即行分路进兵。具见胸有成竹，谋定后战。惟苏省待援迫切，该署督惟当催令鲍超等迅速来营，会筹进剿。但能援师早到一日，即早一日救民水火，实深殷盼。该署督现统兵勇较单，未可轻率前进，宜加持重为要。钦此。"

十一日，行抵祁门县。各军以次集，公调派择要驻营。十三日，派员专管地方案牍。其时文卷，日以繁多，乃仿照平时衙署章程，分别吏、户、礼、兵、刑、工六科，择书吏收贮，汇归安庆老营。

具见胸有成竹，谋定后战。

十六日，奏报行抵祁门日期一折。并奏称：鲍超、张运兰均难刻期至皖。左宗棠、李元度新募之勇，则须七八月间陆续前来。臣兵力过单，未敢轻进。又具折奏称：杨载福、彭玉麟本系臣之旧部，兹复奉旨，归臣调遣，自应钦遵办理。惟军情未可遥度，奏报不可太迟。杨载福统率水师，谋勇器识，度越诸将。所有江面战守事宜，仍令该提督自行具奏。附片奉寄谕："徽、宁等府，本曾国藩兼辖地方，该处军务，并由该署督督办，自觉事权归一等因。"臣查询徽宁两郡兵勇不能得力。臣初到祁门，情形未熟，兵将未齐，未便接办皖南军务。张芾所部各军，应暂由该副都御史统筹调度。是日，又与官文公、胡公林翼会奏请令左宗棠督勇来皖一折。维时张公芾在徽州被人纠劾，而左公宗棠曾奉旨赴川省督办军务也。公治军八载，转战两湖江皖等省，与地方大吏，分主客之势。至是兼任疆圻，百务填委。乃以安庆水次为老营，设立行署，奏派大员，总理地方文卷，札委银钱所、军械所、发审所各员弁，刊发营制营规，训饬各营将领士卒，刊发《居官要语》一编，训饬僚吏。密札司道，举劾属员，札各营统领，举劾营官哨弁，均得以密函上达。札饬道府州县官，访求地方利病，山川险要，留心所属绅民之才俊，田野之树畜。现前急应办理事件，均用书函答复。出示晓谕江南北士民凡六条：其一，禁官民奢侈之习。谓吴中民俗好善，而遭祸之故，由于繁华。其二，令绅民保举人才。以两江之才，足平两江之乱。其三，安插流徙。凡衣冠右族、经生大儒与殉难死事之家，均令地方官加意存恤，贫乏者给予口食之资。其四，求闻己过。凡己之过失与军中各弊端，许据实直告。其五，旌表节义。于行营设立忠义局，委员采访，详复事实，或由地方官汇报，或由该家属亲邻径禀，随时汇案具奏。请建总祠总坊，其死事尤烈者，另建专祠专坊，以慰忠魂而维风化。其六，禁止办团。军兴以来，各省团练未闻守城杀贼之功，徒有敛费扰民之害。自后非其地，非其人，毋得擅自举办，其从前各处练丁支领口粮者，概予裁撤。又出示晓谕军营兵勇，严禁骚扰，三令五申，词极剀切。接见守令各员，教之以廉静为体，以善听断为用。虽军事倥偬之时，而修理秩然不紊矣。

二十日,公子纪泽来营省视。江苏城邑,扰陷殆遍,避贼者群集于上海。贼复陷松江,扑犯上海,薛公焕督官军固守。贼之入浙江者,围湖州,逼近杭州,分陷各属城邑。皖南之贼,攻围宁国甚急。官绅皆望公以军赴援,公牍私函至者日以十数。公以军将未集,弗能遽进也。公之在营也,未明即起,黎明出巡营垒,阅操练。日中清釐文卷,接见宾僚,以其余时披览书史,不使身心有顷刻之暇逸。尝称时局艰难,惟劳勤心力者可以补救。前后数十年,治军治官,虽当困苦危险之际,以至功成名遂之时,不改其度焉。

二十四日,奉上谕:"两江总督著曾国藩补授,并授为钦差大臣,督办江南军务。钦此。"

七月初三日,驰奏钦奉谕旨斟酌进兵兼顾皖南军务一折。奏称:臣自行抵祁门后,瑞昌、王有龄迭次催臣援浙,张芾亦催拨兵赴援宁国。钦奉谕旨,饬臣斟酌办理。臣以鲍超尚未旋鄂,张运兰一军虽入江西境,又经抚臣毓科留防。袁州新军未齐,统将未至,往返商办,徒托空言。且待兵将齐集,察贼势最重之处,疾趋而痛剿之。至徽宁两处防军,历年取用浙饷,约计千万,浙中恃为长城。本省别无防守之师,一旦藩篱尽撤,任贼长驱,杭州惨遭浩劫,周天受、张芾不能不任其咎。皖南地方辽阔,处处与江浙毗连,一片逆氛,几无完土。惟系臣兼辖地方,自应力筹兼顾。如奉旨归臣督办,断不能更顾浙江。又具折奏保道员李鸿章,请简授江北地方实缺,举办淮扬水师。附片奏:江南河道总督,奉谕旨裁撤,添设总兵一员,特保水师营官副将黄翼升,请简授淮扬镇总兵一缺。又具折奏湖南平江县捐建忠义祠,汇祀阵亡员弁勇丁,请列入祀典,饬地方官春秋致祭。附片奏行营设忠义局,采访江苏、安徽等省历年剿贼阵亡及殉难官绅士女,随时奏请,分别旌恤。兹以宁国县殉难绅士程枚一家男女十人为第一案。

初七日,兵部火票递到补授总督谕旨。同日奉上谕:"薛焕僻处海隅,兵力单弱,剿办恐难得手。此时苏常一带并无重兵攻

尝称时局艰难,惟劳勤心力者可以补救。

剿,都兴阿尚在英山驻扎。江北各军,无人总统,深恐贼势北趋,剿办愈难措手。曾国藩现授为钦差大臣,事权归一,责无旁贷,大江南北,均应妥为布置。著即飞催左宗棠、李元度、鲍超、张运兰等到齐,由池州、广德分路进兵,规复苏常。其江北一带尤为紧要。应如何布置之处,并著先行筹画,免至临事周张。该大臣膺兹重任,务当统筹全局,迅扫逆氛,以副委任。钦此。"

初十日,置木匦于营门外,许军民人等投书言事。十二日,公拜发恭谢天恩一折。奉朱批:"卿数载军营,历练已深。惟不可师心自用,务期虚己用人,和衷共济,但不可无定见耳。钦此。"公又奏通筹全局一折。奏称:左宗棠、李元度、鲍超、张运兰均未到皖。顷闻窜杭之贼回扑广德,州城失守;宁国一城,群贼环萃,势孤援绝。目下皖南危乎其危。臣军调齐以后,须攻广德,援宁国,不能绕越皖境,径趋苏常,上海、嘉兴相距愈远,文报梗塞,实难兼顾。至江北军务,迭奉谕旨,饬催都兴阿驰赴扬州,迄今未能成行。以臣愚见,淮徐风气刚劲,不患无可招之勇,但患无训练之人。抑即函商官文,都兴阿酌带楚军千人,先行驰往。到江北后,用楚军之营制,练淮徐之勇丁。若得一二名将出乎其间,则两淮之劲旅,不减三楚之声威。臣力所能勉者,当勤恳以图之,力所不逮,亦不敢欺饰。又奏保新授浙江温处道李元度调补皖南道缺一折。江浙贼氛大炽,纷纷请援于公。

十四日,接奉派兵援剿宁国之旨。十五日,接奉由严州转战而东赴援浙江之旨。十七日,接奉统师南下,规复苏常郡县之旨。二十一日,接奉派兵救援浙省之旨。

二十三日,驰奏复陈四次谕旨一折。奏称:臣由皖南进兵,以急援宁国、急攻广德为要。力不能兼顾,则以专救宁国为要。徽宁等属,一片贼氛,皖南不安。臣军且有岌岌不保之势,何能屏蔽浙江,更何能规复苏常。目下兵力未齐,上不能分圣主宵旰之忧,下不能慰苏人云霓之望,寸心负疚,惶悚无地。附片奏:团练一事,实为地方大弊。皖南岭隘纷歧,若筑碉设卡,尚可以资防守。在籍编修宋梦兰，众论称许，请赏加侍讲衔，令其董劝绅民，兴筑碉堡。又片奏保安徽臬司毛鸿宾堪胜江苏省藩司之任。又奏报江长贵收复广德州城一片。是日，接奉上海危急设法救援之旨。又奉派拨兵勇赴援宁国之旨。

二十四日，张公运兰到祁门营。二十八日，拔营由徽州、旌德进援宁国。是月薛公焕击贼，却之，上海解严。张玉良攻嘉兴不克，全军败溃，杭州戒严。贼陷金坛县，周威毅公天孚等死之。贼杀戮极惨。京口将军巴栋阿守镇江府，派提督冯子材攻丹阳。

八月初一日，公出至渔亭，巡视营垒。奉上谕："张芾著即来京。所有皖南军务，统归曾国藩督办，周天受著交曾国藩差委。钦此。"又奉上谕："薛焕片奏江南贼匪滋蔓难图，惟以重兵直捣金陵，该逆必回顾根本等语。著曾国藩体察情形，或即先捣金陵，亦可牵制贼势等因。钦此。"公调派副将宋国永代领鲍超所部霆字营一军，进攻泾县，以援宁国。李元度新募平江勇，行抵江西贵溪。公亟调来徽州会剿。

初三日，驰奏张运兰、宋国永分路进兵日期一折。附片奏：上海情形已松，臣军未能即图金陵。又片奏：杭城危急，浙省贼势浩大，非数千人所能救全。必须左宗棠新军到后，配足万人，乃可赴杭援剿。骆秉章奉命督办四川军务，奏请左宗棠入蜀，湖南本省空虚，人心惊恐，左宗棠未克成行。恳恩敕令骆秉章暂缓入蜀，俾左宗棠星夜兼程来皖，合两湖、江西之全力，以救浙而攻苏，或有补于万一。

初七日，李元度领军到祁门。贼再陷广德州，攻扑宁国府。初九日，朱威肃公景山阵亡。十二日，宁国府城失守，周忠壮公天受死之。于是周氏兄弟殉难者三人。十四日，李元度赴徽州接办防务。二十日，鲍超到祁门，公饬令迅赴营中，公移驻祁门城北。

二十三日，驰折奏报援军甫进，宁国府城被陷，徽州戒严，自请交部议处；鲍超迁延不如期抵营，请革去勇号，仍责令督军进剿；道员廖士彦委解浙饷，闻警折回，以致宁国军因饥败溃，请即革职；周天受捐躯殉节，查明另折请恤。附片奏：臣身在皖南，心悬江浙，俟立脚稍稳，即当分军先趋苏境，以符原议。又片奏：臣军及皖南防军需饷甚巨，所收江西牙釐，实多不敷，请旨饬江西每月拨解漕折银五万两，以济徽宁之防。陕西每月协解银二万两，专发安庆一军，三月之后，即行截止。又以前奏奉到批谕，启牖愚蒙，指示亲切。附片复陈懔遵感激之忱。李元度率军至徽州。贼以大股由绩溪扑犯徽州，平江勇败溃，原防官军亦溃。

二十五日，贼陷徽州府城，势趋祁门。公飞调鲍超回军渔亭，张运兰回军黟县，以遏其锋。左公宗棠军行抵南昌，公飞咨调赴乐平、婺源之间，以防贼窜江西之路。是月僧王军败于天津，都城戒严，胜保奏请飞召外援，銮舆巡狩热河，恭亲王留守京师。

九月初一日，公遣子纪泽赴安庆大营，由安庆回湘，为书以训之。初四日，李公续宜率军四营至祁门。公闻都下之警，悲不自胜。初六日，驰折奏称：臣自恨军威不振，甫接皖南防务，旬日之间，徽宁失陷。又闻夷氛内犯，凭陵郊甸。东望吴越，莫分圣主累岁之忧；北望滦阳，惊闻君父非常之变。且愧且愤，涕零如雨，应恳天恩，于臣与胡林翼二人中，饬派一人，带兵北上，冀效尺寸之劳，稍雪敷天之愤。又奏报徽州失守一折，自请交部议处。又咨呈恭亲王文书一道。公与李公续宜筹商北援之举一切调度。李公留营旬日乃去。公又函致胡公林翼，作北援议八条。寻以和议既成，奉上谕："皖南北均当吃紧之时，该大臣等一经北上，难保逆匪不乘虚思窜，扰及完善之区，江西、湖北均为可虑，曾国藩、胡林翼均著毋庸来京。该大臣甫接皖南防务，连失两郡，虽因饷绌兵单，究属筹画未密，著即振作军心，再接再励，勿以一挫之后，即损军威。李元度谋勇兼优，此次失衄，殊属可惜。人材难得，著即迅速查明下落具奏。钦此。"

十六日，驰折奏查明提督周天受殉节情形，请开复原官，从优赐恤，于宁国府建立专祠。周天受之胞弟周天培、周天孚先后殉难，一门忠烈，请于四川本籍建立三人祠宇。署皖南道福咸、宁国知府颜培文、宣城县令王乃晋、副将朱景山均请优恤。皖南道李元度请革职拿问，徽州知府刘兆璜等请革职，其阵亡同知童梅华、守备张斐文二员请恤。附片奏请旨饬广西藩司蒋益沣率所部三千人，迅由江西入皖。会合左宗棠一军，并力东征。又奏皖南北近日军情贼势一片。左公宗棠军抵乐平县。贼由徽州分股窜浙江，陷严州府城。

十八日，接奉拨兵援救上海之旨。二十八日，接奉拨兵援救镇江之旨。是月贼攻扑镇江府，巴栋阿、冯子材拒却之。都兴阿公抵扬州，接办江北军务。

十月初四日，驰奏统筹缓急机宜一折。奏称：臣处止左宗棠、鲍超、张运兰三军尚为得力，已有应接不暇之势。皖南立脚未稳，于镇江、松江未能赴援也。附片奏报鲍超、张运兰会攻休守县胜仗。又片奏：兴办淮扬水师，拟于上游先造战船，请截留江西应解江北饷银二万两，通融接济。又折奏查明江苏金坛县守城殉难官绅总兵萧知音、参将周天孚、知县李淮、绅董吴秉礼等七十三员名，开单请恤，于金坛县建立总祠，汇祀各员。附片奏丹阳县知县方浚泰阵亡请恤。又片奏请展缓江南、江西各营将弁举劾年限。

初九日，公出营至黟县查阅岭路。十四日，回祁门营。十九日，贼由羊栈岭窜入，黟县失守。公饬祁门各营严守。

二十日，鲍超、张运兰破贼于黟县。贼退出岭外。广东韶州股匪窜入江西赣南境，犯建昌，陷河口，连扰广信、饶州各属邑。左公宗棠军至景德镇。二十二日，分军破贼于贵溪，克德兴、婺源二城。余匪溃窜入浙境。

二十六日，驰奏休宁胜仗黟县克复一折。随折奏保鲍超请加清字勇号，张运兰请交部从优议叙。又保营官杨镇魁、娄云庆、张玉田、余大胜四员。附片奏：鲍超营中副将宋国永、黄庆、陈由立请先拔补实缺。又奏已故统兵臬司萧启江功绩最多，恳恩赐谥，于湖南、江西建立专祠一折。代奏新授淮扬镇总兵黄翼升谢恩一折。附奏安徽学政邵亨豫患病请开缺回籍一片。又奏参代理怀宁知县莫样芝一片。

二十七日，左公宗棠到祁门营，与公商度军事。留数日，回景德镇。是月，张公玉良克复严州府，多隆阿公大破贼于桐城。

十一月初四日，贼陷建德县。普承尧一军败溃。又陷东流县。时议借洋兵助剿金陵之贼，委洋商采米运天津，以代南漕。奉旨令公酌量具奏。

初八日，公具折复陈，并陈明大西洋各国夷情。且云：款议虽成，中国岂可忘备；河道既改，海运岂可不行。目前借其力以助剿济运，得纾一时之忧，将来师其智以造炮制船，尤可期永远之利。附片奏报建德失陷及皖南北近日军情。又片奏：遵旨饬查安徽道员萧盛远在和春军营偾事实迹，请革职发往新疆。皖南镇总兵陈大富驻军南陵县，督率军民，坚守数月，粮尽援绝，四面皆贼。杨公载福率水师炮船驶入鲁港，破平贼垒，拔出陈大富全军及士民男妇十余万人，安置东流县城，欢声腾于江介。建德既陷，普承尧退走九江，贼分股一扰彭泽、湖口、都昌，一扰犯浮梁、鄱阳、景德镇。彭公玉麟以水师赴湖口，收集陆路溃勇，协守湖口，城得以完。十四日，分军收复都昌、鄱阳，杨公载福以水师收复东流、彭泽，左公宗棠分军收复浮梁。

十七日，公派唐义训一军克建德县。公之接统徽防也，调取原防兵勇，以副将杨名声领一军驻上溪口，副将王梦麟、程永年领一军驻江湾，扼守东路。公调鲍超一军回祁门。贼扑陷上溪口、江湾各垒，兵勇溃退。公乃委提督江长贵收集简汰，以成一军。

十九日，北路之贼逾岭而入。二十日，鲍超回军黟县，与张运兰军合击贼于庐村，大破之。是时皖南贼党分三大股环绕祁门，欲以困公：一出祁门之西，至于景德镇；一出祁门之东，陷婺源县，复南窜玉山；一由祁门之北，越岭南犯，直趋公营。庐村既捷，公乃调鲍超赴景德镇，与左公宗棠合力堵剿，以保饷路；张公运兰一军，仍防黟县。当其贼氛四逼，羽檄交驰，日不暇给。文报转饷之路几于不通，旬有五日之间危险万状。复值寒风阴雨，自治军以来，以此时最为棘迫之境矣。二十一日，雨霁，贼退出羊栈岭外，军心乃安。候选知府冯卓怀到营，公委令

目前借其力以助剿济运，得纾一时之忧，将来师其智以造炮制船，尤可期永远之利。

巡查皖南碉堡。

二十八日，驰折奏左宗棠一军在贵溪大捷，克德兴、婺源两城，十日之内，转战三百余里，实属调度神速，将士用命。随折奏保王开化、杨昌濬、刘典等十三员。又奏建德失守，旋经官军克复，请将九江镇总兵普承尧革职拿问。随折奏保唐义训、朱声隆、沈宝成、黄惠清、陈玉恒、叶光岳六员。附片奏：安庆合围以来，江北则大战于桐城，江南则麇集于徽州，无非欲救援安庆。此次南岸之贼，分三大支环绕祁门，作大围包抄之势，欲断臣之粮路，掣臣之军势。贼之狡谋，显而易见。今西路大股未退，而各城均经收复，东路贼已南窜，北路之贼，曾受大挫，当不敢再来犯岭，可望转危为安。此近日军情之梗概。是月援贼至安庆，公弟国荃击却之。

十二月十三日，具折驰奏贼犯湖口，彭玉麟以水师保守，并派船克复都昌县城。彭玉麟请旨交军机处记名，遇有按察使缺出，请旨简放。随折奏保副将成发翔、都司丁义方二员，阵亡勇弁李逢贵、吴修霖请恤。又奏提臣杨载福水师拔出南陵全军，救全百姓十余万人，外之善地。杨载福出奇制胜，请赏赉荷包、搬指等物，以示旌异。其出力将弁，由该提臣奏保。又奏官军在黟县庐村大捷并迎剿小溪、渔亭等处接仗情形一折。又奏上溪口、江湾两处营盘失陷一折，副将王梦麟、程永年请革职，杨名声已经参革，不准留营。另缮清单开报，上溪口、江湾两营阵亡员弁徐祚明等二十名，休宁、黟县阵亡伤亡将弁陈青云等二十一名，水陆各营前后阵亡病故员弁张继兴等五十四名请恤。附奏陈明皖南、江西全局一片。前此贼氛环逼之时，有劝公移营江干，以与水师相附，或退入江西境。公雅不欲轻退以摇军心，坚忍数十日，势乃稍定。既而隆冬盛寒，各军与贼相持，无大战事。公自言精力渐衰，若不克自持者。然胸怀豁达，成败生死，不复计较，故不生烦恼耳。浙江巡抚王公有龄奏调处州镇总兵刘培元、候选道金国琛赴浙差委。公奉寄谕。二十八日具折复奏，刘培元现在湖南，能否赴浙，应由湖南抚臣酌核复奏；金国琛现在安徽李续宜营中综理营务，不能驰赴浙江。又奏湖南官绅设立东征

公自言精力渐衰，若不克自持者。然胸怀豁达，成败生死，不复计较，故不生烦恼耳。

局，于本省鳌捐之外，酌抽鳌金协济皖南北两军之饷。凡盐茶各商抽收较多者，应仿照江西茶捐之例，给予奖叙。请饬部颁发执照，寄交湖南经收填用。附片奏：湖南一省向食淮盐，自粤匪扰乱，运道梗塞，于是湖南尽食川私。本年川井被贼蹂躏，盐价骤贵。臣在江西，曾奏借浙盐抵饷，拟仿照成案，借运粤盐于湖南行销。酌抽鳌金，以抵淮课，犹不失为两江任内应筹之饷。请敕下户部，查照办理。又奏请简放九江镇总兵一缺。又奏报近日江皖军情一片。又奏桐城县知县杜滋、铜陵县知县柴时霖开缺改选教职一片。又奏：臣驻祁门，距京较远，部文到营太迟，诸多不便。应请饬下军机处，凡遇臣处奏事，批折发下之日，即将本日谕旨随同钞发。又具折奏采访忠义第二案，官绅士民妇女共二百五十九名。附片奏报常州武进县举人赵起合家男妇共三十二人，在常州府城殉难，阳湖县职员曹禾守城伤亡，均请优恤，并请建立赵起专祠。是为第三案。

是岁东南寇乱方剧，惟秦晋差安，其余各行省征战之事，纷不可纪。公职任崇高，控驭广远，章奏较多于前。嗣是循例奏案，不能悉纪矣。

年譜 卷七

【辛酉】咸丰十一年，公五十一岁

正月，公在祁门营。初六日，贼由石埭县分二股，一由大洪岭窜入，一由大赤岭窜入，直趋祁门。公老营单薄，人心震恐，居民惊走。初七日，提督江长贵击贼于大洪岭，却之。初八日，公派唐义训、朱品隆出队，击贼于历口，破之，追剿出岭外。贼之内犯者歼焉。初九日，左公宗棠、鲍公超合击贼于洋塘，大破之。贼窜屯下隅坂，鲍超引军击之。贼之在祁门东路者，窜扰江西之玉山、铅山，扑攻广信府，内犯抚建之境。公札饬刘于浔防守抚州，黄鸣珂守建昌，魏喻义防守南昌省城。左公宗棠一军仍驻景德镇，防剿婺源之贼。

二十四日，驰奏左宗棠、鲍超两军扼守景德镇，迭获胜仗，会剿洋塘大捷一折。又奏逆匪分犯大赤、大洪二岭进扑祁门老营，官军迎剿获胜追贼出岭一折，附单汇奏阵亡员弁周芸亭等三十六人请恤。附片奏报皖南、江西贼势军情。又片奏请敕颁钦差大臣关防并令箭旗牌等件，由江西递至行营交领。

二十六日，鲍超攻贼于黄麦铺，左公宗棠分军助剿，大破之。贼濒江下窜。总兵陈大富收复建德县，江西北路饶州、九江境内肃清。是月公作《解散歌》一首，流布陷贼之境，于难民之久困贼中者，曲达其苦衷。士民读之，莫不感泣，因此而自拔来归者颇多。

二月初八日，驰折奏官军击贼黄麦铺大捷。奏称鲍超勇冠三军，每战必克，请以提督记名简放，阵亡守备曹有余请恤。附片奏：逆匪李秀成一股由广信内犯，围攻建昌府城，意图窜江西腹地；陈玉成大股在皖北，亦须劲旅援剿。拟移驻东流、建德，防堵下游池州各股，而抽出鲍超一军为游击之师，视其尤急者而应援之。是日，具折恭谢年终恩赏。

初九日，张运兰、唐义训、朱品隆等击上溪口贼垒，破之，进攻休宁。十一日，收复休宁县城。胡公林翼移营太湖，合围安庆。贼酋陈玉成纠皖北大股犯霍山。总兵余际昌全军败溃。贼遂陷英山县，直趋湖北之蕲水，扑黄州府，陷之。分陷德安、随州。武汉戒严。李公续宜奉旨授安徽巡抚，率军回援鄂省。

十七日，驰奏上溪口胜仗克复休宁一折。道员张运兰请以按察使记名简放，总兵朱品隆、唐义训请简授实缺，并奏保叶光岳、胡玉元、朱声隆、李公选、禹志涟五员。附片奏报江楚军情：江西抚州吃紧，省城震动，飞调鲍超一军由九江驰赴南昌，以固根本。臣因休宁新克，徽州可图，暂缓移营，仍驻徽境，当力攻徽郡，以通江浙之气而开米粮之路。

二十三日，贼由桦根岭窜入箬坑，扑副将沈宝成之营于历口。其北路一股，由禾戍岭窜入，分扰各岭路。二十四日，提督江长贵击北路犯岭之贼，却之。二十五日，朱品隆援历口。二十六日，会剿箬坑之贼，破之。左公宗棠由景德镇移军进剿婺源窜贼，分军剿乐平窜贼，皆获胜。贼大股继至，左公驻军乐平之境。三十日，贼窜陷景德镇，总兵陈威肃公大富阵亡，全军挫溃。公所设转运粮台在景镇者，水师救护以免。是月，公于祁门修筑碉堡，设局督工。公每日亲出巡视，数旬而工毕。

三月初二日，公由祁门拔营。初三日，驻休宁。调张运兰、唐义训等军九千人集于休宁，分两路进攻徽州。初五日，唐义训军进攻失利而溃。维时景镇既失，祁、黟、休宁三县四面皆贼，米粮接济已断，公军有坐困之势。公商之各军统领、营官，拟再力攻徽州，以图克复。函致左公宗棠、鲍公超，令其夹攻景镇。十二日，公督各军进攻徽州，不克。贼出迎战，官军败退，夜还休宁。十三日，贼跟踪来犯。公闻警愤甚，自书教遗二千余言寄家，誓有进而无退。诸将力劝公回祁门。公乃饬张运兰、朱品隆两军坚守休宁。十九日，公回驻祁门。左公宗棠大破贼于范家村，驻军于乐平县。贼由景镇来犯，左公迭击破之，乘胜进剿，前后六获大捷，计杀贼逾万人。贼乃溃走浮梁。乐平一带肃清，转运道通，皖南军气稍伸矣。贼攻建昌、抚州两郡，皆坚守得完。贼乃西窜，陷吉安府，旋经官军收复。二十日，贼陷瑞州府城而踞之。贼酋陈玉成由鄂窜皖，连陷黄梅、宿松，以为安庆城贼之援。二十三日，公亟调鲍超一军渡江援剿。多隆阿公截剿援贼于桐城、怀宁之境，大破之。贼悉窜踞集贤关。

二十四日，奏报上月箬坑、禾戍岭等处击贼胜仗一折，又奏进攻徽州未能得手一折。奏参营官总兵唐义训、副将沈宝成、同知朱声隆，其阵亡之副将叶光岳、胡玉元、千总梅魁员请恤。又奏报上月左宗棠一军分剿婺源、乐平等处先后接仗胜负情形一折，阵亡游击陈明南，将弁陈石台、赵玉莲、曾文清、喻拔元、陈正彪请恤。又奏报景德镇失陷一折。总兵陈大富力战捐躯，请照总兵例从优赐恤，并于南陵县建立专祠，以表忠荩而留遗爱。所部将弁田应科、萧传科、胡占鳌、胡凤雍、熊定邦、吴定魁、罗廷材七员请恤。附片奏参婺源县团绅余述祖、黟县知县王峻、婺源知县申协煊，均请革职。又片奏江皖军情：贼匪约分四股，惟李秀成一股西窜，距祁门较远，其三股环绕祁门，无日不战。现已迭获大胜，皖南军务日有起色。惟安庆官军危急，已调派鲍超一军驰援，臣亦即日拔营，移驻东流，就近调度。

暂辍进攻之谋，为坚守之计。

二十六日，公由祁门拔营。饬派张运兰守休宁，朱品隆守祁门，江长贵、沈宝成等分守岭隘，暂辍进攻之谋，为坚守之计。公自率亲兵数百人以行。三十日，行抵建德县，鲍超迎见公。

四月初一日，公行抵东流县，按视鲍超霆字军营，饬催渡江会剿安庆援贼。

初二日，驰奏左宗棠一军大破贼于乐平，景德、浮梁、鄱阳等处一律肃清一折。阵亡副将罗近秋、游击史聿舟及其将弁李启昭、聂棠本、张致和、聂福申、孙绍凯请恤，伤亡将弁赵克振、周崇高、杨清和请恤。随折保道员王开化、知县刘典二员，三品京堂左宗棠迭破巨股，振江皖之全局，勋绩甚伟，请御赏珍物，以示旌异。又附奏请将左宗棠改为帮办军务，俾事权渐属，储为大用。又附片奏：移驻东流，援助江北，臣所统全军皆留徽州境内，布置防守。左宗棠一军伺贼所向，跟踪追剿。是日，又具折汇保左宗棠一军出力员弁，开单请奖。又具折汇保鲍超一军出力员弁，开单请奖。

初四日，接奉钦差大臣关防。初七日，拜印开用。初八日，谕文案委员书吏：凡军务地方公私函牍，分条呈送核阅。贼扑安庆官军营，杨公载福派水师助守。多隆阿公连战破贼，贼酋陈玉成遁走。其集贤关内贼垒十三座，公弟国荃掘长壕以困之，公弟贞干移营菱湖以扼之。鲍公超率军攻赤冈岭贼垒，悍贼坚守不下。胡公林翼调副将成大吉一军助剿，筑炮台进副贼营，日夜攻之。左公宗棠追击贼于广信府境。贼窜入浙江，陷金华府及所属数城。瑞州踞贼分扰武宁、义宁、奉新、靖安等县，窜入湖北之境。

五月初一日，鲍超、成大吉合攻赤岗岭贼垒，破之，擒斩数千人。贼之由瑞州窜湖北者，分扰兴国、大冶、通山、崇阳等属。初二日，胡公林翼调成大吉一军渡江剿之。鲍公超尽平赤冈岭贼垒，拎斩贼目刘玱琳。初三日，讯失律营官李金旸、张光照，于军前斩之。徽州之贼犯羊栈岭，窜陷黟县。初五日，朱品隆、江长贵等攻黟县贼垒，破之，收复县城。初六日，张运兰、唐义训等击犯岭之贼，破之。初九日，诸军进剿庐村贼垒，破之。十三日，徽州之贼弃城遁去。十四日，张公运兰率军收复徽州府城。左公宗棠派军击败窜贼于鄱阳县，贼窜入浙境。胡公林翼自太湖拔营回鄂省援剿，与公期相见于华阳镇。公棹舟至香口候之。十五日，胡公来见，会议军政，通筹大局。留三日。时胡公已病咯血，公则癣疾大作，如官京师时。

十八日，驰奏鲍超、成大吉围攻赤冈岭贼垒，悍贼悉数歼除一折。随折奏保吴亮才、周开锡、余大胜、颜绍荣、王衍庆、李文益、明兴、伍华瀚、曾昭仕、萧玉元十员，阵亡副将苏文彪等三十二员弁，开单请恤。又奏江南乡试未能举行一折。附奏李金旸、张光照正法一片。又奏代递前太常卿唐鉴遗折，奏请特旨赐谥。奉旨予谥确慎。

十九日，公还东流营。左公宗棠由广信回军景德镇，值池州之贼窜陷建德县。二十二日，左公分军击贼，败之，收复建德城。二十四日，批饬鲍超引军击剿宿松、黄梅之贼。

二十八日，驰奏逆匪犯岭袭陷黟县，旋经官军克复并乘胜收复徽州一折。随折奏保臬司张运兰、总兵唐义训、副将娄云庆、知县朱声隆、奏参参将袁国祥、黄朝升革职,不准留营。又奏遵旨酌保唐义训升署皖南镇总兵,江西知府姚体备以道员归于安徽补用,即令署理皖南道缺。又奏提督杨载福请假四月回籍省亲一折。附片奏参霆营将弁郑阳和等分别降革。又片奏饬水师营官陈金鳌赴南赣镇总兵任。又片奏陈江楚皖三省贼势军情:安庆贼粮垂尽,必须力争此城,而后大局有挽回之望,金陵有恢复之期矣。

六月初一日,公弟国荃攻菱湖两岸贼垒,悉破平之,安庆城外贼营俱尽。福建汀州股匪窜江西境,又将窜徽州,左公宗棠由景德镇拔营赴婺源扼剿。贼犯祁门岭路,朱品隆击却之。胡公林翼回驻武昌,派成大吉等击贼,破之,收复武昌所属各城邑。

初八日,奏水陆各军阵亡病故员弁汇案请恤一折,单开一百二十一员名。又奏皖南、江西官军克复黟县、建德等城前后七案出力员弁开单汇保一折。又具折复奏:谕旨饬令左宗棠一军应援浙江。臣查徽州一郡,群贼环伺,防守为难,景德镇、婺源县皆皖浙扼要,战守事宜,均赖左宗棠就近维持。该军纵横策应七百余里,以目下形势而论,实不能分身赴浙。附片奏:新授广东按察使彭玉麟统带水师,扼要驻守,暂难赴任。又片奏遵旨查参江西藩司张集馨革职。

十三日,缉获徽防将弁黄胜林,于军前斩之,贼酋李秀成一股,扰逼南昌省城。公调鲍超一军渡江,由九江进剿。

十八日,驰奏钦奉谕旨复陈江西各路贼情。奏称:江西之贼凡五大股。其由皖境窜入者三股,惟李秀成一股深入江西腹地,占踞瑞州,旁扰各属。其由两广窜入者二股。五股之中,或分或合,头绪迷离。并陈明斟酌缓急,调派援剿先后节次,以及饬调官军筹防江西南路大略情形。附奏江楚皖三省战守情形一片。又奏黄胜林正法一片。

二十六日,左公宗棠分军迎剿窜贼于德兴县境,破之。贼败窜入浙境。

七月初四日,江苏巡抚薛焕委员赍送两江总督关防、两淮盐政印信到营。初六日,行礼拜印。公闻胡公林翼病甚剧,委弁至

（或分或合,头绪迷离。并陈明斟酌缓急。）

武昌馈药，且问之。十一日，湖北官军克复德安府城。贼酋陈玉成纠大股围扑太湖县，攻犯桐城围师。多隆阿公击却之。

十八日，驰奏汇报左宗棠一军五六两月战守情形一折。又奏复陈恭亲王奕䜣等，奏请购买外洋船炮，实为今日救时之急务。附奏请调现泊上海之轮船，由长江驶赴安庆，就近察看试用。令楚军水师将弁预为练习，俟明年购到洋船，庶收驾轻就熟之功。即与抚臣文报往来，数日可达，不致淹滞。请饬下江苏抚臣薛焕迅派干员，押令上驶，以资演习。附片奏派委员并购买口外战马八百匹，请饬部查验，免税放行。又片奏五月由驿拜发折片，逾期已久，未奉批谕，请查驿递在何处沈失，照例办理。又奏报江楚皖军情一片。

公弟国荃攻安庆城外石垒，尽拔之。贼以大股来扑营，公弟国荃坚守却之。鲍公超军渡九江进剿，贼退出瑞州，窜丰城。二十四日，鲍超引军追击于丰城西北岸，大破之，擒斩逾万人。贼由抚州东窜。二十七日，公弟国荃击于贼援城外，破走之。二十八日，专差奏报接印日期一折。

八月初一日，公弟国荃克安庆省城，贼党歼焉。初二日，驰奏鲍超一军进援江西，在丰城大获胜仗一折。奏称：鲍超盛暑鏖兵，所向克捷，立功最伟，请赏赉珍物，以示旌异。随折保宋国永、陈由立、黄庆等十七员，阵亡知州袁观丰、都司殷雄亮请恤。附片奏报克复安庆省城大概情形，称：楚军围攻安庆，已逾两年，画谋决策，皆胡林翼一人所定，卒得克此坚城，歼除悍贼。臣即日前往部署，其详细情形，另由官文、胡林翼、李续宜会衔具奏。

初三日，多隆阿公克复桐城县。初五日，杨公载福派水师克复池州府城，杨公谒辞面籍城，杨公谒辞回籍。初七日，公舟抵安庆。初八日，公与公弟国荃、贞干入安庆省城，巡视城垣，安抚士民，治行馆廨署。搜擒降贼之知县孙润于军前斩之。多隆阿公分军克舒城、宿松、黄梅等县。

初十日，驰报水师克复池州进攻铜陵一折。附片奏：各营欠饷过多，请旨饬江西每月拨解漕折银五万两，筹清欠饷，并请江

鲍超盛暑鏖兵，所向克捷，立功最伟，请赏赉珍物，以示旌异。

西停解各省协饷。所有地丁人款，漕折釐税，先清本省守兵及臣处征兵欠饷，以免决裂之患。是日，接奉批折及赞襄政务王大臣咨文，惊闻七月十六日文宗显皇帝龙驭上宾，公恸哭失声。自以十余年来，受上知遇，值四方多难，圣心无日不在忧勤惕厉之中。现值安庆克复，军务方有转机，不及以捷报博玉几末命之欢，尤为感恸无已。

十一日，湖北官军克广济县，旋收复蕲州、蕲水等城。十二日，水师进克铜陵县。十七日，贼扑浙江严州，府城失守。

十八日，接奉哀诏。乃设次于安庆城中，率文武员弁成服哭临三日，日三哭。鲍公超追贼至抚州，贼窜贵溪、双港、湖坊、河口一带，与闽广股匪合并，其数犹众。鲍公追剿，连战破之。二十二日，大破贼于双港，平贼垒八十余座，擒斩万余人。二十三日，克铅山县，追剿河口，贼悉溃窜浙境。江西全省肃清。

二十四日，湖北官军克复黄州府城。二十六日，胡文忠公林翼卒于武昌。公闻胡公之卒也，悲悼不已。谓胡公赤心以忧国家，小心以事友生，苦心以护诸将，天下宁复有似斯人者哉！

二十七日，专弁赍奏恭慰大孝一折。官文公奏请以李续宜署湖北巡抚，奉旨调授湖北巡抚彭公玉麟补授安徽巡抚，毛公鸿宾补授湖南巡抚。

九月初二日，公弟国荃督军循江北岸而下，派道员刘连捷等进军庐江县，总兵黄翼升以淮扬水师顺流下驶。

初九日，公驰折奏鲍超一军，追剿江西股匪于湖坊、河口等处，大获胜仗，克复铅山县城，江西全省一律肃清，阵亡将弁王友得、黄友胜等十一名请恤。随折保谭胜达、明兴、李文益、刘玉堂等十一员。附奏称：提督鲍超转战三省，风驰电掣，骁勇罕匹，请旨授提督实缺。其部将宋国永、陈由立、黄庆、娄云庆、张玉田等，请授总兵实缺，以示奖励。又奏臣移驻安庆省城，酌派司道大员分任责成一折。附片奏：张运兰奉旨补授福建按察使，例应赴任。该司带勇，徽州防剿吃紧，无人可以接办，请俟军务稍平，再请陛见。又奏报孙润正法一片。

十六日，公弟国荃克泥汊口贼垒。十九日，克神塘河贼垒。

官文公会奏安庆克复情形。奉上谕："曾国藩调度有方，著加恩赏加太子少保衔。钦此。"又奉上谕："官文等另片奏曾国荃等于围攻安庆时，智勇兼施。道员曾国荃著赏加布政使衔，以按察使记名，遇缺题奏，并加恩赏穿黄马褂，以示优奖。候选训导曾贞干著免选本班，以同知直隶州知州尽先选用，并赏戴花翎等因。钦此。"又奉上谕："官文等奏请将殉难道员予谥等语。候选同知曾国华前在三河殉难，令其兄曾国藩，其弟曾国荃、曾贞干率师剿贼，克复安庆。一门忠义，深堪嘉尚。曾国华着加恩予谥，以彰忠烈。钦此。"

其兄曾国藩、其弟曾国荃、曾贞干率师剿贼，克复安庆。一门忠义，深堪嘉尚。

二十日，公弟国荃克复无为州城。二十一日，公作《劝诫浅语》十六条，营官、僚属、委员、绅士各四条。二十二日，查阅城上防守兵勇，巡视城堞及城外营垒。二十三日，公弟国荃克运漕镇。

时外洋轮船由上海驶至汉口者渐多，上下往来，一日千里，奸商往往雇民船载货，系于其后，拖带以行，借免课税厘金，亦或借以资贼。公咨行通商衙门，称盐茶为货税大宗，饷源所赖，请照会上海洋商，毋得揽带民船货物。

寿州练总苗沛霖亦捻匪之党，前岁与李世忠先后受抚，督师胜保公叠次奏保，补授四川川北道，加布政使衔。李世忠升任江南提督，帮办军务。苗沛霖与在籍办团之员外郎孙家泰等为仇，率其党围攻寿州。巡抚翁同书屡出谕之，苗沛霖不退。孙家泰等自杀，苗沛霖攻陷寿州。袁公甲三派李世忠以兵击之。诏命公移得胜之军分讨苗逆。

二十九日，公弟国荃克东关贼垒，前后所克城镇，派军扼守，乃还安庆。是月浙江之贼陷绍兴、处州二府城，其余州县属邑，蹂躏殆遍。

十月初一日，公弟国荃还至安庆，商定增募湘勇直捣金陵之计。湖北官军克随州城。初三日，颁发捐输章程。扎派委员，按赀填给。札饬水师营官严拿游勇。出示抚恤殉难员绅家属，被难流亡之士民招集复业，清理房产争讼。左公宗棠军至广信。公调鲍超一军回皖，进军青阳，调朱品隆、唐义训等军进剿石埭，规复宁国。

初六日，接奉遗诏，设次行礼。公弟国荃回湘增募湘勇六千人。初十日，彭公玉麟至安庆见公。彭公时奉安徽巡抚之命，具疏力辞。

十四日，公具折奏陈湖北抚臣胡林翼忠勤尽瘁，勋绩最多，乞饬付国史馆，查照施行。又驰折奏报水陆各军克复铜陵县、无为州、运漕镇并沿江要隘三处，随折奏保王明山、黄翼升、李朝斌等二十员。附片奏：官军攻克运漕以后，本可直捣金陵，惟深入腹地，人数单薄，应令曾国荃添募湘勇六千，替出各城防守之师，进剿巢和，与下游都兴阿一军联络剿办，易于得势。又奏保知府陈滨补安庆知府一折。附片奏：前办皖南军务张芾所有文卷簿领，均因徽郡失陷，焚毁无存，请免造报。又片奏军兴十载，凡地方查办馈贼资粮受伪官职之案，徒为奸吏讼棍讹索之柄，江西新建县候选通判程迪昌迭次以馈贼军重罚诬告善良，请将程迪昌革职严办，以儆刁风。又片奏皖南督办团练在籍编修宋梦兰、知府张韶南与其子张同生均以积劳病故请恤。浙江杭湖两郡，久被贼扑，岌岌不保，公咨商左公宗棠由广信进军衢州，以援浙江，调派张运兰防徽之军及江西东境防守之师，均归左公调遣。江苏官绅栖保上海县。

十六日，钱公鼎铭由轮船赴安庆，见公痛哭，以请援师，且呈递官绅公函。谓吴中有可乘之机，而不能持久者三端：曰乡团、曰枪船、曰内应是也；有仅完之土而不能持久者三城：曰镇江、曰湖州、曰上海是也。公见而悲之。时饷乏兵单，楚军无可分拨，与李公鸿章筹议，期以来年二月济师。

十八日，奉上谕："钦差大臣两江总督曾国藩著统辖江苏、安徽、江西三省，并浙江全省军务。所有四省巡抚提镇以下各官，悉归节制。浙江军务，著杭州将军瑞昌帮办，并著曾国藩速饬太常寺卿左宗棠驰赴浙江，剿办贼匪。浙省提镇以下各官，均归左宗棠调遣。钦此。"

二十六日，专折奏谢天恩加官保衔。又代奏弟国荃、贞干谢恩晋秩一折。又奏谢弟国华奉旨予谥恩一折。是月，湖北全境肃清，官文公调派成大吉等军进驻霍山，以规寿州。刘公蓉奉旨署四川布政使。

十一月初二日，公巡视安庆城垣，度地拟建试院一区，令上下江分闱乡试。既而不果。多隆阿公收复三河镇。

十四日，奉到节制四省之旨，旋又奉酌保封疆将帅人才之旨，又奉察看江苏巡抚薛焕、浙江巡抚王有龄能否胜任据实具奏之旨。公自以任大责重，值时事之艰难，弥觉惕然不敢自安。

十六日，驰折奏左宗棠一军定议援浙，请将广信、徽、饶诸军统归节制，以一事权。该处一切军情，即由左宗棠自行奏报，以昭迅速。信郡钱粮。河口、景德镇釐金，拨归左宗棠经收。其防剿进止，均由左宗棠相机办理。又具折奏保江西署藩司李桓留办粮台，并请敕交军机处记名，以藩臬两司遇缺题奏。又具折保道员万启琛署理安徽按察使、李榕置理江宁盐巡道，均随同驻安庆，筹办善后事宜。附片奏：新授衢州镇总兵朱品隆现调令会合鲍超一军，进攻宁国，暂难赴任。又片奏两江政务殷繁，现在行营一无成案可查，所有刑名钱谷及盐员武职补缺与地方寻常事件，应由臣衙门循例具题者，请暂行展缓，抑或改题为奏，以归简易。是日，又奏水陆各军攻克赤冈岭、菱湖贼垒克复安庆省城三案出力员弁开单请奖一折。又奏克复休宁、黟县及徽州府城迭次攻剿各岭隘出力员弁开单请奖一折。又奏行营采访忠义第四案，附片奏刑部主事柯铖之母柯王氏骂贼殉难，请建专坊。又查明柯氏一门殉节者五名，列为第五案。

二十五日，奏辞节制浙江省一折。奏称：臣自受任两江以来，祁门被困，仅得自全；至于安庆之克，悉赖鄂军之功，胡林翼筹画于前，多隆阿苦战于后，非臣所能为力。江苏乃职分应办之事，尚无一兵一卒达于苏境。乃蒙宠遇非常，节制四省，自顾菲材，实难胜任。左宗棠之才，实可独当一面。即无庸臣兼统浙省，苟恩虑所能得，才力所能及，必与左宗棠合谋，不分畛域，不必有节制之名，而后尽心于浙事也。又具折复奏查明苏浙两省抚臣优劣情形，奏参候补盐运使金安清请即革职。附片奏保道员李鸿章可膺封疆重寄，现在臣处统带水军，请酌拨陆军数千人，

左宗棠之才，实可独当一面。即无庸臣兼统浙省，苟恩虑所能得，才力所能及，必与左宗棠合谋，不分畛域，不必有节制之名，而后尽心于浙事也。

驶赴下游，以资援剿，又奏保提督鲍超功绩甚伟，请赏穿黄马褂，以示旌异。又片奏常州一郡士尚节义，多可用之材。就所知者，奏保周腾虎、刘翰清、赵烈文、方骏谟、华衡芳、徐寿六员名，请量材录用。

二十六日，奉到大行颁赏遗念衣物一箱。公拜领行礼谢恩。浙江贼攻扑徽州，左公宗棠派军援剿。公调朱品隆回军援徽。是月贼攻杭州，张忠壮公玉良阵亡。贼分陷宁波、台州各府城。二十八日，杭州省城失守，将军忠壮公瑞昌、巡抚王壮愍公有龄、总兵饶壮勇公廷选等皆死之。

十二月，鲍公超击贼于青阳，屡破之，进攻县城未克。张公运兰病甚回籍，其弟运桂代领其军守徽州。朱品隆军至，击贼破之。

十七日，奏遵旨筹商苗沛霖剿抚情形：该练逆迹昭彰，断无再抚之理。现楚军剿办粤逆，难以同时并举。须俟庐州克后，与袁甲三临淮之师联络，乃可并力剿苗。彭玉麟素统水师，舍舟登陆，用违其长，且江面太长，照料非易。该抚两次奏请开缺，应请旨另简大员接任皖抚，俾得仍领水师，于南北大局，两有裨益。又遵旨派员赴上海押解革员何桂清来京候讯一片。又奏得鲍超一军攻克安庆贼垒肃清江西全省两案出力员弁开单请奖一折。

十八日，恭接登极诏书。是日，驰奏：浙江省城失守，徽郡被围，臣奉援浙之命，赴救莫及，请交部严加议处。谨通筹全局，力图补救之策，分条陈奏：其一，浙江全省惟衢州一府可以图存，左宗棠一军，先固江皖边防，再筹进剿。其一，请敕下闽浙督臣庆端速派劲旅，严守浦城，俾贼不得由闽境而窜江西。其一，请调广西臬司蒋益澧带领所部五六千人迅赴浙江，随同左宗棠筹办防剿。道员陈士杰带勇驰赴安庆，听候调遣，并请将该二员补授苏浙两省实缺。其一，请饬下闽广督抚，粤海关、闽海关按月筹拨银十三万两，解交左宗棠军营。附片奏：团练一法，不能剿大股悍贼，请将江南团练大臣裁撤。又奏左宗棠一军乐平、建德、德兴等处大捷，出力员弁，汇案请奖。附片奏：布政使衔道员王开化积劳病故，请照布政使例从优赐恤予谥。奉旨予谥贞介。

二十六日，朱品隆等大破贼于徽州，左公宗棠分军破贼于大鳙巅。徽境肃清。

二十七日，奉到上谕："曾国藩奏接奉节制江浙等四省军务沥陈恳辞一折，谦卑逊顺，具见悃忱真挚，有古大臣之风，深堪嘉尚。江浙军情，本属相关一气，凡该大臣思虑所到，谅无不协力同心，相资为理。节制一事，该大臣其毋再固辞。钦此。"侍郎宋公晋奏请饬川楚江皖五省会剿粤逆，诏公与官文、李续宜等详议。公会奏称：增兵必先增饷，非一省所能为力，必须五省合力筹划，众志一心，方于事有济。现拟咨商各省详议饷数。

是月，公弟国荃奉旨赏加头品顶戴。左公宗棠授浙江巡抚。沈公葆桢授江西巡抚。李公桓授江西藩司，暂署巡抚。彭公玉麟以兵部侍郎候补。诏公酌保皖抚。安庆复后，公至省城，招徕士人，修葺敬敷书院，每月按期课试，校阅文艺，其优等者捐廉以奖之。于嘉惠寒士之中，寓识拔才俊之意。皖中人士，莫不感奋。公札司道设立善后局，安抚遗黎，清查保甲，刊发《劝诫浅语》十六条。分设谷米局及制造火药子弹各局，委员司之。又设内军械所，制造洋枪洋炮，广储军实。委员查核民田，分别荒熟。其已垦者，暂令按亩出钱四百文，以助军饷，谓之抵征。除日，派忠义局委员协同街团绅士施放钱米，以赈饥民。

是岁亲王僧格林沁与兵部侍郎胜保，皆奉旨授钦差大臣，督师剿办捻匪。内阁学士毛昶熙，奉旨督办河南团练。提督冯子材办镇江军务，以副都统魁玉为帮办。

恳辞一折，谦卑逊顺，具见悃忱真挚，有古大臣之风，深堪嘉尚。

年譜 卷八

【壬戌】同治元年，公五十二岁

正月，公在安庆。初一日，内阁奉上谕："曾国藩著以两江总督协办大学士。钦此。"又奉上谕："曾国藩节制四省，昨又简授协办大学士，其敷乃腹心，弼予郅治，朕实有厚望焉。钦此。"

初十日，奏遵旨保皖抚大员一折。又奏再陈下情、力辞节制浙江军务一折。奏称：图浙之道，必以广信为运粮之路，以严州为进兵之路。现在惟左宗棠一军不能遽达于严州，必俟蒋益澧之军到衢州后，两路并进，取势渐紧。所以规复浙江者在此，所以保全江西、皖南者亦在此。至臣所以再三渎陈不愿节制四省者，非因浙事既已决裂有逶过之意，实因权位太重，恐开斯世争权竞势之风，兼防他日外重内轻之渐。机括甚微，关系甚大。又奏遵旨保举李朝斌、喻俊明、任星元、丁泗滨等四员堪胜水师总兵之任。附片奏：前浙江巡抚罗遵殿殉难杭州，已奉旨赐恤。旋经御史高廷祜奏请撤销恤典，苛刻之论，殊欠公允。仍请从优赐恤，并将随同殉难之家属等一并旌恤，以彰忠节。王有龄以粮尽援绝，见危授命。其在任时，迭被参劾，难保无身后之訾议，请并从优议恤，以为以死勤事者劝。附片奏参安徽巡抚翁同书酿成苗逆之祸，两次失守，不能殉节。请旨革职议罪，不敢因其门第鼎盛，稍为迁就。又片奏报徽郡解围及各路军情大概。是日，奉谕旨，李续宜调安徽巡抚，严树森调湖北巡抚。钦颁令箭、令旗、王命旗牌到营。

十一日，批饬江西藩司停止州县官吏摊捐之案。公谓地方亲民之官，必须令其旷然无累，然后可责之以民事，不至苛取民财也。

十七日，公奉到协办大学士之旨。公弟国荃授浙江臬司，蒋益澧授浙江藩司，陈士杰授江苏臬司。鲍超补浙江提督，并赏穿黄马褂。从公奏也。

二十日，左公宗棠击贼于开化县，破之。

二十一日，新购外洋火轮船一号到安庆。公出阅视，派委员弁管带，配以兵勇，于江面试行之。

二十二日，拜折恭谢天恩。附片奏：自去秋以来，臣一门之内迭荷殊恩，感激之余，继以悚惧。恳求于金陵未克以前，不再加恩于臣家，庶可以保全功名，永承圣眷。前此迭奉保荐督抚大员之旨。封疆将帅，乃朝廷举措之大权，岂敢干预。疆臣既有征伐之权，不当更分黜陟之柄，不特臣一人为然。凡为督抚者，辨之不可不早，所以预防外重内轻之渐，兼杜植私树党之端。庶几纪纲弥肃，朝廷愈尊矣。贼窜吴淞口，上海告急。镇江府城屡被贼攻扑。又分股渡江，扑江浦、浦口官军营盘。赵公景贤坚守湖州府城一年有余，粮援俱断，文报亦梗阻不得达。大学士翁公心存奏苏中士民结团抗贼，望曾国藩如慈父母，请饬该大臣派一素能办贼之员，驰往援剿。侍郎宋公晋条陈恢复江南大略。是时公屡奉筹画全局派援江浙之旨，于是日具奏浙江之事，必俟左宗棠进攻严州，蒋益澧进驻衢州，鲍超进抵宁国，乃有下手之处。江苏之事，必先清江北，次及江南。现催李鸿章募练淮勇，酌拨湘军数营，驶赴下游，察看情形，再行驰奏。江浙贼势浩大，尽占富庶之区，财力与人数皆数倍于官军，不敢过求速效，以至偾事。又奏徽州官军胜仗郡城解围一折，随折奏保张运桂、朱品隆、唐义训、刘松山等十三员，阵亡参将黄和鸣等四十六员名，开单请恤。附片奏：鲍超一军，在青阳大获胜仗，阵亡弁勇唐泗和等十一名请恤。又片奏江苏绅士议借洋兵剿贼之事。上海本通商之地，借洋兵以保守人财则可，若令攻剿苏州、金陵代复中国之疆土则不可。盖以现在攻城，而无助剿之师，将来克城，又无防守之师，专恃洋兵，洋人或见德而生怨望，不可不虑。维时上海已设立公局，会同洋人防守。公咨商巡抚薛焕，言苏州、金陵非可以幸袭而得，目前权宜之计，只可借兵防守沪城，尤当坦然以至诚相与，不可稍涉猜疑，致碍大局。其函致苏州绅士，言之尤详。

二十四日，奉到上谕："贼氛日炽，而该大臣等章奏寥寥，南服倦怀，殊深厪念。其如何通筹全局，缓急兼权，著将一切机宜，随时驰奏，以纾悬系。钦此。"李公鸿章募淮勇到安庆，公为定营伍之法。器械之用，薪粮之数，悉仿湘勇章程，亦用楚军营规以训练之，拨湘勇数营以助之。两省将卒，若出于一家然，公所教也。

二十六日，咨濒江各省督抚商定长江通商章程。饬善后局查办保甲。公自核定门牌团册之式。是月，李世忠收复江浦、浦口二城。贼纠捻匪围攻颍州府，胜保公督师援之。彭公玉麟补授兵部右侍郎。

二月初二日，公拜折奏称：忝列戎行，奏报甚少，其所以沴沴自守者，盖亦有故：一则不轻奏谣传之言，一则不轻奏未定之事，一则不轻奏预计之说。因此三者，遂蹈迟延之咎。臣忝非常之遇，倚任弥重，延访更殷。嗣后拟十日奏事一次，有急则加班具奏。所有谕旨垂询之件，谨分条详复，其一，计曾国荃、杨载福、张运兰回营之期；其一，李鸿章募练淮勇，二月可以成军，拟由陆路驰至镇江；其一，攻捣金陵，必先清后路，脚跟已稳，而后可进；其一，李续宜筹派兵勇，援颍州之路；其一，左宗棠援剿浙江，必从衢严之间下手；其一，上海筹借洋兵，以助防守之法。凡六条。饬安庆藩司核定釐金卡局支发军饷坐支章程。

初四日，阅视李公鸿章营勇及所部程学启、滕嗣林等营。多隆阿公大破贼于庐州城外，尽平贼垒。

初五日，奉到上谕："曾国藩奏沥陈下情遵保皖抚各折片，具见该大臣虑远思深，实深嘉悦。已明白宣示，仍令该大臣节制四省矣。朝廷黜陟之权，原非封疆大吏所能侵越。第该大臣简任纶扉，督师江皖，膺股肱心膂之寄，朕畴咨岳牧，延访甚殷。该大臣图济时艰，不当稍有避嫌之见，方合古大臣知无不言之义。嗣后如有所知，不妨密封呈进，以备采择。钦此。"同日奉上谕："曾国藩晓畅戎机，公忠体国，中外咸知。当此江浙军务吃紧，生民涂炭，若非曾国藩之悃忱真挚，岂能轻假事权。所有江南、安徽、江西、浙江四省巡抚提镇以下，仍归曾国藩节制。该大臣务当以军务为重，力图攻剿，以拯生民于水火之中，毋许再行固辞。钦此。"时又因三载考绩之典，奉上谕："大学士、湖广总督官文,久任封圻,虚怀延揽,于吏治戎行均能整饬,著交部从优议叙。协办大学士、两江总督曾国藩,督军办贼,勤劳罔懈。于江皖地方,迭复名城,战功卓著,甄拔所部将士,贤能称职。前经简授协办大学士,仍着交部从优议叙。四川总督骆秉章,前在湖南巡抚任内,剿办贼匪,不分畛域,其所荐举人才,尤为有裨实用。自升任川督,办理丹棱股匪及整顿地方,均能妥速,著赏加太子少保衔,用示嘉奖。钦此。"

初六日,专弁入都,赍奏登极贺表。初八日,张公运兰假满还抵皖。初九日,李公续宜抵任来见。公派提督成大吉等进军固始,以援颍州。左公宗棠击贼于遂安县,大破之,克复县城。

初十日,拜发万寿贺折,专弁入都。又代弟国荃奏谢天恩一折。十二日,驰折奏安徽省城仍宜设于安庆。前此改建庐州,系一时权宜之计。安庆处滨江适中之地,足资控制。至大江水师战船千余号,炮位三千余尊,逐年积累,成此巨观。事定之后,江防仍不宜撤,请专设长江水师提督一员,添设将弁额缺若干,均候吏兵二部详核议奏。附片奏:江海虽同一水面,而风涛气候各殊。楚军水勇战船,但可用之江面,未可以出重洋。臣料粤逆所掠江楚之民,必无遽能纵横海上之事。又附片奏:浙江衢河浅窄,不宜水军,江西刘于浔水师专防本省汛地,不能赴浙援剿。又奏采访忠义第六案,附片奏:委员王敬恩请恤。

十五日,公弟国荃至安庆,所募湘勇以次集于皖境。是日,奉到上谕:"江苏布政使著曾国荃补授,即赴新任,毋庸来京请训。该员系两江总督曾国藩之弟,例应回避。惟该省军务紧要,需员办理,著毋庸回避,以资得力。钦此。"又以李元度补授浙江臬司。

二十二日,拜折代弟国荃奏谢天恩。附片奏参新授臬司李元度请革职,交左宗棠差遣。又具折分条奏报军情:其一,曾国荃募勇已经抵皖,饬令进剿巢县、含山一带。其一,李鸿章带勇,拟会同曾国荃,攻剿江边一路,冲过贼中,以期速达镇江。其一,多隆阿进攻庐郡大捷,伤亡亦多,需稍事休息,再图进取。其一,李续宜派兵援颍情形,由李续宜具奏。其一,左宗棠剿贼大捷，克遂安城，由左宗棠详报。其一，援浙之军，必须蒋益澧到后，乃能合力兜剿。其一，湖州孤悬贼中，无路赴援。惟闻城中粮米足支数月，或可保全。其一，徽州解围后，改令朱品隆接防郡城，派张运兰老湘营为游击之师。其一，上海有高桥、萧塘之捷，当可保全。冯子材仍守镇江。凡九条。公出城巡阅新到之湘勇七营。

二十四日，公弟国荃启行，督军沿江岸进剿。李公鸿章成军八千人，拟溯江而下，傍贼垒冲过，以援镇江。计未决。二十八日，上海官绅钱公鼎铭等筹银十八万两，雇洋人轮船七号，驶赴安庆，以迎李公鸿章之师。定以三次载赴上海。是日，上海官绅借洋兵连破贼于浦东，贼少却。胜保公督兵援颍州解围。

三月初一日，札调张运兰扼婺源白沙关，以防贼窜江西之路。初七日，鲍公超击援贼于青阳城外，破之。初八日，李公鸿章领所部勇第一起三千人，由安庆附轮舟启行赴沪。公拜折奏谢京察从优议叙恩。又驰报李鸿章一军改由轮船赴沪启程日期一折。又驰折奏称：东南寇氛，蔓延日久，生灵之涂炭深矣！臣受命两年，无一兵达于苏境，无一旅进攻宁国。左宗棠苦战衢严，独任其难，不克分兵往助，不克分兵往助。赵景贤困守湖州，坚贞盖世，不克设法往援。徒有兼辖之名，并无统筹之实。倘蒙圣恩收回成命，俾臣稍释神魂之震惧，尤感圣慈之曲尽矣！又查广东一省，财力殷富，为东南之冠，请特派大员，驰赴广东办理釐金，专供苏浙皖三省之饷。附片奏：浙江殉难提督饶廷选，请于广信府建立专祠。又附片奏报各路军情。又片奏新授河南归德镇总兵萧孚泗，现在曾国荃军营随同进剿；记名总兵陈由立，经河南抚臣奏调，现在鲍超军营，围剿青阳。该二员仍留原营，均未便饬赴河南。

十三日，公弟贞干破贼于荻港旧县、三山夹等处，贼垒皆平。十四日，李公鸿章所部勇第二起由安庆启行。公派黄翼升附轮船赴上海，察看下游地势贼情。李公续宜赴六安州督师，以规颍寿。

十五日，公弟国荃破贼于望城岗。十六日，鲍公超克复青阳县城。十八日，公弟国荃破贼于铜城闸。十九日，克雍家镇贼垒。二十日，克巢县、含山二城。二十一日，公弟贞干克复繁昌县城。二十二日，公弟国荃克复和州城。鲍公超连克石埭、太平二县城。左公宗棠剿贼于江山、常山之境，连战破之。二十三日，公弟国荃攻克裕溪口。二十四日，攻克西梁山沿江北岸贼垒，悉破平之。

公驰折奏报青阳克复，随折奏保娄云庆、冯标等二十七员，阵亡将弁罗春鹏、李遇春等十七员名，开单请恤。附片奏：水陆各军破贼于荻港、旧县、三山等处，一律肃清。阵亡将弁刘照志、王虞廷、刘华泗三名请恤。又片陈报皖浙各路军情。又具折复奏江浙绅士请借洋兵规复苏常各属城邑，臣谬膺重寄，治军无状，致使苏省士民迫于水深火热之中，为此不择之呼吁。此皆臣之咎也。以目前之贼势，度臣处之兵力，纵使洋人转战内地，实无大枝劲旅与之会剿，尤为可愧。请饬下总理衙门照会洋人，定议于先，或不至责怨于后。又奏拟结普承尧罪名一折。

二十七日，公弟贞干破贼于鲁港。二十八日，鲍公超克复泾县。公札饬鲍超派兵援湖州。三十日，公弟贞千克复南陵县城李公鸿章全军抵上海，奉旨，署理江苏巡抚薛焕授通商大臣，专办中外交涉事件。诏以副都御史晏端书赴广东办理釐金税务。是日，金陵贼党渡江北窜，都兴阿等军击破之。维时公统制各军，公弟国荃循江北岸，至于和州；公弟贞干循江南岸，至于南陵；彭公玉麟派水军中江而下，助剿两岸。是为直捣金陵之师。李公鸿章领湘淮陆勇，佐以黄翼升淮扬水师，突过贼境。是为援剿苏沪大师。大江以北，多隆阿公为围攻庐州之师，李公续宜有派援颍州之师。大江以南，鲍公超为进攻宁国之师，张公运兰等为防剿徽州之师，左公宗棠为规复全浙之师。十道并出，皆受成于公。公建节于安庆，居中控驭，广轮数千里。此外如袁公甲三及李世忠淮上之师，都兴阿公防江北之师，冯子材、魁玉守镇江之师，或不出自楚军，或不归公节制，均奉旨统筹兼顾。军书辐凑，英彦风驱，上而朝端倚畀之隆，下而薄海想望之切，洵千载一时矣！

四月初二日，张公运兰等军克旌德县城。初四日，公驰折奏水陆各军克复北岸巢县、含山、和州三城，夺铜城闸、雍家镇、裕溪口、西梁山四要隘。随折奏保李成谋、李朝斌、刘连捷、张胜禄等二十四员。又折奏官军击败大股贼众于三山夹，乘胜攻克繁昌县城。随折奏保曾正明、黄润昌等七员。附片奏报南陵克服，统计沿江南岸克城池九座，关隘五处，并报庐州、宁国、湖州等处军情。又驰折奏鲍超一军连破贼垒，克复石埭、太平、泾县三城，阵亡将弁刘兰桂等二十四员名请恤。又奏遵查闽浙总督庆端事迹一折。

初五日，水师进攻金柱关。初六日，公出阅湘勇操演。初七日，巡视谷米局、火药局。

十五日，驰折奏水陆各军会克鲁港，陆师攻克南陵县城，彭玉麟驰赴下游铜陵、西梁山一带察看进兵形势。又奏报徽州防军克复旌德县城一折。又奏江南乡试现难举行仍请展缓酌办一折。附片请开复余述祖革职处分。多隆阿公攻克庐州府城，贼溃走寿州，多公追击，大破之。贼酋陈玉成自投寿州，苗沛霖缚献胜保公军前，斩之。

二十日，公弟国荃引军渡江南岸，会合水陆各军，克太平府城。二十一日，攻克金柱关、东梁山贼寨。二十二日，克复芜湖县城，水师进攻江岸贼垒，下抵大胜关。公核定赈厂章程，给与饥民钱米，毋或不均。出示晓谕城厢内外居民，绥辑约束。李公鸿章会洋兵收复青浦、奉贤二城。

三十日，奉到上谕："该大臣调度有方，深堪嘉尚。曾国荃等宣力戎行，连克要隘，洵足以褫贼魄而快人心。若不量予恩施，将何以昭激劝？头品顶戴江苏布政使曾国荃，著交部从优议叙。候选同知直隶州知州曾贞干，著赏给迅勇巴图鲁名号，以示鼓励。朝廷赏功罚罪，一秉大公，非独有厚于该大臣也。该大臣惟当督饬曾国荃等乘胜进攻，尽歼丑类，同膺懋赏，毋再固辞。钦此。"是日都兴阿公军破贼于扬州，李世忠追击窜贼，破之。江北肃清。浙东官军收复台州府城，上海洋兵由海道收复宁波府城，浙东之贼少衰。皖北之贼由河南窜入陕西境。陕中乱作，回民交讧。诏多隆阿移军入秦。公与官文公商留多公部将石清吉等

连克要隘，洵足以褫贼魄而快人心。

十营防守庐州。

五月初三日，公驰折奏水陆各军克复太平府城、芜湖县城、金柱关、东梁山要隘，开单奏保王明山、李成谋、李朝斌等二十七员。附片奏保道员黄冕、李瀚章、赵焕联等九员，前往广东随同晏端书办理分卡，抽收厘金。又附片复奏奉旨筹议江苏巡抚宜驻镇江，居适中之地，扼形胜之区，责成新任巡抚李鸿章办理。又片奏结莫祥芝参案，留营差委。是日，又具密折复陈胜保、袁甲三办理军务优劣情形，请责成李续宜专办安徽军务。其时曾奉密谕，饬公筹议也。湖州失守，赵忠节公景贤被执不屈，其后死于苏州。公弟国荃攻克大胜头、秣陵关、三汊河贼垒，会合水师攻克头关、江心洲、蒲包洲贼垒，遂进军金陵城外，驻营雨花台。初四日，鲍公超击贼于寒亭、管家桥等处，大破之。

初五日，核减江西丁漕规费，永定章程。初十日，核定皖南茶引捐厘章程，出示晓谕茶商，期归划一。十三日，课试在皖委员。公弟国荃破贼于六郎桥。十五日，鲍公超破贼于抱龙岗，越敬亭山进攻宁国府。

十七日，驰折奏官军水陆并进，迭复秣棱关、江心洲等要隘六处，官军驻金陵之雨花台。附片奏报浙江、徽、宁等处军情。并称曾国荃一军进逼金陵，屯扎南面一隅，洪逆见惯不惊，无慑惧之意。此时宜以全力会办江南，先复财赋之区，则各省可以次剿办矣。又奏特参私行远扬之将领以肃军纪一折，鲍超所部营官陈由立、余大胜、郑阳和均保至总镇，任意远扬，请将该员等革职。并请敕下湖南抚臣，派员押回皖南原营，通谕各路军营，不准辄留投效将弁，以惩扈跋之风，杜效尤之渐。附片密陈军营积习，设法惩究，并请将分统霆营宋国永授以总兵实缺。又片奏查复冯子材所部兵勇滋事情形。

十九日，驰折奏鲍超一军，进攻宁郡，破贼于寒亭、管家桥等处，逆垒悉平。阵亡将弁郑永福等十八员名请恤。附片奏淮扬镇总兵黄翼升统带水师战船，于本月十二日驶过金陵，前赴镇江、上海一带，请令其接署江南水师提督员缺，节制松沪各军。又片奏参江西河口厘务委员向绍先弊混巧取，请即革职。又奏遵查克复沿江两岸城隘出力员弁六案，并保开单请奖一折。

二十日，出示晓谕江西通省军民，札饬各府州县，永定征收丁漕画一章程。二十三日，杨公载福假满回营，至安庆见公，寻出视水师于金陵。李世忠降众凡数万人，不领官饷，专两淮盐利，委员至安庆请饷。公筹拨军火银米以给之，世忠感悦。

二十八日，拜发万寿贺折，又专奏代弟国荃、贞干恭谢天恩一折。是月李公鸿章收复南汇县、川沙厅，贼大股犯青浦、嘉定，洋兵败退，上海戒严。李公鸿章击败于虹桥，大破之。松江围解，沪防亦解严。李公屡奉移驻镇江之旨。至是以上海军务吃紧，遂奏请直攻苏州，不复移军矣。

六月初三日，公与彭公玉麟修元臣余忠宣公墓。工毕，诣墓前致祭。时皖省印委各务悬缺，以待人乏员差委。公定以每日接见州县佐杂三人，与之久谈，而训之以吏治。西洋兵既为贼所败，遂有调印度兵来沪大举会剿之说。公接总理衙门咨文，深恐江浙士民大遭蹂躏，慨然忧之。

初六日，具折复奏：请勿裁撤南洋通商大臣之缺，改为长江通商大臣，专力濒江四省中外交涉事件。所有广东、闽、浙三省，即由监督道员经理。又奏拣员署理安徽各府州县之缺，开单呈览。附片奏：安徽地方渐次克复，急须讲求吏治，请敕下吏部，于本年新进士、拔贡两班掣签分发之时，皖省多分十数员，庶几正途较盛，气象一新。又片奏上海贼氛四逼，李鸿章不能移驻镇江。多隆阿统军入陕，不克会剿金陵。并附陈鲍超、曾国荃两军大概情形。又片奏新授甘肃臬司刘于浔在江西本省防务紧要，暂难赴任。又奏报江西绅商捐饷开单请奖一折。公弟国荃击援贼却之。

初十日，金陵大营营官张壮勇公胜禄击贼阵亡。十五日，鲍公超攻克宁国府城。贼目洪容海以宁国县城归顺，鲍公抚纳之，因其众收复广德州城。公饬鲍超选留降众二千人，其余设法遣散。十六日，金陵贼大股扑营，公弟国荃击退之。公咨复总理衙门，力陈借印度兵助剿之为害，宜设辞以谢之。

二十二日，具折奏称：洋人有另调印度兵来秋间大举之说，臣以此事函商左宗棠、李鸿章二人，皆称洋人未必果有其事。然既有所闻，宜由总理衙门与在京公使查询确实，然后申大义以谢之，陈利害以劝之。如其不见听，则须申明前议，进攻无助剿之师，克城无防守之卒。吾方以全力与粤匪相持，不宜再树大敌，惟当以谦退忠信相与，不事猜疑，免生枝节，庶有忍有济也。附片奏报宁国克复及各路军情。又片奏浙江失守，降贼之员林福祥、刘齐昂、米兴朝请由左宗棠讯明正法。又片奏提督江长贵请假回籍葬亲，所部各营暂令唐义训兼辖，酌量遣撤，以节饷需。又奏采访忠义第七案一折。附片奏阳湖、休宁等县绅士杨锡嘉、汪念祖、胡泽顺等殉难情形，汇入第七案，分别请赐旌恤。是月公次子纪鸿以县试案首入学。

七月初二日，驰折奏金陵陆军屡却悍贼，阵亡总兵张胜禄，请从优议恤，将弁刘永祥、鄢兰亭二员请恤。又奏鲍超一军围攻宁国克复府城详细情形，出力员弁开单请奖，阵亡将弁马胜奎、楚训武等十一员名请恤。附片奏贼目洪容海投诚，酌筹招纳。又具折奏查明江西被害州县蠲免钱粮分数。附片奏请恩旨豁免江西各州县历年摊捐之款，俾州县无赔累之虞，而民间无科勒之苦，吏治可臻上理。又附奏奉谕旨择保西北各省藩臬人员一片。又请暂缓江南、江西三省军政一片。

初四日，查阅轮船机器。初六日，李公续宜闻讣丁忧，公兼署安徽巡抚印务。李公以所部成大吉、萧庆衍、蒋凝学、毛有铭等军归公调度。

初十日，公驰折奏安徽抚臣李续宜闻讣丁忧，请按照胡林翼丁忧之例，赏假数月，仍令回皖署理抚篆。附片奏报近日军情梗概。又奏采访忠义第八案。又奏请暂缓江南武闱乡试。又片奏杨载福更名岳斌。夏秋之间，暑雨失时，疾疫大作，各路军营多染疾病。皖南诸军为最甚，死亡甚多，浙江大营次之，金陵大营亦染疫病。皆暂事休息，未遑攻剿也。

十七日，左公宗棠击贼于油埠破之。袁公甲三告病卸任。奉旨授李续宜为钦差大臣，督办安徽全省军务。二十一日，公具折代李续宜奏陈请假回籍治丧，仍请仿胡林翼之例。又请袁甲三暂缓交卸督师之任,附片奏接奉寄谕,饬查军情,奏报袁甲三、李续宜驻扎之处,路近而较速;臣奏报往返,取道湖北、河南,道梗而较迟。兹开呈前三次拜发折片,以备查核有无疏失之处,并陈明各路军营疾病过多,未能进剿情形。袁公甲三委员押解已革盐运使金安清等至安庆,归公讯办。其李世忠全军,归公节制调遣。李公续宜奏报丁忧之疏未入,接奉督师之旨,李公病已逾月矣。是月奉上谕:"该抚现丁母忧,着即在军营穿孝,改为署理巡抚,毋庸赏假回籍。钦此。"又奉上谕:"钦差大臣科尔沁博多勒噶台亲王僧格林沁著统辖山东、河南全省军务,并调度直隶、山西两省防兵。所有剿匪事宜,即著会商钦差大臣李续宜妥为筹办等因。钦此。"又奉上谕:"胜保著以钦差大臣,督办陕西军务。钦此。"于是多隆阿公一军,有旨令公酌量调度江北里下河一带,镇江冯子材一军,皆有旨令公统筹兼顾矣。李公鸿章克青浦城,分军会洋兵渡海入浙江境,收复余姚县。蒋公益澧领湘勇五千人,由长沙启行,取道江西以赴浙。

八月初二日,出示谕乡民扑蝗。初三日,李公续宜至安庆。苗沛霖退出寿州城及正阳关,李公续宜派蒋凝学引军入守寿州。萧庆衍守霍邱县。成大吉、毛有铭两军分守三河尖及固始县。总兵王载道留守六安州城,而自扶病回省城,见公商奏,力请回籍。捻匪犯颍州境,各军连击破之。

十二日,驰奏迭奉谕旨分条复陈一折:其一,多隆阿一军,援秦之局,中变回鄂,当驻扎南阳一带,鄂豫秦三省交汇之处,为游击之师。其一,里下河之防,请责成都兴阿严密防堵。现商令杨岳斌亲赴下游,察看布置,又拟赶造太湖水师战船,防剿苏松,腾出黄翼升水军,专防淮扬,以符原议。其一,李世忠军众五六万人,据有城池,自为风气,擅淮盐釐金之厚利,势难绳以法律。且其击退贼股,功未可没。拟姑循其旧,不设机心,<u>不禁遏其利,不拒绝其求,但不甚资其力,亦不轻调其兵,暗销其予智自雄之气,将来或不至于决裂</u>。其一,李鸿章不能离沪移驻镇江,应责成冯子材耐苦坚守,不作出剿之计。凡四条。附片奏:曾国荃、鲍超、左宗棠各营,皆因患病者多,未能攻剿。李续宜患病未痊，继以哀毁，肌肉全瘦，若不令离营回籍，恐难速痊。是以该抚自奏陈情，未便劝阻。又奏筹办广德州受降事宜一折。洪容海降众数万，但令选留三千人，编立五营，余皆资遣回籍，请给洪容海游击虚衔，其部下头目等，请分别给予顶戴。附片奏豫省派员招募湘勇一节，请停止以节糜费。又片请旨饬江西循照前案，按月拨解漕折银四万两，协济徽宁饷需。又奏采访忠义第九案。附奏烈妇焦王氏等汇案请旌一片。李公续宜陈情疏入，奉旨赏假百日，回籍假满，仍出督师。以唐训方署理安徽巡抚，袁公甲三仍留督防临淮。广德州降众叛乱，洪容海率其党一万人自拔奔回宁国。

二十九日，公驰奏遵旨查复湖北抚臣严树森被参各款一折，附奏遵旨查复江苏巡抚薛焕被参各款一片。又因何桂清逮讯时，呈出司道公禀请退守苏州一节。奉旨饬将薛焕、查文经等查明参办。公具折奏称督抚权重，由来已久，司道以下，承迎风旨，不敢违拒，若此类者，无庸深究。疆吏以城守为大节，不当以僚属一言为进止；大臣以心迹定罪状，不必以公禀有无为权衡。附片奏广德州降众复叛，现筹办理情形，贼之大股，将并窜皖南。而鲍超、张运兰、朱品隆等军疾疫大作，张运桂已病故。左宗棠军病者过半。曾国荃金陵营中染病者亦逾万数，深恐羸卒不足以当强寇。皆由臣以菲材妄窃高位，上干鬼神之谴，莫救厄运之灾，中夜以思，不胜焦灼。公每日以吏事、军事、饷事、文事分条分时，以次清理，定为日课。是月贼犯上海，李公鸿章力战，破贼于七宝街。洋兵克慈溪县。浙江官军收复处州府。左公宗棠击贼于龙游县，大破之。

闰八月初四日，定江西厘局章程。是时厘金收数渐减，公札饬各卡局委员比较每月收数，以增减为优劣。十一日，葬桐城儒士方东树、戴均衡、苏厚子等六人，皆因乱未葬者。并为立石，以表其墓。

十二日，驰折奏唐训方暂署皖抚，仍应驻扎临淮，接统袁甲三一军，使楚皖官军联为一气。附片奏：大江以南，疾疫盛行，宁国境内最甚，金陵、徽州、衢州次之，水师及上海、芜湖各军亦皆厉疫繁兴，死亡相继。鲍超一军，军者数千，其猛将如黄庆、伍华瀚等先后物故，鲍超、张运兰、杨岳斌皆染病甚重。皖南道姚体备，营务处甘晋，则一病不起。天降大疢，近世罕闻，恶耗频来，心胆俱碎。若被贼匪扑犯，战守俱无把握，甚至欲逃走以待再振而不可得。臣自度薄德菲材，不足以挽厄运而支危局，请旨简派在京亲信大臣驰赴江南，分重大之责任，挽艰难之气数，庶几补救于万一，臣断不敢稍存推诿，致误戎机。奉上谕："朝廷信用楚军，以曾国藩忠勇，发于至诚，推心置腹，倚以挽救东南全局，自诸军进逼，金陵逆匪老巢已成阱槛。惟以艰难时会，诚不易得，迭经寄谕，总以毋徒求效旦夕，惟当立足不败之地，以俟可乘之机。矧兹疾疫繁兴，各军将士疫病之余，讵忍重加督责？该大臣惟宜愈矢忠诚，拊循加意，使军心益固，诊气潜除。各营病疫将士，其各传旨，优加存问。本应明降谕旨慰劳，诚以事关军务，或恐人心疑惧，奸宄从而生心，贼人转益张其凶焰。我国家深仁厚泽二百余年，当此艰危时势，又益以疾疫流行，将士摧折，深虑隳士气而长寇氛。此无可如何之事，非该大臣一人之咎。意者朝廷政事，多所阙失。足以上干天和。惟当齐心默祷，以祈全消沴戾。我君臣当痛自刻责，实力实心，勉图禳救之方，为民请命，以冀天心转移，事机就顺。至天灾流行，必无偏及各营将士，既当其厄，贼中亦岂能独无传染？该大臣郁愤之余，未遑探询。刻下在京，固无可简派之人，环顾中外，才力气量如曾国藩者，一时亦实难其选。该大臣素尝学问，时势艰难，尤当任以毅力，矢以小心，仍不容一息稍懈也。钦此。"公接奉此旨，读之泣下。

十七日，专差奏皖南加广学额中额一折，请奖徽州捐生一折，报销淮北课盐一折。二十日，苏州贼大股援金陵，围扑官军营盘。贼结垒二百余座，日夜环攻。公弟国荃力战御之。鲍公超军挫于新河庄。贼犯宁国府，鲍公入城拒守。二十三日，公李续宜启行回籍，唐公训方到任。

二十四日，拜发万寿贺折。二十七日，驰折奏陈皖北一带楚军单薄，不能分拨。李续宜所部将领五人，才位相埒，难相统驭。并陈明苗沛霖诡谲多端，不易言抚，惟赦其罪而不资其力，犹不失为中策。附片奏报金陵、宁国两处军营被贼大股扑犯，将领士卒皆为病所苦，防守尚无把握。总由微臣德薄位尊，莫挽厄运之故，忧惶无已。又片奏臣军前调黑龙江马队二百余员名，随同转战，屡有功绩。因水土不宜，抱病者多，应资遣回旗，以资休息。是月，蒋公益澧军至浙江，克复寿昌县城。

九月初一日，安徽藩司马新贻奉旨暂统临淮官军。初六日，宁国县城失守。

十二日，公驰奏汇报各路军情一折：雨花台营垒贼以大股百道环攻，此金陵之可虑也；宁国之贼，欲由间道上犯江西，此宁国之可虑也；小丹阳之贼，由东坝拖过战船，时图出江，冲断江中粮路，北水师之可虑也；河南捻匪窜扰鄂境，有取道皖北回援金陵之说，而皖北各城空虚，深恐逆踪阑入，此皖北之可虑也。现在调派各军，移缓就急，力图挽救。惟皖北地广兵单，北调提督成大吉一军，由三河尖驰赴英霍、相机防剿。仍请敕下多隆阿迅速东还，驻军舒桐，兼顾皖鄂两省，大局幸甚。附片奏报宁国县城失守，徽州、旌德两城首当其冲。唐义训守徽州，朱品隆守旌德，两处兵力皆单，未知能坚守否。又片奏江西省厘务，数月以来，解数寥寥。藩司李桓总办粮台，兼管釐局，经理不善，已添委甘肃臬司刘于浔访察商情，署盐道孙长绂专司月报，整顿积弊。臣统军过多，欠饷太久，徒受揽江右利权之名，究无济苏皖饥军之实，不能不力图补救之法。又片奏查明巢湖水师营官黄国尧于咸丰八年在庐郡阵亡情形，请从优议恤。

时贼船过东坝者，分布固城、南漪诸湖，欲冲出大江，杨公岳斌力疾扼守金柱关。公派陆军数营，往助防守。金陵之贼，环雨花台官军营盘日夜猛攻，挟西洋开花炮，自空中击下，呼声动地。公弟国荃督军苦守不退，面受枪子伤，血流交颐，仍裹创巡营，以安众心。公弟贞干驻营江干力战以通馈运。大营军火，赖以接济，与贼相持兼旬。初五日，击贼破之。十二日，击贼又破之。攻扑之势稍衰。都兴阿公派兵千八百人渡江助守。公念湘军疾疫之余，继以大股逼犯，恐局势决裂，日夕傍惶，寝不安席者数旬。而江西协饷多掣肘，公益忧之。

十四日，公作《三字箴》。其清字箴曰："名利两淡，寡欲清心。一介不苟，鬼伏神钦。"慎字箴曰："战战兢兢，死而后已。行有不得，反求诸己。"勤字箴曰："手眼俱到，心力交瘁。困知勉行，夜以继日。"公言此十二语，当守以终身，遇大忧患大拂逆之时，庶以此免于尤悔耳。

十八日，水陆军合击贼于金柱关，大破之。二十一日，又击破之，毁贼船几尽。金陵之贼，开地道，用火药轰我垒壁。公弟国荃力战，拒破之。令军士于营内掘隧以迎之，贼不得逞。李世忠攻贼于九洑州，禀请分兵援金陵。公批札止之。

二十七日，驰奏汇报军情一折，金陵、宁国、芜湖、金柱关战守大概，并陈明调度各军，有与前奏不符者，视乎各路缓急之形。又奏采访忠义第十案。附片奏：宿州二郎山练总马维敏、乔元功等结寨御贼，为贼攻陷，殉难者二千余人。请照阵亡例，赐恤建祠，以褒忠节。又奏绩溪县孝烈妇胡程氏请旌一片。是月，李公鸿章克嘉定县城。贼复犯青浦，李公大破贼于四江口，沪防肃清。贼攻镇江，冯子材破贼于汤岗。多隆阿公督师入陕西。

十月初五日，公弟国荃击贼，大破之，俘斩数万。自闰月二十日以后，贼三十余万围扑营盘，百计攻轰，公弟国荃苦守四十六日，至是大捷，贼乃解围窜江北。十一日，唐公训方启行赴临淮关，袁公甲三回籍。

十二日，公折驰奏水陆官军迭获胜仗，力保芜湖、金柱关要隘，贼舟存留无几，江西肃清。阵亡副将郭明鹜请照提督例议恤，将弁洪得胜、王明元请恤。又折奏毛有铭一军，在颍州西路迭破捻圩，毁其老巢，仍回驻皖豫边境。附片奏报金陵扑营之贼解退，芜湖等处，防守稳固。前奏可虑者四端，今三患稍舒，所虑专在宁国一路，若能支持一月，新募之勇渐集，或能力遏凶氛。是日，又具折奏保鲍超一军迭克青阳、石埭等四城，出力员弁开单请奖。又奏保曾国荃一军迭克太平、芜湖等各城隘出力员弁，开单请奖。附片奏：保案所开之员，有随后病故者，不及查核扣除，俾逝者得奖荣以饬终生者，亦观感而图报矣。鲍公超军在宁国府，贼扰湾沚，断其粮路。公派陆军由繁昌、南陵让陆运以接济之。贼攻旌德县，公咨商左公宗棠，调所部王文瑞一军援旌德。十七日，贼大股攻扑九洑洲李世忠之营，旋渡江北窜。

十八日，张公运兰离营至安庆见公。公令其买舟回籍养病，其所部老湘营，以总兵易开俊、刘松山分领之。朱品隆等军破贼于旌德。十九日，贼解围去。湘军在寿州正阳防守者，时为苗练所杀害。僧王督师河南，奏请抚苗以剿捻。苗沛霖上书僧王，极诋楚军之失。公察苗沛霖有意挑衅，恐其沮坏大局也。又因皖北兵单，贼方北窜，调蒋凝学一军移营而南，毛有铭、萧庆衍等军皆移驻庐州之境，以避苗练，即以防皖境也。

二十七日，驰折奏缕陈金陵官军苦守四十六日，力战解围情形。道员刘连捷等七十三员开单请奖，阵亡副将倪桂等二百七员名开单请恤。附片奏：金陵援贼虽退，伤亡将卒太多。宁国、旌德两城，同时吃紧。自金陵以至徽州，地段太长，贼股太众，皖北十余城，毫无准备。实恐溃败决裂，尽隳前功。仍请简派大臣会办诸务，稍分臣之责任。又片奏湘勇驻防寿州正阳关，与苗练逼处太近，挑衅构怨，无有已时。刻下皖北正苦无调防之兵，拟撤出蒋凝学一军，并抽拨霍邱防兵，调防庐州、巢县一带，以遂苗练之私，以成僧格林沁急欲灭捻之志。是日，又具折奏保张运兰、朱品隆、唐义训战守徽州军中出力员弁，开单请奖。附片奏：张运兰因病回籍，请旨将易开俊、刘松山二员授总后实缺，以资钤束。又奏请展缓三省查阅营伍之期一折。

贼之窜江北者，攻和州，陷含山县。二十八日，陷巢县。公乃札留新募淮勇之张树声、吴长庆等军暂缓赴沪，分守无为州及庐江县，调霍邱之湘军驻防舒城。公弟国荃派军回守西梁山，寻又派军扎东梁山。广德州贼窜陷绩溪县。是月浙东官军会洋兵收复上虞、嵊县、新昌三城。江忠浚补授安徽布政使。

十一月初一日，贼陷和州。初二日，唐义训、王文瑞收复绩溪县。初三日，旌德之贼窜扰太平、黟县之境，直趋祁门。初四日，贼围泾县，易开俊引军入城守御，却之。初七日，祁门县失守。

初八日，奉上谕："江苏布政使曾国荃著赏给江绸黄马褂料一件，小卷江绸袍料一件，白玉喜字翎管一枝，白玉柄小刀一把。曾贞干著加恩以知府用。钦此。"

初十日，唐义训、王文瑞收复祁门县城。贼回窜石埭。

十二日，公驰奏汇报军情一折，江北含山、巢县、和州失守，调度防剿，并陈明宁国各军战守情形，绩溪、旌德、太平、黟县贼踪。奏称：秋冬以来，群盗如毛，南北环逼。前奏请多隆阿移师东剿，今则秦人方痛深水火，何敢渎请？惟请饬贵州提督江忠义统率所部赴皖防剿，大局幸甚。附片奏报祁门失守。又片奏撤回蒋凝学一军分防颍州、霍邱两处，调毛有铭、萧庆衍两军移驻舒城，以防贼上窜。是日，又具折奏保水师迭克沿江城隍出力员弁，开单请奖。又折奏浙江省城失守时溃走之副将陈步高等，讯明定拟。

十八日，公弟靖毅公贞干卒于军。是日奉到以知府用之旨。公出城巡视盐河，委弁勇修壕墙一百八十六丈，核定工程。十九日，水师破贼于三汊河。二十日，鲍超闻讣丁忧。公以宁国军情紧急，批令在营穿孝。二十一日，公出城巡视城壕。二十二日，闻靖毅公之卒，公哭之恸，派弁赴金陵迎护其丧。

二十七日，驰奏钦奉谕旨分条复陈一折：其一，毛有铭、萧庆衍之军由舒城拔营，取道巢湖之南，进攻运漕镇。其一，李世忠军于九洑。此次贼窜北岸，该提督亦屡接战，有所斩擒，惟贼股太众，未能堵截。其一，曾贞干已于十八日病故。由臣德薄，殃及手足。其芜湖要地，留防兵力尚厚。其一，洋将白齐文奉调赴援金陵。该将迁延不进，且毫无纪律，应由李鸿章严行惩办。其一，查贼酋李秀成踪迹。其一，催李续宜销假回营。凡六条。又奏旌德、泾县解围，绩溪祁门克复一折。奏保王文瑞、王开琳等五员，阵亡总兵胡太旗、参将刘永胜、游击张仁兴请恤。附片奏：宁国一带军务渐稳，鲍超丁母忧，请毋庸开缺，改为署理。又折奏结金安清、汪耀奎参案。又奏采访忠义第十一案。附片奏：定远县练总陈鼎霈等殉难请恤。贼自金陵解退后，其一股复由东坝拖过战船，以图出江。公所派水陆防军，破之于护驾墩，毁贼船二百余号。鲍公超击贼于马头镇杨柳铺，大破之。是月，左公宗棠克复严州府城，李公鸿章克复常熟县城。多隆阿公奉旨授钦差大臣，接受关防。胜保革职逮问。

十二月初五日，石埭贼陷窜青阳县，朱品隆弃旌德不守，移剿青阳。初九日，靖毅公灵柩过安庆。公出迎，抚棺恸哭，入城受吊。初十日，水师击三汊河贼垒，破之。萧庆衍等会水师克运漕镇。公调蒋凝学一军移驻舒城。

十二日，具折奏遵旨筹派水师将弁兵勇演习轮船火器，奏保总兵蔡国祥堪以统辖，参将盛永清等七员堪以分领。又申明楚军水勇难以出洋，轮船配用楚勇，须坚守前议，但用之于江面。又折奏贼由九洑洲分股北犯李世忠一军堵战获胜情形，请敕下山西巡抚，将应解月饷迅解该营，以资接济。阵亡副将程自有、汪德喜、知县胡学诗请恤。附片奏报各路军情。又片奏调道员隋藏珠回营当差。是日，又具折奏保李续宜所部成大吉、萧庆衍等军援剿颍州、霍邱出力员弁，开单请奖。又折奏夏秋以来，疠疫繁兴，将士官吏婴疾而殒命者，殆以万计。其中功绩卓著者九十六员名汇案开单请恤。张运桂、黄庆、伍华瀚、沈宝成、周成南五员功绩尤多，请从祀湖南昭忠祠。附片奏伍华瀚之父文生伍宏铿，于咸丰四年在宁乡阵亡请恤。

十三日，奉上谕："曾国藩一门忠义，不避艰险，兄弟均在行间，为国宣劳，深为嘉悦。不料曾贞干遽尔病故，览奏曷胜悼惜等因。钦此。"又奉上谕："曾贞干自赴江南军营，屡著战功，朝廷早欲擢用，因曾国藩再三恳辞，拟俟江宁克复后从优奖励。兹以力疾督战，积劳病故，悼惜殊深。虽未经曾国藩奏请给恤，而曾贞干系效力疆场战功卓著之员，著即追赠按察使，即照按察使军营立功后病故例议恤，以示优异。钦此。"

十六日，公作季弟墓志一篇。二十日，靖毅公灵柩登舟回湘，公行遣奠礼。毛有铭一军进剿巢县芙蓉岭，小挫。宣城县属之金宝圩，为贼所攻陷，杀掠甚惨。其练众及难民之脱出者，公给银米以赈之，编立营伍，安置于芜湖县，凡数千人。

二十一日，公弟国荃击贼于谷里村六郎桥，破之。二十二日，萧庆衍击贼于铜城闸，连破之。二十三日，青阳之贼窜回石埭。

二十四日，具折代弟国荃、贞干奏谢天恩。二十五日，朱品隆军收复青阳县城。

二十七日，复奏钦奉谕旨并案条陈一折：其一，寿州撤回湘军以后，苗练尚无据城以叛之迹，正宜推诚相待，无庸派兵戍守，使反侧者无以自安。其一，李世忠骄亢任性，目前无甚扞格，将来或须示以检制。其一，杨岳斌军守金柱关以防东坝贼船，彭玉麟驻守裕溪口以防巢湖贼股，战争方急，不能移扎下游江面。其一，洋人用兵，其长处在器械精坚，步武齐整，其短处在口粮太重。若使官军学习其法，恐未得其长而先图增饷。其一，金陵贼势方强，未易言抚。至其自拔来归，当禁约军士，不得妄加杀戮，以导向化之路。凡五条。附片奏报水师攻三汊河，陆军克运漕镇，及金陵官军胜仗、皖南各路军情。又奏保湖南东征筹饷局出力官绅开单请奖一折。附片奏保江西补用道黄冕、湖南署藩司恽世临主持东征饷事，尤为出力，请旨优奖。是月，贼又由东坝拖过战船，以窥芜湖。于是贼船过东坝者，前后三起。

是岁，发逆、捻匪纠合大股迭犯湖北之西北境。官文公调楚军击退，全楚肃清。骆公秉章、刘公蓉调派湘军，大破贼酋石达开于叙州之境。江公忠义剿匪于湖南、广西之境。毛公鸿宾檄调回湘，募楚勇万人以援皖。都统富明阿帮办江北军务，吴公棠署漕运总督。

（边注：正宜推诚相待，无庸派兵戍守。）

年譜 卷九

【癸亥】同治二年，公五十三岁

正月，公在安庆。初三日，接奉年终赏福字、荷包、钱镪、食物等项，再加赏寿字一张。贼大股围攻泾县，易开俊等守御却之。初五日，鲍公超驰援泾县。初六日，击贼大破之。初七日，贼解围去，鲍公追击破之。

十二日，驰折奏克复运漕镇，进剿巢县铜城闸接仗情形，阵亡总兵彭星占请优恤，将弁胡得胜、刘义胜、陈东祥、谢齐俩、吕鸿榜、李春生请恤。附片奏报青阳收复，泾县大捷，并搜获伪文。苏省大股有再犯江北上窥皖楚之说。又具折奏谢弟贞干赠恤恩。附片奏保叶兆兰委署皖南道缺。

二十七日，驰折详报鲍超一军破贼于马头镇、杨柳铺，进援泾县，大捷解围，阵亡参将罗国才等六十七员弁开单请恤。附片奏：易开俊等保守泾县情形，阵亡参将倪昌明等五十一员弁开单请恤。又片奏宁国金宝圩被贼攻破，芜湖金柱关防守难以松劲，九洑洲江面有贼船赶渡。臣当驶赴金陵，察看前敌。是日，又代奏江南提督李世忠自请褫职立功以赎胜保之罪一折。

二十八日，公由安庆登舟启行。二十九日，泊池州登岸，揽视池州形势。是月，左公宗棠克复金华、绍兴两府城，汤溪、龙游、兰溪、永康、武义、浦江、桐庐各县，浙东肃清。

二月初一日，贼犯金柱关，水陆官军击破之。贼逼近宁国府城，刘松山守御却之。鲍公超克西河贼垒，击贼大破之。初二日，击贼连破之。梅岭、马家园、小淮窑、麒麟山等处贼垒尽平，宁国近城百里之地肃清。初三日，贼扑九洑洲，李世忠营盘失陷。贼渡江攻陷浦口城。公舟泊芜湖，彭公玉麟来见公。初四日，公登岸按视芜湖城守，行泊金柱关，杨公岳斌见公。初五日，公舟泊大胜关，杨公岳斌从。水师攻克湾沚贼垒。初六日，公登陆驻雨花台大营。与公弟国荃按行各垒，传见各将弁慰劳之。十一日，公还舟次。

十二日，驰奏查阅沿江各军现抵金陵、恭报近日军情一折。十五日，奏谢年终恩赏一折，年终密考一折，学政加考一片。公坐舢板船探视九洑洲贼垒，回舟溯江按视三汊河营垒。石埭之贼大股窜青阳，鲍公超引军援剿。贼由建德窜扰江西彭泽、鄱阳之境。太平县贼窜入徽州境，扰及黟县、祁门。十五日，攻扑休宁县城。又有浙江于潜、昌化一股，亦窜入徽境，郡城戒严。左公宗棠派刘典一军援徽州。十六日，公舟泊乌江，按视杨公岳斌水师老营扼守之处。贼大股扑犯金柱关，官军水陆合击，大破之于查家湾。贼乃却退。渡江之贼陷江浦县城。十八日，公舟泊金柱关，入小河，巡视水陆各营。十九日，行视东西梁山防军营盘，舟泊裕溪口。二十一日，换小舟入自裕溪口，按视运漕镇无为州军营。二十三日，由神塘河出大江，回舟次。

二十七日，舟次大通镇。驰奏由金陵回皖沿途查阅恭报近日军情一折。附片奏：臣巡阅诸军，详观贼势，揽南北之形势，察天人之征应，窃以为可惧者数端，可喜者亦数端：江岸难民，避居江心洲渚之上，死亡枕藉；苏浙之田，多未耕种，贼无所掠食，一意图窜江西，窥皖浙已复之土，恐其变为流贼，更难收拾；李世忠心迹难信。皆可惧之端也。金陵之贼，粮源已竭，贼居不耕之地，其势必穷，无能久之理；东南要隘多为我有，水陆军将颇能和衷，百姓仰戴皇仁，沦肌浃髓，久困水火之中，不闻怨咨之语。此皆可喜之端也。附片奏：新授安徽臬司万启琛请暂缓入都陛见。又具折汇报水陆各军阵亡、伤亡、病故员弁一百八十九名，开单请恤。附片奏：前祁门县知县唐治，咸丰四年在任死节，请建祠祁门。又奏采访忠义第十二案。附片奏：舒城练总韦斌殉难请恤，并该团男妇等百四十七人。

察天人之征应，窃以为可惧者数端。

二十八日，公回至安庆。公舟往来江中，见洲渚之上皆难民所聚，编葺苇茅以为庐。一不戒于火，延烧数里，相率露处，呼号求救之声，至不忍闻。公以贼踪蹂躏各处，无可安置之地，因札善后局委员议赈恤之。是月，僧王擒捻酋张洛行，斩之。刘公长佑由两广总督调任直隶总督，航海以北，达于畿疆。

三月初二日，贼自江浦上犯，围毛有铭、刘连捷两军于石涧埠。公弟国荃派道员彭毓橘等领军三千余人，上援无为州。沈公葆桢调派江西各军扼守景德镇、东平县等处，防剿徽池窜贼，派委同知王沐领军进援徽州。初八日，公急调鲍超一军渡江而北，援石涧埠。初十日，芜湖水陆各军克黄池贼垒。十一日，悉以内河要隘，毁贼舟净尽，贼遁走金宝圩、溧水、丹阳一带，金柱关防务解严。刘典、王文瑞、王沐会击贼于徽州休宁境，大破之。

十二日，驰折奏鲍超一军大获胜仗，攻克宁国近城诸要隘，阵亡参将李芳菲等二十六员弁开单请恤。又折奏贼渡九洑洲，李世忠营盘及浦口、江浦两城失陷，请将李世忠革职，不准留营，并自请交部严议。附片抄呈李世忠咨文二道。并称李世忠前此曾立功绩，此次力竭战败，亦足以雪物议。谓其通贼之诬，恐其怀疑生怨，激成他变。仍求明降谕旨，示以宽大，毋庸革职，仍准留营，奖其前功，责其后效，则恩出于朝廷，而怨归于臣等。彼必感激图报，不生疑贰。又片报皖南皖北近日军情。奏称江之南岸，徽州与江西同警；江之北岸，下游与上游同警。调度无方，实深忧灼。又奏保王吉、彭楚汉、周惠堂、谭胜达四员堪胜水师总兵之任　折。疏入。奉上谕："李世忠著加恩撤去帮办军务，免其革职，以示薄惩。钦此。"

十七日，萧庆衍、彭毓橘、毛有铭、刘连捷合击贼于石涧埠，大破之。刘典、王文瑞、王沐克黟县城。十八日，苗沛霖复叛，引其党围攻寿州。知州毛维翼坚守。十九日，贼大股围攻庐江县。二十一日，贼围攻舒城县，蒋凝学御却之。二十二日，朱品隆攻石埭之贼，破之。发捻大股由湖北下窜，围攻桐城县，提督周宽世御却之。贼窜孔城镇，合围大股窜六安州。二十四日，贼围六安州。二十五日，刘公典击贼于徽州，破之。徽境肃清。贼悉窜归浙江。江西之贼扰及浮梁，沈公葆桢调回王沐一军剿之。

二十七日，驰折详报芜湖金柱关水陆各军累月苦战情形，阵亡游击姜固国等三十六员弁开单请恤。附片奏报皖南、江西、皖北、湖北贼势军情：该逆蓄谋甚狡，无非欲掣动官军之势，以解金陵之围。苗练叛迹大露，事变迭生，忧愤何极！又折奏拣调良

责其后效，则恩出于朝廷，而怨归于臣等。

员留皖补用，并请本科新进士即用知县一班，多发数员来皖，以资差委。附片奏保代理无为州知州穆其琛坚忍镇定，保守危城，厥功甚伟，请即补该州实缺。又奏采访忠义第十三案。

是月，李公鸿章克太仓州城，公弟国荃奉旨补授浙江巡抚，左公宗棠奉旨升授闽浙总督兼署浙江巡抚，万启琛授江苏藩司，马新贻授安徽臬司，郭嵩焘授两淮运司。李公鸿章奏陈公弟贞干战绩。奉到上谕："曾贞干著加恩照二品例议恤，并准其予谥，于本籍及死事地方建立专祠，仍宣付史馆，特予立传，以彰忠尽。钦此。"

四月，公调鲍超、刘连捷等军援六安。初二日，贼解围东窜，鲍公引军追击之。初七日，鲍公超等陆军、彭公玉麟等水师会克东关贼垒。初十日，克铜城闸。

十二日，驰折奏石涧埠、庐江、桐城、舒城六安州先后解围情形，随折奏保刘连捷、毛有铭等六员，阵亡参将黄仁亲等十一员弁请恤。附片报近日军情。奏称：徽郡防兵单薄，是臣布置最疏之处。贼之窜鄱阳者逼近浮梁，江西之门户可虑。皖北之贼悉数东趋，并未西犯鄂疆，即属大局之幸。现檄鲍超等进兵追击，檄调蒋凝学、毛有铭、成大吉等会师寿州，共讨苗党。是日，又具折奏江楚各省本淮盐引地，被邻私侵占日久，非一蹴所能规复。察核现在情形，暂难改办官运。又片奏在籍侍讲吕锦文在宁国办理团防、捐输被参各款，查明复奏。又奏采访忠义第十四案。时都统富明阿驻军江北，派委知府杜文澜试办官运淮盐，行销于楚岸。

十八日，易开俊击贼于泾县，破之。朱品隆击贼于青阳，破之。

二十二日，具折奏谢天恩：臣弟国荃补授浙江巡抚，兄弟均当大任，受恩愈重，报称愈难。请开浙抚一缺，以藩司效力行间。附奏新授江苏藩司万启琛呈请开缺一片。又以弟贞干奉旨加衔、议恤予谥、建专祠奏谢天恩一折。鲍公超等军克复巢县城。公派李榕一军渡江而南援池州。二十三日，克建德县城。二十四日，鲍公超等军克含山县城，进克和州城。皖北之贼全退。

二十七日，驰折奏水陆军官会克东关、铜城闸两隘，阵亡勇弁彭胜华、曾彩云、胡德云、石太和请恤。附片奏报军情称：兵事迟钝，半由饷需奇绌。鲍超、毛有铭两军均有饷匮逃散之事。臣治军九年，不敢轻上请饷之奏，不欲以危词上烦圣听，又不欲以苦语涣散军心。兹因有勇丁逃溃之案，不得不据实密陈。请于九江洋税项下，月拨银三万两，以济皖饷，并请特派大员来南，稍分臣之责任。是日，又具折奏保雨花台解围案内出力员弁，开单请奖。附片奏：新授云南迤东道黄冕，现办东征筹饷局务，请缓赴任，并拟调该道来营，面商淮盐事例，与运使郭嵩焘会筹盐政。又片奏凤台县知县蔡锷被苗练戕害，请恤。公之初任两江也，奏拨江西漕折银两，以供徽宁防军之饷。至是沈公葆桢奏留供江西本省防军，经户部议准。公既失此巨款，于是筹饷之情，词气迫切，而请衙大臣以分责任之疏，已三上矣。公弟国荃攻破雨花台贼垒及金陵南门外石垒共十座，皆坚垒也。调彭毓橘一军回金陵大营。寿州知州毛维翼固守州城，兵少粮尽，坚守不懈。毛有铭、蒋凝学两军赴援，营于九里沟，阻于捻匪，未能进。皖南之地，经乱最久，人相食者数月。公闻之，愀然自咎，常曰：" 乱世而当大任，人生之至不幸也。"是月，李公鸿章克昆山县城。骆公秉章擒贼酋石达开，斩之。粤逆自永安州起事，始封之五伪王者，至是尽毙矣。

五月初三日，易开俊击贼于泾县，破之。初五日，江北之贼由九洑洲渡江而南。公调成大吉、周宽世两军进援寿州，调李朝斌领水师赴上海，腾出黄翼升水师溯江入淮，以为临淮官军之助。初七日，李裕军援剿湖口县。初十日，李朝斌水师东下浦口，扼截渡江之贼。贼大半不能渡。杨公岳斌以水师入浦口，收复江浦县城。鲍公超、刘连捷等陆军沿江追剿，与水师夹击，贼之未渡者歼焉，伏尸数万。江北肃清。

十二日，驰折奏报金陵官军攻克雨花台伪城及聚宝门外诸石垒，随折奏保总兵李臣典、晏澧周等八员。又奏报水陆会克巢县、含山、和州三城，随折奏保成发翔、彭毓橘、萧庆衍等十员，阵亡参将陈邦荣等十二员弁请恤。附片奏报皖南、江西军情，寿州危急，调派水陆官军援剿，势恐不及。

十三日，公弟国荃、杨公岳斌、彭公玉麟水陆会克下关、草鞋夹、燕子矶贼垒。李朝斌、成发翔、刘连捷等军攻九洑洲贼垒，力战大破之，杀贼二万人，弁勇伤亡者亦二千人。十五日，攻克九洑洲，江面贼艘净尽。鲍公超等陆军渡江，会攻金陵。公自奉肃清江面之旨，创造舟师，至是十载，全功乃竟，长江上下，一律肃清。公由安庆发银一万两，犒赏是役将卒。芜湖陆军吴坤修等击贼，破之。进收金宝圩。易开俊、刘松山击贼于泾县，连破之。十八日，公弟国荃攻长干桥贼垒，破之。二十三日，朱品隆击贼于青阳，连破之。二十六日，刘典、王文瑞会江西官军击贼于陶溪渡，破之。景德镇、鄱阳县肃清，贼并归湖口。

二十七日，驰折奏水陆各军会克江浦、浦口、草鞋夹、燕子矶诸城垒，力破九洑洲一关，江面一律肃清。随折奏保总兵喻俊明、丁泗滨等二十六员，阵亡副将邬桂芳、胡俊友请恤。附片奏报皖南、江西及寿州军情。金陵城大贼众，合围不易，必须严断接济贼粮之船。请敕下总理衙门，照会西洋各国，不得于金陵城外停泊轮船。又折奏鲍超一军克宁国府与泾县、西河胜仗出力员弁三案，并保开单请奖。又折奏保毛有铭一军迭破颍西捻圩，会克运漕镇出力员弁，开单请奖。附片举劾江西釐局委员。江公忠义领楚勇至江西，由九江渡军进剿湖口。是月，公与李公鸿章会奏请旨核减苏州松江两府、太仓州浮粮。

六月初二日，奉到上谕："曾国藩奏为伊弟国荃恳辞巡抚恩命，并曾国荃奏恳收回成命、以开缺藩司专办军务各一折。该大臣等受宠若惊，固辞恩命，洵属至诚，而朝廷懋赏懋官，权衡悉当。现在军事方亟，时局孔艰，凡在臣工，正宜黾勉效忠，共期宏济。该大臣惟当督率曾国荃忠诚报国，以副委任，正不必渎辞朝命也。钦此。"公子纪泽来安庆省公。江西官军韩进春挫于洋塘，湖口贼势复张。江公忠义与李榕军力击之，贼稍戢。鲍公超攻钟山贼垒，破之，回驻江干。军人多病，未能进剿。

初四日，苗练陷寿州，知州毛公维翼死之。成大吉驻守三河尖、周宽世、毛有铭等退守六安州境。

十二日,驰折奏金陵围师布置情形:寿州失陷,现图补救之法。知州毛维翼亮节孤忠,请旨追赠道员,从优议恤。臣调度各军,顾此失彼,请交部严加议处。道员蒋凝学、提督成大吉赴救不力,请撤去升衔勇号,以示惩儆。又具折奏请裁南洋通商大臣一缺,交各省督抚兼理华洋交涉事件。附片奏:委员采买口外战马二千四百匹,请敕兵部查验免税放行。

十六日,石埭贼窜陷黟县。十八日,刘公典等军收复黟县,贼退归石埭。十九日,江公忠义与李榕军击贼于坚山,破之。

二十二日,专折奏采访忠义第十五案。附片奏:歙县殉难绅士程枚功请恤,并其家属十人。二十七日,驰奏汇报各路军情一折:金陵城下,暂难合围。皖南、江西滨江滨湖,一片逆氛。苗逆既破寿州,围攻蒙城益急。鞭长莫及,徒深忧灼。附片奏:马新贻远在蒙城,势方危急,其安徽臬司印务,委万启琛暂行署理。是月,李公鸿章克吴江县城。毛公鸿宾升授两广总督,奏调张运兰募勇赴粤。

七月初三日,江公忠义等军攻贼于湖口之文桥,克之。贼滨江下窜,江西全境肃清。郭公嵩焘奉旨赏三品顶戴,署广东巡抚。李榕补授浙江盐运使司。初八日,公弟国荃克印子山贼垒。

十二日,驰奏汇报各路军情一折:其一,群贼援救金陵,则苏常等处或有可乘之机。其一,张运兰奉调入粤,原部老湘营现分守宁国府、泾县两城最要之地,未可掣动,应令该臬司另募新勇。其一,太平、石埭之贼,逾岭窜入黟县,王文瑞一战克之,剿办极速。其一,江忠义、李榕两军剿平湖口之贼,即令由皖南进取东坝。其一,李世忠一军近颇愧悟歛抑,其与苗逆积怨甚深,若坦然相处,当不至别生枝节。其一,周宽世、蒋凝学、成大吉、毛有铭各军防守要害,难以掣动,此外实无劲旅可援蒙城。凡六条。附片奏黄翼升水师赴援临淮,应令李朝斌接署江南提督印务。又片奏陕西巡抚英棨奏请筹拨陕省饷盐一案,现在苗逆叛乱,淮河梗阻,盐无可运之道,请无庸置议。又奏采访忠义第十六案。歙县殉难绅士汪士勋请恤,并其家属。

十七日，吴公坤修击贼于双斗门，破之。二十日，贼由江西下窜者，大股围攻青阳县。朱品隆力疾督军苦守。

二十七日，驰折奏报湖口各军迭挫贼锋，会克文桥贼巢，群贼遁走，阵亡将弁张仪卿等十三名请恤。附片奏报金陵、芜湖、青阳军情及淮甸水陆布置情形。又具折奏保芜湖金柱关水陆防守攻克湾沚、黄池出力员弁，开单请奖。附片奏江西茶商照办落地税，又奏参庐江知县吴燮和革职一折。

三十日，公弟国荃攻上方桥贼垒，克之。是月，李公鸿章攻克太湖贼营，进军苏州。袁端敏公甲三卒于家。公编录《训诂小记》、《雅训杂记》，每日记录数则，以为常课。

八月十一日，易开俊、刘松山击贼于泾县，破之。

十二日，驰奏迭奉谕旨复陈一折。奏称：近淮诸军扼要防守，难以调动。皖南各军，援剿方亟，不能调赴淮上。李世忠一军，调以剿苗，亦不可恃。俟皖南军势稍松，当另筹劲旅，驰往临淮会剿。附片奏：查获武职周瑞、知县贾连城勾通苗逆，请革职讯办。公弟国荃攻江东桥贼垒，克之。

十八日，贼袭攻宁国府，刘松山自泾县回援，破之。公调鲍超一军由金陵上援青阳。二十四日，易开俊击贼于泾县，破之。

二十七日，驰折奏报金陵陆军攻克上方桥、江东桥诸坚垒，一律毁平。附片奏报青阳、泾县等处军情：目下皖南群盗如毛，几与去年冬月相似。寿州苗党凶焰复炽。周宽世、成大吉、蒋凝学、毛有铭等势均力敌，不相统属。李续宜病势日深，暂难东下，深恐军志不齐，贻误大局。请旨饬降调道员金国琛驰赴皖北军营，综理周宽世等四军营务处，必能调护联络，无涣散之虞。又片奏上年奏派委员经理广东釐金，仍应调回各原省当差，候补知县丁日昌等调回皖营，仍请酌予保奖。朱品隆苦守青阳县城，凡三十八日。江公忠义一军，所部道员席宝田一军，李榕一军，先后赴援击贼，大破之，杀贼万人。贼解去，并归石埭、太平一带。自江面梗阻以来，湖南北借食川盐粤盐，江西借食浙盐，两淮引地皆失。至是江面肃清，公乃咨谋于谙悉盐务之委员杜文澜等，议复旧日引地，先行试办官运淮盐，行销于江西一岸，核定

综理周宽世等四军营务处，必能调护联络，无涣散之虞。

西岸票盐章程，招商领运。是月，李公鸿章分军克江阴县城，左公宗棠克富阳县城。调刘典、王文瑞引军回浙，进攻杭州。唐公训方奉旨总统皖北各军，刘公蓉授陕西巡抚。

九月初八日，易开俊击贼于泾县，破之。十二日，驰折奏朱品隆苦守青阳，援师大捷，立解城围，阵亡将弁李殿华、许和山等十六员弁请恤，江忠义、李榕、朱品隆、席宝田等开单保奖。附片奏报蒙城文报渐通，可期解围。刘典回浙，徽州防兵单弱。鲍超军至南陵，进规东坝。江忠义等分兵以攻石埭太平之贼。但使皖南各股悉数驱除，则军势顺矣。

十九日，公弟国荃分军克博望镇贼垒，尽平之。二十二日，具折奏陈京仓需米甚殷，遵照部议，悉心妥筹。并详陈近年事势，不得仍拘成例，拟将漕运、盐引二大政变通办理。附片奏请将道员黄冕留于苏皖，经理漕政、盐务。又片报皖鄂军情。维时黄冕至安庆见公，禀请于皖省设立米盐互市一局，招湖南米商运米至皖，由皖设法运至上海，以达于天津；招两淮盐商运盐至皖，与楚中米商交易而退。是为盐漕二政变通之法，既而不果行。

二十四日，公弟国荃攻克上方门、高桥门、土山、方山、七瓮桥等处贼垒，凡二十余座。二十五日，进克中和桥贼垒。

二十七日，驰折奏报宁国、泾县防军迭获胜仗，阵亡勇弁邓光武、雷国英请恤。又折奏讯结已革总兵黄彬被参一案。公弟国荃克秣陵关伪城。于是金陵西南、东南两面往来之路已断，官军渐已合围。是月奉到文宗御制诗文集。二十八日，专折奏谢天恩。石埭贼目古隆贤率众投诚，官军收复石埭、太平二城。易开俊收复旌德县城。彭公玉麟水师克水阳、新河庄等处贼垒。二十九日，欧阳夫人率眷属到署。是月，捻匪窜扰湖北德安、蕲、黄之境，官文公调成大吉、石清文两军赴鄂援剿。

十月初一日，彭公玉麟水师克沧溪长乐镇贼垒。初二日，收复高淳县城。初三日，易开俊收复宁国县，蒋凝学、成大吉收复颍上县。初六日，公弟国荃攻金陵城东贼卡五处，贼垒二十余座，悉破平之。初七日，鲍公超会水师克东坝。

十二日，驰折奏金陵陆师迭克东南沿河八隘，并复秣陵关伪城，渐成合围之局。又折奏贼众就抚，收复石埭、太平、旌德三城，请将降人古隆贤赏给虚衔顶戴。附片奏报淮上军情：皖南水陆官军攻克东坝，得此要隘，皖南可冀肃清，金陵、苏州攻剿之事较有把握。又片奏查明石埭、太平、旌德、宁国四县前后失陷原委。又折奏保金陵一军迭克城隘出力员弁六案，并保开单请奖。鲍公超军克建平县，收复溧水县，派营官宋国永招抚广德州贼，未下。江公忠义引军回驻江西饶州境。

十五日，公弟国荃领萧庆衍等军扼扎孝陵卫。僧王军至淮北，苗沛霖众溃走死，蒙城解围，练党瓦解。唐公训方收复淮南各城邑。公核定楚岸皖岸票盐章程，刊发委员，招商办运。

二十七日，驰折奏水陆官军剿抚兼施，迭复水阳、东坝等要隘，高淳、溧水、宁国、建平四县，现派鲍超扼守东坝，调各军分守城隘。请将就抚之张胜禄等三人赏给虚衔顶戴。附片报提督王明山丁忧回籍。是日，又具折密陈彭玉麟战绩，并奏报金陵大营将领李臣典等四员，请补提镇实缺。皖南经乱，凋残特甚。收复后，公亟派员散赈贫民，每县筹银数千两，采买耕牛籽种，颁给乡农，民大感悦，流亡渐复。是月，李公鸿章克复苏州省城。公奉旨交部从优议叙。李勇毅公续宜卒于家。江忠濬调四川布政使。

十一月初五日，金陵官军治地道轰城，未克。十二日，具折汇奏李世忠一军迭破苗逆各圩，会克怀远县，请开复革职处分。附片奏报金陵城东百余里内，一律肃清，贼之粮路已断。长淮一带颍上、正阳、寿州、上蔡均已收复。又折奏保肃清皖北水陆出力员弁四案，并保开单请奖。又代奏提督杨岳斌请回籍养亲一折。又具折奏保员外郎范泰亨，御史周学濬，知府陈濬、孙衣言，同知李鸿裔，知县邓瑶、涂宗瀛、黎庶昌，训导向师棣九员，皆学行修饬，可备任使。是日奉到上谕："兵部侍郎彭玉麟著加恩赏穿黄马褂，以示优奖。钦此。"从公奏也。

十三日，金陵城贼出扑营，公弟国荃击破之。十六日，贼于城外修筑营垒，又击破之。贼大股犯建平、溧水二城，官军守御

一曰性道至言；二曰廉节大防；三曰抗心高望；四曰切己反求。

却之。公日课：于晡后，披阅诗古文词，读诵经子一卷。时读《孟子》书，分四条编记——一曰性道至言；二曰廉节大防；三曰抗心高望；四曰切己反求。

二十七日，具折汇奏水陆阵亡、伤亡、在营病故各员弁，凡八百四十三员名，开单请恤。周万倬、曾正明二员，请从祀湖南昭忠祠。又折奏安徽抚臣李续宜病故，寻其临终遗书呈览，以明忠愤悱恻之枕。附片奏报贼酋李秀成自苏州逸出，已入金陵。官军攻城获胜二次。并调派各军，严防江西边境。又奏采访忠义第十七案。附片奏定远县人陈鼎霈合族殉难，男妇七十六人，汇请分别旌恤。

二十八日，接见安庆所属各邑新入学生员七百余名。是月，李公鸿章克无锡县城，分军入浙江境，克平湖、嘉善、海盐等县。

十二月初二日，建多宝仓，积贮谷米，核定歙散章程。初十日，核定皖南开垦荒田章程。

十二日，驰奏迭奉谕旨分条复陈一折：其一，查明李世忠在寿州、下蔡，与提督陈国瑞争功构衅之案。其一，查明蒋凝学收复正阳关时；与副将康锦文兵勇开炮误伤之案。其一，贼之大股分屯梅渚，意在夺关上窜，鲍超力扼东坝，故暂不能进取，以合金陵之围。其一，周宽世军调回安庆防守，毛有铭军移驻皖南，作游击之师；成大吉、石清吉两军现赴鄂省，或能拨赴陕西，应由官文调度。凡四条。又折奏保江西肃清，青阳解围，在事出力员弁汇单请奖。附片奏：陈明李世忠近日情状。

二十日，委员蔡国祥新造小轮船一号成，公登船试行江面。二十七日，拜折奏谢天恩，交部优叙。并奏陈近日军情：贼之大股图犯江西，已飞咨左宗棠、沈葆桢并力扼守，以保上游完善之区。金陵贼气尚固，一时恐难速克。又折奏保攻克九洑洲肃清江面水师出力员弁，开单请奖。附片奏：总兵喻吉三请加提督衔，简授实缺。又折奏：讯明周瑞、贾连城通苗一案，查无实据，应请无庸置议。是月，江诚恪公忠义卒于军。唐公训方经僧王奏参，奉旨以藩司降补。乔公松年补授安徽巡抚。

【甲子】同治三年，公五十四岁

正月，公在安庆。初六日，贼由宁国县上窜，陷绩溪县。初九日，唐义训引军收复绩溪，追贼于歙县南境破之。贼窜遂安、开化之境，势趋江西。

十二日，奏规复淮南盐务一折。奏称江路肃清，运道畅行无阻，所有楚西各岸，力图整理。而筹办之难有二大端：一则邻私浸灌太久，积重难返，不能骤禁；一则厘卡设立太多，诸军仰食，不能概裁。按今日时势，仿昔年成法，惟有疏销、轻本、保价、杜私四者，实力讲求行之，以渐期于课饷，两有裨益。附片奏报近日军情：金陵城贼为负隅死守之谋，其一股由宁国窜绩溪，意在冲过徽州，直上江西。又折奏讯结贪鄙营私之将弁张禄等，请革职永不叙用。时苏浙田荒未耕已久，官军攻剿，收复大半。贼饥无所得食，乃突窜徽浙之交，就食于江西，

十七日，贼大股续窜绩溪，与遂安股匪分扰婺源、玉山，遂窜广丰、铅山一带，广饶抚建皆为戒严。二十一日，公弟国荃攻克钟山石垒——伪号天保城，遂调派各军，分扼太平门、神策门，城围乃合。

二十七日，驰折奏贼陷绩溪，旋经收复。毛有铭一军由安庆渡江，计可抵徽。沈葆桢所派席宝田、韩进春两军亦可到防。饬各军扼要防堵，力保江西藩篱。附片奏：江宁藩司万启琛应赴江北督办粮台，安徽臬司英翰驻蒙宿一带襄办剿捻，请催马新贻赴藩司任，委何璟署臬司一缺。附片奏陈李世忠近日情形，已交出五河县城，撤遣所部弁勇，发给饷盐，资以回籍，不至再有滋扰。又片奏江楚米价翔贵，本届湖南漕米，请仍解折色到部，就近采办，以归简易。二十八日，专奏恭谢年终恩赏一折，年终密考一折，学政声名一片。是月，李公鸿章克宜兴县城，左公宗棠克桐乡县城。都兴阿公奉旨移防绥远城，诏公拣派得力之员接统其军。河南发捻股匪窜扰湖北之境。

二月初三日，核定江宁七属扬州、仪征等处盐务章程。初九

_{仿昔年成法，惟有疏销、轻本、保价、杜私四者，实力讲求行之，以渐期于课饷，两有裨益。}

日，席宝田收复金溪县城。

十二日，驰折奏金陵官军攻克钟山伪城，遂合城围，贼之外援将绝，粮米无多。唯是围师不满五万，分布九十余里，而贼众数十万，深有穷寇奔突之虞。附片奏：浙境股匪觅食偷生，锐意上窜，绝不返顾，势将蔓延江西腹地，窥伺抚建两郡。溧阳老巢新为苏军所破，其党归并湖州。目下湖州贼数极多，若窜江西，毫无阻隔，防兵单薄，势实可虞。附片奏：臣所部各军，添募益多，将材益少，类皆朴谨自守之员，实乏统率一路之选。其都兴阿所部一军，请特简大员接统。其水师红单船等，即由臣兼辖，酌量裁辙，以节糜费。

十五日，乔公松年至安庆见公，接受巡抚关防，出防临淮。贼退出广德州城，并入湖州。鲍公超进军攻句容。江西之贼窜扰抚建各属邑。十八日，席宝田破贼于建昌城外。十九日，李世忠委其部将王廷瑞、陈自明二员，到安庆禀请交出各城，遣散所部，以三月为期。公奖慰而遣之。

二十七日，具折奏筹议江苏、安徽等省绿营额兵，经乱之后，散广殆尽。已溃之卒不准收伍，孱弱之兵即予裁撤，弁目出缺停缓叙补。统俟军事大定，乃复旧制。庶几兵归实用，饷不虚縻。又折奏湖北防务正殷，提督江长贵请饬赴本任。附片奏：金陵城贼放出老弱妇女万余人，为节省米粮之计；湖州群匪麇集，皆思上犯江西，以觅生路。江西抚建股匪人数实众。请饬下闽、粤、两湖一体严防，免致变成流寇，又烦兵力。江忠义旧部，交江忠朝统带。又片奏遵旨提讯江西知县石昌猷一案，派委刑部郎中孙尚绂会审。又片奏保道员忠廉署理两淮盐运使，堪以胜任。又片奏：李世忠呈请刻期遣散滁州等处兵勇，酌留千余人，交总兵陈自明统带。又与沈公葆桢会奏查参江西釐金委员万永熙革职。

是月，李公鸿章分军克溧阳县城，又克浙江嘉兴府城。程忠烈公学启受伤，旋卒于苏州。程公初陷贼中，投诚后，经公弟国荃拔擢立功，苏省之复，战功为多。左公宗棠攻克杭州省城，余杭县城贼并入湖州，踞守不下。都兴阿公领马队北上。富明阿公署江宁将军，接办扬州防务，派军渡江，会冯子材之军进攻丹阳。

三月初五日，鲍公超攻破三分贼卡。初七日，克句容县城。初九日，克宝堰贼垒五座。周宽世军中营官杨复成侵吞军饷，公亲提讯得实，于军前斩之。江西贼势日众，沈公葆桢奏请截留江西釐金，专充本省之饷，户部议准。公接户部咨文，深忧之。

十二日，驰折奏：江西牙釐，仍应归臣处经收，以竟金陵将葳之功。附片奏报军情：金陵城贼坚忍不下。句容克复，贼之外援将尽。江西之贼，扰犯南丰、新城、广昌之境。又折奏结水师巡江酿命一案。又奏采访忠义第十八案。

十三日，浙江之贼，续窜徽州，唐义训、毛有铭击贼小挫。十四日，贼扑徽州城，官军击却之。

十五日，奉到上谕："协办大学士两江总督曾国藩督军剿贼，节制东南数省，尽心区画，地方以次削平；举贤任能，克资群力。著交部从优议叙。钦此。"是岁，京察行省督抚奉优叙之旨者，曰官文公，曰骆公秉章，曰左公宗棠，曰李公鸿章。凡五人。

十七日，唐义训、毛有铭两军击贼于杨村，官军大挫。贼势炽，大股窜婺源，入江西境。公调朱品隆军驰援徽州，调鲍超军东坝，调周宽世、金国琛两军渡江进驻饶州之境。二十日，鲍公收复金坛县城。

公既上江西牙釐一疏，词气抗厉。于是沈公葆桢亦奏请开缺，诏慰留之。户部议以江西牙厘之半拨归金陵皖南大营，以其半留供本省之饷。公以是时金陵未克，江西流寇复盛，统军甚多，需饷甚巨。既恐饷匮以致军事决裂，又以握兵符掌利权为时所忌，遂有功遂身退之志矣。

二十五日，驰折奏鲍超一军，克句容县，生擒二酋，毁五贼垒。随折奏保总兵冯标、谭胜达、唐仁廉等二十员，阵亡知府田芬、参将阳茂泰等六员请恤。附片奏：徽州军败，遍地贼氛，前队已窜江西，续至者络绎不绝。金陵围师，责成曾国荃经理，傥坚城幸克，即由曾国荃、彭玉麟、杨岳斌三衔驰奏大概，以慰圣怀。陕西汉中发捻各匪窜犯鄂豫之境，图解金陵之围。江面上下，皆宜筹防。又片奏身患呕吐眩晕之症，请假一月，在营调理。又片奏降补藩司唐训方请假回籍省墓。又片奏浙江盐运使李榕暂缓赴任，留营剿贼。又奏杨复成正法一折。

二十七日，专折奏谢京察优叙恩。是日奉到寄谕："总理衙门奏拨轮船经费改解京师一款，为银五十万两有奇，先行拨解金陵军营，以资散放。"二十八日，核定淮北票盐章程。是月，左公宗棠克武康、德清、石门三县城。江西官军克新城县城，贼窜入福建边境。陕西发逆合捻匪窜湖北。成大吉击贼于樊城，破之。贼窜河南境。西安将军忠勇公多隆阿卒于盩厔营次。

四月初三日，设立书局，定刊书章程。江南、浙江自宋以来，为文学之邦，士绅家多藏书，其镂板甚精致。经兵燹后，书籍荡然。公招徕剞劂之工，在安庆设局，以次刊刻经史各种，延请绩学之士汪士铎、莫友芝、刘毓崧、张文虎等分任校勘。初九日，彭公玉麟过安庆见公。旋赴九江防守。

十二日，驰奏徽州防军挫失，未能遏贼西窜，自请交部严加议处，唐议训、毛有铭分别革降，阵亡将弁金茂荣、李祖祥等十三员名青恤。又折奏鲍超一军克复金坛。随折奏保游击张遇春一员，阵亡将弁鲍昌龄、宋连升、王正礼请恤。又折奏江北一律肃清，提督李世忠遣散部众，次第交出全椒、天长、来安、滁州、六合五城，呈请开缺，回籍葬亲。恳恩准予开缺回籍，保全令名。所遗江南提督一缺，恳迅赐简放，以重职守。附片奏：接准户部文称，湖北、湖南、四川、江西、广东、江苏每月协供臣营之饷，为数甚巨。查核湖南一省，除东征局半釐外，无有奏守协解之款。去夏奏拨江西洋税，旋即退还广东釐金，系臣所最抱疚之端，然本年仅解过九万两。江苏釐金，系臣职分应筹之饷，本年亦仅解过三万两。四川、湖北两省，则并无协解臣台之款。户部所指六省供饷，不知以何处奏咨为据，遂疑臣广揽利权，收支臣款。臣以庸愚，谬当重任，局势过大，头绪太多，论兵则已成强弩之末，论饷则久为无米之炊。万一竭蹶颠覆，亦何能当此重咎？恳恩饬将皖北军饷，责成乔松年、吴棠、富明阿共筹之。其萧庆衍、毛有铭等数军原支鄂饷，请饬下官文、严树森一力供支，俾臣得少减谋饷忧灼之情，不胜大幸。又片奏报军情：金陵一军，开地道以攻城，伤亡弁勇近三千人。此时惟有严围猛攻，力禁接济之法。江西续窜入之贼，又将延扰腹地；发捻巨股，突过随枣，意在假道皖鄂，东援金陵。彭玉麟现赴上游，防扼江面，惟皖北兵单空虚可虑。又片奏江西南康知县石昌猷供词支吾，请革职以凭严讯。

十四日，丹阳之贼上窜。鲍公超截击，大破之。常州之贼窜至徽州境，唐义训、毛有铭、金国琛截击破之，余匪窜江西。

十九日，奉上谕："曾国藩奏徽军挫失，自请严议之处，著加恩宽免。钦此。"又奉上谕："江南提督，著李朝斌补授。江南水师提督，著黄翼升补授。江南淮扬镇总兵员缺，著阳利见补授。钦此。"

二十七日，驰折奏报鲍超截击丹阳之贼大胜。又奏苏贼续窜徽州，官军击剿获胜，擒斩解散过其大半。附片奏：苏浙群贼由徽上窜者，约分六起：第一起现据江西之南丰，分窜福建汀州之境。第二起延扰于铅山、湖坊等处。第三起攻扑抚州，退据许湾。第四起则为徽军所败，入江境者人数无多，而广德、湖州各贼酋尚有二起，图犯徽境，并入江西。目下军情，以江西为最重。又折奏请展缓江南本科乡试。附片奏：臣于上月请假，现已期满，病势未能遽痊。惟湖北贼势下窜，金陵围师，江西群贼，均在危疑震撼之际，已力疾强起，照常治事。

是月，江西赣水以东，广信、抚州、建昌、宁都各属，贼踪遍扰，失陷十数城。江西官军、浙江援军破贼于玉山，又破之于抚州城外，又破之于弋阳、贵溪等处，而贼势未衰。张公运兰军在广东，奉旨饬赴福建枭司任，率勇至闽境防剿。李公鸿章克常州府城，扬州、镇江官军会克丹阳县城。江苏全境皆平，惟金陵未克。李公鸿章拨派刘铭传等军进守句容、东坝。公乃调鲍超一军循江而上，援剿江西。杨公岳斌奉旨督办皖南、江西军务，刘公典帮办军务。李朝斌领太湖水师攻湖州城外贼垒，破之。李公鸿章委员解到上海饷银二十二万两。公以其十三万两解付金陵大营,以五万两给付鲍超军营,以四万两留安庆粮台。贼之窜湖北者,人数极众,护军统领贞恪公舒保阵亡。僧王击贼于随州,破之。逆首洪秀全于二十七日服毒自毙,李秀成立其子福瑱坚守金陵,秘不发丧,虽城中贼亦不知也。

五月初六日,专折恭谢天恩宽免严议。鲍公超军由芜湖拔营,上援江西。杨公岳斌领水师陆军共万人,援江西。初十日,来安庆见公。旋赴江西督剿。公派提督黄翼升接领水军,扼攻金陵。

十二日,驰折奏:浙江提督鲍超请假四个月,回四川籍葬亲。该军将弁,即令杨岳斌统率以行,必可指挥如意。恳恩俯念鲍超苦战功多,俾得成归定之礼,展乌私之谊,弥彰圣朝孝治之隆。附片奏报军情:湖州、广德尚为贼踞;江西省城戒严,调派水陆各军入省防守;鄂省发捻下窜,距皖甚近,调李榕等军渡江北防。疏入。奉上谕:"曾国藩奏带兵大员请假葬亲一折,乃明降谕旨,命鲍超俟金陵攻克,江皖肃清,再行给假回籍,以遂孝思等因。钦此。"

十四日,奉到寄谕"令李鸿章会军攻金陵"。公即日具咨李公催之。十七日,鲍公超军至九江,寻至南昌,与沈公葆桢尚度防剿,所部一军由瑞州进剿。

二十二日,驰折奏称:苏常既克,本拟咨请李鸿章亲来金陵会剿。前接李鸿章来文,言将士太劳,宜少休息,待湖州克后,再行拨兵助攻金陵等语。不知者,谓臣弟国荃贪独得之美名,忌同列之分功,非臣兄弟区区报国之意。今幸钦奉寄谕,已恭录具咨加函催请。臣本欲前往金陵督剿,因皖中防剿吃紧,未可暂离,恳恩饬催李鸿章速赴金陵,实为至幸。

二十七日,驰折奏:续奉谕旨,飞催李鸿章会剿金陵。前此奉拨轮船经费一项,已解到银二三十万两,分拨各军,转瞬已罄。不敢谓筹饷之太少,而深悔募勇之太多,惴惴焉恐生他变,或误大局。既望李鸿章统兵来助,尤望其携饷以相遗也。并奏称:杨岳斌、鲍超均赴江西,兵力极厚。改调周宽世一军,令赴皖北,以防鄂省东窜之贼。拟令陈国瑞驻扎寿州,处淮南江北适中之地，为游击之师。仍当防守要区，严扼江面，以免掣动金陵全局。附片奏：臣于前年曾请添设长江水师提督，旋经部臣议准。此次钦奉谕旨，李朝斌补授江南提督，自系李世忠所遗之缺；黄翼升所补水师提督，当系长江新设之缺。应请敕部撰拟字样，新铸印信，颁发来南，以昭信守。又具折奏保鲍超一军迭克东坝、句容、金坛三案出力员弁，汇单请奖。又奏保高淳、溧水各城水陆会攻克复出力员弁，汇单请奖。

二十八日，核定石昌猷案卷。江西道员周汝筠禀讦石昌猷祖匪杀良一案，卷宗繁委，公亲讯数次，委藩司马新贻、臬司何璟、道员勒方锜与奏，委之郎中孙尚绂反复研鞫。至是定案拟结。

三十日，公弟国荃攻克龙膊子山阴坚垒——伪号地堡城，遂督军日夜环攻，不少休息。是月，李公鸿章克浙江长兴县城。湖北捻匪窜扰英山、霍山之境。杨公岳斌奉旨授陕甘总督。

六月初八日，复讯周汝筠、石昌猷一案。十二日，驰折奏称：旬日以来历奉寄谕，殷殷指示，不外迅剿金陵及皖北、江西两路军务。所有近日筹办情形，分条详复：其一，李鸿章平日任事最勇，进兵最速。此次会攻金陵，稍涉迟滞，盖无避嫌之意，殆有让功之心。其一，中外匪徒，仍有偷济贼粮军火之事。自合围以来，搜查防范，何敢信其绝无疏漏。唯当谆饬各营，加意严防而已。其一，发捻东趋，窜入英山境内，调派江南岸各军驰赴皖北，目下不能速到。其一，安庆人心震动，未可轻离，俟皖北稍安，即当前赴金陵，会商剿办。凡四条。

十六日，金陵官军治地道成，轰陷城垣二十余丈。公弟国荃督领将弁冲杀入城，围攻伪宫城。即日由驿八百里驰报金陵克复大概情形。是夜攻克内城，搜杀三日夜。十九日，擒贼酋李秀成、洪仁达。贼党死者十余万人。公闻捷后，喜极而悲者，良久乃已。

二十三日，会衔由驿六百里加紧驰奏克复金陵、全股悍贼尽数歼灭详细情形一折。奏称：金陵一军，围攻二载有奇，前后死于疾疫者万余人，死于战阵者八九千人，令人悲涕，不堪回首。

臣等忝窃兵符，遭逢际会，既恸我文宗不及目睹献馘告成之日，又念生灵涂炭，为时过久。惟当始终慎勉，扫荡余匪，以苏子遗之困，而分宵旰之忧。此次应奖应恤人员，另缮清单，吁恳恩施。

二十四日，公由安庆登舟，由火轮船驶赴下游，泊采石矶。二十五日，抵金陵大营。见诸将领，慰劳之。亲讯贼酋李秀成。札委员弁访求咸丰三年城陷时殉难员绅遗骨。

二十六日，奉到上谕："杨岳斌、彭玉麟、曾国荃驰奏克复金陵大概情形一折。逆首洪秀全等以数十万逆众久踞金陵，负隅死守。曾国荃等督兵围攻，所部不满五万，两载以来，将城外贼垒悉数扫荡。兹复于炎风烈日之中，伤亡枕藉之余，并力猛攻，克拔坚城，非曾国藩调度有方，曾国荃及各将士踊跃用命，不能建此奇勋。披览之余，曷胜欣慰。此次立功诸臣，将伪城攻破，巨憨就擒，即行渥沛恩施，同膺懋赏。钦此。"

二十七日，公巡视金陵城垣地道攻入之处，按行城外各军营垒。二十八日，军士将洪秀全逆尸舁之江干，公亲验而焚之。

二十九日，奉上谕："本日官文与曾国藩由六百里加紧红旗奏捷克复江宁省城一折，览奏之余，实与天下臣民同深嘉悦。此次洪逆倡乱粤西，于今十有五年，窃据江宁亦十二年，蹂躏十数省，沦陷数百城，卒能次第荡平，殄除元恶。该领兵大臣等栉风沐雨，艰苦备尝，允宜特沛殊恩，用酬劳勋。钦差大臣、协办大学士、两江总督曾国藩，自咸丰三年在湖南首倡团练，创立舟师，与塔齐布、罗泽南等屡建殊功，保全湖南郡县，克复武汉等城，肃清江西全境。东征以来，由宿松克潜山、太湖，进驻祁门，迭复徽州郡县，遂拔安庆省城，以为根本，分檄水陆将士规复下游州郡。兹幸大功告蒇，逆首诛锄，实由该大臣筹策无遗，谋勇兼备，知人善任，调度得宜。曾国藩着加恩赏加太子太保衔，锡封一等侯爵，世袭罔替，并赏戴双眼花翎。浙江巡抚曾国荃以诸生从戎，随同曾国藩剿贼数省，功绩颇著。咸丰十年，由湘募勇，克复安庆省城。同治元、二年，连克巢县、含山、和州等处，率水陆各营进逼金陵，驻扎雨花台，攻拔伪城。贼众围营,苦守数月,奋力击退。本年正月,克钟山石垒,遂合江宁之围。督率将士鏖战,开挖地道,躬冒矢石,半月之久,未经撤队。克复全城,殄除首恶,实属坚忍耐劳,公忠体国。曾国荃著赏加太子少保衔,锡封一等伯爵,并赏戴双眼花翎等因。钦此。"其同案奉旨锡封者:提督李臣典一等子爵,萧孚泗一等男爵,均赏戴双眼花翎;提督黄翼升、张诗日等,总兵朱洪章、熊登武等,按察使刘连捷等,凡百二十余员,均奉旨奖叙。其阵亡总兵郭鹏程、王绍义、副将陈万胜等十六员,奉旨优恤。皆公前疏所请也。同日又奉上谕:"粤逆久踞江宁,负隅抗拒,实为从来未有之悍寇。此次水陆各军于溽暑炎蒸之际,猛力环攻,迅克坚城,悍党悉除,渠魁就缚。非曾国藩运筹决策督率有方,曾国荃等躬冒矢石,鼓勇先登,未由建此奇功,成乃丕绩。朝廷嘉悦之怀,实难尽述。除曾国藩等已加恩锡封外,其出力员弁兵勇,并著查明保奏,候旨施恩。发去银牌四百面,著曾国藩、曾国荃等择其功绩最著者,先行颁给,以励戎行。钦此。"同日又奉旨赏赉东南各路统兵大帅及封疆大臣,普加异数。钦差大臣僧王、官公文、李公鸿章、杨公岳斌、彭公玉麟、骆公秉章、鲍公超等各有差。左公宗棠、沈公葆桢等也有待也。是月,左公宗棠克孝丰县城。萧公孚泗闻讣丁忧。

七月初一日,阅视金陵城北伪城伪垒及官军所开地道之处,派委道员庞际云、知府李鸿裔会讯李秀成,令其自书供词,前后凡四万余字。初二日,李忠壮公臣典卒于军。金陵之克,以李公为战功之首。公弟国荃恸惜之。初四日,周视金陵城垣,委员修筑。定议裁撤湘勇,设善后局,抚恤难民。鲍公超击贼于抚州许湾,大破之,杀贼四万人,贼大溃。初六日,公亲讯贼供,诛李秀成、洪仁达、洪仁发三名。

初七日,驰折奏:洪秀全、李秀成二贼酋分别处治,伪幼主洪福瑱查无实在下落。李秀成供词,谨抄送军机处,以备查考。历年以来,中外纷传逆贼之富,金银如海;乃克复老巢,而全无货财,实出意计之外。目下筹办善后事宜,需银甚急,为款甚巨,如抚恤灾民,修理城垣,驻防满营,皆善后之大端。其余百绪繁兴，左支右绌，欣喜之余，翻增焦灼。金陵之克，贼所造宫殿行馆，皆为官军所毁。公乃于水西门内择房屋稍完者，委员葺治，以为衙署。幼逆洪福瑱遁走广德，贼党争迎之。

初十日，公设酒于城内，宴犒诸将领。十一日，鲍公超收复东乡、金溪两县城。十二日，江忠朝等克复崇仁、宜黄两县城，江西东路贼势稍衰。十三日，公札撤湘勇二万五千人，留万人防守金陵。留万五千人，派委刘连捷、朱洪章、朱南桂等领之，以为皖南北游击之师。咨湖北、湖南督抚筹拨撤勇欠饷。

十六日，专折奏谢天恩锡封侯爵，并赍所获伪金玉印三方，咨送军机处。十七日，巡视江南贡院，委员修葺。出示晓谕士民复业，核定金陵房产章程。凡八条。

二十日，驰折奏福建陆路提督萧孚泗闻讣丁忧，请开缺回籍。又折奏一等子爵李臣典病故请恤，并将李臣典战功开列清单，录呈御览，请于江西之吉安府及安庆、金陵建立专祠。附片奏李秀成业经正法，未及槛送京师；洪秀全戮尸焚化，未及传首各省。又片奏保金陵各军将领熊登武、朱南桂、张诗日、伍维寿、朱洪章皆有独当一路之才，请次第简放提镇实缺。现守宁国之总兵刘松山，足以独当一面，亦后起之将材也。又片奏近岁以来，但见增勇，不见裁撤，无论食何省之饷，所吸者皆斯民之脂膏，所损者皆国家之元气。前此贼氛方盛，不得已而增募，以救一时之急。今幸大局粗定，因与臣弟国荃商定，将金陵全军裁撤其半；镇江冯子材之兵，全行裁撤；扬州富明阿一军，暂难遽撤。军兴日久，各有厌苦兵间之意，但使欠饷有著，当不至别生枝节。并陈明曾国荃克城之后困惫病状，姑在金陵调养，料理善后。"臣即日回安庆一次，布置上游军事。江西军事得手，即由杨岳斌主稿会奏。"公拜折后，登舟上溯。

二十五日，舟泊桐陵夹。咨广东督抚停止釐金，还归本省经收。札委钱鼎铭、丁日昌等办上海捐输，分拨松沪釐金，以济军饷。鲍公超军克复南丰县，续克新城县，招降数万人。贼党南窜，南、赣、宁都三郡戒严，浸及闽粤之境矣。二十七日，李公鸿章、左公宗棠会克湖州府城。二十八日，公舟抵安庆。

二十九日，驰折奏广东釐金一款：两年以来，深资馈运，私衷耿耿，如负重疚。请旨饬下广东督抚，截至本年八月止，毋庸再解。并请照一百二十万两之数，加广该省乡试文武永远中额四名，以彰粤人急公之义。附片奏：湘勇招募之初，选择乡里农民，有业者多，无根者少。但使欠饷有著，当可安静回籍。昨奉谕旨，有挑补额兵一条，恐湖南之民，必不愿补三江绿营之额。臣以为勇则遣回原籍，兵则另募土著，各返本而复始，庶经久而可行。至寄谕饬查洪福瑱实在下落，应俟查明续奏。又片奏补送李秀成供词。又片奏报军情：江西兵威大振，无须添派援军。所虑者皖南之广德，皖北之英霍。现在陈国瑞进剿麻城，英翰进扎商城，蒋凝学进扎英山，李榕调防桐城，布置尚密，但无大支劲旅痛加剿洗耳。是日，具折奏结周汝筠、石昌猷一案。左公宗棠克安吉县城，浙江全省皆平。李公鸿章派刘铭传一军克复广德州城。贼党挟洪福瑱遁走宁国山中。是月，僧王由豫入楚，击剿发捻各匪，破之。

八月初一日，湖州、广德之贼窜徽州南境，刘松山截击破之。初三日，左公宗棠截击窜贼于昌化、淳安之境，大破之，斩贼目黄文金。初七日，唐义训、易开俊截击窜贼于歙县南境，破之。初九日，易开俊击贼，大破之。

十三日，驰奏钦奉谕旨分条复陈一折：其一，江宁省城贼踞最久，居民流亡尚未复业。委记名臬司黄润昌赶紧兴修贡院，庶冀士子云集，商民亦可渐归。其一，驻防旗营，俟贡院工竣，以次修理。旗兵现存八百余人，俟营房粗定，再议挑补足额。其一，苏皖两省疆舆跨越江淮，据御史陈廷经陈请，变通画江分省。臣以为军事、吏事之兴废，视疆吏之贤否，不必轻改成宪。其一，杨岳斌应赴陕西新任，江西军务，应令鲍超专顾北路，刘典、席宝田、王文瑞、江忠朝等分剿南路，不必另派督办大员。其一，皖北吃紧，飞催刘连捷等渡江防剿。凡五条。附片奏委道员庞际云署江宁盐巡道缺，仍饬办善后局。又其折奏保克复金陵陆军出力员弁，开单请奖，阵亡、伤亡、病故员弁五百一名，开单请恤。附片奏：臣自任两江督师，东征数年，奏保积至二十二案之多，军务倥偬，未及按名注考。恳敕部将臣军保案，均照原单一体注册。又附片密奏：大功粗立，臣兄弟及前后文武各员均叨窃殊恩异数。追思昔年患难与共之人，其存者，如李元度一员，独抱向隅之感；其没者，如江忠源、何桂珍、刘腾鸿、毕金科四人，皆有私衷抱疚之端。谨略陈一二，恳请恩旨。

十四日，易开俊击窜贼，破之。十六日，唐义训、金国琛击窜贼，破之，余匪挟洪福瑱窜入江西广信之境。浙江官军追击之。

十七日，专折进呈安徽全省地图，并《长江图说》。奏称：知府刘翰清、县丞方骏谟淹雅详慎，臣派委该二员细查详绘，装成全册，恭呈御览。

贼围扑英山县，蒋凝学固守击贼破之。刘连捷、朱洪章、朱南桂领湘勇万余人渡江而北。公调派湘勇由桐城进剿英山，调派李榕、王可升、何绍彩等军八千人，由六安进援霍山。

二十七日，驰折代奏：臣弟国荃病势日增，请开缺回籍调理。又折奏湖州、广德败贼并犯歙南，官军截剿屡胜，阵亡参将唐远嚻请恤。附片奏：长江水师新定规模，应责成彭玉麟周历巡察，区画一切。其安庆善后事宜，札饬藩司马新贻、臬司何璟、总兵喻吉三会同妥办。又片奏报江西、皖北军情，调军剿办，并报定期起程，驻扎江宁旧治。又奏截停淮北饷盐规复票盐旧制一折。是月，杨公岳斌赴赣州督师防剿，王文瑞克复零都县城。

九月初一日，公由安庆登舟启行赴金陵。初八日，舟抵金陵。黄公润昌监修贡院工毕。初九日，公入城阅视贡院工程。初十日，入居署中，核定安徽全省丁漕征收章程。是日奉到上谕："曾国荃督兵数载，克复江宁省城，伟绩丰功，朝廷甚资倚畀。弟栉风沐雨，辛苦备尝，致病势日见增剧。若不俯知所请，不足以示体恤。已明降谕旨，准曾国荃开缺回籍，并发去人参六两，以资调理。该抚其安心静摄，善自保卫，一俟病就痊愈，即行来京陛见，以备倚任。所有江宁善后事宜，即著曾国藩驰往江宁，斟酌机宜，妥筹办理。钦此。"同日奉到上谕："浙江巡抚，著马新贻补授。英翰著补授安徽布政使。安徽按察使，著何璟补授。

弟栉风沐雨，辛苦备尝，致病势日见增剧。

钦此。"

十一日，驰折奏江南贡院修建工竣，已通饬各属，出示晓谕，定于十一月举行乡试。两江人士，闻风鼓舞，流亡旋归，商贾云集，请旨简放考官。附片奏：札饬江西藩司赶办江南朱墨卷各一万八千套，定期解赴金陵。又片奏札调藩司万启琛回驻江守，运司忠廉由泰州移驻扬州。湖北发捻大股围英山城。蒋凝学坚守，贼退。其一股趋太湖。刘连捷等军至太湖，贼均退回湖北蕲水、罗田之境。公札调朱南桂、朱洪章二军驻宿松、太湖，刘连捷一军驻安庆。

二十日，公弟国荃奉旨诣明孝陵致祭。江西、浙江官军会击窜贼于广信府境，大破之。洪福瑱遁走石城。江西东境肃清。二十五日，席宝田军追擒幼逆洪福瑱，送南昌斩之。二十六日，设发审局。

二十七日，驰折奏报官军驱贼出境，全皖肃清。随折奏保易开俊、唐义训、刘松山、金国琛四员。又具折奏续保彭玉麟水军、王可升陆军青阳、溧水、高淳、东坝各案出力员弁，开单请奖。又奏续保江忠义、席保田两军青阳案内出力员弁，开单请奖。是日，又具折奏称：安徽界连楚北，自楚师入境，迭复郡邑，按亩捐钱，支应兵差，百姓苦之。安庆克后，停止亩捐，改办抵征。现在札饬一律开办丁漕，所有从前收过抵征项下，应专案作正报销。二十八日，札派乡试内外官员。

是月，鲍公超击贼于宁都州城外，大破之，州城解围。贼溃窜闽粤境，江西全省皆平。左公宗棠奉旨锡封一等伯爵，鲍公超一等子爵，杨公岳斌由赣州回南昌省城，奏请回湘增募陆勇，赴甘肃剿办。贼之窜广东者，攻扑南雄州；其窜闽者，陷武平县城，张忠毅公运兰死之。贼遂遍扰汀州属境，陷漳州府城而踞之。湖北发捻大股围扑蕲水官军营盘，石威毅公清吉阵亡。

十月初一日，公弟国荃登舟回湘，公送之至采石矶乃还。初四日，公还署。初五日，专折奏谢弟国荃开缺恩旨。又奏谢弟国华、贞干各加赏恩。初七日，考试督署书吏。李公鸿章委员解到上海协饷银十七万两，支发江皖各路湘军欠饷。公定议撤遣湘勇,什去八九。

十二日,具折代奏提督鲍超请假六个月,驰回四川本籍,亲营葬事,兼养伤病,令其部将宋国永、娄云庆分领霆营之众。附片奏金陵遗撤勇丁,先后回籍,沿途安帖。并报皖鄂军情,檄调刘连捷等军赴鄂援剿;调易开俊一军渡江,而北与李榕、王可升等为后路策应之师。又奏采访忠义第十九案。附片奏:安庆通判达凌阿在寿州殉难请恤,苏州从九品蒋映杓、训导梅振镛请恤,并其家属十一人。

十三日,奉上谕:"现在江宁已臻底平,军务业经蒇事,即着曾国藩酌带所部,前赴皖鄂交界督兵剿贼,务其迅速前进,勿少延缓。李鸿章前赴江宁,暂署总督篆务。江苏巡抚,著吴棠暂行署理。钦此。"

十七日,李公鸿章到金陵见公。公与商裁退楚军,进用淮勇。檄调刘铭传、李鹤章等引淮军渡江而北,上援皖鄂。

十九日,奉上谕:"曾国藩奏提督鲍超遵奉前旨请假葬亲一折,已明降谕旨,赏假两月,回籍经理葬事矣。现在甘肃军务未蒇,新疆回匪日益蔓延,非得勇略出群如鲍超者前往剿办,恐难壁垒一新。著曾国藩传旨鲍超,令其俟假期一满,即行由川起程,出关剿办回匪。其旧部兵勇及得力将弁,准其酌量奏调,随带同行。从前回疆用兵,杨遇春即系川省土著,立功边域,彪炳旂常。鲍超务当督率诸军,肃清西陲,威扬万里,以与前贤后先辉映。该提督忠勇性成,接奉此旨,必即遵行,以副朝廷委任。钦此。"

二十二日,奏遵旨驰赴皖鄂交界督兵剿贼一折。奏称:臣用兵十载,未尝亲临前敌。自揣临阵指挥,非其所长。此次拟仍驻扎安庆、六安等处,派刘连捷等入鄂,听候官文调遣。檄调淮勇两军随臣西上,更资得力。附片奏:才竭力蹙,难胜重任。楚军出征过久,渐成强弩之末,不如淮勇之方锐。一俟皖鄂肃清,即请开各缺,调理病躯,仍当效力行间,料理经手事件。如军饷之报销,撤勇之欠饷,安置降将部众,区画长江水师营汛,皆分内应了之事也。又折奏请于江宁省城,建立昭忠祠,汇祀湘军阵亡

鲍超务当督率诸军,肃清西陲,威扬万里,以与前贤后先辉映。

病故将士。附片奏广东、江西釐金全归本省经收,唯留饶州、景德镇厘金之半,拨解祁门粮台,以充皖南五军之饷。

二十五日,作《修治金陵城垣缺口碑记》一篇,立石于龙膊子山下官军攻入之处。二十七日,奏报淮南征收盐课第一案。是月,僧王军击贼,大破之。官文公、乔公松年调派各军,防剿招抚数万人,余贼窜德安。广东贼陷嘉应州城、大埔县城,与闽省汀漳之贼延扰凡数百里。左公宗棠移驻衢州,调派刘典等军分道入闽进剿。钦命刘琨典试江南,以平步青副之。

十一月初一日,委员择地修建昭忠祠、靖毅公祠。设工程局,委员监督工役,次第修复学宫及群祀祠宇。初三日,交卸总督关防。初五日,奉到上谕:"皖省一律肃清,楚境余贼由黄孝窜德安一带,逆数无多,楚军可敷剿办。曾国藩无庸前赴安庆,亦无须交卸督篆,仍驻扎金陵,妥筹调度。李鸿章现在入闱监临,俟出闱后,仍回江苏巡抚本任。钦此。"初六日,诣贡院迎主考官入闱。初八日,得前总督陆公建瀛遗骸,改棺重殓,公出城吊而祭之。初十日,作《家训四条》。十七日,李公鸿章派弁送还总督关防,公接印回任。

十八日,驰折奏交卸督篆遵旨仍回本任日期。奏称:鄂豫皖三省,均捻匪往来熟径,刘连捷等军宜以黄州上巴河为老营,派吴坤修料理营务;刘铭传等军宜以三河尖固始为老营,派李鹤章料理营务。又折奏续保克复金陵水陆各军随营筹饷各员弁,汇单请奖。又片奏请敕部添铸淮扬镇总兵新印,颁发来营。又片奏国子监典籍钱继文,前在金陵殉难请恤。二十二日,会考江南拔贡、优贡。

十二月初三日,马公新贻过金陵见公。旋赴浙江任。初六日,李公鸿章还苏州。

十三日,奏迭奉谕旨分条复陈一折:其一,前明孝陵勘估工程,目下无此巨款,应稍缓筹办。其一,李秀成供词,前有删节之处,补钞进呈。其一,张国梁忠骸,访求未得。其一,江北粮台,每月收银不过五万两,酌解甘省及留供皖军之数。其一,池州知府范先谟调省察看。凡五条。附片奏保四品京堂胡大任,请旨简用。又片奏云南迤东道黄冕请开缺。又片奏知府范泰亨、主事柯钺均在营积劳病故，请恤。是日，又奏复御史刘毓楠条陈淮北盐务一折，附请展缓江南武乡试一片。十五日，乡试揭晓，公入闱钤榜，取士二百七十三名。

二十八日，奏迭奉谕旨分条复陈一折：其一，剿办捻匪，宜用淮勇，人地相宜，淮军所用火器，须由水路运送河南，以周家口为都会。其一，西路军务，宜先清甘肃，次及关外。楚勇离甘太远，不如川勇较近，宜用川北保宁、龙安两府之人，与甘肃风气不甚相远。臣处饷项奇绌，不能协济鲍军。其一，楚勇必须多撤，金陵守兵，已裁去七千人。朱品隆、唐义训、刘连捷等军应即先撤，庶腾出有用之饷，以济西征之师。凡三条。附片奏陈何桂珍、刘腾鸿、毕金科三员忠绩，请赐谥以表示来兹。是日，又具折奏请蠲免安徽州县钱粮杂税，并将各州县克复年月、被扰轻重，分别开单呈览。附片奏：金坛、溧阳、丹阳、宜兴、荆溪五县被贼蹂躏最甚，请豁免两年钱漕。又片奏递进江南乡试题名录。是冬，捻匪由湖北襄阳窜扰河南之境。僧王督师追击，连获胜仗，而贼势飙忽不可制。福建之贼踞漳州，左公宗棠督师入闽攻剿。

年譜 卷十

【乙丑】同治四年，公五十五岁

正月，金陵昭忠祠成。初十日，公率僚属致祭。

十四日，具折奏两淮运使忠廉因病出缺，拣委道员李宗羲署理，请旨简放。附片奏：江南乡试新中举人来江宁请咨者，随时通融，缮给咨文，以凭迅速起程会试，请敕礼部查照。又片奏寿春镇总兵易开俊调援皖北就近赴任。又奏采访忠义第二十案。附片奏：石埭县训导朱彦升请恤，并其家属二十人。二十日，设粥厂，令湘勇煮粥，以食饥民。二十一日，拜折专奏恭谢年终恩赏。又奏循例密陈文武考语一折，三省学政声名一片。又奏采访忠义第二十一案。

二月初三日，作《江忠烈公神道碑》。初八日，道饬委员籴买积谷以备荒。十四日，具折奏易开俊、刘松山两军坚守宁国、泾县出力员弁，开单请奖。并陈明应保之案，久未奏保，自请交部议处。又汇案奏参藐法滋事之将弁江发云等，请革职讯办。又折奏上年奉拨轮船经费银五十一万余两，全数解清，汇入车饷案内报部。二十日，核定收养贫民章程，议挑补绿营弁兵章程。二十三日，前云贵总督潘忠毅公铎之柩自云南还葬，过金陵，公遣弁护送回籍。

二十七日，专折奏营中欠饷，遵照部议新章，发给饷票，准照实银报捐请奖。又奏酌度江宁现在情形，城外龙江关、西新关两处，暂缓开关征税，俟商民复业，再行奏复旧制。附片奏：江安两省武营遗缺，请通融借补。札委工程局员修葺江南钟山书院、尊经书院。

是月奉上谕："上年江宁克复后，曾国荃因病陈请开缺回籍。当经降旨，令该抚病痊即行来京陛见。迄今已及半载，该抚病体当可渐次就愈。朝廷以该抚功绩昭著，且年力盛强，正可借资倚任。著曾国藩传知曾国荃，如病已就痊，即行来京陛见。现当勤求治理需才孔亟之时，该抚慎勿遽萌功成身退之志，以副期望。

钦此。"彭公玉麟奉旨署漕运总督，吴公棠署两广总督，李公瀚章授湖南巡抚。李公鸿章派提督郭松林等军，由海道赴福建厦门助剿漳州之贼。杨公岳斌募湘勇五千成军，由长沙启行赴甘肃。公方议裁撤湖南东征釐局，于是杨公奏请改为西征局，充甘肃军饷。贵州巡抚张公亮基，亦请以东征局饷协解黔中。

三月十五日，奏通筹滇黔大局一折。奏称：行军之道不一，而进兵必有根本之地，筹饷必有责成之人。谋滇者当以蜀为根本，即以饷事责之四川总督；谋黔者当以湘为根本，即以饷事责之湖南巡抚。湘蜀两省物力有限，倘任滇黔之饷，则甘肃之饷，应责之江浙等省，不敢有所推诿。又奏福建汀漳道彭毓橘因病未能赴任，请开缺。附片奏：李世忠前后捐助军饷银十五万九千余两，请并入河南捐款，为将来加广中额之地。又附片奏：湖南设立东征局，当时实由黄冕主持，因此大招物议。上年金陵幸克，臣即议定期裁撤东征局。湘中商民，人咸知之。今杨岳斌请改供西征之饷，滇黔各省，亦指请协解。臣既奏停江广釐金，而于桑梓独食其言，且令黄冕专受其谤，有甚不安于心者，谨先事沥陈。俟四月间，即专折奏请裁停东征局务，另由江南筹解甘饷，俾湘民沾高厚之恩，臣亦稍释隐微之疚。又片奏称：新疆之地，大漠苦寒，艰险异常，鲍超威严有余，恩信不足。倘出关以后，部曲离怨，必为回众所轻。一有挫失，全局震动，后人更视关外为畏途矣。且甘肃未平，遽谋新疆，则后路之根本不稳。鲍超历年苦战，臣岂忍忘其大功而摘其小过。惟有仰恳圣慈，饬令鲍超随同都兴阿、杨岳斌先清内地，再行出关，不宜轻于一发。不独鲍超一军为然，自古有事塞外者，未有不慎于始谋者也。附片奏：臣弟国荃病尚未痊愈。钦奉寄谕，已恭录传知。时有御史朱镇奏参湖南兵勇在江南骚扰情形，请即遣散回籍。公于是札饬各军，大加裁撤，在金陵者，仅存四营而已。

二十五日，具折奏续保攻克金陵水师员弁，开单请奖。附片奏：彭玉麟固辞署漕运总督之任。并陈明捻匪飘忽，恐南入江境，调张树声一军驻清江浦，调刘铭传、周盛波两军由六安移防徐宿。时彭公玉麟已专奏力辞新任。而捻匪窜山东境，蔓延曹

自古有事塞外者，未有不慎于始谋者也。

州、济宁一带，徐州、清江皆防窜越。吴公棠亦以防务留清江，未赴两广之任。二十七日，公登舟出江泊瓜洲。二十八日，登焦山，彭公玉麟从。二十九日，渡江登北固山，览京口形势。旋登金山，回瓜洲，查阅盐河工程。

四月初一日，公抵扬州。运司李宗羲禀商盐政鹾务。设盐栈于瓜洲之新河口，以利捆运。裁减江北鹾卡，改定江北鹾政务章程。初三日，还金陵署。

十五日，具折奏黄翼升水师、张树声淮军已到清江防所，刘铭传、周盛波日内当抵邳宿之境。又折奏前漕督袁甲三先经奉旨于临淮建立专祠，旋因案撤销，请仍准建复。附片奏皖南镇总兵唐义训开缺，以总兵刘松山、道员金国琛办理徽宁防务。该二员蒙恩授甘肃镇道实缺，并催令赴任，请暂留皖南，仍即以刘松山调补皖南镇实缺。又片奏新授安徽臬司李宗羲暂留两淮之任，整理盐务。

二十日，核定瓜洲盐栈章程。二十一日，接奉廷寄书公爵加称曰毅勇侯。鲍公超回川后，所部霆字营分为两军。其一总兵娄云庆领之入闽，其　总兵宋国永领之赴蜀，将率以出关也。入闽之军，在上杭县大哗，回向江西索饷。江西藩司孙长绂急发银六万两，迎解于军前，众稍定。入蜀一军，行至湖北金口登岸，哗溃为乱，窜陷咸宁县，扰犯江西、湖南边境。李公瀚章调军平之。公久虑霆营之有变，至是闻警，适如前疏所虑。为之怃然，忧念不已。僧王追击捻匪至于山东，日驰百数十里不息，捻匪势亦飘忽，迭奉谕旨，以持重为戒。公亦具密疏，请令僧邸一军稍休暇以养锐，疏未上也。

二十四日，忠亲王僧格林沁在曹州中伏阵亡。兖豫之间贼势益张，远近人心，为之惶骇。

二十五日，公接见洋人，议江南通商事宜。是月，公与李公鸿章会奏遵旨核减苏松等属浮粮一折。郑公敦谨奉旨授湖北巡抚，吴昌寿调河南巡抚。

五月初一日，驰折奏迭奉谕旨，复陈大略：其一，鲍超霆营溃叛之故，固惮万里长征之苦，实由积年欠饷之多，已飞咨鲍超迅赴鄂中调停解散。檄调刘连捷等军南渡九江，咨彭玉麟调派水师扼防江西。其一，水师炮船宜用于长江大川之中，若运河水窄岸高，断难施展。黄河与大江，船式迥殊，水性亦异，宜由山东、河南抚臣另造舢板，分防黄、运两河，则畿辅永无捻患。凡二条。附片奏：金口霆营叛乱，容有别情。至娄云庆一军在闽鼓噪，则系因饥生变，实无他故。臣不在江西，不能筹发欠饷；又明知霆营出关，必将生变，不能及早奏请停调，至酿今日之祸，皆由臣区画不善，恩信不孚，无可辞咎。容俟查明原委，自请严处。又代奏陕西臬司陈湜谢恩一折，奏请应否陛见。

初二日，奉到寄谕。令公出省至淮徐一带，督率水陆援军，相机剿贼。初三日，公闻僧王阵亡之惊。奉到上谕："钦差大臣协办大学士两江总督一等毅勇侯曾国藩著即前赴山东一带，督兵剿贼。两江总督著李鸿章暂行署理，江苏巡抚著刘郇膏暂行护理。钦此。"又奉上谕："曾国藩著即携带钦差大臣关防，统领所部各军星夜出省，前赴山东督剿等因。钦此。"初四日，奉到寄谕一道，初七日，奉到寄谕二道，皆催公迅速启程。

初九日，驰折奏遵旨前赴山东剿贼，沥陈万难迅速情形：金陵楚勇裁撤殆尽，仅存三千人，作为护卫亲兵。此外惟调刘松山宁国一军，如楚勇不愿远征，臣亦不复相强。淮勇如刘铭传等军，人数尚少，不敷分拨，当酌带将弁，另募徐州勇丁。以楚军之规制，开齐兖之风气，期之数月训练成军。此其不能迅速者一也。捻匪积年掳掠，战马极多，驰骤平原，其锋甚锐。臣不能强驱步兵，以当骑贼，亦拟在徐州添练马队，派员前赴古北口采买战马，加以训练。此其不能迅速者二也。扼贼北窜，惟恃黄河天险，若兴办黄河水师，亦须数月乃能就绪。此其不能迅速者三也。直隶一省，宜另筹防兵分守河岸，不宜令河南之兵兼顾河北。僧格林沁剿办此贼，一年以来，周历湖北、安徽、河南、江苏、山东五省。臣接办此贼，断不能兼顾五省，不特不能至湖北也，即齐豫苏皖四省，亦不能处处兼顾。如以徐州为老营，则山东只能办兖沂曹济四郡，河南只能办归陈两郡，江苏只能办淮徐海三郡，安徽只能办庐凤颍泗四郡。此十三府州者，纵横千里，捻匪出没最熟之区。以此责臣督办,而以其余责成本省督抚,则汛地各有专属,军务渐有归宿。此贼已成流寇,飘忽靡常,宜各练有定之兵,乃可制无定之贼。方今贤帅新陨,剧寇方张,臣不能速援山东,不能兼顾畿辅,为谋迂缓,骇人听闻,殆不免物议纷腾,交章责备。然筹思累日,计必出此,谨直陈刍荛,以备采择。附片奏:精力日衰,不任艰巨,更事愈久,心胆愈小。疏中所陈专力十三府州者,自问能言之而不能行之。恳恩另简知兵大员,督办北路军务,稍宽臣之责任,臣仍当以闲散人员效力行间。又折奏保张树声补徐海道缺,吴世熊补淮扬道缺。僧王没后,将军国瑞革职留营,接护其军,并护钦差大臣关防,军心不固。公亟调刘铭传一军赴济宁以助之,李公鸿章调派道员潘鼎新领淮勇五千人,由轮船航海赴天津,以卫畿辅。是日,奉到上谕:"钦差大臣、协办大学士、两江总督、一等毅勇侯曾国藩,现赴山东一带督师剿贼,所有直隶、山东、河南三省旗绿各营及地方文武员弁,均著归曾国藩节制调遣。如该地方文武不遵调度者,即由该大臣指名严参。钦此。"寻又奉督率亲军轻骑就道兼程北上之旨。丁是,公定计撤退湘军,进用淮军。酌留金陵湘勇四营,增募千人,凡六营,委道员罗麓森等领之,以为亲兵,随同北征。其余湘军在江南者,全行撤遣回籍。

十三日,驰奏钦奉谕旨谨陈筹办情形并请收回成命一折。奏称:潘鼎新一军,由轮船驰赴天津,可以壮畿辅之威,可以补臣迂缓之过,目前局势似可无虞。至于节制三省,臣实不能肩此巨任;即才力十倍于臣者,亦不必有节制三省之名。并称河北宜责成直隶总督另筹防兵,不宜调南岸之师,往来渡黄,疲于奔命。各省巡抚,亦宜另筹防兵,不可使剿捻之师追逐千里,永无归宿。反复申明前疏之说。附片奏:潘鼎新、刘铭传、张树声、周盛波等四军皆系淮勇,经李鸿章兄弟苦心训练而成者。已调甘凉道李鹤章办理行营营务处,请旨准开甘凉道缺。并令李鸿章之季弟李昭庆赴营差遣。又片奏:镇江、扬州水陆防军撤遣已竣,所有原设粮台,一并裁撤,另设报销局,造册报销。又片奏:咸丰三年,江宁城陷,将军祥厚等殉难,布政使祁宿藻先在围城中积劳病故，已奉旨优恤，仍请将祁宿藻附祀祥厚专祠。

二十一日，公诣晋臣卞忠贞公祠。祠新葺成也。二十二日，李公鸿章至金陵，公交卸总督关防。二十三日，奉到上谕："曾国藩恳辞节制三省之命，具见谦抑为怀，不自满假。该大臣更事既多，成效夙著，若非节制直、东、豫三省，恐呼应未能灵通，勿再固辞。钦此。"

恳辞节制三省之命，具见谦抑为怀，不自满假。

二十四日，驰折奏报交卸督篆、带兵出省日期，并报捻匪回窜皖、豫、山东，情形渐松，当无渡河北犯之虑。又折奏保肃清皖南出力员弁，开单请奖。附片奏：本年二月，提督鲍超委员赴口外采办战马八百匹。今鲍超出关之行，已因兵变而中止。应请敕下兵部，令此项马匹径赴山东，解臣行营，俾资练习。又片奏裁撤湖南东征局，其湖南协甘之饷，由抚臣李瀚章酌筹协解。又具折奏报淮南盐课收数第二案。附片奏：两淮盐课拨解京饷之银五万两，请改解臣营，以应急需。又奏查得已故两江总督陆建瀛遗骸，护送回籍。

二十五日，公由金陵登舟，饬北征六营湘军即日拔队启行。其所撤遣各湘勇，委员押令，悉数溯江西上，毋得停留。二十八日，公舟解缆渡江，彭公玉麟从。公与彭公核定长江水师章程。是月，唐义川、金国琛所部徽州防军索饷鼓噪。刘公长佑驻军开州，督造防河战船。左公宗棠克漳州府城。苏省所派郭松林等军克漳浦县城。福建全省皆平，贼窜广东之境。刘公坤一奉旨授江西巡抚。

闰五月初一日，公舟泊瓜洲。初三日，泊扬州。札委知府彭嘉玉办理江宁粮台。初八日，抵清江浦。

十一日，驰折奏捻匪南趋安徽，藩司英翰在雉河集被围，调水师入洪泽湖，以达临淮；调刘铭传、周盛波回援皖北。又片奏道员罗麓森委办营务处。又片奏力辞节制三省，恳请收回成命。

十二日，札委淮扬道吴世熊办理转运粮台。维时捻酋四人，曰张总愚，曰任柱，曰牛洪，曰赖文光，赖逆则粤匪之党也。四股匪徒数十万，马数万匹，分合不常，往来飘忽。官军追逐，或求一战而不可得，甚或委弃军火粟马以资贼。大河以南，淮汉以北，蹂躏数千里。公既奏定专办十三府州，扼要驻军，不事驰逐。其用湘淮各军火器饷需，由水道转运，以江南为根本，以清江为枢纽，溯淮颍而上者达于临淮关、周家口，溯运河而上者达于徐州、济宁州。治军转饷之规，与前此北方官军迥殊矣。札撤徐州镇总兵詹启纶一军，遣散回籍。出示晓谕淮北民圩，严辑奸匪。二十日，刘松山军到清江浦。

二十一日，驰折奏：群贼全萃皖境，英翰突出重围以求援。寿春镇总兵易开俊目疾增剧，拟亲率湘军赴临淮驻扎，就近调度。派刘松山兼统易开俊之军。臣初奏四省十三府州之地，安徽以临淮为老营，河南以周家口为老营，江苏以徐州为老营，山东以济宁为老营，各驻重兵，多储粮械，一处有急，三处往援。有首尾相应之象，无疲于奔命之虞，或可以速补迟，徐图功效。至于目前诸将，刘铭传、潘鼎新均可独当一面，张树声、周盛波两军合当一面，刘松山、易开俊合当一面。另派郎中李昭庆训练马队，合以亲王旧部，同为游击之师。又折奏派委浙江运司李榕前赴济宁，承领国瑞交代事件，并迎提亲王旧部军马，赴徐州调遣。饬潘鼎新一军移驻济宁，会同李榕料理接管。附片奏：钦奉寄谕，陈国瑞、刘铭传曾有互斗之案，饬臣斟酌，妥为调派。现在刘铭传援剿皖北，应令陈国瑞暂驻河南境，不宜共事一处，以杜诸军内讧之渐。又片奏总兵陈国瑞优劣事迹。请旨饬归河南巡抚节制调遣。是日前折递回，奉到上谕："曾国藩因节制三省，任大责重，复恳请收回成命，具见谦抑之忱。第贼氛猖獗，时事孔艰，事权不专，则一切调度事宜，深恐呼应不灵。该大臣惟当力任艰巨，与三省督抚和衷筹画，将此股贼众克期殄灭。彼时三省军务既平，自可毋庸该督节制。既为其实，毋避其名，万不可稍存过虑之心，再有渎请。钦此。"

二十二日，公由清江登舟换用淮船。二十六日，渡洪泽湖。二十八日，舟泊五河。驰折奏皖境一片逆氛，非马队不足以制胜。请将寄谕拨交河南之马队，一起凡四百九十六员名，调赴皖北助剿。附片奏：精力衰颓，军势单弱，尚未开总督两江之缺，而更增节制三省之名，耿耿寸衷，如负重疚。恳收回成命，但责

时事孔艰，事权不专，则一切调度事宜，深恐呼应不灵。

臣以会办剿捻,自当通力合作,不敢稍分畛域。如不蒙俞允,更当累疏渎陈,不辞严谴。

二十九日,公舟抵临淮关驻营。是月,安徽雉河集解围,贼窜河南许州境。湖北蒋凝学一军奉调赴甘肃,行至襄阳哗溃。

六月初六日,批总兵陈国瑞禀牍凡二千余言,称其所能,而历数其过失。申明禁约,凡三条:一曰不扰民;二曰不私斗;三曰不梗令。词旨严切。陈国瑞复禀,未能遵公约束也。

初八日,乔公松年来见公。初十日,出示晓谕:亳州、蒙城、宿州、永城四属民圩,分别良莠,擒送捻匪赴军营者,重赏。并委员会同州县严拿匪徒,就地惩办。

十二日,与乔公松年驰折会奏援军大捷,雉河解围。附片专奏陈州府库存银二十万两,拟与江苏、安徽、河南分拨各五万两,给付军营,其李鸿章应得之饷,即就近拨发刘铭传等军月饷。

十三日,公移驻陆营。时淮水盛涨,各营多移淮南岸以避水。公营在北岸,筑堤以捍之。公弟曾国荃奉旨授山西巡抚。二十四日,奉到上谕:"曾国荃已简授山西巡抚,曾国藩当嘱该抚勉图报效;作速赴任,勿以病辞。钦此。"是月,贼西窜南阳、襄、陕一带。

七月初八日,驰奏钦奉谕旨复陈一折。奏称雉河解围以后,贼分两路西窜。檄调刘铭传全军驰赴周家口,添调马队以助之。山东拨交马队二起,系曹南新挫之余,人马俱疲,必须在徐州大加整理。细观贼情,已成流寇,若贼流而官兵与之俱流,则节节尾追,著著落后。臣坚持初议,以有定之兵,制无定之寇。令刘铭传驻周家口,张树声驻徐州,刘松山驻临淮,潘鼎新驻济宁,贼至则迎头击之。请敕下河南、湖北督抚,于豫之巩洛宛邓,楚之随枣黄麻,各驻劲兵一枝,专重迎剿,不事尾追,庶几渐有归宿。且此贼有不甚似流寇者,蒙亳老巢田庐尚在,贼尚眷恋,既设法以遏其流,又拟查办民圩,以清其源。谨将告示一道,抄呈御览。又折奏徽休防军索饷哗噪,已饬查拿侵饷之营官,倡乱之勇丁,认真严办。请将唐义训、金国琛交部议处。皖南道张凤翥

以有定之兵,
制无定之寇。

措置不善，先行撤任。并奏自请交部议处。附片奏：委吴坤修署皖南道缺。又折奏扬防凯撤，借用漕折银两，目前无款归还，请旨敕部暂缓催提。又奏谢弟国荃授山西巡抚恩。并陈明近日病状，未知现在是否痊愈，已恭录谕旨，驰函家中，嘱其勉图报效。

十五日，奉上谕："曾国藩身任统帅，责无旁贷。前经迭谕该大臣筹拨一军，兼顾晋省。并令刘铭传等军驰赴豫省北路，绕出贼前，防贼窜越秦晋之路。又令派拨马队驰赴豫境助剿，复以贼去徐郡甚远，令该大臣酌量前进驻扎。乃该大臣日久迄无奏报，于近来皖豫军情及各路如何布置情形，均未陈奏，历次所奉谕旨，亦未答复，实属疲玩因循。若欲借此获咎，冀卸节制三省仔肩，何以仰副朝廷倚任之重？该大臣公忠体国之心，何忍出此等因。钦此。"

十八日，公渡淮按视刘松山老湘营。二十三日，巡视凤阳府城，行诣明陵。

二十四日，驰奏钦奉谕旨复陈一折。奏称：周家口八面受敌，最为扼要。刘铭传将略较优，人数较多，故以周家口重任付之。至秦晋边防五百余里，实非该军所能遍防，若令其西去，则无益于晋，而有损于豫。且湘淮各军不惯面食，军火炮械，挽运维艰。今河南等省用兵，全不讲求转运，粮械缺乏，莫肯尽力。顷在临淮檄委编修张锡嵘招募淮勇，专取能食麦面杂粮之人，冀备他日征剿西北之用。至于节制三省之命，臣已三疏固辞。自念赋性颛愚，即一省已难专任；然受恩深重，虽数省亦当通筹。计捻匪可到之处，约有八省。皇上饬臣兼顾晋省，已在节制三省之外，而外间之责望尚不止此，臣何以堪此重任，又何能当此重咎。恳敕下九卿科道，八省督抚，会议剿捻事宜，各抒所见，恭请宸断，定一不可改易之策，大局幸甚！至臣之不轻奏报，曾于同治元年具奏陈明，迄今不改此度。若欲因此获咎以谢仔肩，则生平所志所学，断不肯如此取巧。又折奏徐州镇总兵詹启纶、寿春镇总兵易开俊均因病开缺，请旨简放，以重职守。又折奏总兵陈国瑞与已革总兵郭宝昌，同为亲王军翼长。曹南之役，未能救护主将,该总兵同罪异罚,补行纠参,请撤去帮办军务,革去黄马褂,责令戴罪立功,以示薄惩,而观后效。附片密陈前月给予陈国瑞批牍及陈国瑞禀复之词,尚无诚心悔过之意。原牍均抄送军机处备查。又片奏保总兵董凤高、李祥和二员,请补徐州、寿春两缺。

是日公拜折后,登舟启行赴徐州。二十六日,舟泊泗州。二十八日,登陆启行,宿灵壁县。三十日,宿宿州。是月,贼窜湖北境。公弟国荃具折辞山西巡抚之命,陈湜入都调授山西臬司,专办防务,得专折奏事。

八月初四日,公抵徐州府。初八日,专折奏查明宁国府宣城县金宝圩殉难绅民,汇案开单,请分别旌恤。十六日,出城点验马队,阅视操练。

十七日,驰折奏移驻徐州,整理马队。计马队已到徐州者前后四起,饬营务处李昭庆等认真挑选,编立队伍,配齐器械,换补马匹,其老病死废者概行遣撤回旗。并奏报捻匪回窜皖境,调派各军赴颍州会剿。附片奏称此次实收到战马七百七十七匹,管解各官,异常劳瘁,应请奖叙。

二十四日,按视张树声淮军营垒。二十八日,阅淮军操演阵法。是月,迭奉寄谕,令公移驻许州,节制皖鄂豫三省军务,居中调度。捻匪任柱、牛洪、赖文光,由颍州、陈州窜山东之曹州,张总愚一股尚留屯南阳之境。

九月初一日,驰折奏刘铭传一军迭获胜仗,贼东窜曹州,趋重东路。调徐州全军赴山东会剿,调临淮军接防徐州,调周盛波移驻归德。惟马队无多,久未办成游击之师,自问尚无破寇之术。附片奏:金国琛所部勇丁闹饷一案,尚未讯办就绪,不能赴甘肃巩秦阶道之任。又片奏湖北军务,请仍全归官文节制调遣。

初三日,核定马勇营制营规及马步合队章程。十五日,贼破辛家寨,徐州戒严。

十九日,驰折奏:接奉寄谕,欲令李鸿章亲带杨鼎勋等驰赴河洛,将豫西股匪扑灭,兼顾山陕门户,而以吴棠署理两江总督,李宗羲、丁日昌递署漕督苏抚,饬臣函商,迅速复奏。又奉寄谕，令鲍超驰赴河南，归臣节制各等因。查近日贼势东趋，距徐城不远，当以全力专顾东路，已调郭松林、杨鼎勋两军防剿沂海一带。若李鸿章视师河洛，别无可调之军，以带赴西路。近闻闽粤兵威大振，发逆穷蹙，若令鲍超改赴河南，实为有益于豫。至李宗羲、丁日昌权领封圻，未免嫌其过骤。数年以来，皇上求才若渴，于疆臣保荐人员破格超迁，外间疑为非常之才，责备吹求，于是台谏弹劾生风，并归咎于原保之员。若令循资渐进，少为回翔，则刻员不至见妒于同僚，而言路亦不至仇视于疆吏，实有裨于中外和衷之道。且庙堂之黜陟赏罚，非阃外诸臣所宜干预。今以督抚要缺，谕令臣等往返函商，尤觉非宜，因不俟李鸿章、吴棠商定，直抒管见。附片奏报贼势南趋，有回雉河老巢之说，张总愚一股已近湖北之境。是时陕西巡抚刘公蓉为御史陈廷经所劾，疏词激切，获谴甚重云。

是月，张总愚窜湖北境，回窜河南。福建官军进克广东镇平县，贼踞嘉应州城。左公宗棠奉旨节制广东、江西各军，出境督剿，三省官军合围嘉应州。鲍公超新募湘勇一军赴江广会剿。

十月初九日，按视李昭庆所部马队步队，饬令训练成军，以出为游击之师。

十一日，驰折奏徐州官军击贼获胜，贼仍窜山东，潘鼎新破贼于丰县，回驻济宁。附片奏：贼所以注重山东者，以运河东岸平衍富饶，不似河南之荒瘠。臣所以注重东路者，以山东北邻畿辅，天下之根本也；南邻江苏，湘淮各军之根本也。霜降以后，水落冰坚，河防尤急。请敕下直隶督臣严冬春之防，只可增兵，断难减成。若贼回窜开封以西，当调大支游击之师赴豫会剿。附片奏保吉林协领春寿、营总穆隆阿开复处分。又奏四川训导唐焕章留营差遣。是时张总愚股匪由郏县、禹州东窜开封之境，任柱、牛洪、赖文光等股由曹州西窜，与张总愚合股，扰犯襄城、舞阳，势趋鄂境。

三十日，驰折奏捻匪西窜，周盛波在宁陵击贼获胜，刘铭传在扶沟击贼获胜。现在贼势谋扰湖北，檄饬徐州马步各军分驻周家口，腾出刘铭传一军为游击之师，不复拘泥十三府州之说，随贼所向，跟踪追剿。李昭庆所领万人，俟鞍马齐备，即令驰赴河南，纵横追剿。附片奏：资遣吉林、黑龙江、察哈尔应撤官兵九百员名，起程回旗。参领三栋阿等病故请恤。又奏抵军办捐委员前广东臬司龄椿病故请恤。又片奏预筹鲍超一军进兵之路，须以襄阳为老营。由湖北粮台照料银米军火。是月，公读《左氏传》，记录分类事目。

十一月初七日，核定长江水师永远章程及营制营规等，阅两旬核毕。徐州、铜山、沛县之境，有微山湖涸出地一区。咸丰四五年间，山东曹州之民因河水泛溢，避水南徙，占居其地，其后来者益多至数万人，占田浸广。地方官因为按亩征税充饷，号曰湖团，与沛县居民屡有争讼械斗之案。捻匪东窜之时，与湖团相勾引，沛民诣公行辕控诉。公批饬严拿通捻之团民，讯明惩治。委员赴山东察看团民原籍之地，设法资遣回籍。

> 公批饬严拿通捻之团民，讯明惩治。委员赴山东察看团民原籍之地，设法资遣回籍。

二十七日，驰折奏称：捻匪全数西窜，本拟进驻周家口，因李昭庆一军鞍马未齐，未能前进。又因铜沛湖团一案，与剿捻之事大有关系，俟料理安插有绪，即当赴豫督剿。并奏粤中贼氛尚炽，悍党数万窜陷嘉应州。鲍超已由赣州进剿，暂难改调赴豫。又折奏讯明徽州闹饷一案，分别拟结，并将两军十七营全行遣撤回籍。附片奏：前皖南道张凤翥病故请恤，水师营官提督成发翔病故请恤。是月，张总愚窜湖北襄阳边境，任柱、牛洪等股由光固窜安徽颍州边境，旋窜入鄂。

十二月初二日，湖北成大吉军在麻城溃叛，捻匪乘之，江汉以北贼氛肆扰，蔓延数百里。十三日，按视张锡嵘淮北新营，详定长江水师营制事宜。二十五日，公子纪泽自金陵来营省视。

二十八日，驰折奏两路捻党全萃湖北，又有叛勇之变，檄调刘铭传率军援楚。又奏会议长江水师营制事宜。凡水师事宜三十条，营制二十四条。又折奏遵旨查明河南巡抚吴昌寿、总兵张曜等被参各款。又奏遵旨密查山东巡抚阎敬铭、藩司丁宝桢被参各款。附片密奏称：山东、河南居四战之地，阎敬铭、吴昌寿二人，军务均非所长，而情形各自不同，谨抄录河南绅士原禀呈览。是月，公批结沛县湖团各案，将安分之唐团、赵团等六团留住徐州，通捻之王团、刁团等勒限撤归本籍。出示晓谕土客各民安业。湖北襄樊之贼，张总愚一股回窜南阳。

是岁，郑公敦谨调户部侍郎，李公鹤年授湖北巡抚，张公树声授直隶臬司，均未赴任。张公所部树字营淮勇，以其弟总兵张树珊领之。

年譜

卷十一

【丙寅】同治五年，公五十六岁

正月，公在徐州营。初十日，专折奏谢年终恩赏。派委刘松山率军督遣王团、刁团回山东原籍。十四日，驰折奏：酌拨现防徐州之马队二起。共计九百余人，驰赴奉天省城，剿捕马贼，听候文祥调遣。附片奏：调侍讲学士刘秉璋来营襄办军务。又片奏报湖北军情吃紧，张总愚折回河南，有东窜之意。湖团撤遣事竣，即调李昭庆军驰赴周家口。又片奏知县向师棣在营病故，请恤。二十八日，刘铭传军克湖北黄陂县城，贼窜河南。

是月，左公宗棠督诸军克复嘉应州城。鲍公超追剿窜贼，至大嶂岭破之，招降二万余人。粤逆尽灭，东南底平。左公宗棠暂驻广东境，筹办善后。公弟国荃奉旨授湖北巡抚，李公鹤年调补河南巡抚。

三十日，奉到上谕："刻下捻匪窜扰湖北边境，防剿正当吃紧。曾国荃素娴军旅，朝廷为地择人，正资倚任。且由湘赴鄂，相去甚近。著曾国藩、李瀚章即行知照该抚，迅速驰赴新任，力图报称，不得稍存推诿之念，有负属望。钦此。"

二月初八日，驰折奏结湖团历年讼案，剖别是非，平情论断，不分土民客民，但分孰良孰莠。王团、刁团业已全数徙去，安静回籍，酌定善后事宜。饬地方官次第经理：一曰酌给钱文，以恤已逐之团。二曰设立官长，以安留住之团。三曰拨还田亩，以平土民之心，并请将骂贼殉难之团绅唐守忠、唐锡彤、唐振海三名优恤建坊，以为草莽效忠者劝。又具折奏谢天恩，已知照臣弟国荃招募旧部，迅赴新任。又折奏浙江衢州镇总兵朱品隆、河南归德镇总兵朱南桂均请开缺。又奏保总兵唐殿魁、徐鹓二员。附片奏报视师山东起程日期。又片奏张树声经手营务，俟料检完毕，即起程北上，赴直隶臬司任。又片奏阵亡总兵夏金标请恤。

初九日，由徐州拔营启行。十五日，宿邹县，谒亚圣孟子庙，接见孟氏宗子孟广均。是日，驰折奏报刘铭传一军援鄂，克复黄陂县城。随折奏保刘铭传及其营官唐殿魁、刘盛藻等十九员，阵亡勇弁陈福禄、张思聪、李先道、钱万桂请恤。

十六日，行次曲阜县，谒至圣先师庙，见衍圣公孔祥珂，观金丝堂彝器。谒复圣颜子庙。十七日，偕衍圣公孔祥珂出谒圣林及述圣子思子墓。十八日，宿兖州府。十九日，至济宁州。丁公宝桢护理山东巡抚，来济宁见公。二十一日，阅视潘鼎新一军操演。二十八日，巡视运河、泗水形势。是月，牛洪、任柱、赖文光由湖北窜河南汝宁，扰及颍州、陈州境。张总愚一股窜山东曹州。

三月初五日，驰折奏报：张总愚大股东窜，调潘鼎新全军堵剿，李昭庆军来山东会剿，调徐州杨鼎勋军护卫孔林。任赖等股回窜皖豫之界，锐志东趋。刘铭传、周盛波合力剿办。查捻逆西逼楚疆，东趋海岱，相去动三千里，马步以数万计，必须鲍超、刘秉璋、刘松山等多成数路游击之师，乃足以布远势。臣现驻济宁，就近调度，东事定后，再行赴豫。又折奏遵调鲍超一军北来剿捻，请饬江西月解七万两，湖北月解二万两，江苏月解二万五千两，专供鲍超霆营之饷。请饬左宗棠、刘坤一将江闽各军分别遣撤，次第销兵，以靖民气。臣自抵临淮，察看皖豫等省行军，每以柴草细故，兵民成仇，因令各营发价购买，不得妄取丝毫。鲍超所部，颇有骚扰之名。今筹定有著之款，于襄阳设粮台，委员支应，俾得专精办贼。且申明纪律，秋毫无犯，乃能军民一气，一以保全鲍超之令名，一以拊循河南之赤子，关系甚重。

二十一日，驰折奏汇报山东近日军情，潘鼎新、李昭庆两军剿贼胜负情形。任赖等逆续窜曹州之境，张逆屯于濮范之境，一片贼氛。刘铭传、周盛波两军追贼均抵东境。现在调派各军严扼运河，刘松山军来济宁会剿。阵亡将弁刘洪盛、裴兆宏二十八名员请恤。又折奏报刘铭传、张树珊两军，在皖豫之境，剿贼获胜，阵亡将弁胡凤喈、刘得发请恤。附片奏东豫两省车辆甚少，难于雇觅，派员前赴张家口采买骆驼五百匹来营应用，请饬部援照买马成案，免税放行。又附片奏：此股捻匪奔突六省，攻剿十年，久成流寇之症。中外论者，或轻此贼，以为不足平；各路奏报，每多粉饰虚浮，或并无战事，而开单请奖。臣受命剿贼，已满十月，制寇之方，尚无把握，终夜以思，且忧且愧。愿我皇上弗轻视此贼，博储将材，求为可继，稽核奏报，戒其勿欺。庶凭圣主朝乾夕惕之怀，以救中原火热水深之厄。又奏称督师有年，损折将士甚多。凡当时未及奏报、漏未请恤之员弁，统计阵亡者一百四十四员名，伤亡七员名，病故者一百五十员名，汇开清单，恳恩敕部分别议恤，以慰忠魂。是月，公弟国荃到湖北巡抚任，李公鹤年到河南巡抚任。捻匪由山东南窜淮徐之境。

四月初三日，阎公敬铭来济宁见公。初七日，驰折奏报：捻匪自山东回窜，刘铭传、周盛波等军追剿迭胜。并陈明潘鼎新一军力战保全东境之功，山东官军扼防运河之功。刘铭传、周盛波、周盛传竭力苦战，冒险立功，容俟汇案请奖。附片奏：贼势南趋，刘松山回军徐州，该处现有刘秉璋、杨鼎勋等军，尚为联络。臣军注重东路，不得不借运河以为阻截之界，拟大加修浚，增堤置栅，以为之防。拜折后，与阎公敬铭登舟查勘运河，以至黄河。是日，泊分水龙王庙。

初九日，泊中家口。刘公长佑来舟次见公。十一日，渡河至张秋镇。十二日，回舟次。十三日，登南岸，宿东平州。十五日，行抵泰安府，谒东岳庙。十六日，登岱岳，上至天柱峰。十九日，公回济宁州。

二十五日，驰折奏：捻匪张总愚、牛洪一股窜扰曹州徐州之交，任柱、赖文光等一股窜扰淮泗一带。并陈湘淮各军防剿情形：刘铭传一军，自去年腊月以来，驰驱四省，已饬该军移赴济宁，暂予休息，腾出潘鼎新军代为游击之师。附片奏：查勘运河、黄河布置防守情形。

五月二十二日，驰折汇奏刘秉璋、刘松山、刘铭传、周盛波等军与贼接仗获胜情形。捻党分股回窜，张总愚、牛洪入豫，任柱、赖文光入皖。饬潘鼎新、周盛波为一路，刘秉璋、杨鼎勋为一路，刘松山、张诗曰为一路，分途驰击。刘铭传、李昭庆两军分驻徐州、济宁，暂予休息。附片奏：黄运两河应划分汛地，归直隶、山东督抚派兵设防。又拟查阅运河南路，兴工修筑堤墙。

是月，公录《朴目杂记》，分小学、修齐、礼、兵、经济、诗文。凡六门。

六月初七日，行至嘉祥县，谒宗圣曾子庙，接见曾氏宗子曾广莆，公捐银一千两，以助祀产之资。初八日，出诣南武山宗圣林墓。初九日，回济宁。

十四日，驰折奏捻匪西窜，官军追剿情形。并称：中原平旷，四通八达，此剿彼窜，不能大加惩创，拟自周家口以下扼守沙河，周家口以上扼守贾鲁河，自朱仙镇以北，至黄河南岸，无水可扼，拟掘壕守之。调派水师及刘铭传等军分段扼防，咨商河南、安徽两抚臣调兵分守。至群贼南窜，不出南、汝、固、黄州、六安等处，则鲍超一军、刘秉璋杨鼎勋等之淮军、刘松山张诗日之湘军足敷剿办。臣拟拔营东下，阅勘运堤，即由运入淮，迳赴周口。附片奏：防河之举，地段太长，派刘铭传、潘鼎新、张树珊扼守朱仙镇以下四百里之地，力任其难。自朱仙镇以上，专资河南兵力。已咨请李鹤年暂驻汴梁，调回各军，先办防务，主守而不主剿。诚恐李鹤年蒙顿兵不进之机，设将来河防不成，臣愿独当其咎，不与李鹤年相干。

十五日，由济宁登舟，行阅运河所修堤墙。二十五日，舟泊宿迁，登岸驻营中。时豫皖大水，淮流盛涨，微山、南阳等湖与运河连成巨浸。公深以民间饥溺为忧。

是月，捻匪在河南合股，既而张总愚、牛洪西窜，刘松山、张诗日截剿破之。任柱、赖文光东窜，潘鼎新迎击却之。公弟国荃调派郭松林、彭毓橘等军防守德安、随州。鲍公超军行抵湖北蕲黄之境。

七月初四日，驰折奏报查阅运河堤岸情形：任赖股匪回窜东路，前奏扼守沙河之策，难遽兴办，现令刘铭传、周盛波、潘鼎新赴东路驰剿。惟淮南北大水，为数十年所未有。既自憾军务毫无起色，又恐饥民失所，从贼偷生，则剿抚两俱棘手，实深忧愧。初六日，由宿迁解缆，下泊杨庄。初七日，吴公棠来见公于舟次。运河堤决于高邮州之清水潭二闸，浸兴化、东台、盐城等县之境。初八日，公换船入淮。初十日，渡洪泽湖，泊盱眙。十

以民间饥溺为忧。

五日，舟次王家圩，大风，舟几覆，水师舢板船覆者八号，弁勇死者五人。公言生平经历江湖风波之险：道光戊戌之秋，在襄河遇风；咸丰甲寅三月，在岳州水军遇风；并此为三度矣！十六日，抵临淮，登岸驻营。二十二日，巡阅张锡嵘淮勇营。二十三日，公病暑湿证，服药阅数日乃愈。自是以后，遇有疾病，公恒持勿药之说，盖其视生死之际，已脱然矣。

二十八日，驰折奏：潘鼎新一军迎剿获胜，任赖一股窜至贾鲁河以西，仍拟扼防贾鲁河、沙河，杜其回窜。附片奏：船遇大风，委员知县谭鳌舟覆陨命请恤。又片奏报刘松山、张诗日两军在西华、上蔡等处大捷，并自陈途中病状，力疾西上。公拜折后登舟行，泊怀远县。三十日，泊蒙城县。是月，官文公奏请以公弟国荃帮办军务。张总愚、牛洪西窜南阳，刘松山与河南官军宋庆等追剿至新野、邓州、南召、鲁山之境。任柱、赖文光窜襄城。八月初一日，公由蒙城换小舟溯涡河而上，派亲兵由陆路先赴周家口，令辎重各船改道溯淮上颍，以赴周口。初二日，泊雉河集。初四日，行抵亳州。初六日，由亳州登陆起行。初八日，行至陈州府，诣袁端敏公祠。初九日，至周家口营。

十二日，驰折详报刘松山、张诗日剿贼胜仗。奏称：近年捻逆纵横，从未大受惩创。此次湘军奋击，凶焰顿衰，容查明汇案奏奖。附片奏：患病未痊，请假一月，在营调理。又片奏任赖一股久踞舞阳叶县之交，有回窜东北之势；张牛一股，亦闻有回窜之意。调派各军堵剿，鲍超由汝宁北出迎剿，力扼东窜之路。刘铭传等仍兴修堤墙，分汛防守，以符初议。又附片奏：臣向办保案，极为矜慎。金陵克复，续保六案，迭准部咨驳斥。查取考语申复，自应遵部议办理。惟原保各统领散处各省，行查为难。恳恩俯念将士立功之苦，敕部准照原奏清单注册，以为奋勇立功者劝。

刘铭传等军修筑贾鲁河堤墙工竣。李公鹤年调官军六营于朱仙镇以北，开壕置守，淮军复分众助之。浮沙壅塞，难于挑浚。时捻逆全股由许州北窜。十六日，逼近汴梁，全股冲壕东窜，疾趋山东。

二十三日，驰折奏：捻匪东窜，河防无成，檄调刘铭传、潘鼎新等赴山东追剿。附片奏称：剿捻年余，仍无成效，忧愧无极，请旨饬令李鸿章带两江总督关防出驻徐州，与山东抚臣会办东路；湖北抚臣曾国荃携带关防移驻南阳，与河南抚臣会办西路；臣现驻周家口，居数省之中，庶可联络一气，呼吸相通。又片奏称：防守沙河、贾鲁河，本系策之至拙者，惟以流寇难制，不得已而出于下策。此次捻匪东窜，出于豫军汛地，或不免归咎于抚臣李鹤年。谨缕陈持平之论，恳恩暂予免议，以期和衷共济，为将来同心设防之计。又片奏调浙江处州镇总兵马得顺带所部马队来豫剿捻。是日，又具折奏：捻逆以蒙亳老巢为归宿，莠民勾引，居则为民，出则为捻，若商贾之远行，恬不为怪。臣于上年选委各员，查办民圩，擒斩著名积捻甚多，谨将蒙城、亳州、宿州、阜阳四属已经正法之捻徒，汇单附呈为第一案，以后续获，逐案汇奏。

是月，捻匪窜扑运河，山东官军堵御却之，回窜河南。左公宗棠调授陕甘总督，乔公松年调陕西巡抚，英翰公授安徽巡抚。

九月初四日，李公鹤年来营见公。初六日，漕督张公之万来营见公。

十三日，驰折详报刘松山等在新野、南阳等处迎剿张牛逆股，迭次胜仗。奏称：刘松山等闻豫军宋庆被围，即日驰援。及解围后，即与宋庆联络一气，同心苦战，尤得师克在和之义。又折奏刘铭传、潘鼎新两军往来剿贼齐豫之境，迭获胜仗。捻匪既不得逞志于东，必仍狂窜而西。檄令刘松山由扶沟迎剿，鲍超由南阳进军，遮截西窜之路。附片奏请续假一月，在营调理。是日，又具折奏彭五麟所部水师报捐饷银十万两，请加广衡州府县学额。附片奏彭玉麟报捐历任应得养廉银二万余两，不敢仰邀议叙。

同心苦战，尤得师克在和之义。

十九日，彭公玉麟来营见公。是月，捻匪由山东窜河南，循河南岸至荥泽决河堤，河南官军堵塞之。捻复南窜。捻酋牛老洪死。张总愚西窜陕汝，遂入陕西商州境。任柱、赖文光仍窜山东，疾趋济宁，攻扑运河。山东官军扼之。李公鸿章出视师于徐州。公弟国荃出视师于襄阳,具疏劾官文公。

十月初九日,乔公松年来营见公,遂赴陕西任。十二日,英翰公来营见公。

十三日,驰折奏汇报军情:贼分东西两路。东路任赖逆股,刘铭传、潘鼎新等追剿,逆踪盘旋于巨郓一带;西路张总愚一股,已入陕西,鲍超军驰至陕州,未及接仗。又折详报刘铭传、潘鼎新在郓城等处追剿胜仗。又折奏病难速痊,请开协办大学士、两江总督之缺,并请另简钦差大臣接办军务,自以散员留营效力,不主调度。附片奏陈剿捻无效,请将臣所得封爵暂行注销,以明自贬之义。又具折续报水陆阵亡病故员弁,汇单请恤。又附片密陈山东抚臣阎敬铭、藩司丁宝桢澄清吏治,讲求军务实际,请开复处分。又片奏李鸿章已带印出省。黄翼升回驻江宁,藉资镇抚。

十五日,公子纪鸿来营省视。十九日,奉到寄谕一道,词旨严切,催令速筹援军,以赴陕洛。二十五日,奉到上谕:"该大臣勋望夙著,积劳致病,自系实情,著再赏假一个月,在营安心调理。钦差大臣关防著李鸿章暂行署理。曾国藩俟调理就痊,即行来京陛见一次,以慰廑系。朝廷赏功之典,具有权衡。该大臣援古人自贬之义,请暂注销封爵,著无庸议。钦此。"

三十日,任赖捻股由山东回窜陈州境。公行营戒严,调亲军出队截剿。是月,公弟国荃出驻黄州。

十一月初二日,驰折奏报:西路张逆深入秦境,尚无回窜之说。调鲍超一军进荆紫关,以援秦中。东路任赖一股回窜河南,饬刘松山迅赴汝州,遏其西窜之路。附奏奉旨复陈一片,称行军太钝,精力日衰,俟病体稍痊,入都陛见,自请办捻不善之罪。又片奏杨鼎勋、张锡嵘追剿任赖一股,捻踪直奔沙河以南,刘松山仍由汝洛进兵,以力保黄河,先顾山西为主。初六日,奉到上谕:"曾国藩著回两江总督本任,暂缓来京陛见。江苏巡抚李鸿章著授为钦差大臣,专办剿匪事宜。钦此。"

十七日,驰折奏:酌筹西路军务,鲍超一军援秦,派委江苏道员薛书常专办霆营粮台,采办军米。又折奏:交卸钦差大臣关防,赍送徐州,交李鸿章祗领。钦奉谕旨,饬臣竟回本任。臣自度病体不能胜两江总督之任,若离营回署,又恐不免畏难巧取之讥。请仍在军营照料一切,维系湘淮军心,庶不乖古人尽瘁之义。附片奏:刊用木质关防一颗,其文曰"协办大学士两江总督一等侯行营关防"。又片奏任赖股匪奔扰信阳之南,将入鄂境。周盛波跟踪追剿,现饬张树珊拔队追击。刘铭传军疲劳太久,在周家口稍休,即行赴鄂。又檄调李昭庆全军由皖赴鄂,以收夹击之效。又附密片奏保湘淮各军将才。如道员刘盛藻,总兵戴春林、潘鼎立,提督章合才,均为后起之选。前任大名道祝垲、编修张锡嵘,皆文员中出群之才。略陈品概,以备采择。

庶不乖古人尽瘁之义。

十九日,委员赍送钦差大臣关防赴徐州营。二十八日,奉到上谕:"曾国藩请以散员仍在军营自效之处,具征奋勉图功、不避艰险之意。惟两江总督责任綦重,湘淮军饷,尤须曾国藩筹办接济,与前敌督军,同为朝廷倚赖。该督忠勤素著,且系朝廷特简,正不必以避劳就逸为嫌,致多顾虑等因。钦此。"是月,公弟国荃驻军德安。湖广总督官文公奉旨开缺,入都供职。钦差户部侍郎谭公廷襄暂署总督。

该督忠勤素著,且系朝廷特简,正不必以避劳就逸为嫌,致多顾虑。

十二月初三日,驰折奏:钦奉谕旨,再陈下悃,仍请开两江总督、协办大学士缺。附片奏:任赖一股窜扰孝感,鄂军接仗获胜,檄调刘秉璋与刘铭传军合为一路,探踪追剿。又具折奏保刘铭传一军,克复黄陂,并在济宁、雉河、阜阳、扶沟等处战功最伟,劳苦尤甚。五案并保,开单请奖。附片奏保吏部主事钱应溥在营效力,请加四品卿衔。十五日,奉到上谕:"曾国藩当仰体朝廷之意,为国家分忧,岂可稍涉疑虑,固执己见。著即懔遵前旨,克期回任,俾李鸿章得专意剿贼,迅奏肤功等因。钦此。"

二十一日,驰折奏:遵旨回驻徐州,暂接两江总督关防。臣病体未痊,仍恳另简江督,而臣以散员效力行间。至中外交涉事件,素未讲求,请旨令两淮运司丁日昌护理通商钦差大臣关防,必能有裨时局。附片奏:东路任赖一股,盘旋于安陆之境。刘铭传等追剿,贼窜向鄂东一带。西路张逆,渡过渭北,鲍超自请移师赴鄂,先剿东段。因檄令刘松山、张锡嵘等由潼关入秦,即在陕州设立粮台，仍派薛书常管理。是日具折奏江西南康县查办案内充公田产，分析办竣。又奏保刘松山、张诗日等军在西华、上蔡、新野等处大胜，汇案请奖。附片奏请酌提安徽丁漕，加该省兵勇之饷。又片奏前年饬委运同衔容闳前往西洋，采办机器百数十种，均交上海制造局收用。该员不避艰阻，请予奖励，以昭激励。又片奏参安徽涡阳县知县沈濂革职。

是月，楚军、淮军集于湖北之境，凡七万余人，会剿任柱、赖文光一股。郭松林军挫于德安，总兵张壮勇公树珊阵亡，贼益张。陕西官军挫溃，张总愚逼近西安省城。乔公松年到陕后，亟檄刘松山一军入援关中。公办理捻匪一载有余，初立驻兵四镇之议，次设扼守两河之策，皆未久而改变。其在临淮，搜擒蒙亳匪徒，以绝捻之根株；在徐州办结湖团巨案，以除捻之勾引。刘铭传、刘松山、潘鼎新三军，大小数十战，贼众纵横飙忽之势，实因以少衰。是冬，张逆入秦，任赖入楚，中原稍得息肩矣。

而是岁言路劾公办理不善者，有御史朱镇、卢士杰、朱学笃等疏，皆奉寄谕钞发。御史穆缉香阿奏督师日久无功，请量加谴责一疏。奉上谕："年余以来，曾国藩所派将领，驰驱东豫楚皖等省，不遗余力，歼贼亦颇不少，虽未能遽尽全力，亦岂贻误军情者可比。该御史所奏，著毋庸议。钦此。"是后，又有御史阿凌阿劾公骄妄各款，亦奉旨辨斥。公念权位所在，众责所归，惕然不敢安焉。

【丁卯】同治六年，公五十七岁

正月，公在周家口营。初六日，启行赴徐州。十二日，过砀山境，散钱二址六缗给饥民。十五日，公至徐州。十九日，接受两江总督关防、两淮盐政印信、通商大臣关防，与李公鸿章通筹西北大局。

二十一日，驰折奏报回驻徐州接篆日期。附片奏：贼在鄂中，官军有合围之势，恐任赖一股续窜入秦，鲍超一军应留豫西拦截，俟贼情定后，再调赴秦。又片奏彭玉麟报捐养廉银两，奉旨查明子弟，给予奖叙。该侍郎力辞，出于至诚，恳如所请，以遂其报效之诚。

二十九日，奉到上谕："曾国藩既经接受两江督篆，所有察吏筹饷及地方应办事宜，均关紧要；且金陵亦不可无勋望素著大员坐镇。着即回驻省城，以资镇摄。该督公忠体国，自当仰体朝廷倚畀之隆，勉为国家宣力。一切军情调度，仍着李鸿章随时咨商，以资裨益。钦此。"

公忠体国，自当仰体朝廷倚畀之隆。

是月，张公锡嵘在陕西阵亡。鲍公超回军襄阳，击贼于杨家洚，大破之；追剿至丰乐河，复大破之，杀贼万余人。任赖捻股窜河南境。李公鸿章奉旨授湖广总督。李公瀚章调授江苏巡抚，暂署湖广总督。刘公琨授湖南巡抚。

二月初三日，李公鸿章拔营赴河南督师，仍驻周家口。初八日，专折奏谢年终恩赏。又奉报军需款目：自咸丰三年起，至金陵克复之日，凡为时阅十二年之久，用款至二千一百三十余万之多，分为四案，开列简明清单，照例报销。附片奏：动用安徽抵征一项，比例请销。又片奏江忠义、席宝田二军饷银，归入江西汇总造报。又片奏补发湘军欠饷，作为第四案续报之款。又奏新授江苏布政使丁日昌请暂缓陛见。

十四日，驰折奏：迭奉谕旨，移驻金陵，恭报起程日期。又折奏：上年奉旨，发交臣营差委各员——道员钟文、总兵沈宏富、提督何绍彩，分别发往各路差遣。附片奏道员祝垲应仍交李鸿章随营差遣。又片奏甘肃道员金国琛，请开缺终养。又片奏阵亡编修张锡嵘，请加恩其子。又奏阵亡总兵张树珊，请于周家口建立专祠。又折奏彭玉麟水师营、鲍超霆军查办滋事弁勇。

十六日，由徐州启行，至韩庄登舟，沿途查阅运河堤墙。二十二日，至清江浦，张公之万来见公。二十三日，吴公廷栋来见公于舟次，方舟从公赴金陵。二十六日，查阅清水潭堤工。三十日抵扬州。

是月，任赖捻股东窜安徽境，回窜湖北东境。湘军败挫，彭忠壮公毓橘阵亡于黄州。刘松山军入陕西，击张逆一股，连破之。

三月初一日，公与官文公相见于舟次。初二日，查阅瓜洲盐栈。初六日，抵金陵，还署。金陵之民，焚香于道以迎公。初十日，按视新修江宁学宫工程。十五日，刘公琨舟过金陵见公。

二十日，驰折奏报回省日期，并陈鄂东之贼向西北窜走，张逆在秦，与回逆合股，刘松山攻剿屡胜，尚有把握。附片奏：酌拨军饷，协解陕甘两省。是月，鲍公超在襄阳伤病大作，公委员赍药馈问之。左公宗棠赴陕甘任，行至湖北，接受钦差大臣关防。丁公宝桢补授山东巡抚。

四月初七日，驰奏提督鲍超伤疾甚剧，请调直隶署提督娄云庆南来接统霆军。附片奏：回任以后，通计饷需款目，入不敷出。且有万不容缓之事，须行筹款者，如制造轮船，购买机器，湘军入秦，淮军在楚，多未发足军饷。长江北岸，拟添陆军，以为防运河堤坝，险工林立，均属刻不容缓。请旨将江海关洋税应解部之四成，酌留二成以济要需。十六日，专折奏谢京察从优议叙恩。又奏遵照新章，甄别劳绩州县，开单附呈。江南苦旱，公出祷雨于甘露神祠。二十四日，雨。是月，任赖捻股由湖北窜河南南阳境。

五月十六日，驰奏续查民圩，擒斩捻党，开单奏结，嗣后归地方官办理。附片奏：任赖逆股自鄂省窜出，有东趋之势。本年天气亢旱，农田枯坼，人心皇皇，皆由臣德薄，累及斯民，忧愧无地。且运河水涸，东路军情可虑。又闻张逆有回窜出关之意。又折奏本年乡试依限举行，并兼行乙卯科武乡试。又片奏保员外郎王家璧，请以五品京堂，遇缺题奏。公连日步出祷雨。十九日，公诣灵谷寺取水。二十日，大雨。公筹银四千两，修复灵谷神祠。是月，任赖逆股由河南窜山东，越运河而东犯青州之境。奉到上谕："曾国藩着补授大学士，仍留两江总督之任。钦此。"

六月初十日，专折奏谢天恩补授大学士。又折奏鲍超伤病深重，恳请回籍养病。附片奏：贼已渡运东窜，令黄翼升驻扎射阳湖，为里下河之防。又片奏江宁建立昭忠祠，其初专祀湘军陆营将士，请并祀水师员弁。又折奏本年乡试，派学政鲍源深入闱监临。又奏请展缓本年军政。十八日，专折奏江南、江北粮台收支军需各款，分案开单奏销。

是月，任赖逆股东窜登莱之境。李公鸿章、刘公长佑建议：合四省兵力合堵运河，就东境剿灭任赖一股；河南、湖北两省兵力严扼潼关，毋令东窜，就关中剿除张总愚一股。英翰公疏请合兵严守胶莱河，逼贼于海隅，聚而歼之。

七月二十九日，驰奏霆营将领公禀不愿隶娄云庆部下，请将鲍超全军撤遣大半，其余令谭胜达等带赴济宁，归李鸿章调遣。并令娄云庆另募新军，以备防剿。又奏遵旨筹拨直隶赈灾一款，皖军协饷一款。并陈现筹兴复淮渎，使水归故道，以减淮扬水患，于清江设立导淮局，试办挑浚。附抄章程十六条咨送军机处，以备查核。附片奏筹拨本年大运银两，解交织造衙门应用，俟军务平定，再议添拨。是月，任赖股匪回窜，越潍河扰犯沂州境，窜扰赣榆、海州、沭阳之境。

八月，接到总理衙门公文，预筹换约事宜。公饬属吏悉心条议，择其善者具咨与函，专派员弁，由沪入都呈复。议增修金陵昭忠祠，祀江南殉难官绅。

九月十八日，具折奏甄别府县等官。续奏采访忠义第二十八案。附片奏：水营记名提督冯标病故请恤，皖南殉难县丞罗庆恩请恤，烈妇程胡氏请旌。是月，海州捻股回窜山东境。

十月初五日，公下闱典校武乡试，提督李朝斌会考。十九日，试竣，取中武举一百五十七名。是月，山东贼复窜赣榆。刘公铭传追剿，破之，阵毙捻酋任柱。公弟国荃开缺回籍。

十一月初三日，专折奏报江南武闱乡试事竣。初六日，专折奏江北粮台捐造船炮，用过银数，循例报销。又奏徐州善后局报销。又折奏扬州虹桥乡殉难绅民妇女请旌恤，巡检陆忻请恤，澄海营副将陶位中、参将黄占魁出洋捕盗遇害，请恤。十五日，驰折奏遵旨预筹修约事宜。二十七日，刘公铭传击贼于寿光洿河，大破之，擒斩数万人。贼大溃，赖文光遁走，山东肃清。是月，官文公署直隶总督，丁公日昌授江苏巡抚。

十二月初三日，奏查明本年江北新漕征解实数，现在筹办情形。又奏筹解明年协甘饷银。又折奏：江宁省城，自咸丰三年沦陷，向荣、和春等驻兵八载，阵亡之文武将弁，殉难之官绅士民，尚未建祠崇祀，实为阙典。湘军昭忠祠地基宽敞，因与僚属议建三祠，中为湘军陆营，西为湘军水师，东为金陵官绅，务使毅魄忠魂，萃于一处。其金陵官绅，综举约有六端：一曰咸丰三年城陷殉难之员。二曰向荣、和春营中阵亡病故之员。三曰江宁七属殉难之绅。四曰江南大营援剿他处殉难之员。五曰镇江、扬州两军阵亡病故之员，皆祔祀祠中。六曰满汉妇女不屈而死者，别立贞烈祠祀之。恳饬令地方官一并致祭，实有裨于圣朝劝忠之道。附片奏霍邱县殉难团绅李友张请恤，并其家属五十一名。

初十日，扬州官军擒捻酋赖文光斩之，余党迸散，东南荡平。二十二日，奉上谕："大学士、两江总督、一等毅勇侯曾国藩著加恩加赏一云骑尉世职。钦此。"是月，张总愚捻股由陕西越黄河窜至山西境，东趋畿辅。

是岁骆文忠公秉章奉旨以四川总督协办大学士，寻卒于成都。李武壮公祥和在陕西宜川阵亡。

【戊辰】同治七年，公五十八岁

正月初二日，接见西洋公使浦安臣。十七日，专折奏谢天恩加赏世职。又折奏谢年终恩赏。又奏年终密考学政声名。又奏江苏臬司李鸿裔请假。二十一日，定书局章程八条，又训手民四条，委道员洪汝奎经理书局。汝奎，汉阳刘公传莹之门人也。二十七日，核定长江水师未尽事宜及水师补缺章程。是月，张总愚捻股窜直隶境，扰犯保定、河间、天津各属境，畿辅戒严。丁公宝桢督军入援，驻固安；左公宗棠督军追剿，驻天津；李公鸿章驻军大名；李公鹤年、英翰公，皆引兵防河南北。

二月十七日，刘公长佑过金陵见公。三月初五日，驰奏拟补长江水师各缺，并续陈未尽事宜十条。奏称：衡州试办水师之始，非有旧例可循，屡试屡变，渐推渐广。今已奏定章程，著为令典，不敢谓立法之尽善而无弊，所愿数十年后，督抚提镇，随时损益，遇事详求，冀将材辈出，历久常新，此则臣等所祷祀以求者也。又折奏总兵张诗日病故请恤,并准加恩予谥。奉旨予谥勤武。公又奏上年江北冬漕并归海运,详议海运章程十条,开单附呈。附片报江北漕粮起运实数。又片奏筹解甘饷分数。又片奏陆营武职大衔借补小缺,请敕部核议准行。又片奏保总兵王可升、章合才、易致中三员,皆足胜专阃之任。二十日,作《灵谷龙神祠碑记》。二十八日,欧阳夫人至署。

　　四月初一日,江南苦雨,公出诣神祠祈晴。李公瀚章调任浙江巡抚。初四日,过金陵见公。初七日,奏结霆营上年在襄阳闹饷一案,查办营官哨官,审明定拟。又奏上海铁厂制造火轮船,及广东艇船,仍须酌改营制,略仿西洋之法,拟会同丁日昌履勘查阅,再将外海水师章程核议具奏。二十日,调验船厂所造八团舢板。二十四日,由金陵登舟启行,公子纪泽从。二十六日,至扬州,查运库。二十九日,登金山,观苏文忠公玉带,为诗纪之。旋登焦山。是月,直隶捻匪窜运河以东,分扰及山东东昌、武定各属境。时河北水涨、官军因扼运河以困之。

　　闰四月初一日,公舟泊丹阳。初二日,泊常州。初三日,泊苏州省城,留五日。初八日,出巡阅李朝斌太湖水师,遂行赴上海。丁公日昌从。途次奉到上谕:"曾国藩著授为武英殿大学士。钦此。"初十日,行至上海,驻铁厂,查阅轮船洋炮工程。洋领事官白来尼等来见公。十四日,会奏拨解直隶军饷,并汇陈近年协拨陕甘军饷情形。又奏酌提制钱三十万串,由轮船解运天津,请照银价划抵京饷。附片奏:上海旧存轮船两号,不能行驶外洋,适有福建华福轮船来沪,即令改调,前赴天津,以备巡防之用。公专奏遵旨派员驰赴合肥,催令刘铭传销假,迅赴直隶、山东军营。并沥陈:剿捻之师,谋勇以刘铭传为最,而劳苦疲乏,亦惟铭军独甚。念本年畿辅之警,若非去岁先灭任赖一股,大局不堪设想。恳于寄谕中奖其勋谋而慰其劳苦,则天语一字之褒,胜于臣等函牍万万矣。是日,公拜折后登舟查阅吴淞口、狼山、福山各营。十五日,由轮船回金陵署。

　　五月初八日,专折奏谢天恩。附片奏:提督黄翼升、总兵欧阳利见所领水师已赴济宁。并查看山东河防,提督刘松山添募湘

不敢谓立法之尽善而无弊,所愿数十年后,督抚提镇,随时损益,遇事详求,冀将材辈出,历久常新,此则臣等所祷祀以求者也。

恳于寄谕中奖其勋谋而慰其劳苦,则天语一字之褒,胜于臣等函牍万万矣。

勇，饬湖南盐局拨银二万两，以利遄行。

六月十八日，专折奏江北水灾赈济银数，造册报销。又折奏李鸿裔病状，请开缺调理。又折奏总兵娄云庆撤营事竣，请开缺回籍养亲。附片奏保总兵谭胜达、王衍庆二员。又折奏采访忠义第二十九案。附片奏：已故总兵张运桂请衬祀张运兰专祠。又奏常州殉难绅民史承简等合族一百二十名，请于郡城建史氏忠节专祠；全椒县知县孟煊在任殉难，请建专祠。是月，刘公铭传赴直隶，时湘淮各军将领萃于三辅，诏都兴阿出视师于天津。

七月，彭公玉麟经理长江水师事竣，奏请开兵部侍郎之缺，补行守制。奉旨允之。官军会剿捻匪，破平之。张总愚走死直隶。山东肃清。李公鸿章以湖广总督、协办大学士，刘公铭传封一等男爵，封疆将领承恩赏各有差。初十日，奉上谕："曾国藩筹办淮军后路军火，俾李鸿章等克竟全功，著交部从优议叙。钦此。"扬州民与天主教堂哄斗，公委藩司李宗羲、运司李元华、上海道应宝时提案会讯。二十二日，专折奏前次有密疏一件，未能慎密，自请交部议处。又折奏东西捻股一律肃清，湘淮各军亟应赶紧裁撤，以节饷需而苏民困。谨预筹经费，为撤勇之用。又折奏查明运河水志情形。又折奏查报阵亡、伤亡、病故员弁，汇单请恤。附片奏：河工道员藩鸿焘请恤。又折奏江宁府属查出熟田，试办抵征。二十七日，奉到上谕："曾国藩著调补直隶总督，两江总督著马新贻调补。钦此。"

八月初六日，专折奏谢天恩，一为交部优叙，一为调任直隶。吁恳陛见。附片沥陈丁忧两次，均未克在家终制；从公十年，未得一展坟墓。瞻望松楸，难安梦寐。又称剿捻无功，本疚心之事，而回任以后，不克勤于其职，公事多所废弛，皆臣抱歉之端。俟到京时，剀切具奏。十一日，作《江宁昭忠祠碑记》。十三日，上海船厂造火轮船第一号成，驶至金陵。公登船试行至采石矶，命名曰"恬吉"，取四海波恬、公务安吉之意。批发扬州教堂一案，具咨文呈报总理衙门。是月，李公鸿章奏凯，撤剿捻官军，惟留刘铭传一军驻扎畿南之张秋镇。又奏筹款修葺孔林。湘勇刘公松山军从左公宗棠入秦，剿办回逆。

九月初二日，奏报恬吉轮船工竣，并陈明上海机器厂筹办情形。附片奏金陵善后局经用之款，请免造册报销。又片奏内江水师粮台委员、船厂委员汇案请奖。初十日，酌定湖北撤勇一案。十七日，核定外海水师章程。丁公日昌至金陵，会议扬州教堂一案。二十日，马公新贻到金陵。二十六日，交卸关防印信。二十八日，公弟国潢来署，相见甚欢，大被同宿，纵谈家乡琐事，以为笑乐。又自书箴言六条赠之。是月，公与漕督、河督，会奏荥工漫水、渐入洪湖、会筹堵御一折。

十月初五日，具折奏报交卸日期，遵旨会商公事，暂缓启程。又具折奏请禁止川私行楚，收回淮南引地，以复旧制而整鹾纲。附片奏刘松山一军由江南协饷，请改道湖北襄阳转解入秦。并称：臣交卸之际，应将经手事件略为结束。又折奏原任广西抚巡抚邹鸣鹤在金陵殉节，请从优加恤，并准予谥，以彰忠节。又奏水师营副将柳寿田病故请恤。二十六日，李公鸿章赴湖广任，过金陵见公。

十一月初三日，专奏湘军第五案军需款目造册报销一折。奏称：从前军营办理报销，中外吏胥互相勾结，以为利薮。此次臣严饬属员，认定实用实销四字，不准设法腾挪，不准曲为弥缝。臣治军十余年，所用皆召募之勇，与昔年专用经制弁兵者情形迥异。其有与部例不符之处，请敕部曲为鉴谅，臣初无丝毫意见欲与部臣违抗也。是折奉旨："著照所请，该部知道。钦此。"是日，又具折奏酌议江苏外海内洋里河水师事宜十四条，请敕下李鸿章、马新贻、丁日昌各抒所见，妥为核议。并求部臣详核，不厌驳诘，以期利多弊少。臣不敢因系初议之人，稍涉回护。又折奏江楚用兵太久，武职保举太多，惟借补小缺一途，可以安置撤遣之将弁。谨将江南近年考试武职章程四条，录呈御览。又折奏：江淮等属，历年垫应兵差，添设台站，头绪纷繁。州县交代，永无结算之期，实有妨于吏治。臣任两江最久，惟此为经手未完之件。现拟设法清釐，准仿照粮台之例，开单报销，仍按据金陵未克以前及既克以后年分，分别办理。附片奏补发湘军欠饷，归案报销。又片奏：臣未交卸之时，两次接准造办处来文，俱称移会两淮监督。查两淮只有盐政,并无监督之官。造办处系内务府司员,与部院司官体制相同,行文督抚,应用堂官之印。请旨敕下该衙门,嗣后遇有传办要件,统归内务府大臣行文,不宜迳由造办处移会,以符定制而杜弊端。又片奏报经手事竣,起程北上日期。

初四日,公由金陵登舟起行。金陵士民焚香酌酒以饯送者,填咽街巷。于时欧阳夫人患咳喘甚剧,公长子纪泽留金陵侍疾,次子纪鸿从行。初八日,泊扬州。公弟国潢从公于扬州,乃别回湘。十三日,抵清江浦。十七日,由清江启行。江宁将军魁玉公出都赴任,谒公于途次。二十日,彭公玉麟从公于郯城境,乃别回南。三十日,渡黄河,宿齐河县。丁公宝桢来见公。

十二月初四日,行抵直隶境。公在途次,每日按舆图稽查山川原委,尤详考畿辅水利,随时延访官绅贤否,证以舆论而密记之。

十三日,入都门,寓东安门外贤良寺。十四日,昧爽趋朝,见军机大臣于朝房,召见于养心殿,奏对数十语,赐紫禁城骑马。退朝,谒恭亲王于邸第,及军机大臣文祥公等。十五日,递折奏谢天恩召见,奏对十余语。十六日,又召见,奏对语尤详。移时乃出。时在廷诸臣,想望丰采,退朝之际,千官属目焉。十八日,至内阁上任,接见侍读中书各员。旋至翰林院上任,接见讲读学士以下各员。谒至圣庙及先儒韩文公祠。十九日,公访塔忠武公宅,登堂见其母,厚馈之。二十日,移寓城南法源寺。二十四日,至内阁,集议通商事宜,凡三日。二十八日,会奏议复修约事宜一折。二十九日,递折奏谢年终恩赏。

【己巳】同治八年,公五十九岁

正月初一日,早朝捧庆贺表,从驾诣长信门行礼。天明,皇上升殿受贺,公与朱公凤标上阶展表。太常寺司员宣读表文毕,公与内廷诸臣,行礼而退。初二日,始为《无慢室日记》,条记密事。初五日,公访倭仁公宅,因偕至内阁。醇郡王与大学士会议奏陈机务六条，公手稿数千字，移时而成。初七日，趋朝奏事。初九日，至琉璃厂书肆，纵观书籍。十五日，趋诣保和殿，侍赐宴藩王。十六日，赐宴廷臣于乾清宫。内监引入，皇上升座。倭仁公领满大学士、尚书西向坐，公领汉大学士、尚书东向坐。乐三阕，乃宴倭仁公起奉爵御座，皇上遍赐大臣爵。乐三阕，乃出谢恩颁赏珍物。十七日，具折请训，又递折奏略陈直隶应办事宜，请酌调人才，以资差委，酌拨银两，以济要需。直隶最大之政，在于练兵饬吏，次则河工。请留刘铭传一军，长作拱卫之师，再练万人，使成劲旅，则畿辅不患空虚。民间疾苦，由于积狱太多，差徭太重。属僚玩上虐民，当以严法重惩之。永定、滹沱二河，常为民患，亦宜大加疏浚。请敕下江苏督抚，每月拨解银三万两，稍资周转。并开单奏调道员钱鼎铭、陈鼐，知府李兴锐，知州游智开、赵烈文，知县方宗诚、金吴澜及员外郎陈兰彬八员召见，奏对数十语，皆疏中事也。退朝谒恭亲王邸第。二十日，出都。二十一日，巡视永定河堤工。二十七日，行抵保定府。

奏对数十语，皆疏中事也。

二月初二日，接受直隶总督关防、长芦盐政印信。初八日，拜发到任接印日期一折。附片奏：试办永安河工，请敕户部借拨银两，赶修要工。初九日，送官文公入都。十三日，札饬永定河道及河工委员择日兴工。十六日，阅直隶选练六军操演阵法。时直隶营伍疲弱，刘公长佑为总督时，遵部议于绿营弁兵中挑选数千人，酌加练饷。至是已五年矣。十八日，作清讼事宜一编，为四柱册，通饬各州县官，刻期清结积案，以为课程。二十三日，具折奏查明州县积潦大洼地亩，分别豁减粮赋。又奏粮台循案报销一折。

三月初五日，刊发直隶清讼事宜十条，核定限期功过章程十四条。初九日，三口通商大臣崇厚公来见。十四日，刘公坤一入都，过保定见公。直隶臬司张树声调山西臬司。新授臬司史念祖，诏公察看。十六日，折奏直隶讼案最多，积压未办。臬司张树声情形较熟，清厘甫有端绪，请暂留本任；并钞呈清讼事宜十条。又折奏举劾属员，以饬吏治。又奏报上年抢修永定等河，用过银数。二十八日，丁公日昌入都，过保定见公。史念祖到省，公派委综理发审局。

四月初一日，专折奏报查勘永定河工合龙出省日期。是日启行。初六日，验收河工。初八日，回署。十四日，奏报勘工回省日期。又奏直隶采访节义第三案。十七日，粤南使臣黎峻等过境见公。二十日，公子纪泽奉欧阳夫人到署。二十八日，郭公柏荫入都，过保定见公。

五月初四日，专折奏刘松山军在陕西宜君、绥德两处有溃变之案，实因军士久役思归所致。该军剿办得力，锐气未减，未可遽议撤遣。初十日，杨公昌浚入都，过保定见公。二十一日，具折奏称：近日内外臣工间奏，多主练兵，不主养勇。当此全境敉平，自不宜留勇队于近畿。然目前练军，实无化弱为强之法，当参用东南募勇之意，仍须户部筹拨的饷，然后营务渐有起色。又折奏永定河工合龙，请开复河员处分。附片奏报提用长芦复价银两，以济河工，并拟酌加岁修领款。二十二日，李公宗义入都，过保定见公。二十三日，永定河复决口。

八月初六日，作《客座示僚属箴言》四条，定以每日传见州县二员。十一日，奏遵照部议，裁撤长芦总商，以杜把持之弊。又折奏永定河水暴涨，道厅各员抢护新工，竟于他处漫溢，请分别参办，并自请交部议处。又奏提督朱南桂、谭国泰病故，请恤。奏调琼州总兵彭楚汉来直隶差委。是月作李忠武公、勇毅公神道碑铭二篇。

七月初一日，奏永定河漫口抢堵，未能合龙，拟缓期秋后将挑浚中泓、疏浚下口二事，认真筹办。初四日，作《劝学篇》示直隶士子。二十一日，奏酌议直隶、山西、河南三省毗连州县会哨章程。二十四日，郑公敦谨自山西入都，过保定见公。

八月初六日，奏续查属员，据实举劾。二十七日，奏接准部咨再行酌议练军事宜一折。奏请调南方战将以练北方新兵，拟于古北口增练千人，提督傅振邦领之；正定府增练千人，总兵谭胜达领之；保定府增练千人，以彭楚汉领之。附片奏：刘铭传一军护卫京畿，未可遽撤。该提督开缺回籍，其部将刘盛藻代领其军,尚能胜任,毋庸另派统领之员。又片奏保道员蒋春元署永定河道。

九月初四日,作《湘乡昭忠祠碑记》。初六日,奏采访节义第四案。十二日,核定直隶练军章程,委知府李兴锐查访长芦盐务。二十一日,具折奏试办永定河挑浚中泓、下口二法核定工程,请停止摊捐,发给现银,使厅汛无所借口,以作兵弁夫役之气。附片请拨长芦运库银两,以济河工之用。二十三日,作《唐确慎公墓志铭》。

十月初八日,作《罗忠节公神道碑》。初十日,公启行出省勘河工。十二日,抵固安,巡视工程,验收合龙。十三日,奏报勘工出省日期,并报循河勘验下口。十七日,登舟顺流而下,至天津府查勘盐政,校阅洋枪洋炮队。二十日,由天津启行。二十三日,回署。

十一月初一日,奏酌议长芦盐政十条。又折奏查明州县灾歉情形,分别蠲缓,以纾民力。大、顺、广一带尤苦旱,恐须预筹赈济。附片奏查工回省日期。又奏采访节义第五案。十九日,具折奏芦纲备累日甚,宜减轻成本,以苏商困而保颓纲酌议五条。又折奏永定河漫口合龙及疏浚中泓下口,均属稳固深通,请开复河员处分。又具折奏遵旨察看臬司史念祖,请酌调刑名稍简之省分,乃为相宜。是月作《王考星冈府君墓表》。

十二月十四日,奏铭军将领刘克仁、刘盛璨病故,请恤。二十四日,奏查明畿南各属灾歉较重,拟于来春以贷为赈,请于天津存储项下拨制钱十万串,解至大名,预备散放。附片奏:升任臬司钱鼎铭请暂留大名道任督办赈贷。又折奏滹沱河改道北流,已阅两年,亟应设法修治,谨陈大概情形,请敕部核议。

是岁,公壹意清厘狱讼,遇重大之案,则亲自鞫讯,每月数次。统计专折奏结重案及京控发交之件,前后凡五十余疏,不能悉纪。公自到任以后,定以每日分时清厘案牍,接见宾僚,吟览经史诗古文,以为日课。每月以暇时为文一二篇,计成碑铭序记之属凡十余篇。

遇重大之案,则亲自鞫讯。定以每日分时清厘案牍。

年譜

卷十二

【庚申】同治九年，公六十岁

正月十六日，专折奏年终密考。又奏永定河工拨借运库银两，请于应解京饷项内照数扣还。二十四日，核直隶练军马队章程。委陈兰彬前往大名助办赈贷。是月，刘忠壮公松山在甘肃攻剿回逆，于金积堡阵亡，其兄子锦棠接领其军。

二月初二日，专折奏谢年终恩赏。又奏直隶清理积狱，旧案陆续完竣，新案办理就绪。计审结并注销之案四万一千余起，多年尘牍，为之一清，请将勤奋之员酌予奖励。又奏州县留支银两，请免提解四成，俾地方官有办公之资，以为振兴吏治之助。又奏直隶州县应付兵差款项，酌议报销。二十一日，专折奏谢京察从优议叙恩。又奏湘淮各军剿捻军需第一案报销。附片报洋枪洋炮教练勇粮款目，附案请销。又具折奏提督刘松山宣力最久，忠勇迈伦，力攻回寨，受伤殒命。谨胪陈事迹，请宣付史馆，并于本籍建立专祠。

三月初五日，出城诣刘孝子墓及杨忠愍公祠。初十日，奏直隶留防兵勇收支饷项，截数报销。二十九日，奏报永定河凌汛安澜一折。又奏复核部驳保案一折。又奏采访节义第六案。公自入春以来，屡患目光昏蒙，而治公牍览书史未尝少息，至是验知右目已失明，于是闭目静坐之时为多。是月，公子纪泽入都，赴荫生试。

四月十一日，改定练军马队步队营制。十六日，奏试办练军，酌定营制，比照湘勇淮勇军营旧章，参酌增损，次第推行。又以官马不如私马，亦欲仿募勇章程，自养营马，以冀练成劲骑。附抄呈步队营制十条，马队营制六条。附片奏：筹议口北三厅防务。是日，公眩晕，病作甚剧，旬日渐平。二十一日，奏陈病状，请假一月调理。二十五日，公子纪泽试竣，吏部带领引见，奉旨以员外郎分部行走，签分户部陕西司。

五月初八日，专折奏谢子纪泽受员外郎恩。二十二日，奏病尚未痊，续假一月。又折奏畿南赈贷，办理事竣，各地方官赔累已甚，请免报销，以示体恤。又折奏保永定河工出力员弁，开单请奖。又奏采访节义第七案。

二十五日，奉上谕："曾国藩著前赴天津，查办事件。钦此。"同日奉上谕："崇厚奏津郡民人与天主教起衅，现在设法弹压，请派大员来津查办一折。曾国藩病尚未痊，本日已再行赏假一月。惟此案关系紧要，曾国藩精神如可支持，著前赴天津，与崇厚会商办理。匪徒迷拐人口，挖眼剖心，实属罪无可逭。既据供称牵连教堂之人，如查有实据，自应与洋人指证明确，将匪犯按律惩办，以除地方之害。至百姓聚众将该领事殴死，并焚毁教堂、拆毁仁慈堂等处，此风亦不可长。著将为首滋事之人查拿惩办，俾昭公允。地方官如有办理未协之处，亦应一并查明，毋稍回护。曾国藩务当体察情形，迅速持平办理，以顺舆情而维大局。原折著抄给阅看。钦此。"

先是，天津境内屡有迷拐幼孩之案，并有剖心挖眼之谣，署天津知府张光藻擒获拐匪张拴、郭拐二名严办。旋有民团拿获匪徒武兰珍，供出法国教堂之王三授以迷药。由是津民与教民屡有争哄之事。三口通商大臣崇厚约法国领事馆丰大业来署，提犯人对质。于时讹言四起，人情汹汹。丰大业在崇厚署中施放洋枪，崇厚亟起避之。丰大业忿而走出，遇天津县知县刘杰，复用洋枪击伤其家丁。津民见之者，遂殴毙丰大业，烧毁教堂等处。洋人及本地从教之民男妇死者数十口。此五月二十三日事也。

二十七日，奉上谕："崇厚奏津郡教起衅争殴，自请治罪，并请将地方官分别严议革职一折。崇厚、周家勋、张光藻、刘杰著先行交部分别议处，仍著曾国藩于抵津后，确切查明，严参具奏。至迷拐人口匪徒及为首滋事人犯，均著严拿惩办，并会同崇厚彻底根究，秉公办理，毋稍偏徇。钦此。"

二十九日，公复陈一折。奏称：据天津镇道来禀，武兰珍所供之王三，业经弋获，必须讯取确供。武兰珍是否果为王三所使，王三是否果为教堂所养，挖眼剖心之说是否凭空谣传，抑系确有证据，此两者为案中最要之关键。从此两层悉心研鞫，力求平允，乃可服中外之心。谕旨饬臣前往，仍垂询臣病。臣之目疾，系根本之病，将来必须开缺调理，不敢以病躯久居要职。至眩晕新得之病，现已十愈其八。臣不敢因病推诿，稍可支持，即当前往。一面先派道员博多、宏武等，迅速赴津，会同天津道府洋讯办理。

六月初一日，奉上谕："曾国藩奏所称案中最要关键等语，可谓切中事理，要言不烦。日内如可支持，即著前赴天津，会同崇厚悉心商办。钦此。"崇厚驻天津近十年，调停于民教之间，人颇讥之。事变之后，崇公出示解散，有严禁聚众滋事之语，由是怨声载道。崇公寻奉旨充出使法国大臣，其三口通商大臣以大理卿成林署理。初四日，公将启行，书遗教一纸，其略云："余自咸丰三年募勇之初，自誓效命疆场。今年老病躯，危难之际，断不肯吝于一死，以自负其初心。"初六日，由保定启行，宿高阳县。初七日，宿任邱县，具折奏报起程日期，并称与崇厚往返函商，拟先将俄国误伤之三人，及英美两国之讲堂，速为料理，不与法国一并议结，以免歧混。初八日，奉上谕："此案起衅之由，因迷拐幼孩而起，总以有无确据为最要关键，必须切实根究。曲直既明，方可另筹办法。至洋人伤毙多名，若不将倡首滋事之犯惩办，此事亦难了结。曾国藩拟将俄国人命、英美讲堂先行议结，所见甚是。钦此。"

初十日，公至天津。津郡民团，旧有水火会名目，人数甚众，怨崇厚公之护教，咸望公至，必力反崇公之所为。公奉命之初，凡诣公条陈此事者，或欲借津人义愤之众以驱逐洋人，或欲联合俄英各国之交以专攻法国，或欲参劾崇厚以伸士民之气，或欲调集兵勇以为应敌之师。公意在坚保和局，不与洋人构衅，以致启兵端。其函致崇公，则称"有福同当，有谤同分"之语。既至津郡，出示晓谕士民，仍不奖其义愤，且亦有严戒滋事之语。由是津人以怨崇公者怨公矣。公初至时，出令放告，投诉牒者数百人。查讯挖眼剖心，并无事实；而拐匪一案，拿到教堂之王三、安三等，皆市井无赖，供词反复狡展，不能定案。公亦令委员暂予缓讯，以为洋人转圜之地，但饬缉拿天津滋事之民。由是都门士大夫中，讥议纷然起矣。十一日，接到法国洋官照会一件，系都中洋人由总理衙门转递来津，词气尚顺。十二日，英国洋人来见。十三日，美国洋人来见。十四日，内阁学士宋晋奏和局固宜保全，民心未可稍失。请布置海口防兵，兼婉谕各国，以为解散约从之策。奉旨令公酌量办理，据实奏闻。十六日，公咨复总理衙门，为洋人力辨挖眼剖心之诬。

十八日，专折奏报永定河南岸五工漫口，自请议处，并请河员处分。十九日，法国洋官罗淑亚来见。二十一日，崇厚来，言洋人将大兴波澜，有以府县官议抵之说。公峻词拒之。二十二日，洋官罗淑亚复来，词气凶悍。又来照会一件，有请将府县官及提督陈国瑞抵命之语。

二十三日，公将现在查办情形照复洋人，并驳诘之。是日，遂与崇厚公会奏。奏称：王三虽经供认授药武兰珍，然且时供时翻。仁慈堂查出男女，讯无被拐情事。至挖眼剖心，则全系谣传，毫无实据。此等谣传，不特天津有之，各省皆然。以理决之，必无是事。天津民所以生愤者，则亦有故：教堂终年扃闭，莫能窥测，其可疑者一；中国人民至仁慈堂治病，恒久留不出，其可疑者二；仁慈堂死人，有洗尸封眼之事，其可疑者三；仁慈堂所医病人，虽亲属在内，不得相见，其可疑者四；堂中掩埋死人，有一棺而两三尸者，其可疑者五。百姓积此五疑，众怒遂不可遏。仰恳明降谕旨，通饬各省，俾知谣传之说多系虚诬，以雪洋人之冤，以解士民之惑。现已将天津道府县三员，均撤任听候查办。又奏委丁寿昌署天津道，马绳武署天津府，萧世本署天津县。又附片奏：洋人照会，挟制多端。请将知府张光藻、知县刘杰二员革职，交刑部治罪。陈国瑞现在京城，请交总理衙门就近查办。公雅意不欲加罪于府县，是日乃勉徇崇厚之请会奏。此疏拜发之后，公意痛悔之，病势渐剧。

二十四日，奉到上谕："有人奏风闻津郡百姓焚毁教堂之日，由教堂起有人眼人心等物，呈交崇厚收执。该大臣于奏报时并未提及，且闻现已消灭等语。所奏是否实有其事，着曾国藩确切查明等因。钦此。"又奉上谕："崇厚已派出使法国，自应及早启行。著曾国藩体察情形,如崇厚此时可以交卸,即著来京陛见,以便即日起程。通商大臣事务,著曾国藩暂时接办,俟成林到时,即行交卸。钦此。"

二十五日,接洋人照会一件,仍执前说。二十六日,公照复洋人,仍驳诘之。是日奉到上谕:"曾国藩、崇厚奏查明天津滋事大概情形,另片奏请将天津府县革职治罪等语,已均照所请,明降谕旨宣示矣。此次陈奏各节,固为消弭衅端委曲求全起见。惟洋人诡谲性成,得步进步,若事事遂其所求,将来何所底止?是欲弭衅,而仍不免起衅也。钦此。"公前疏力辨洋人之诬,又陈五可疑之端,意在持平立论。内阁钞发奏稿,文理不全。都人士见之,谓公偏护洋人,遂以诋崇公者诋公矣。责问之书日数至,公惟自引咎,不欲以自明也。崇厚公每日一来行馆,为主府县议抵之说。公方在病中,置不答。崇厚乃驰奏法国势将决裂,曾国藩病势甚重,请由京别派重臣,来津办理。

二十八日,公复陈谕旨垂询之件。奏称:焚毁教堂之日,众目昭彰,若有人眼人心等物,岂崇厚一人所能消灭?其为讹传,已不待辨。至迷拐人口一节,实难保其必无。臣前奏请明谕力辨洋人之诬,而于迷拐一节,言之不实不尽,诚恐有碍和局。现在焚毁各处,已委员兴修。王三、安三该使坚索,已经释放。查拿凶犯一节,已饬新任道府拿获九名,拷讯党羽。惟罗淑亚欲将三人议抵,实难再允所求。府县本无大过,送交刑部,已属情轻法重。彼若不拟构衅,则我所断不能允者,当可徐徐自转;彼若立意决裂,虽百请百从,仍难保其无事。崇厚与洋人交涉已久,应请留津会办,暂缓来京。又奏称:中国目前之力,实难遽起兵端,惟有委曲求全之法。谕旨所示,弭衅仍以启衅,确中事理,且佩且悚。外国论强弱,不论是非,若中国有备,和议或稍易定。现令铭军全队拔赴沧州一带,稍资防御。臣自带兵以来,早矢效命疆场之志。今事虽急,病虽深,此心毫无顾畏,不肯因外国要挟,尽变常度。抑臣更有请者,时事虽极艰难,谋画必须决断。伏见道光庚子以后,办理夷务,失在朝和夕战,无一定之至计,遂使外患渐深,不可收拾。皇上登极以来,外国盛强如故,

时事虽极艰难,谋画必须决断。

惟赖守定和议，绝无改更，用能中外相安，十年无事。津郡此案，愚民愤激生变，初非臣僚有意挑衅。倘即从此动兵，则今年即能幸胜，明年彼必复来，天津即可支持，沿海势难尽备。朝廷昭示大信，不开兵端，实天下生民之福。惟当时时设备，以为立国之体，二者不可偏废。臣以无备之故，办理过柔，寸心抱疚，而区区愚虑，不敢不略陈所见。是日，接奉寄谕亦云张光藻、刘杰交部治罪，已属过当；若在津正法，万难允准等因。

二十九日，奉到上谕："据崇厚奏称曾国藩触发旧疾，病势甚重，朝廷实深廑系。此案关系颇大，该督抱恙甚剧，恐照料或有未周，已谕令丁日昌星速赴津，帮同办理。又以丁日昌航海前来，须在旬日以外，先派毛昶熙前赴天津会办。惟该国兵船业已到天津，意在开衅，不可不预为防范。已谕令李鸿章带兵驰赴畿疆，候旨调派等因。钦此。"又奉上谕："曾国藩奏遵旨复陈一折。另片所陈善全和局，以为保民之道，备预不虞，以为立国之本，甚属曲中事理。即著该督坚持定见，悉心经理，用全大局。钦此。"

> 以为保民之道，备预不虞，以为立国之本，甚属曲中事理。

七月初五日，毛公昶熙至天津，随带侍讲吴元炳，刑部员外郎刘锡鸿，总理衙门章京陈钦、恽祖贻四员。公一见，皆叹异，以为难得之才。初七日。奏报永定河南岸五工续漫成口，再请议处。英国洋官威妥玛来天津，毛公昶熙约洋官会议。既集，陈钦按理抗辩，侃侃而谈。洋人不能诘，罗淑亚犹执前说，径行回京。崇厚亦奏疏自请入都陛见。

初九日，公与毛公会奏罗淑亚回京缘由，请中外一体，坚持定见。并将连日在津会议问答情形，咨报总理衙门。又奏请将福建船局购办京米，截留二万石，存储津郡，以备李鸿章军营及刘铭传全军之用。时李公鸿章督军至潼关，驰折奏称：洋人照会内称"天津府县帮同行凶，主使动手"等语，所闻得自何人，所查得有何据，必须将府县如何帮同主使证据交出，由中外大员会同提集，当堂质讯，乃可以成信谳而服众心。如果该府县等有实在重情，亦不能曲为宽贷。

十二日，奉上谕："罗淑亚无理要挟，所请府县抵偿一节，万无允准之理。已传谕钱鼎铭将张光藻等解赴天津,并令曾国藩等取具该府县等亲供,以期迅速了结。钦此。"十三日,奉上谕:"崇厚著即来京。三口通商大臣,著毛昶熙暂行署理。钦此。"丁公日昌奉旨启行北上,驰折奏称:自古以来,局外之议论,不谅局中之艰难。然一唱百和,亦足以荧听而挠大计,卒之事势决裂。国家受无穷之累,而局外不与其祸,反得力持清议之名。臣每读书至此,不禁痛哭流涕。现在事机紧急,守备则万不可缺。至于或战或和,应由宸衷独断,不可为众论所摇。又称:百姓纷纷聚众,地方官不能认真弹压,过误似亦不轻。十六日,奉上谕:"该使臣非理之求,断难迁就。而于近情之请,必当赶紧办理,以示诚信。此时如将下手滋事之犯按律惩办,则洋人自不至节外生枝,再归咎于府县等因。钦此。"

· 现在事机紧急,守备则万不可缺。至于或战或和,应由宸衷独断,不可为众论所摇。

十九日,公奏奉谕旨,檄催刘铭传赴直隶统带铭军,并陈明江面水师与洋面不同,彭玉麟、杨岳斌在籍情形,因及捍御外侮,徐图自强之法。

二十日,奉上谕:"军机大臣呈递直隶按察使钱鼎铭禀函,不胜诧异。张光藻、刘杰以奉旨治罪人员,即使患病属实,亦应在天津听候查办。乃该革员等,一赴顺德,一赴密云,捏病远避,尚复成何事体。朝廷令该革员赴津,实曲示保全之意。乃皆不能体会,置身事外。曾国藩率行给假他出,实属不知缓急等因。钦此。"二十三日,奉上谕:"近来内外臣工,往往遇事机紧急,徒事张皇;迨祸患略平,则又泄沓成风。为目前苟安之计,即使创立战守章程,而在事诸臣奉行不力,有名无实,遂使朝廷深谋远虑均属具文。似此因循成习,何时可冀自强?何时可平外患?宵旰焦忧,无时或释。钦此。"

二十五日,刘杰到案。丁公日昌到天津。即日悬赏勒限缉拿凶犯。二十六日,奉上谕:"该督到津后,统筹全局,次第办理,其中委曲求全、万不得已之苦衷,在稍达事理者,自无不谅。该下府县一层,坚持定见,当可就我范围,如能将为首滋事及下手之人严拿务获,讯取确供,按律议抵,大局似可粗定。钦此。"二十七日,张光藻到案。

三十日，公与毛公会奏已革天津府县到津日期一折。奏称：该员六月十六日撤任，即行请假。臣见其本无大过，故允其所请。其后奉到谕旨，即飞檄催提，目下均已到案。顷接总理衙门来信云，有法国照会，言及该府县主使证据，现饬同文馆翻译，应俟译文寄津，按照所指情节，逐一质讯，再行取具亲供，录送核办。至查拿凶犯，现已获三十七名，仍严饬尽数弋获，从严惩办，以杜外患。八月初二日，总理衙门奏天津一案与洋人照会来往辩论情形一折。奉谕旨钞寄，令公迅速缉凶，详讯严办，催取府县亲供，及早结案。两江总督马端敏公新贻，猝遇行刺，因伤出缺。

初四月，奉上谕："曾国藩著调补两江总督，直隶总督著李鸿章调补。钦此。"初七日，公具折恭谢天恩。并奏称：前在假期之内驰赴天津，实因津事重大，不敢推诿。臣目病甚重，往来文件，难以细阅，幕僚拟稿，难以核改。江南庶政殷繁，若以病躯承乏，贻误必多。目下津案未结，仍当暂留会办。一俟奏结后，即请开缺，安心调理。又特奏保刑部郎中陈钦在总理衙门当差多年，于中外交涉情形洞悉本末。顷来天津，与洋人净论，其辩才足以折服强悍，其诚心足以感动彼族。请以署理天津府知府，必收折冲御侮之效。又奏江南月协直隶饷银，截数报销。三口通商大臣成林到任。

初九日，陈钦、刘锡鸿、丁寿昌等会讯府县亲供。十一日，公与毛公昶熙、丁公日昌复讯府县亲供。十二日，奉到上谕："曾国藩奏沥陈病目情形请别简贤能畀以两江重任一折。两江事务殷繁，职任綦重，曾国藩老成宿望，前在两江多年，情形熟悉，措置咸宜，现虽目疾未痊，但能坐镇其间，诸事自可就理。所请另简贤能之处，著毋庸议，仍著俟津案奏结，即著前赴两江总督之任，毋再固辞。钦此。"

十四日，奏呈府县亲供，请交部核议，并称拿获滋事凶犯八十余名，俟讯明会奏。十七日，毛公昶熙回京师。十八日，奉上谕："此案为日已久，若不赶紧办结，必致易生枝节。著李鸿章驰赴天津，会同督饬承审各员，认真研鞫，及早拟结。钦此。"

二十三日，公具折奏审明天津案内第一批人犯，分别定拟。又奏咨送复讯府县供词，并陈明该员解送刑部，恐难定限。又奏称办理迟延，自请交部严加议处。刘公铭传至天津。

二十五日，李公鸿章至天津。二十七日，陈国瑞到案。二十八日，奏已革天津府县解部起程日期，并抄呈陈国瑞供词。附片奏：府县本无大过，张光藻尤著循声。臣之初意，岂肯加以重咎。过听浮议，举措失宜，遽将府县奏交刑部。此疏朝上，夕已悔憾。外间物议，纷纷不平。此次该革员等入狱，诚恐洋人执臣原奏，欲得而甘心，则臣之负疚愈深。请敕刑部细核供词，从轻定议，以平天下吏民之情，臣亦稍释隐憾。并申陈各省民教滋事实情，筹议预杜后患之法。

二十九日，奏开缺臬司史念祖请授以实缺。并陈军营保举记名人员，现经部议新章，保至藩臬者，必先补道员。仍乞圣慈存记，每年于部章之外，特简实缺数人，实振历人材之道。又奏天津道周家勋开缺，请以陈钦补授天津道缺。又代奏提督刘铭传恭谢恩赏一折。

特简实缺数人，实振历人材之道。

九月初一日，奉上谕："陈国瑞所递亲供，既与津案并无干涉，毋庸再令总理衙门刑部复办。钦此。"初三日，丁公日昌回江苏任。初六日，公交卸关防印信，具折奏报卸篆日期。又折奏报闽省采办京米十万石，全数验收。附片奏：调前台湾道吴大廷随至江南综理轮船操练事宜。刑部奏已革天津府县二员，拟发往军台效力。

十一日，奉上谕："张光藻、刘杰均著从重改发黑龙江效力赎罪，以示惩警。钦此。"是案刑部奏结，照例从重定拟。谕旨又以该员私往顺德、密云逗留觍玩，再行从重也。是日奉上谕："经此次严办之后，各直省地方务当晓谕居民，安分守法，毋任再滋事端。遇有中外交涉事件，并须按照条约，持平妥办。总期中外商民，彼此相安，以靖地方。钦此。"

十三日，奏续讯天津案内第二批人犯，分别定拟。附片奏：署天津道丁寿昌摄篆已久，情形熟悉，措置裕如，请即补授天津道缺。并称已保臬司刘盛藻与丁寿昌分领铭军，皆司道中难得之才，亦请简放道员实缺。公以本年寿六十，奉旨赐寿，由军机处咨交到御书勋高柱石匾额一面，御书福寿字各一方，梵铜像一尊，紫檀嵌玉如意一柄，蟒袍一件、吉绸十件、线绉十件。十六日，传折奏谢天恩。又具折奏遵旨赴任，恳请陛见。奏称：臣前承乏江南，初无治状，荷蒙奖励，惭感交并。欲勉从后命，则病躯难供驱策，必致陨越贻羞；欲自遂初衷，则圣恩已极优容，何敢再三渎请。揆诸古人鞠躬尽瘁之义，一息尚存，不敢稍耽安逸。附片奏：刑部主事陈兰彬，有任重致远之志，不避艰险，仍拟带至江南，讲求防海制器操练轮船之事。又奉前次奏结人犯内，有穆巴一名，查无行凶实据，请予开释。另将续获范永一名，归案正法，以示慎重人命之意。

二十三日，由天津启行入都，公子纪鸿奉欧阳夫人并眷口由运河南旋，公子纪泽从入都。二十五日，入都门。二十六日，早朝召见于养心殿，奏对十数语。二十七日，又召见，奏对十数语。

十月初一日，奉派入坤宁宫吃肉。初三日，张光藻、刘杰来见。初六日，军机大臣传旨，催公赴江南任。初九日，递折请训，传宣召见，奏对十数语。初十日，朝贺万寿圣节。十一日，公六十初度日。湖广同乡官设宴于会馆，以为公寿。十五日，启行出都，十八日，次雄县，藩司钱公鼎铭来见公。二十六日，抵济宁州，登舟与眷口船相维南行。

闰十月十三日，抵清江浦。十六日，泊扬州，查勘瓜洲盐栈。二十日，行抵金陵，借寓巡道署。二十二日，接受关防印信。

十一月初一日，专折奏报接印日期。初三日，作家训日课四条：一曰慎独则心安，二曰主敬则身强，三曰求仁则人悦，四曰习劳则神钦。江苏巡抚丁公日昌丁母忧开缺，张公之万奉旨授江苏巡抚。十一日，公奏派应宝时署江苏藩司，并暂护巡抚印务。十七日，奉到上谕："曾国藩著充办理通商事务大臣。钦此。"二十二日，丁公日昌扶柩回粤。舟过金陵，公往吊于舟次。

十二月初二日，专奏本年轮应查阅营伍，请展缓于明年举行。又奏丹阳、金坛两县，本年仍办抵征。又奏扬军厅堤工报销。十六日，奏筹拨湖南、陕甘军饷，分别起解，以资接济。马端敏公被戕后，凶犯张汶详即时擒获。诏派漕督张之万与将军魁玉会讯，都下言官累疏奏请推究主谋。钦命刑部尚书郑敦谨前往金陵查讯。二十九日，郑公抵金陵。

【辛未】同治十年，公六十一岁

正月初三日，核江苏水师续议章程。十二日，具折奏钦奉谕旨筹议海防江防事宜一折。附片奏：预筹日本通商修约章程。又折奏陈河运艰难情形，请旨饬各督抚通筹运道全局，为可久之规。附奏到任未久，请展缓文武密考一案。二十九日，公与郑公敦谨奏结张汶详行刺一案，仍照魁玉、张之万原拟罪名定拟。附片复奏犯供实无主使别情。

二月初二日，专折奏谢年终恩赏。又折奏湘淮各军剿捻军需报销第二案。又折奏接到部议，复陈淮南盐引碍难增价情形。附片请停止场商内河盐蠹。十五日，监视张汶详正法。二十四日，具折奏详议河运章程，又奏已故督臣马新贻请于本籍建祠。附报张汶详正法日期。是月，安徽建平县境有土匪起，寻捕平之。欧阳夫人病疫，逾月乃愈。

三月初六日，张公之万来见公。十九日，专折奏湖南永州、宝庆二府引地未便改运粤盐，并陈明楚省引地被川盐侵占太甚，请饬部核议。又续奏采访忠义第四十三案。

四月十四日，作《江宁府学碑记》。十六日，专折奏年终密考学政声名。又折奏江宁府属田地科则尚未查清，仍办抵征。李世忠、陈国瑞在扬州舟中斗殴，江岸商民大哗。公派委瓜洲镇总兵吴家榜、候补道袁保庆查讯。是月，大学士文端公倭仁卒于位。

五月初一日，李公瀚章出都，过金陵见公。十一日，具折奏结李世忠、陈国瑞寻仇斗殴一案，请将提督李世忠即行革职，勒令回籍，交地方官严加管束；提督陈国瑞以都司降补，勒令速回原籍，不准在扬州逗留。二十日。作《湖南文征序》。

六月初二日，公携酒就饮吴公廷栋之宅。吴公僦寓金陵五年，居宅甚隘，年八十岁，足病不能行步，终日端坐一室，校书不辍。公每月必一再过访，谈论移时。公前官京师时，相与讲学之友岿然独存矣。初八日，泛舟城北玄武湖。回入秦淮，见商民稍复业，为之欣然。时奉到文宗圣训全部。十三日，专折谢恩。又代递在籍前任总督张亮基遗折。又奏采访忠义第四十四案。二十五日，作《台州墓表》。

七月初三日，公与李公鸿章会奏派委刑部主事陈兰彬、江苏同知容闳选带聪颖子弟，前赴泰西各国肄习技艺。从前斌椿、志刚、孙家谷等奉命游历海外，亲见各国军政船政，皆视为身心性命之学，中国当师仿其意，精通其法。查照美国新立和约，拟先赴美国学习，计其程途，由东北太平洋乘坐轮船，径达美国，月余可到。已饬陈兰彬、容闳二员酌议章程，所需经费，请饬下江海关于洋税项下按年指拨，勿使缺乏。并请饬下总理衙门，将该员所议章程酌核。

八月初一日，专折奏湘淮各军剿捻军需报销尾案。十二日，赴校场大阅江宁省城督标兵四营，绿营选练新兵五营，留防湘勇二营。十三日，登舟出省大阅。十九日，至扬州校阅盐捕二营，洋枪炮队二营，奇兵、泰州、泰兴、三江、兴化等五营，留防淮勇三营。二十一日，专折奏报查阅营伍日期。二十八日，至清江浦阅清河漕标七营，淮扬镇标九营，选练新兵一营。

九月初三日，登陆启行赴徐州。初八日，至徐州，阅徐州镇标中军营、城守营、萧县营，选练新兵二营、淮勇二营。十五日，回清江舟次。

十九日，泊金山寺。二十日，舟入丹阳，阅镇江营、淞北营、淞南营。二十二日，至常州阅常州营、孟河营、靖江营。二十六，至常熟县阅狼山福山镇标二营、水师四营，登福山以望洋面。二十七日，诣周虞仲墓、先贤子游墓。二十八日，至苏州省城，阅抚标兵三营、太湖二营、淮勇二营。

十月初六日，至松江府阅提标八营、选练新兵二营、洋枪队三营。初七日,至上海查阅铁厂、轮船、机器。洋领事官来见。十一日,至吴淞口,阅吴淞川沙、南汇等八营,外海艇船六营,内洋八团舢板五营。并阅轮船新阵铁厂造成轮船四号:曰恬吉,曰威靖,曰操江,曰测海。皆公所命名也。十三日,乘威靖船,且操且行。十五日,改登测海船回金陵署。

十一月初一日,专折奏查阅营伍事竣,开单举劾各营员弁。又奏遵筹协济畿辅赈米,拟由江南拨解银两赴津,以便籴贷。又奏运河堤工报销。初十日,奏报奥斯马加国在沪换约事竣,金陵新修督署成。二十二日,移入署。二十九日,奏查明李世忠在籍情形。又奏派大员前赴安徽查办天长县令冯至沂自尽一案。

十二月初八日,核定江苏水师续议事宜。十六日,何公璟调任江苏巡抚,过金陵见公。二十二日,奏江苏水师续议章程二十一条。又奏采访忠义第四十五案。附片密保江宁盐巡道孙衣言可备藩臬之选。

公右目失明已两年,见者咸以静息为劝,而公昕夕孜孜,未尝倦怠。身体有不适,恒守勿药之戒。视生死之际,弥觉怡然无累。平生以宋儒义理为主,而于训诂词章二途,亦研精覃思,不遗余力。处功名之际,则师老庄之谦抑;持身型家,则尚禹墨之俭勤。是岁为诗凡数首,为文十余篇。其自书日记,尤多痛自刻责之语。

<small>处功名之际,则师老庄之谦抑;持身型家,则尚禹、墨之俭勤。</small>

【壬申】同治十一年,公六十二岁

正月初二日,公访吴公廷栋宅,畅谈学业。语及邸抄倭文端公遗疏,交口称之,谓倘非自撰,不能抒写其心中所欲言。因语及昔年故交零落殆尽,黯然而别。十四日,值宣宗忌辰。公言道光三十年供职礼部,闻遗命立皇太子之信,即时驰赴淀园,恭递如意。途次闻升遐确耗,仓黄悲恸。今忽忽已二十三年,不堪回首。言已泫然。

二十三日,公病肝风动,右足麻木,良久乃复。自上年定以每日读《资治通鉴》,随笔录其大事,以备遗忘。是日已至二百二十卷。因病辍笔,犹取《宋元学案》《理学宗传》等书,披览大意,自谓身心一日不能闲也。

前河道总督苏公廷魁,亦早岁都门讲学之友也。二十六日,公闻苏公将过金陵,出城迎之。又病风动,舌蹇不能语,遂回署,旋愈。二十八日,苏公廷魁至,见公。是日,与李公瀚章会奏淮盐行楚章程一折。奏称:近年淮南销引日疲,存盐壅积,无术疏通。楚省引界,几被川鹾占尽。今欲于积重难返之后挽回一二,暂分疆界,徐图规复,俟滇黔肃清以后,仍还淮引之旧。公自肃清江面以来,首整盐政,刊定章程。各岸设招商局,各省设督销局,于瓜洲建总栈,商民称便。八年之中,征收课银凡二千万两有奇。公之在军中也,公牍私函,皆亲治之,不以假人。晚年多令幕友拟稿,公自核改而已。右目失明后,其最要者,犹不假人也。是月,作《刘忠壮公墓志》,属草稿三百余字,遂成绝笔。其日记自咸丰八年六月起,至于易箦之日,犹书前一日日记,未尝闲也。

二月初二日,公方阅案牍,握笔而病作,遂止。病旋已。初四日午后,公乃散步署西花圃,子纪泽从。公连呼足麻,扶掖回书房,端坐三刻乃薨。是日戌时也,金陵微雨,天色阴惨,忽火光烛城中,江宁、上元两县令惊出救火,卒无所见。见有红光圆如镜面,出天西南隅,良久渐微。江南士民巷哭。事闻,上震悼,辍朝三日。

奉上谕:"大学士两江总督曾国藩,学问纯粹,器识深宏,秉性忠诚,持躬清正。由翰林蒙宣宗成皇帝特达之知,洊升卿贰。咸丰年间,创立楚军,剿办粤匪,转战数省,迭著勋劳。文宗显皇帝优加擢用,补授两江总督,命为钦差大臣,督办军务。朕御极后,简任纶扉,深资倚任。东南底定,厥功最多。江宁之捷,特加恩赏给一等毅勇侯,世袭罔替,并赏戴双眼花翎。历任兼圻,于地方利病尽心筹画。老成硕望,实为股肱心膂之臣。方冀克享遐龄,长承恩眷,兹闻溘逝,震悼良深。曾国藩著追赠太傅,照大学士例赐恤,赏银三千两治丧,由江宁藩库给发。赐祭一坛,派穆腾阿前往致祭,加恩予谥文正,入祀京师昭忠祠、贤

右目失明后,其最要者,犹不假人也。

老成硕望,实为股肱心膂之臣。

良祠,并于湖南原籍、江宁省城建立专祠。其生平政迹事实,宣付史馆。任内一切处分,悉予开复,应得恤典,该衙门察例具奏。梓柩回籍时,著沿途地方官妥为照料。其一等侯爵,即著伊子曾纪泽承袭,毋庸带领引见。其余子孙几人,著何璟查明具奏,候朕施恩,用示笃念忠良至意。钦此。"何公璟奉旨署两江总督,驰奏胪陈勋迹一折。何公旋至江宁,哭殡受篆,驰奏查明子孙详晰复陈一折。李公瀚章、英翰公先后具疏胪陈事迹。

四月二十八日,奉上谕:"据何璟、英翰、李瀚章先后胪陈曾国藩历年勋绩,英翰、李瀚章并请于安徽、湖北省城建立专祠,又据何璟遵查该故督子孙,详晰复奏,披览之余,弥增悼惜。曾国藩器识过人,尽瘁报国,当湘鄂江皖军务棘手之际,倡练水师,矢志灭贼。虽屡经困厄,坚忍卓绝,曾不少渝,卒能万众一心,削平逋寇。功成之后,寅畏小心,始终罔懈。其荐拔贤才,如恐不及,尤得以人事君之义。忠诚克效,功德在民。允宜迭沛恩施,以彰忠荩。曾国藩著于安徽、湖北省城建立专祠。此外立功省分,并著准其一并建祠。伊次子附贡生曾纪鸿,伊孙曾广钧,均著赏给举人,准其一体会试。曾广镕著赏给员外郎,曾广铨著赏给主事,均俟及岁时,分部学习行走。何璟、英翰、李瀚章折三件,均著宣付史馆,用示眷念勋臣、有加无已至意。钦此。"

公弟国潢闻讣,自长沙驰至金陵临丧,率公子纪泽、纪鸿扶柩回籍。五月二十日,公之丧抵长沙省城。六月十四日,出殡于南门外金盆岭之阳。

刘公坤一寻奏请于江西省城建祠,奉旨允准。其明年二月,李公鸿章奏天津郡绅士沈兆云等联名禀请建已故督臣专祠以资报飨一折,奉旨:"著照所请,该部知道。钦此。"

公之为学,其大纲宗略见于所作《王船山遗书序》,而备见于《圣哲画像记》。自登第以还,于学无所不窥,九经而外,诸子百氏之书,靡不规得要领。其于《庄子》《史记》《汉书》《资治通鉴》《明史》《文献通考》《五礼通考》数种,尤笃好不厌,治之三反。平生为诗古文辞,雅不欲存稿,应手散佚。公子纪泽等料检手泽，门人李鸿裔、黎庶昌等为搜辑于知故之家，凡得诗四卷，文十二卷。其存官署者，批谕奏章凡百二十卷，政迹批牍二十四卷，书札六十卷；其存家中者，《日记》三十四卷，《尺牍》五十卷，《家书》二十八卷。皆公亲手迹也。在京师时，著有《茶余偶谈》若干卷，久佚。又为《曾氏家训长编》。其成者：《朱子小学》一卷，《冠礼长编》一卷，《历朝大事记》数卷，《藩部表》一卷，抄辑盐漕河工水利赋役成案各若干卷。余则胪列序目，未有成编。选录《十八家诗抄》三十卷。出都以后，治军临官，不废书史，著有《孟子四类编》《左氏分类事目》《礼记章句校评》《朴目杂记》《周官雅训杂记》各若干卷。选录《经史百家杂抄》，分十一类，为二十六卷。又为《古文简本》二卷，《鸣原堂论文》二卷。晚年衰病，犹日从事于经史，为《论语言仁类记》一卷，《易象类记》一卷，《通鉴大事记》未成书。又选录古诗之得闲逸意者，自陶渊明至陆放翁六家为《六家诗抄》，亦未克成书。门人王定安辑录公所为经史评注，为《师训汇记》若干卷。又掇公平生言行，为《求阙斋弟子纪》四十卷。

同治十三年八月十三日，欧阳夫人薨。十一月初五日，公子纪泽等改葬公于善化县湘西平塘伏龙山之阳乾山巽向为茔，奉夫人柩合葬。

黎庶昌为编《年谱》，记公行事。乃书其后曰：年谱非古也。近世刊刻前贤专集，乃必为年谱一编，以考订其所作诗文之先后岁月，盖本《孟子》诵诗读书论世知人之意，固无伤于稽古之雅。国朝《阿文成公年谱》，累数十百卷，可谓至多。其所纪载，则奏案与其政迹为详。吾师曾文正公，盖世忠勋，薄海宗仰。身没之日，知与不知，得公楮墨者，莫不私什袭以珍之，公镂板以传之，所在风行，争以先睹为快。窃恐数十载后，流风渐远，见闻异辞，而于当日事迹原委，无资以质证，亦门人故吏之责也。不揣固陋，按据近年所睹记，粗纪其大略。自道光中叶以还，天地干戈，庙堂咨儆，二十有余年，人才之进退，寇乱之始末，洵时事得失之林，龟鉴所在。而我公所以树声建绩、光辅中兴者，或筹议稍迂，而成功甚奇；或发端至难，而取效甚远；或任人立

盖世忠勋，薄海宗仰。身没之日，知与不知，得公楮墨者，莫不私什袭以珍之，公镂板以传之。人才之进退，寇乱之始末，洵时事得失之林，龟鉴所在。

事，为众听所骇怪，而徐服其精；或为国忘躯，受万口之诋訾，而所全实大。凡若此类，不敢忽焉。宫墙美富，何敢妄云窥见。惟后世读公书者，谅亦有取于此云。